대한민국
승리의 길

※ 이 책은 뉴 인스티튜트 코리아 연구지원에 의해 제작되었습니다.

대한민국 승리의 길

류석춘 편저

북앤피플 · 뉴 인스티튜트 코리아

서문

대한민국을 만들고 발전시켜 온 원동력

『대한민국, 승리의 길』 책의 서문을 쓰자니 만감이 교차한다. '비정상의 정상화'를 구호로 내건 박근혜 정부의 출범과 함께 모든 것이 제자리를 찾으리라 기대했지만, 그 때부터 지금까지 대한민국은 정상은커녕 더욱 더 비정상이 판을 치는 나라로 변해 왔다.

해상 교통사고일 뿐인 세월호 사건을 대통령이 책임져야 한다는 듣도 보도 못한 논리가 힘을 얻더니, 최순실 사건을 빌미로 대통령의 통치행위가 희화화되고, 급기야는 야당의 대통령 탄핵안에 집권당 의원들이 동조한 결의가 국회를 통과해, 헌법재판소마저 촛불군중의 요구에 인기영합하는 판결로 현직 대통령을 탄핵하는 절차가 완성됐다. 그 결과 대통령은 뚜렷한 잘못도 없이 감옥에 갔다.

현직 대통령은 외우내환(外憂內患)의 중대한 잘못이 없는 한 형법의 소추를 받지 않는다는 헌법의 기본마저 지키지 못하는 나라로 대한민국은 전락하고 말았다. 이 비정상의 사이클이 한 바퀴 도는 동안 가장 어이없던 일은 대통령을 보좌해야할 청와대 비서진 그리고 내각과 집권당 의원들이 탄핵과 싸우기는커녕 대통령에게 자진 하야를 권유했다는 사실이다. 사정이 그렇다면 그런 사람들만 골라 쓴 대통령 자신도 비정상의 책임에서 자유롭지 못하다.

현직 대통령이 탄핵되어 생긴 빈자리에 들어갈 새 대통령을 뽑는 선거의 결과는 불을 보듯 뻔했다. 그 이후 치러진 지방선거 결과도 마찬가지였다. 이 비정상의 와중에 편자는 대한민국을 건국하고 발전시킨 세력의 정통성을 잇는다는 정당의 '혁신위원장'으로 일할 기회가 있었다. 그러나 달걀로 바위를 치는 좌절만 겪은 6개월이었다. 무능을 통감했다.

그리고 지금도 곰곰 생각한다. 과연 대한민국을 비정상의 덫에서 구해낼 방법은 없는가? 있다. 그러나 시간과 노력이 필요한 일이다. 대한민국이 성공하기 위해 기울인 시간과 노력만큼 아니 그보다 더 많은 시간과 노력을 필요로 하는 일일지도 모른다. 다름 아닌 대한민국의 성공 과정과 역사를 국민들이 그리고 정치인들이 공부해서 깨닫고 스스로 그 역사에 자부심을 가져야 하는 일이다. 그래야 오늘날의 비정상을 정상화시킬 수 있다.

소련과 중공이라는 공산전체주의 국가의 후원을 등에 업고 자유 대한민국을 무너뜨리려는 북한의 도발을 견제하면서 나라를 세우고 발전시킨 이승만·박정희 두 지도자의 역할을 이해하지 못하면 우리는 이 나라를 정상화시킬 수 없다. 이 책은 이 두 지도자의 선택과 결단이 대한민국을 만들고 발전시켜 온 원동력임을 설명하는 책이다. 또한 이 책은 대한민국이 성공의 길로 오는 동안 북한은 오직 대한민국을 부정하고 전복시키는 일에만 몰두해 왔음을 고발하는 책이기도 하다.

이 상황을 이해하지 못하면 성공한 대한민국에 그 성공을 부정하는 세력이 집권하고 있는 역설을 이해할 수 없다. 이 역설을 비정상으로 인식하고 정상화시키고자 하는 국민과 정치권의 각성이 필요하다. 자유한국당 정치학교 교재로 기획한 이 책이 지금이라도 그러한 각성에 하나의 밀알이 되리라 기대한다. 귀중한 원고를 쓴 필자들, 출판이 가능하도록 도움을 베푼 애니 회장, 그리고 책의 출판에 정성을 기울인 김진술 대표께 감사한다.

2019. 12. 12

류석춘

차례

대한민국 승리의 길

대한민국
승리의 길

제 1 장

이승만과 대한민국의 탄생

이영훈 이승만학당 교장

- 서울대 대학원 경제학과 졸업
- 지곡서당 수료
- 한신대 경제학과 교수
- 성균관대 경제학부 교수
- 서울대 경제학부 교수
- 경제사학회장
- 한국고문서학회 회장
- 낙성대경제연구소 이사장

주요 저서

- 『대한민국 역사』 (기파랑, 2013)
- 『한국경제사(1, 2)』 (일조각, 2016)
- 『반일 종족주의』 (미래사, 2019)

01

해방과 혼란

미국과 소련의 한국 방침

일본과의 전쟁에 들어간 미국은 일본이 패망한 뒤 동아시아의 국제질서를 어떻게 세울 것인가를 연구하기 시작했다. 1942년 미 국무부 산하의 여러 위원회와 그에 자문한 민간의 전문기구는 한국을 일본에서 분리하여 독립시킨다는 방침을 정했다. 다만 한국이 오랫동안 일본의 지배를 받아 당장 독립할 능력이 없기 때문에 일정 기간 한반도에 이해관계를 갖는 강대국들의 신탁통치가 행해질 필요가 있다고 했다. 1942년 3월 이래 미국의 유력한 잡지들은 이 같은 국무부의 한국 방침을 간헐적으로 보도했다.

1943년 11월 카이로에서 미국, 영국, 중국의 세 정상이 모여 전쟁의 원활한 수행과 전쟁 이후의 처리에 관해 논의했다. 거기서 미국의 루스벨트 대통령은 한국의 신탁통치 방침을 내놓아 다른 두 정상의 동의를 얻었다. 그에 따라 회담 이후 발표된 카이로선언에는 "세 강대국은 한국 인민의 노예상태에 유념하여 한국이 적절한 과정을 거쳐서(in due course) 자유롭고 독립적인 국가가 될 것임을 결정했다"라는 내용이 포함되었다. 여기서 "적절한 과정을 거쳐서"라는 구절은 상당한 기간의 국제적 신탁통치를 의미했다.

곧이어 루스벨트는 테헤란에서 영국의 처칠과 소련의 스탈린과 회담을 가졌다. 거기서 루스벨트는 스탈린으로부터 한국에서 꽤 긴 기간의 신탁통치를 실시함에 대한 동의를 얻었다.

한국의 신탁통치 방침은 1945년 2월 흑해 연안의 얄타에서 열린 루스벨트, 처칠, 스탈린의 회담에서 재확인되었다. 회담 후의 비공식 대화에서 루스벨트는 한국에 대한 20~30년간의 신탁통치를 제안했고, 그에 대해 스탈린은 그 기간이 짧을수록 좋다고 대답했다.

당시까지 소련은 전쟁 이후의 한국에 대해 미국과 중국의 이해관계가 교차하는 지역이기 때문에 그 처리가 쉽지 않을 것으로 전망하고 있었다. 그런 가운데 스탈린이 위와 같이 대답한 것은 장기간의 신탁통치로 인해 미국의 이해관계가 한국에서 고착되는 것을 경계했기 때문이다. 스탈린은 그의 속내를 드러내지 않았지만 한국에서 소련의 이해관계에 충실한 국가를 세울 기회와 그 가능성을 타진하고 있었다.

얄타에 모인 미국, 영국, 소련의 정상들은 소련의 대일(對日) 참전에 대해서도 협의했다. 소련은 독일이 항복한 후 2~3개월 내에 일본과의 전쟁에 참여하며 그 대가로 쿠릴열도와 사할린의 남부를 차지하기로 했다. 스탈린은 루스벨트에게 소련이 참전할 경우 일본의 점령 통치에도 참여하고 홋카이도를 분할할 수 있느냐고 물었는데, 루스벨트는 그렇다고 대답했다. 이렇게 미국과 소련이 일본을 공동 관리하기로 한 이상 일본의 지배하에 있는 한국의 분할 점령은 구체적인 선만 긋지 않았지 사실상 합의된 것이나 다를 바 없었다.

분할점령

1945년 5월 독일이 무조건 항복했다. 뒤이어 독일의 포츠담에서 열린 미국, 영국, 소련의 정상회담에서 미소(美蘇) 양국만이 한반도의 일본군에 대한 공격을 맡기로 했다. 일본과의 전쟁에서 큰 성과를 거두지 못한 중국은 그에서 배제되었다. 공동의 적에 맞선 미소의 협조 기조는 여전했다.

그렇지만 일본의 패전이 가까워지자 양국의 협조 기조에 미묘한 변화가 생겼다. 1945년 4월 미국의 루스벨트 대통령이 사망했다. 부통령으로서 대통령직을 승계한 트루먼은 루스벨트와 달리 소련을 경계하고 견제했다. 트루먼은 소련의 참전 없이 일본과의 전쟁을 조기에 종결하고 일본 점령을 독점하기를 원했다. 그래서 대량살상이라는 문제를 감수하면서까지 8월 6일과 9일 히로시마와 나가사키에 원자폭탄을 투하했다. 그렇지만 일본은 즉각 항복하지 않았다. 소련은 8월 8일 대일 선전포고를 하고 9일부터 만주와 한반도로 진격했다. 일본이 항복의 뜻을 전한 것은 8월 11일이었다.

이런 상황에서 미국은 일본 점령에서 소련을 배제하고 한국에 대한 소련의 단독 점령을 막기 위해 노력했다. 그렇지만 소련군은 8월 9일부터 한국에 진출하기 시작했다. 그에 비해 미국군은 가장 가까운 부대가 한국에서 약 1,000㎞나 떨어져 있는 오키나와에 있었다. 소련군이 한국 전체를 점령하는 것을 막으려면 분할 점령을 위한 군사분계선을 설정할 필요가 있었다. 이러한 사정 때문에 미국은 8월 15일 급박하게 소련에게 북위 38도선을 한국에 진주하는 두 나라 군대 간의 군사분계선으로 설정할 것을 제안했다. 소련은 다음날 미국의 제안을 받아들였다.

당시 소련군의 진격 속도를 볼 때 38선은 미국이 소련에 강요하기 힘든 것이었다. 그럼에도 소련은 미국의 제안을 선선이 받아들였다. 이는 한국의 절반을 양보하는 대신 일본의 점령에 참여하고 홋카이도를 분할하고 만주에서 소련의 권리를 확보하는 등 더 많은 이득을 챙기기 위해서였다. 결국 38선은 소련의 한국 독점을 막으려는 미국의 견제와 다른 지역에서 더 많은 전리품을 챙기려는 소련의 계산이 맞물린 타협의 산물이었다.

소련군은 8월 9일 함경북도 경흥을 점령한 이래 8월 27일까지 신속히 38선 이북의 북한 전 지역을 점령했다. 반면 미국은 일본의 항복 의사가 전해진 8월 11일부터 남한 진주를 준비하기 시작했다. 남한에 진주할 군대는 당시 한반도에 가장 근접한 오키나와에 주둔해 있는 제24군이 지명되었다.

제24군은 9월 8일 인천에 상륙했으며, 그 다음날 서울에 진입하여 일본군과 조선총독부로부터 항복을 받았다. 38선 지역을 비롯한 지방 도시들에 대한 미군의 점령은 매우 느리게 진행되었다. 미군은 10월 초순에 도청 소재지에 대한 병력 진주를 마치고 그 달 하순에 이르러서야 남한 전역에 대한 군사적 점령을 완료했다. 이는 소련군의 북한 전역 점령보다 두 달이나 늦은 것이었다.

미군의 진주와 남한의 정국

남한에 있어 미국의 군사적 점령과 통치는 소련이 북한에서 했던 것만큼 체계적이지 못했다. 미 국무부는 남한에 진주한 제24군에게 일본군의 무장 해제와 치안 유지를 기본 과제로 지시했다. 그것은 신탁통치를 위한 국제 민간행정기구가 들어설 때까지의 과도적 조치였다.

남한에 진주한 미군정의 입장은 미 국무부와 완전히 일치하지는 않았다. 미군정의 입장은 일본 도쿄에 설치된 연합군 최고사령부를 중심으로 한 미 군부의 영향을 받았다. 미군정은 한국인의 독립에 대한 열망과 신탁통치에 대한 결사반대의 입장을 잘 알고 있었기 때문에 미 국무부의 신탁통치 계획에 회의적이었다.

전술한대로 미군의 남한 진주는 늦은 속도로 이루어졌다. 그 사이 남한에는 좌우 진영의 수많은 정치단체가 생겨났다. 가장 신속하게 등장한 정치단체는 여운형이 주도한 건국준비위원회였다(건준). 건준은 8월 말까지 전국적인 조직으로 확대해 갔다. 건준 산하의 건국치안대는 전국적 범위에서 총독부의 경찰기구를 접수하여 치안을 유지하는 데 공을 세웠다. 건준의 중앙조직에 참여한 정치세력은 여운형으로 대표되는 중도좌파와 조선공산당 출신의 좌익이 중심을 이루었는데, 지방조직에는 우익 성향의 민족주의자들도 적지 않았다.

건준에 이어 9월 3일 박헌영의 주도 하에 조선공산당이 재건되었다. 공산당 세력은 신속히 건준에 침투하여 그 지도부를 장악했다. 건준은 9월 6일 조선인민공화국이라는 정부의 설립을 선포했다(인공). 그 다음 날 인공 부서의 책임자 명단이 발표되었는데, 주석에는 미국의 이승만, 부주석에는 여운형, 내무장관과 외무장관에는 임시정부의 김구와 김규식, 재정부장에는 북한의 조만식, 문교장관에는 한민당의 김성수가 추대되었다.

인공은 정부를 조직함에 있어서 공개적이며 합법적인 절차를 밟지 않았다. 그로 인해 우익 정치세력은 고위직에 추대되었지만 인공에 참가하지 않았다. 인공은 좌익세력의 성급한 헤게모니 의식에서 급조된 정치단체에 불과했다.

건준과 조선공산당에 대항하여 우익 정치세력은 9월 4일 한국민주당을 결성했다(한민당). 한민당의 지도부는 식민지기에 일본과 미국에 유학을 다녀오고 교수, 변호사, 의사, 언론인, 작가 등의 전문직에 종사하는 지식인이 중심세력을 이루었다. 유력한 지주와 자본가도 한민당을 지지한 세력이었다.

일제하에서 한국인들은 정치적으로 경제적으로 차별을 받았다. 그런 가운데서도 장차 도래할 민족의 독립에 대비하여 실업, 교육, 언론, 학술의 방면에서 근대문명을 이식하고 실천하고 전파하는 세력이 성장했다. 그 결과 일제 말기가 되면 전체 인구의 근 10%가 근대 부문에 종사하게 되었다. 한민당은 이들 근대문명의 신흥세력을 정치적으로 대표하는 단체였다.

이승만과 임시정부의 귀국

1945년 10월 중순 미국에서 오랫동안 독립운동에 종사한 이승만이 귀국했다. 미 국무부는 전쟁기에 이승만의 임시정부 승인 요구와 소련에 대한 지속적인 비난으로 그와 불편한 관계에 있었다. 미 국무부는 이승만의 귀국에 비협조적이었다. 그러나 남한의 미군정과 도쿄의 연합군 사령부는 공산주의세력의 제어에 이승만과 같은 영향력 있는 독립운동가가 필요하다고 여겨 그의 귀국을 적극 주선했다. 많은 한국인의 환영 속에 귀국한 이승만은 독립촉성중앙협의회(이하 독촉)를 조직했다.

독촉은 공산당과 한민당을 포함한 200여 개나 되는 좌우 진영의 정당과 사회단체를 망라하여 출범했다. 그렇지만 독촉은 얼마 못가 좌익의 이탈로 인해 우익만의 조직으로 축소되었다. 조선공산당의 박헌영은 이승만에게 친일파의 처단을 요구했다. 그에 대해 이승만은 우선 건국의 대열에서 다 함께 협력해야 한다면서 거부했다. 이처럼 친일파 문제는 해방 당시부터 좌익이 우익을 정치적으로 공격하고 두 세력이 분열하는 구실이 되었다.

미군정은 중국에 있는 대한민국 임시정부(임정)의 귀국에도 우호적이었다. 임정은 해외에서 독립운동에 종사한 세력을 망라하거나 대표하는 단체가 아니었다. 그 이유로 미국 등의 연합국은 임정을 정부로 승인하지 않았다. 일본의 항복 후 임정은 귀국하여 정부로 대우받기를 희망했으나 미국은 끝내 이를 인정하지 않았다.

미군정은 임정의 귀국을 환영하면서도 임정의 요인들이 개인 자격으로 들어올 것을 요구했다. 1945년 11월 임정이 한국인의 열렬한 환영을 받으며 귀국했다. 귀국 후 임정은 대한민국 임시정부라는 명칭을 사용하면서 임정 법통론을 고집했는데, 미군정이나 다른 정치세력으로부터 인정을 받지는 못했다.

모스크바 협정

1945년 12월 16일 미국, 소련, 영국의 외상들은 전쟁 이후의 문제를 논의하기 위해 모스크바에서 회담을 가졌다. 여기서 3국의 외상들은 미국과 소련이 분할 점령하고 있는 한국의 독립 문제에 관해 다음과 같이 합의했다.

첫째, 한국에 민주적 임시정부를 세운다. 둘째, 이를 지원하기 위해 남한 미국군과 북한 소련군의 대표로 구성되는 공동위원회를 세운다. 이 위원회는 민주적 임시정부의 수립을 위해 한국의 민주적 정당 및 사회단체와 협의한다. 셋째, 공동위원회는 민주적 임시정부와 협의하여 5년간 미·소·영·중 4국의 신탁통치에 관한 안을 만들어 4국의 공동심의에 부친다.

회담에 임하여 미국은 미·소·영·중 4국에 의한 5년 이내 또는 10년 이내의 신탁통치를 행하고 이를 위해 국제연합의 헌장에 따라 신탁통치를 위한 행정기구를 결성할 것을 제안했다. 소련은 최소한 북한을 소련에 우호적이고 유순한 국가로 만들며, 이를 위해 한국 문제에 관해 자신이 확실한 거부권을 갖는 공동위원회의 조직을 구상했다. 그리하여 위와 같이 임시정부를 구성하며, 이를 추진하기 위한 공동위원회를 미소 양국만으로 구성하며, 동 위원회가 임시정부와 신탁통치에 관해 협의한다는 대안을 제시했다. 당시 회담에 임한 미국의 국무장관은 한국 문제에 관해 전혀 준비가 되어 있지 않은 사람이었다. 그는 미국의 신탁통치안이 소련에 의해 받아들여진 것으로 간주하고 쉽사리 소련의 제안에 동의했다.

이 같은 모스크바협정은 한국의 독립 문제에 관해 실은 아무 것도 결정하지 않은 빈껍데기와 다를 바 없었다. 우선 신탁통치가 무엇인지, 그 내용과 이름조차 합의되지 않았다. 소련은 신탁통치가 아니라 후견제라는 명칭을 주장했다.

결과적으로 소련은 이 협정을 통해 한국에 그의 이익에 반하는 정부가 들어서는 것에 대한 거부권을 확보했다. 소련은 자신에 대한 반대 입장을 확실히 하고 있는 이승만 등 남한의 우익 정치세력을 미소공동위원회가 임시정부의 수립을 위해 협의할 정치 단체 가운데서 배제할 수 있게 되었다.

이 같은 우려는 다음 해 5월 서울에서 열린 미소공동위원회에서 곧바로 현실화했다. 다시 말해 모스크바협정은 한국에서 서로 자신의 이익에 걸맞는 정부가 들어서기를 소망하는 미소 양국의 분할 점령이 그대로 상이한 체제의 두 국가로 분단되어 가는 데 이바지할 뿐인 외교적 속임수에 불과했다.

반탁과 찬탁의 소용돌이

모스크바협정은 그 때까지 좌익이 우세했던 남한의 정치 지형을 크게 바꾸어 놓았다. 12월 28일 동 협정이 정식으로 발표되기 이전에 미국의 신문들은 소련의 주장으로 한국에서 5년간의 신탁통치를 행하게 되었다는 보도를 내었다. 모스크바 회담에 임한 미 국무부 관리들의 서툴거나 정확하지 않은 언론 홍보가 그 같은 오보를 낳았다고 이해되고 있다. 이 같은 외신이 국내에 알려지자 진작부터 신탁통치의 가능성을 경계하고 있던 남한의 우익세력이 총궐기했다.

우익세력은 모스크바협정이 발표된 다음 날부터 전국적으로 신탁통치에 대한 반대운동을 벌였다. 반탁(反託)운동을 선도한 것은 김구의 임정이었다. 김구는 반탁운동의 세찬 기세를 몰아 임정의 정부 지위를 부정하는 미군정에 정면 도전했다. 김구는 임정의 유일정부론을 천명하고 미군정의 통치권을 부인했다. 임정의 도전은 실패했지만 독자의 과도정부를 구성하려는 임정의 노력은 이후에도 이어졌다. 임정은 모든 반탁세력이 참가하는 비상정치회의를 소집했으며, 동 회의는 각계의 지도자를 선정하여 의회에 해당하는 비상국민회의를 결성했다. 이 같은 우익 진영의 결집에 호응하여 미군정은 비상국민회의 최고정무위원을 군정의 자문기구인 남조선대한국민대표민주의원으로 위촉했다(민주의원). 민주의원의 의장직에는 이승만이 선출되었다. 이로써 우익 진영은 과도정부의 수립에는 실패했지만 민주의원을 통해 미군정과의 연대를 제도적으로 확보하게 되었다.

우익 진영의 반탁 입장과 대조적으로 좌익 진영은 찬탁(贊託)의 입장이었다. 남한의 좌익세력 역시 당초는 반탁의 입장이었다. 그러나 그들은 모스크바협정을 지지하라는 소련의 지령을 전달받은 후 찬탁으로 돌아섰다. 좌익은 우익의 반탁운동을 비난하면서 찬탁을 위한 군중시위를 조직했다. 1946년 2월 좌익은 우익의 비상국민회의에 맞서 민주주의민족전선이라는 통일전선을 조직했다.

결과적으로 모스크바협정은 남한에 있어서 좌우 대립의 경계를 확실히 했다. 다수의 남한 주민은 강한 민족주의 정서에서 우익의 반탁 노선에 공감했다. 좌익의 찬탁 운동은 소련의 지령에 따라 갑자기 입장을 바꾼 것도 그러했지만 논리적으로도 남한 주민의 강한 민족주의 정서를 설득하기 힘들었다. 모스크바협정에 따른 반탁과 찬탁의 대립은 그 때까지 좌익에 비해 열세였던 우익 진영의 입장을 크게 강화하여 우세로 돌아서게 했다.

제1차 미소공동위원회

모스크바협정에 따라 한국에서 민주적 임시정부를 구성하기 위한 미소 양국의 공동위원회가 1946년 3월 20일부터 서울에서 열렸다. 미소공동위원회를 앞두고 소련의 외상 몰로토프는 소련군 대표단에게 한반도에 들어설 통일적 임시정부의 형태와 관련하여 그것이 내각책임제가 되도록 하며, 내각의 구성에 있어서는 남과 북에 균등한 몫을 분배하며, 남쪽 대표의 절반은 좌익이 차지하도록 하라는 지령을 내렸다. 이 같은 지령에 따라 북한의 소련군은 김일성 등과 상의하여 총리 여운형, 부총리 박헌영과 김규식, 내무장관 김일성과 같은 내각의 명단까지 작성하여 소련공산당에 보고했다. 이처럼 소련은 한국에 들어설 정부가 친소적이어야 한다는 방침을 굳히고 그에 상응하는 세밀한 준비와 더불어 미소공동위원회에 임했다.

다른 한편 미국을 대표하는 미군정의 하지 사령관은 미소공동위원회의 개최를 맞아 미국의 입장을 밝히는 성명을 발표했다. 거기서 그는 언론, 집회, 신앙, 출판 등의 자유는 절대적인 것이며, 그것을 한국에서 확립함이 미국의 목표라고 했다. 이로써 미국은 한국에 들어설 임시정부는 자유민주주의를 신봉하는 세력에 의해 주도되어야 함을 명확히 했다. 또한 하지 사령관은 통일적 임시정부를 실질적으로 세우기 위해서는 38선의 국경선 기능을 철폐하고 남북 두 지역의 경제를 통합하고 남북의 정치세력이 자유롭게 상대방 지역을 방문하여 활동할 수 있어야 한다고 주장했다.

양국의 입장 차이는 공동위원회가 열리자마자 숨김없이 드러났다. 소련은 남북을 경제적으로 통합하자는 미국의 제안을 받아들이지 않았다. 가장 심각한 대립은 임시정부의 수립을 위해 공동위원회가 협의할 정당과 사회단체의 선정을 두고 벌어졌다. 소련군 대표는 모스크바협정에 반대하는 정당과 사회단체는 그 대상에서 제외되어야 한다고 주장했다. 그대로라면 신탁통치에 반대하는 남한의 우익 정당과 사회단체는 모두 배제되어 임시정부는 소련의 의도대로 좌익이 주도하는 친소적 정부가 될 것이었다. 그에 대해 미국은 모든 정당과 사회단체는 언론의 자유가 있기 때문에 신탁통치에 대해 찬반의 의견을 자유롭게 표현할 수 있으며, 그에 반대하는 정당과 사회단체를 배제하는 것은 언론의 자유를 부정하는 것이라고 주장했다.

소련은 타협안으로 남한의 정당과 사회단체들이 비록 과거에는 신탁통치에 반대했다 하더라도 향후로는 모스크바협정을 지지하고 또 공동위원회가 앞으로 내릴 결정에 협력할 것을 서약한다면 협의의 대상에서 배제하지 않는다는 제안을 냈으며, 미국은 그에 동의했다. 미군정의 하지 사령관은 반탁·우익 진영의 서약을 유도하기 위해 공동위원회의 협의 대상이 되고자 그런 서약을 하더라도 그것은 향후 신탁통치에 대한 찬반 의견을 발표할 수 있는 자유를 구속하지 않는다는 내용의 성명을 발표했다. 이후 남한의 반탁·우익 진영은 일제히 서약서에 서명했다. 그러자 소련은 공동위원회가 주문하는 서약에 관한 하지의 해석은 모스크바협정의 본질을 파괴하는 것이라고 비난했다. 양국 대표는 더 이상 타협할 여지가 없었으며, 제1차 미소공동위원회는 결렬되었다.

이승만의 임시정부론

이승만은 미소공동위원회가 결렬된 후 자신이 총재로 있는 독촉국민회의 활동을 독려하고자 지방 순회에 나섰다. 6월 3일 이승만은 전북 정읍에서 행한 유명한 연설에서 남한의 자유민주주의 세력이 선택할 노선을 다음과 같이 천명했다. 이를 두고 이후 이승만에 비판적인 정치세력과 저술가들은 남북 분단의 씨앗이 된 '단독정부론'이라고 매도했다.

"이제 우리는 무기 휴회된 공위가 재개될 기색도 보이지 않으며 통일정부를 고대하나 여의케 되지 않으니 우리는 남방만이라도 임시정부 혹은 위원회 같은 것을 조직하여 38이북에서 소련이 철퇴하도록 세계 공론에 호소하여야 될 것이니 여러분도 결심하여야 될 것이다."

이 발언에서 남한만의 '임시정부 혹은 위원회'는 당시의 전후 맥락에서 후일 분단을 전제하고 생겨난 남한의 대한민국과 같은 정부를 직접 칭하는 것은 아니었다. 그것은 미소공동위원회가 수립하고자 했던 통일적 임시정부의 남한만의 조직을 가리켰다. 북한에서는 이미 그 해 2월에 북조선임시인민위원회라는 임시정부가 성립하여 북한 지역에서 인민민주주의적 개혁에 박차를 가하고 있었다. 이승만이 남한만의 '임시정부 또는 위원회'를 언급한 것은 이 같이 북한에서 이미 성립하여 활동 중인 임시정부를 남한도 빨리 만들어 그에 대처해야 한다는 뜻이었다. 이승만의 그 같은 발언은 남북한 전체가 공산국가로 되기를 바라지 않은 이상 당시의 정세에서 당연히 나올 수 밖에 없는 것이었다.

당시 이승만은 남한 우익진영의 지도자 가운데 북한을 점령한 소련의 의도와 이후 북한에서 벌어진 정치적 변화의 의미를 종합적으로 파악하고 있는 거의 유일한 사람이었다. 이승만이 보기에 소련과 통일적 임시정부를 세우기 위해 협상을 하는 것은 한국 전체를 공산국가로 빠뜨릴 위험성이 다분했다. 미국도 소련의 의도와 남북이 상이한 체제로 분단되어 갈 불가피한 현실을 잘 인지하고 있었다. 그럼에도 미소 양국을 비롯한 남북의 정치세력은 분단의 책임을 회피하기 위해 협상의 카드를 고집했다.

그러한 위선적 상황이 이어지는 가운데 북한에서는 중앙집권화된 임시정부가 들어서서 북한 지역의 공산주의적 개조를 위한 작업에 박차를 가하고 있었다. 반면 남한에서는 미군정이 공식적으로 모스크바협정의 이행을 표방하는 가운데 좌우 진영의 대립이 날로 심각해지고 있었다. 우익 진영 내부도 헤게모니를 둘러싸고 심하게 갈등하고 있었다. 이 같은 위험하고 불안정한 상황을 극복하고 소련과 북한의 공세에 효과적으로 대응하기 위해 남한의 우익과 중도 세력은 하루빨리 단합하여 자유민주적 통일전선으로서 남한만의 임시정부를 세울 필요가 있었다. 이승만이 정읍에서 행한 발언의 기본 취지는 이와 같았다.

그렇지만 당시 남한의 정치 세력과 언론은 이승만의 발언을 민족의 분단을 초래할 단독정부론(單政論)으로 규정하면서 격렬하게 비판했다. 좌익 세력만 비판한 것이 아니라 중도파, 심지어 김구의 임정 세력까지 이승만 비판에 가세했다. 미군정도 이승만의 정읍 발언은 모스크바협정의 실행을 추구하는 미국의 정책과 어긋난다고 비판했다. 그렇지만 그들은 당시 북한에 들어선 임시정부 북조선임시인민위원회와 그에 의한 급진적 인민민주주의 개혁을 민족의 분단을 초래하는 행위로 비판하지는 않았다. 그러한 편향성은 당시 남한의 모든 정치세력이 북한의 정세를 객관적으로 판단할 능력을 결여한 가운데 민족 통일정부의 수립이라는 당위적 명제에 깊이 매몰되어 있었기에 조금도 어색하게 느껴지지 않았다.

미군정의 좌우합작 추진

미 국무부는 제1차 미소공동위원회가 결렬된 이후에도 모스크바협정에 따라 한국의 독립 문제를 처리할 기존의 방침을 고집했다. 미 국무부의 이른바 국제주의자들은 세계대전에서 연합국으로서 함께 싸운 소련을 신뢰했으며, 남한의 이승만과 김구가 중심이 된 우익세력을 불신했다. 미소공동위원회가 결렬된 후 미 국무부는 반소 입장을 굽히지 않고 있는 이승만과 김구에 대해 "원로 망명객들이 미국의 목표를 돕기는커녕 방해했다"고 비난하면서 그들을 남한 정계에서 제거하고 미국의 정책에 협조할 새로운 정치세력을 양성하라고 미군정에 지시했다.

1946년 5월 하순 미군정은 좌우 두 진영 사이에서 중도적인 입장을 취하고 있는 김규식과 여운형을 독려하여 좌우합작을 이루도록 했다. 미군정은 좌우합작을 기반으로 북조선임시인민위원회에 대응하는 남한 주민의 대표기구로서 좌우합작위원회와 과도입법의원을 만들고자 했다. 이 같은 미군정의 구상에 호응하여 중도우파의 김규식, 한민당의 원세훈 등과 중도좌파의 여운형, 조선공산당의 허헌 등은 좌우합작위원회를 구성했다.

1946년 10월 김규식과 여운형의 노력으로 좌우합작위원회는 좌익5원칙과 우익8원칙을 절충한 좌우합작7원칙을 발표했다. 모스크바협정에 의거하여 남북을 통한 좌우합작으로 민주주의 임시정부를 설치하며, 이를 위해 미소공동위원회를 속개하며, 유·무상몰수와 무상분배의 토지개혁을 행하며, 좌우합작위원회의 주도로 입법기구를 설치하며, 친일파 및 민족반역자를 처리할 조례를 동 입법기구가 제정한다는 등의 내용이었다. 모스크바협정에 따라 신탁통치는 당연히 시행될 것으로 전제되었다. 이 같은 좌우합작7원칙을 둘러싸고 한민당과 조선공산당 내부에서 찬반 여부를 둘러싸고 심각한 분열이 발생했다. 좌우합작7원칙은 좌우 정치세력을 망라한 넓은 범위의 진정한 합작을 이루지는 못했다.

남조선과도정부의 수립

미군정은 좌우합작7원칙에 호응하여 민선의원 45명과 관선의원 45명으로 이루어지는 남조선과도입법의원을 설치했다. 1946년 10월 하순 45명의 민선의원을 선출하는 선거가 이루어졌다. 선거는 동리→면→군 등 몇 단계의 간접선거로 치러졌다. 선출된 민선의원은 한민당 당원이 12명, 이승만의 독촉국민회 회원이 17명, 김구의 한국독립당 당원이 4명, 무소속 12명 등이었는데, 무소속의 대부분은 한민당 계열이었다. 민선의원의 대부분이 우익 인사로 구성되자 미군정은 관선의원 45명을 좌파와 온건 우파의 인물로 채웠다. 과도입법의원의 의장에는 김규식이 임명되었다.

그 동안 미군정의 강력한 견제로 이승만과 김구는 좌우합작에 대해 관망하는 자세를 취했다. 미군정이 관선의원을 좌파와 온건 우파의 인물로 채우자 이승만과 김구는 그에 강력히 반발했다. 1946년 12월 이승만은 미국정부와 여론에 자신의 노선을 직접 호소하기 위해 미국으로 갔다. 워싱턴에서 이승만은 미 국무부의 한국 정책을 비판했다. 이승만은 남북이 통일될 때까지 남한에 우선 임시정부를 세워서 그 임시정부를 유엔에 가입시키고 그 임시정부로 하여금 직접 미국과 소련 정부를 상대로 협상하게 하라는 자신의 주장을 널리 홍보했다.

이승만이 미국에서 활동하는 사이 미국과 소련 사이의 냉전이 공식화했다. 1947년 3월 미국의 트루먼 대통령은 그리스와 터키로 진출하려는 소련을 봉쇄하기 위한 군사원조를 의회에 요청했다. 그 연설에서 트루먼은 공산주의체제를 현재의 국경선에서 봉쇄하겠다는 정책을 발표했다. 이로써 이후 40년간 때때로 열전을 동반하기도 했던 동서냉전(東西冷戰)이 막을 올렸다. 그것은 이승만이 예견해 온 것이기도 했다. 4월 귀국 길에 오른 이승만은 다시 한 번 남한에서 조속히 선거를 실시하여 임시정부를 수립한 다음 그 정부가 미국과 소련 정부를 상대로 통일에 대해 협상하도록 하자는 성명을 발표했다. 변화한 국제정세와 더불어 그의 성명에는 미국 정부가 귀를 기울일 수밖에 없는 무게가 실려 있었다.

제2차 미소공동위원회

동서 냉전의 개시에 따라 소련과의 협상을 통해 한국 문제를 처리하자는 미 국무부의 국제주의자들은 퇴각했다. 반면에 남한에 단독의 임시정부를 세우자는 방안이 점점 힘을 얻어 갔다. 미 국무부는 내심 그러한 방침에 기울면서도 명분을 지키기 위해 소련과의 협상을 통한 통일적 임시정부의 수립을 포기하지는 않았다. 그에 따라 1947년 5월 제2차 미소공동위원회가 서울에서 열렸다. 회담에 임하여 소련 대표는 제1차 회담 때와 마찬가지로 통일적 임시정부의 구성에 있어서 남과 북이 동등한 비중을 가지며 남측 대표의 구성에 있어서 좌와 우가 동등한 비중을 지녀야 한다는 원칙을 재확인했다.

한국에 들어설 임시정부가 친소적이어야 한다는 소련의 입장은 확고부동하다 못해 신성한 것이었다. 평양을 떠나는 소련 대표부에게 북한의 지도자들은 임시정부의 수립에 의해 북한의 사회·경제구조에 어떠한 변화도 생기기를 원치 않는다는 입장을 전달했다. 그렇지만 이 같은 임시정부에 관한 방안은 다른 문제로 공동위원회가 결렬되었기 때문에 협상의 테이블에 오를 겨를도 없었다.

미국 대표는 회담을 성사시키기 위해 제1차 회담에서 고집했던 반탁 세력의 언론 자유에 대한 보장을 철회하는 중대한 양보를 했다. 양국 대표는 공동위원회에 참여하려는 남북한 정당과 사회단체에게 모스크바협정과 공동위원회의 노력을 지지한다는 서약서를 제출할 것을 요구했다. 이승만과 김구를 중심으로 한 우익 진영은 서류의 제출을 거부하고 모스크바협정의 폐기와 한국 문제의 유엔 상정을 주장했다. 그 밖의 남북한의 모든 좌우익 정당과 사회단체는 공동위원회에 서약서와 참가 신청서를 제출했다.

7월 중순 미소공동위원회는 향후 위원회가 협의할 정당과 사회단체의 명부를 작성하기 시작했다. 그 때 소련은 제1차 공동위원회 때와 동일한 문제를 다시 제기했다. 소련은 서약서를 제출했다 해도 반탁투쟁위원회 및 그와 유사한 단체에 가입한 정당이나 단체는 협의의 대상에서 제외되어야 한다고 주장했다. 소련의 주장대로라면 반탁 단체는 물론 일부 중도 정당과 단체까지도 협의의 대상에서 배제되어야 할 형편이었다. 미국은 소련의 주장을 받아들일 수 없었다. 결국 제2차 미소공동위원회 역시 이전과 본질적으로 동일한 문제로 인해 교착상태에 들어갔다.

이에 미국은 모스크바협정과 미소공동위원회의 틀을 벗어날 길을 모색했다. 미국은 미·소·영·중 4국의 회담에서 한국 문제를 협의할 것을 제안했지만, 소련은 모스크바협정에 위배된다고 하면서 반대했다. 결국 미국은 1947년 9월 한국 문제를 유엔에 이관할 수밖에 없다고 소련에 통고한 후 유엔총회가 한국 문제를 의논해 줄 것을 요청했다. 유엔총회는 미국의 요청에 따라 한국 문제를 의제로 채택했다. 한국 문제가 유엔으로 이관되자 미군정이 그 때까지 추진해 온 좌우합작도 자연히 유야무야 되었다. 1947년 12월 좌우합작위원회는 해산했다.

미국의 한국 정책 재평가

돌이켜 보면 미 국무부가 소련과 모스크바협정을 체결하고 그에 준하여 소련과의 협의를 통해 한국에 친미 반공정부를 세우고자 했음은 소련의 진정한 의도를 간과하고 미국의 힘을 과신한 위에서 추진된 관념적인 정책이었다. 두 차례에 걸친 미소공동위원회에서 소련은 한국에 친소 정권을 세우기 위해 통일적 임시정부의 세력 구성이 좌익 3에 우익 1의 비율이어야 한다는 기본 방침에서 조금의 흔들림도 없었다. 그리고 소련은 이승만을 비롯한 남한의 우익 진영을 대표하는 세력을 반동분자로 공격하면서 협의의 대상에서 제외하고자 했다. 결과적으로 미소공동위원회는 임시정부의 구성에 관하여 실질적인 토론은 단 한 차례도 하지 못한 채 결렬될 수 밖에 없었다. 그것은 충분히 예상된, 그런 의미에서 위선적인, 가면극에 다름 아니었다. 그러한 위선적 협상을 미국이 2년간이나 고집한 것은 미국의 세계전략이 유동하는 가운데 소련과의 협조 가능성을 신뢰하는 관념적인 것이었기 때문이다.

미 국무부는 남한의 내부 사정에 대한 이해에 있어서도 관념적인 한계를 드러냈다. 미 국무부는 남한의 이승만, 김구, 한민당을 중심으로 한 우익 진영이 그들의 역사에서 지니는 진보적 의의를 과소평가했다. 남한의 우익 진영은 개인의 자유와 독립을 역사 발전의 동력으로 소중히 평가하는, 그들의 이전 역사에서 볼 수 없는, 진보적인 신흥 정치세력이었다. 그들은 미 국무부의 관리들이 상투적으로 간주했듯이 남한의 대중을 억압하고 착취하는 반동세력이 아니었다. 이승만을 비롯한 남한의 우익 진영은 대중의 지지를 받았으며, 공산주의와의 투쟁에 있어서 대중을 동원할 수 있는 커다란 능력을 보유했다. 남한의 대중은 자유민주적 정치지향에 있어서 우익 진영을 신뢰하고 지지했다.

미 국무부의 진보주의자들은 남한의 우익 진영이 보유한 정치적 능력을 과소평가했다. 그로 인해 그들은 미군정으로 하여금 반공의 의지가 의심스러운 가운데 대중을 동원할 정치적 능력을 결여한 중도파와 협력하도록 요구했다. 미군정이 시도한 좌우합작은 한국 문제가 유엔에 이관되기 이전에 사실상 파산했다. 과도입법의원의 민선의원 선거에서 우익은 승리했다. 선출된 민선의원의 대부분은 우익 진영의 인사들이었다. 대중의 지지를 받고 대중을 동원할 수 있는 정치세력은 중도파가 아니라 우익 진영이었다. 나아가 과도입법의원은 신탁통치를 반대하는 결의안을 압도적 우세로 통과시킴으로써 그를 낳아준 미군정에 타격을 가했다.

냉정하게 평가하여 미군정과 그에 협력한 중도파의 좌우합작 노선은 지식인 위주의 관념사회에서나 호소력을 갖는 것이었다. 현실은 서로 용납할 수 없는 이념이 살벌하게 대립한 전쟁과 같은 것이었다. 그러한 현실에서 중도파의 좌우합작 노선은 그 실패가 처음부터 예견된 것이었다. 차선의, 아니 최선의 현실적 선택은 남한 만에서라도 우선 자유민주주의의 정부를 세우고 그 정부로 하여금 어떠한 방식이든 통일을 추구하게 하는 것이었다.

이승만이 유일하게 공개적으로 주창했던, 겉으로는 모두로부터의 비난을 받았던, 속마음에서는 모두가 진작부터 동의하고 있었던, 그 같은 선택이 미국정부와 남한의 우익 진영에 의해 공식화하는 데에는 2년의 세월이 걸렸다. 남한에서 적지 않은 세력을 형성했던 좌익의 저항이 격렬했음이 그 첫째 이유이다. 둘째 이유는 한국인이라면 누구도 예외 없이 깊이 몰입했던 민족주의 정서이다. 통일적 민족정부의 수립은 그 누구도 거역하기 힘든 신성한 것이었다. 셋째 이유는 자신의 힘을 과신하여 소련과의 협상을 통해 한국에 친미 반공정권을 세울 수 있다고 믿은 미국의 관념적인 대외정책이다.

그렇게 방향이 잘못 설정된 정책이 2년간이나 점령군의 권위로 강요될 때 반공의 보루로서 그에 강인하게 맞선 정치세력이 없었다면, 쉽사리 성립한 좌우합작의 통일정부에서 잘 조직된 좌익세력이 조만간 헤게모니를 장악하여 한국 전체를 친소 공산국가로 만들어 버렸을 것임은 쉽게 짐작할 수 있는 일이다. 그런 점에서 한국 문제가 유엔으로 이관되기 이전의 2년간은 한국의 자유민주주의 세력이 살아남기 위해 분투했던 위험하고도 시련에 가득 찬 기간이었다.

02

대한민국의 건국

유엔의 한국 결의

1947년 11월 14일 유엔총회는 한국 문제에 관해 남북한 전 지역에서 유엔의 감시 하에 인구비례에 의한 자유선거를 실시하여 국회를 구성하며, 그 국회가 남북에 걸친 통일정부를 수립하며, 선거를 준비하고 감시하기 위해 유엔한국임시위원단을 구성하며(유엔위원단), 통일정부가 구성되면 90일 이내에 남북한에서 미국군과 소련군은 완전 철수한다는 것이었다.

남한의 우익 진영은 이 같은 유엔의 결의를 환영했다. 이승만과 한민당은 물론, 임정을 대표하면서 한국독립당이란 정당을(한독당) 이끌었던 김구도, 좌우합작운동을 주도한 김규식도 환영했다. 김구는 이승만이 선도하는 정부 수립 운동을 지지하는 성명을 발표했다. 1948년 1월 유엔위원단이 서울에 왔다. 유엔위원단의 활동은 남한에서는 미군정의 협조를 받아 순조롭게 이루어졌다. 남한의 우익 진영은 유엔위원단의 활동에 적극 협조하면서 남북한 총선거의 조속한 실시를 요청했다. 유엔위원단은 소련군의 거부로 북한에는 들어가지 못했다. 유엔위원단은 북한에서의 활동이 불가능한 상황에서 향후 그들이 어떻게 행동해야 하는지에 관해 지시해 줄 것을 유엔에 요청했다. 2월 말 유엔소총회는 유엔위원단에게 접근 가능한 지역에서, 곧 남한 만에서라도 총선거를 실시하라고 결의했다.

미국이 한국 문제를 유엔에 이관하기로 한 때부터 소련과 남북한의 좌익세력은 그를 저지하려는 공작을 펼쳤다. 북조선인민위원회는 1947년 가을부터 소련이 제시한 미국군과 소련군의 조기철수론을 지지하고 한국 문제의 유엔 상정 및 결의를 반대하는 군중대회를 북한 전 지역에서 개최했다. 동년 10월 김일성은 남북협상의 필요성을 제기했다. 통일정부를 세우기 위해서 남북한의 정당·사회단체 대표들이 한 자리에 모여 정세를 토의하고 대책을 세우자고 했다. 김일성은 남한의 정당·사회단체 인사들을 포섭하는 공작을 벌였다. 김일성은 이 일을 서울에 주재하는 북로당의 공작원 성시백에게 맡겼다. 성시백은 남한의 좌익 정당을 비롯해 중도 및 우익 정당의 인물까지 광범하게 포섭했다. 성시백은 중도파의 지도자 김규식의 비서와 접촉했으며, 나아가 우익의 지도자인 김구와 그의 한독당 동료인 조소앙과 엄항섭의 측근에 자신의 사람을 심는 데 성공했다.

남한의 좌익 진영도 한국 문제의 유엔 상정 및 결의를 격렬히 비난했다. 남로당은 유엔 결의를 "미국군의 영구적인 남한 주둔을 합리화하는 것" 또는 "남한을 미국의 식민지화, 군사기지화 하려는 음모" 등으로 비난했다. 남한의 좌익은 1948년 2월 유엔위원단의 활동을 저지하기 위해 격렬한 파업과 시위·폭동을 일으켰다. 전기 노동자들은 변전소를 파괴하고 전선을 절단했으며, 철도 노동자들은 기관차를 부수고 열차 운행을 중지시켰으며, 통신 노동자들은 전신 설비를 마비시켰다. 농민들은 경찰지서를 습격했으며, 학생들은 동맹휴학을 했다. 이런 사태가 2주간이나 계속되어 100여 명이 사망했으며 8,000여 명이 체포되었다.

김구와 김규식의 이탈과 남북협상

북한의 공작과 좌익세력의 저항은 효과가 있었다. 당시 남한의 여러 정당에는 남로당과 북로당의 첩자들이 깊숙이 침투하여 당론을 좌우했다. 1947년 12월 하순 김구와 김규식의 입장에 변화가 생겼다. 12월 20일 중도파의 연합단체는 남북정치단체대표들의 회의를 제안했다. 22일 김구도 돌연 이승만이 추진하는 남한만의 선거에는 절대 반대한다는 성명을 발표하면서 우익 진영에서 이탈했다. 1948년 1월말 김구와 김규식은 유엔위원단과의 면담에서 미소 양국군의 조기철수와 남북협상의 필요성에 한 목소리를 내었다. 그들은 유엔위원단에게 소련이 반대하는 총선을 추진하지 말 것을 요청했다.

김구와 김규식의 동조로 전조선제정당사회단체대표자연석회의가 4월 19일부터 26일까지 평양에서 열렸다. 동 연석회의에는 남북한의 56개 정당과 사회단체의 대표 696명이 참여했다. 남한에서 151명, 북한에서 545명이었다. 회의는 북한 정권이 미리 준비한 각본에 따라 일사분란하게 진행되었다. 회의에 앞서 4월 12일 소련공산당은 동 회의에서 유엔총회의 한국 결의와 유엔위원단의 활동을 불법으로 비난할 것, 유엔위원단의 소환을 주장할 것, 소련이 제의한 미소 양국군의 철수 제의를 환영할 것, 미소 양국군이 철수한 뒤 남북에 걸친 선거의 실시를 주장할 것 등을 북한 소련군에 지시했다. 북한 정권은 회의의 진행 상황을 일일이 북한 소련군에 보고하고 지시를 받았다. 심지어 김구와 김규식과 같은 남측 요인의 접대 수준이나 절차의 세세한 데까지 북한 소련군은 지시를 내렸다.

동 회의에서 남측 대표가 자유롭게 발언할 기회는 주어지지 않았다. 토론은 미리 선정된 사람들이 준비된 원고를 읽은 방식으로 진행되었다. 토론의 내용은 천편일률적으로 미국이 남한을 식민지로 만들기 위해 남한에서 선거를 시행하려 하며, 이승만과 김성수 등의 매국노들이 그에 동조하고 있다는 비난으로 가득 찼다. 동 회의는 '조선정치정세에 관한 결정서'를 채택했다. 그 내용은 미 제국주의자들의 식민지 정책과 그와 야합한 민족반역자 및 친일파가 추진하는 남한 단독선거를 파탄시키고, 한국에서 외국군대가 즉시 철수하고 한국인 손으로 자주 독립국가를 만들게 하자는 소련의 제안을 관철하기 위해 강력히 투쟁하자는 것이었다. 그 같은 결의에 따라 남조선단독선거반대투쟁전국위원회가 결성되었다.

뒤이어 27일과 30일 사이에 북한 대표 8인과 남한 대표 7인이 참여한 남북지도자협의회가 열려 통일정부를 세울 방안에 대해 협의했다. 그 결과 남북조선제정당사회단체공동성명서가 채택되었다. 그 내용은 첫째 소련의 제의에 따라 남북한에서 외국군대는 즉시 철거해야 하며, 둘째 외국군대가 철거한 뒤 내전이 발생할 수 없음을 확인하며, 셋째 외국군대가 철거한 뒤 남북협상에 참여했던 56개 남북 정당·사회단체들에 의해 전조선정치회의가 소집되어 민주적 임시정부를 구성하며, 동 정부에 의해 직접·보통·비밀선거를 실시하여 입법기관의 의원을 선출하며, 동 기관에 의해 헌법을 제정하고 통일적 민주정부를 수립하며, 넷째 남한 단독선거는 실시되더라도 결코 이를 인정하지 않는다는 것 등이었다.

남북협상의 평가

흔히들 1948년 4월 말 평양에서 이루어진 전조선제정당사회단체대표자연석회의와 남북지도자협의회를 가리켜 남북협상이라고 한다. 남북협상은 미소 양국군의 철수와 남북에 걸친 총선거의 실시를 통해 통일정부를 수립하자는 소련의 주장을 반복한 것이다. 소련과 북한의 공산주자들은 유엔총회의 한국 결의를 계기로 모스크바협정에 따라 미소공동위원회로 하여금 임시정부를 세우도록 하자는 주장을 철회하고, 미소 양국군이 즉각 철수한 뒤 남북 총선거를 실시하여 통일정부를 구성하자는 주장을 내세웠다. 그들은 왜 주장을 바꾸었는가. 또한 남한의 우익세력은 왜 외국군대가 철수한 뒤 보통선거를 실시하자는 좌익의 새로운 주장을 거부했는가.

이 같은 의문에 대해 연구자들은 해방 후 북한에 있어서 공산주의세력의 조직화와 공고화에 그 열쇠가 있다고 대답하고 있다. 즉 해방 후 3년간 북한의 공산주의자들은 소련군의 비호 하에 잘 조직된 세력으로 발전했으며, 독자의 세력만으로도 남한의 우익세력과 대결하여 이길 수 있는 힘을 키웠던 것이다. 예컨대 1948년 2월에 북한 정권은 조선인민군을 창설했다. 총 병력은 6만이었으며 그 중의 1만 명은 소련의 지원으로 시베리아에서 탱크와 항공기 및 현대식 통신장비에 관해 훈련을 받은 간부 병력이었다. 소련은 탱크와 자주포를 북한에 제공하여 탱크연대를 편성하게 했다. 그 위에 소련을 중심으로 한 공산진영은 세계대전 이후 동유럽 각국에서 무력을 동원하는 비정상적인 방법으로 정권을 장악하는 경험을 축적하고 있었다.

그에 비해 남한에는 아직 군대다운 군대가 없었다. 뿐만 아니라 북한은 1946년 토지개혁의 실시와 반공인사의 숙청 이후 인민민주주의체제의 단독정부가 안정된 통치를 실현하고 있었다. 그와 대조적으로 남한에서는 제대로 구성된 한국인의 단독정부가 없는 가운데 좌·우·중도 정치세력이 치열하게 대립하여 정치혼란이 점점 심각해지고 있었다. 소련과 북한 정권이 외국군대의 철수와 보통선거의 실시라는 공세적인 입장으로 전환한 것은 남한의 우익세력에 비해 월등하게 강화된 그들의 실력을 배경으로 한 것이었다.

요컨대 1948년 4월 평양에서 있었던 남북협상은 한국을 공산화함에 있어서 최대의 걸림돌인 남한의 미국군을 철수시킨 다음 남한의 우익세력을 고립시키고 실력으로 배제하기 위한 고차의 통일전선전술에 다름 아니었다. 미국을 남한을 식민지로 지배하려는 제국주의 국가로, 남한의 우익세력을 반민족 친일파로 규정한 북한 공산주의자들의 역사의식은 현실성과 과학성을 결여했다. 그것은 레닌의 제국주의론 이래 공산주의자들이 상투적으로 답습해 온 역사인식에 불과했다. 그와 정반대로 미국은 남한에서 독자의 정부가 들어서면 품위 있게 철수할 계획을 세우고 있었다. 미국정부는 남한의 군사전략적 가치를 높이 평가하지 않았으며, 남한에 주둔한 육군이 없어도 우세한 공군과 해군만으로도 한반도를 둘러싼 미국의 군사적 이해관계는 확보할 수 있을 것으로 판단했다.

결과적으로 남북협상에 참여한 김구와 김규식 등은 소련과 북한이 펼친 고차의 통일전선전술에 충실하게 이용당했을 뿐이었다. 민족의 통일을 위한 그들의 개인적 충정은 높이 평가될 필요가 있다. 그렇지만 남북협상으로 바뀐 것은 아무 것도 없었다. 그들은 남한의 우익세력을 대표하는 위치에 있지도 않았다. 그들은 한국 전체를 공산화하기 위한 북한의 정치공작에 놀아났으며, 그 이유로 이후 남한의 정치에서 고립되어 갔다. 그들의 북행은 이후 건립되는 대한민국의 역사적 정통성에 적지 않은 상처를 남겼다. 통일을 바라는 민족적 염원에도 불구하고 분단의 물결은 어찌할 수 없는 기세로 닥아 왔다. 북한의 공산주의화가 백지 환원되거나 아니면 남한이 공산주의화 하거나 둘 중의 하나가 아니면 통일은 기대할 수 없었다. 김구와 김규식 일행의 북행을 지켜보면서 이승만은 “남조선에서 북행한 정치가들이 북조선의 김일성 씨와 자기 마음대로 협상할 수 있다고 생각했다면 너무나 어리석은 일”이라고 딱하게 여겼다.

5·10 선거

김구, 김규식과 같은 유력 정치인의 반대에 부딪힌 유엔위원단은 한동안 남한만의 총선거를 실시할지 여부를 두고 망설였다. 이때가 대한민국의 건국 노선이 봉착한 마지막 위기였다. 이승만의 우익 진영은 유엔위원단이 선거를 시행해야 할 당위성을 필사적으로 설득했다. 드디어 유엔위원단은 1948년 5월 10일 이전에 남한에서 총선거를 실시하기로 결정했다. 그 전에 미군정은 국회의원선거법을 발표했다. 이 법은 제1조에서 "국민으로서 23세에 달한 자는 성별, 재산, 교육, 종교의 구별이 없이 국회의원의 선거권이 있음"을 선언했다. 이로써 한국 역사상 처음으로 실효성을 지닌 법률에 의해 자유롭고 평등한 정치적 주체의 집합으로서 '국민'의 범주가 창출되었다. 투표의 방법은 선거인 본인이 직접 무기명으로 행하는 보통·자유·직접·비밀선거로 규정되었다. 그 역시 한국 역사에서 처음 행해지는 일이었다.

5·10선거는 성공적으로 진행되었다. 4월 9일에 마감된 유권자의 선거인 등록률은 중앙선거관리위원회의 자료에는 96.4%로, 유엔위원단의 자료에는 79.7%로 기록되었다. 선거인 등록자의 투표율은 89.8%였으며, 총유권자 대비 투표율은 71.6%에 달했다. 좌익세력의 적극적인 방해와 일부 정치세력의 불참 선동에도 불구하고 국민의 선거 참여의 열기는 매우 높았다. 역사상 처음 치룬 선거치고는 훌륭한 성공이었다. 선거의 분위기는 전반적으로 공명하고 자유로웠다. 선거를 감시했던 유엔위원단의 보고서는 "언론, 출판, 결사의 민주적 권리가 보장된 합당한 수준의 자유로운 분위기에서 실시된 이번 선거는 전체 한국 인구의 약 2/3가 거주하며 유엔위원단의 접근이 허용된 지역에서 유권자의 자유의사가 정확히 표현된 것이다"라고 하면서 긍정적으로 평가했다.

건국헌법의 제정

5·10선거에서 당선된 의원들은 5월 31일 제헌국회를 개원했다. 이 국회는 헌법을 제정하고 정부를 세우는 것을 기본 임무로 했기 때문에 임기가 2년이었다. 국회의장에는 이승만이 선출되었다. 제헌국회는 6월 3일부터 헌법 제정의 작업에 착수하여 7월 17일에 완료했다. 당시 가장 큰 논란을 이룬 것은 정부의 형태였다. 당초 헌법기초위원회가 마련한 헌법의 초안에는 정부의 형태가 내각책임제로 되어 있었다. 반면 이승만은 나라 만들기의 과제가 산적해 있는 신생국에는 대통령중심제의 정부형태가 적합하다고 생각했다. 이승만은 헌법기초위원회에 출석하여 내각책임제를 거부하는 자신의 입장을 강경하게 밝혔다. 헌법기초위원회는 이승만의 요구를 받아들여 대통령중심제로 정부형태를 바꾸었다. 그럼에도 국민이 직접 대통령을 선거하는 것이 아니라 국회가 대통령을 선출하는 방식을 취했다. 정부형태를 대통령중심제로 하면서 국회가 대통령을 간접 선거하는 것은 일종의 모순이었다. 이 때문에 4년 뒤 신생 대한민국은 대통령의 선출 방식을 둘러싸고 커다란 홍역을 치룰 수밖에 없었다. 정부형태를 둘러싼 정치세력 간의 어중간한 타협은 대한민국의 건국에 참여한 정치세력들이 공산주의세력과의 투쟁에서는 한편을 이루었지만 내적으로는 상이한 정치적 이해관계로 갈등하는 가운데 나라 만들기를 위한 장기적이며 통합적인 계획을 공유하지 않았음을 이야기하고 있다.

그럼에도 건국헌법은 새로운 나라가 번영을 이어갈 정치적 토대를 확고히 했다. 건국헌법은 대한민국은 민주공화국이며, 그 주권은 국민에 있고 모든 권력은 국민으로부터 나온다고 선언했다. 뒤이어 건국헌법은 모든 국민은 법률 앞에서 평등하며 성별, 신앙 또는 사회적 신분에 의하여 정치적, 사회적 생활의 모든 영역에서 차별을 받지 않는다고 선언했다. 이에 모든 국민에게는 신체의 자유, 거주와 이전의 자유, 신앙과 양심의 자유, 언론·출판·집회·결사의 자유, 학문과 예술의 자유가 보장되었다. 이처럼 건국헌법은 자유민주주의 정치체제를 지향했다.

대조적으로 건국헌법의 경제적 지향은 애매했다. 건국헌법은 재산권을 보장했지만, 경제질서는 사회정의의 실현과 국민경제의 발전을 기본으로 하며, 각인의 경제상의 자유는 이 한계 내에서 보장된다고 했다. 또한 건국헌법은 주요 지하자원을 국유로 하고, 대외무역을 국가의 통제 하에 두고, 주요 산업을 국영 또는 공영으로 하고, 공공의 필요에 따라 사영기업을 국유 또는 공유로 이전할 수 있다고 했다. 나아가 건국헌법은 사기업의 근로자는 기업 이익을 균점(均霑)할 권리가 있다고 했다. 건국헌법의 경제체제는 혼합경제 내지 사회민주주의 요소를 많이 내포했다.

헌법기초위원회에 참여하여 헌법 초안을 작성한 법률가들은 정치는 미국과 프랑스의 헌법을, 경제는 독일의 헌법을 참조했다. 건국헌법은 한국의 전통사회로부터 서서히 솟아난 것이 아니라 외부 세계로부터 갑자기 도입된 것이었다. 그 이유로 건국헌법에는 좋은 나라를 만들고자 한 정치적 의지가 가득 차기는 했지만, 당시의 내외 현실과 맞지 않은 점이 많았다. 예컨대 주요 산업을 국영 또는 공영으로 한다고 했지만, 일제가 남기고 간 수많은 기업을 정부가 경영할 능력도 없었거니와, 정부재정이 너무 빈약하여 그것들을 민간에 불하하여 재정수입을 보충할 수밖에 없었다. 노동자의 이익균점권은 자유시장경제의 근간을 부정하는 것으로서 실현성이 없었기 때문에 사문으로 지내다가 1962년 제4차 개정헌법에서 폐지되었다. 건국헌법의 불비함은 이후 대한민국의 나라 만들기가 수많은 시행착오를 거치면서 단계적으로 완성되어가는 험난한 과정임을 예고했다.

대한민국의 건국과 우방의 승인

건국헌법에 따라 제헌국회는 대통령을 선출했는데, 이승만이 압도적 지지로 당선되었다. 부통령에는 임정 국무위원 출신의 이시영이 선출되었다. 이승만은 7월 24일 대통령에 취임했으며, 8월 4일까지 행정부의 구성을 완료했다. 이승만은 광복군 참모장 출신의 이범석을 국무총리로 하여 초대 내각을 구성했다. 당초 이승만은 북한에서 내려온 조선민주당의 지도자 이윤영을 국무총리로 지명했으나 한민당의 반대로 국회의 인준을 얻지 못했다. 이승만은 지주·자본가와 같은 자산계층을 정치적 기반으로 하는 한민당보다 농민과 노동자 등, 기층을 이루는 다수 국민의 지지를 자신의 정치적 기반으로 삼고자 했다. 그 이유로 이승만은 내각의 구성에 있어서 한민당 세력을 배제했다. 크게 실망한 한민당은 이승만이 추천한 이윤영 국무총리의 인준을 거부했다. 해방 이후 5·10선거에 이르기까지 공산주의세력과의 투쟁에서 보조를 맞추었던 이승만과 한민당은 내각을 구성하는 단계에서 갈라섰다. 이후 한민당은 야당의 역할을 자임했다.

1948년 8월 15일 서울의 중앙청 광장에서 대한민국 정부의 수립을 선포하는 기념식이 성대하게 열렸다. 이승만 대통령은 기념사에서 개인의 근본적인 자유를 보호하는 민주정체(民主政體)를 세워가자고 역설했다. 대한민국 정부는 이날 밤 자정을 기해 미군정으로부터 통치권을 인수했다. 이로써 대한민국은 국제사회에서 주권을 보유한 독립국가로 건국되었다. 한국인은 1910년 일제의 강압으로 조선왕조가 망한 뒤 38년 만에 대한민국이라는 새로운 주권국가를 건립하게 되었다.

건국헌법은 "대한민국의 영토는 한반도와 그 부속도서로 한다"라고 선언함으로써 통일의 의지를 천명했다. 새 정부는 대한민국의 국제적 승인을 위해 노력했다. 12월 12일 제3차 유엔총회는 48 대 6의 압도적 다수로 대한민국을 승인했다. 유엔총회의 결의문은 다음과 같다.

"유엔총회는 유엔한국임시위원단이 선거를 감시하고 자문할 수 있었으며 모든 한국인의 압도적 다수가 살고 있는 한국의 그 부분에 대해 효과적인 통제권과 관할권을 갖는 합법적 정부(대한민국 정부)가 수립되었다는 것, 이 정부는 한국의 그 부분에 거주하는 유권자들의 자유의사의 유효한 표현인 선거에 기초하고 있다는 것, 그리고 이 정부는 한국에서 유일한 그러한 정부라는 것을 선언한다."

동 결의에서 유엔총회는 회원 각국이 대한민국 정부와 관계를 맺을 때 위와 같은 사실을 고려할 것을 권고했다. 그에 따라 1949년 1월 1일 미국 정부가 맨 처음 대한민국을 승인했다. 뒤이어 1950년 3월까지 자유진영의 26개 국가들이 대한민국 정부를 승인하고 국교를 수립했다.

이후 2008년 8월 15일 이명박 대통령의 정부가 대한민국의 건국60주년을 기념하고자 했을 때 그 날에 있었던 사건은 대한민국의 '건국'이 아니라 '정부수립'이었다는 주장이 제기되어 큰 논란을 빚었다. 1948년 8월 15일 중앙청 광장에서 열린 기념식의 공식 명칭은 '대한민국정부수립국민축하식'이었다. 그런데 당시의 기록을 세밀히 읽으면 정부와 민간의 일상적 언어생활에서 '정부수립'은 '건국' 또는 '독립'과 동어반복으로 쓰였다. 건국과 정부수립은 별개의 뜻이 아니었다.

1948년의 건국을 부정한 사람들은 1919년 중국에서 대한민국임시정부가 수립됨으로써 이미 건국은 이루어졌다고 주장했다. 그렇지만 대한민국임시정부는 독립운동가들의 단체였지 영토, 국민, 주권을 요건으로 하는 국가는 아니었다. 건국은 기본적으로 국경의 획정과 주민의 정치적 소속을 결정하는 국제적 사건이다. 대한민국임시정부는 어느 나라로부터도 승인을 받지 못했다. 국가는 상이한 이해의 인간과 사회집단을 하나의 질서로 통합하는 이념의 결정체이다. 임시정부를 구성한 주요 인사들은 각기 상이했다. 이승만 임시대통령은 최초의 자유민주주의자였다. 이동휘 국무총리는 최초의 공산주의자였다. 박용만, 신채호 같은 이는 최초의 민족주의자라고 할 수 있다. 박은식과 같이 구래 유학자로서의 정체성을 간직한 사람도 임시정부에 참여했다. 그 사상의 이질성으로 인해 임시정부는 곧바로 감당할 없는 분란에 휩싸여 사실상 해체되고 말았다. 1919년 단계에서 한국인은 새로운 국민국가를 건설함에 있어서 자유민주주의를 공화의 틀로 삼자는 데 합의할 수 있는 상태가 아니었다. 1919년 건국설을 주장하는 사람들은 국가를 세운다는 것이 정치철학적으로 무엇을 의미하는지 전혀 이해하고 있지 못했다.

건국의 역사적 의의

대한민국은 개인의 자유와 재산권을 인간생활의 가장 중요한 가치로 존중하는 자유민주의 정치체제로 성립했다. 세계사에서 자유민주의 정치체제는 16세기 이후의 서유럽에서 꽃을 피웠다. 1876년 조선왕조의 개항 이후 1948년 대한민국의 건국에 이르는 역사는 크게 보면 서유럽 기원의 외래 문명이 전파되어 와 한국인에 의해 수용되고 나름의 형태로 정착하는 '문명사의 대전환' 과정이었다. 19세기말 조선왕조의 지식인 가운데 새로운 문명의 수용과 정착을 위해 노력하는 이른바 개화파라는 정치세력이 대두했다. 개화파를 잇는 세력은 조선왕조가 근대적 개혁에 실패하여 일제의 강압으로 망하자 해외로 나가 독립운동을 벌였다.

다른 한편 일제 강압 하의 국내에서는 장차 도래할 민족의 독립을 위해 근대문명의 실력을 양성해야 한다는 실력양성파가 성장했다. 3·1운동 이후 민족적 반성이 고양되면서 실업(實業), 교육, 언론, 문화의 방면에서 활발한 민족운동이 전개되었다. 근대 교육에 대한 수요가 폭발하여 1940년대가 되면 적령기 아동의 40~60%가 취학했다. 한국인에 의한 공장의 설치도 활발하게 이루어져 1910년에 10개에 불과하던 공장이 1940년대가 되면 1만 개나 되었다. 그와 더불어 기업가, 상인, 엔지니어, 변호사, 의사, 교사, 숙련노동자의 전문 인력이 두텁게 축적되었다.

대한민국의 건국은 해방 후 해외에서 귀환한 자유민주적 독립운동세력과 국내에서 성장한 실력양성파의 협동에 의해 이루어졌다. 이승만의 독촉국민회, 김구의 임정과 한독당, 김성수의 한민당이 그 중심을 이룬 정치 단체였다. 이들이 구축한 반공산주의의 튼튼한 보루가 없었더라면 한국 전체는 조만간 공산주의세력에 의해 장악되었을 가능성이 크다.

요컨대 대한민국의 건국은 개항 이후 이 땅에서 성장한 근대문명 세력에 의해 이루어졌다. 그것은 성리학의 전통사회로부터 자유민주의 근대사회로의 이행을 말했다. 긴 역사의 관점에서 대한민국의 건국은 인간들의 삶의 원리에 있어서 일대 전환을 의미했다. 그것은 한국인이 그들의 전통문명에다 외래문명을 수용하여 접합시키는 '문명사의 대전환'이었다. 그 대전환의 과정에서 대한민국의 건국은 사회의 혁명적인 파괴나 재편을 동반하지는 않았다. 대한민국의 건국은 온건하고 점진적인 사회개량의 방식으로 이루어졌다. 겉으로 보기에는 낡은 사회구조가 그대로 이어지고, 그 속에서 성장한 계층이 그대로 지배적 지위를 누려서 신생 국가에 걸 맞는 혁명적 기풍은 없는 듯이 보였다. 그렇지만 바로 그 속에서 장차 한국인의 정치적 자유와 경제적 풍요를 이끌어낼 문명의 잠재력이 듬뿍 담겨 있었다.

분단의 책임

1948년 9월 9일 조선민주주의인민공화국의 수립이 선포되었다. 분단의 책임이 어디에, 누구에게 있느냐의 문제는 해방 후 한국인의 역사를 서술함에 있어서 피해갈 수 없는 문제의 하나이다. 분단은 제2차 세계대전의 결과로 미국과 소련이 한반도를 분할 점령할 때 사실상 결정된 것이나 다를 바 없었다. 대전 후의 세계에서 이 두 강대국이 대립할 때 그것을 극복할 힘은 어디에도 없었다. 미국은 한반도가 소련에 독점되는 것을 경계하고 한반도에 개인의 자유와 권리를 존중하는 친미적 국가가 들어서기를 희망했다. 반면에 한반도에서 친소적 정부가 들어서는 것은 전승국인 소련으로서도 양보할 수 없는 권리였다. 두 강대국이 세계대전 후의 처리를 두고 대립하기 시작한 1945년 9월, 소련의 스탈린은 북한 지역에 독자의 정권을 세우라는 지령을 내렸다. 이로써 분단은 피할 수 없는 운명으로 한국인에게 강요되었다.

분단의 책임은 두 강대국의 분할 점령에만 있지 않았다. 분할 점령을 허용했던 한국인의 역사 그 자체에 보다 근원적인 책임이 있었다. 19세기 말 열국쟁패의 시대에 망국의 쓰라린 체험을 한 한국인들은 독립운동 과정에서 또는 일제의 지배를 받는 과정에서 서로 다른 문명의 원리로 분열했다. 한편의 사람들은 미국과 영국을 모델로 하여 개인의 자유와 권리를 존중하는 국가체제의 건립을 지향했다. 다른 한편의 사람들은 소련 모델의 공산주의체제를 이상으로 여겼다. 19세기까지 한국인들을 하나의 질서로 통합했던 성리학(性理學)은 이 같은 이념적 대립에 어떠한 발언도 할 능력이 없었다. 20세기에 들어와 한국인들이 발견한 민족이라는 공동체 의식은 어디까지나 감성의 영역이었다. 이성의 영역에서 두 이념이 대립할 때 민족은 그 대안이 될 수 없었다.

해방 후 그들의 국가를 다시 건립할 기회가 주어졌을 때 한국인들은 두 이념으로 치열하게 대립했다. 미소 양국군의 분할 점령은 대립을 증폭시키는 역할을 했다. 좌우를 초월한 중도적 통합은 현실적 대안이 못되었다. 현실은 양보할 수 없는 이념의 대립으로서 전쟁과 같은 것이었다. 자유민주주의와 시장경제를 신봉하는 사람들은 미군정에 협조하고 대한민국의 건국에 참여했다. 계급독재와 공산주의가 옳다고 믿는 사람들은 소련을 지지하고 북한의 건국에 참여했다. 어느 방향이 옳았는지는 당대의 인간들로서는 알 수 없는 일이었다. 세계가 온통 분열해 있었으며, 역사는 오리무중(五里霧中)을 걷고 있었다.

이후 60년 이상의 역사가 흘렀다. 지난 60년의 세계사는 개인의 자유와 권리를 존중하고 그것을 국가체제의 기본원리로 채택한 민주주의와 시장경제가 인간의 물질적 복지와 정신적 행복을 증진시키는 올바른 방향이었음을 보여 주었다. 모두가 골고루 잘 산다는 공산주의의 이상은 인간의 본성에 맞지 않은 체제였다. 거기서는 계급, 당, 국가를 우선하는 전체주의적 지배체제 하에서 개인의 자유로운 정신과 창의성이 억압되었으며, 결과적으로 모두가 억압과 빈곤의 늪에 빠지고 말았다. 공산주의체제는 1980년대 이후 소련·중국과 같은 주요 국가들이 시장경제체제로 전환함에 따라 해체되고 말았다.

이제 우리는 보다 객관적이고 냉정한 시각에서 민족의 분단이라는 비극적 사건의 책임을 따질 수 있게 되었다. 해방 후 남북한의 좌익세력이 공유한 역사인식은 도식적이고 기계론적인 것이었다. 그들은 관념 속에서 추상된 역사발전의 법칙에 현실을 끼워 맞추려고 했다. 그래서 미국을 새로운 제국주의로, 남한을 그의 식민지로 규정하는 오류를 범했다. 그들은 일제의 지배 하에서 성장한 근대문명 세력을 친일파로 또는 미 제국주의의 앞잡이로 비판했으며, 나아가 그들의 자유와 권리를 부정했다.

1946년 2월 북한에서 일방적으로 시행된 무상몰수와 무상분배의 토지개혁은 개항 후 이 땅에 이식된 근대문명을 부정하는 처사로서 분단을 결정지운 최초의 중대 사건이었다. 북한의 토지개혁은 누가 뭐라 해도 해방된 한국은 공산국가로 가야 한다는 공산주의자들의 강력한 메시지였다. 이후 북한에서 자유민주주의 세력은 추방되었으며, 좌우의 두 세력이 타협할 수 있는 신뢰의 기반은 사실상 사라지고 말았다. 다시 말해 분단을 향해 먼저 달린 것은 남북한의 좌익세력이었다. 그들의 도식적이며 기계론적인 인간관과 역사관이 분단을 초래한 궁극의 요인이었다.

대한민국
승리의 길

제 2 장

대도약의 준비, 1950년대

김승욱 중앙대학교 교수/경제학

- 미국 조지아대학교 대학원 경제학 박사
- 유엔공업개발기구(UNIDO) 국제전문가 (1991.03 ~ 1992.03)
- 국사편찬위원회 역사 국정교과서 집필 (2015 ~ 2016)
- 월간지 「월드뷰」 발행인 (2009 ~ 현재)

주요 저서

- 『제도의 힘: 신제도주의 경제사 시각에서 본 국가의 흥망』 (프리이코노미스쿨, 2015)
- 『시장인가 정부인가?』 [공저] (부키, 2004)
- 「제도와 국가의 흥망: '제도가설'을 중심으로」 (제도와 경제, 제10권 3호[2016. 11.])

01

들어가며

지난 2017년 11월 8일에 도널드 트럼프 미국 대통령은 한국의 국회 본회의장에서 하나의 민족, 두 개의 한국에 대한 인상적인 연설을 했다. 대한민국의 눈부신 발전과 북한의 비참한 현실을 극명하게 대조했다. 불과 두 세대 만에 기적과 같은 일이 한반도 남쪽에서 일어나 한국은 지구상 부강한 국가반열에 올랐음을 축하했다.

이날 트럼프 대통령은 한국경제의 규모는 1960년과 비교해 350배에 이르고, 교역은 근 1,900배 가까이 증가했으며, 53세에 불과했던 평균수명이 82세 이상이 되었다는 통계자료를 열거하면서, 올림픽이 열리던 1988년에 자유총선을 실시해 민주화가 진전되었고, 외환위기 당시에 있었던 한국인들의 금 모으기를 온 세계가 기억하며, 스포츠, 한류, 교육수준, 지적수준 등에서 세계 최고의 기량을 갖추고 있다고 높이 평가했다. 한국인들은 자유롭게 살면서 번창하고 예배하고 사랑하며 삶을 만들고 자신의 운명을 만들어갈 수 있는 코리안 드림을 현실로 만들어냈고, 이를 '한강의 기적'이라고 묘사했다.

오늘날 대한민국의 안보를 지키는데 미군의 전력이 필수불가결의 요소이듯이 70년 전에도 한국을 건국하고 발전의 기틀을 마련하는데도 역시 미국이 큰 역할을 했다. 1948년까지 3년의 미군정기와 6·25 전쟁 등을 겪으며 한국은 경제·군사·정치적으로 미국의 영향을 많이 받았다.

흔히 한국경제 성장 모델의 특징을 언급할 때 정부주도 성장, 수출주도 성장, 재벌중심 성장 등을 언급한다. 이는 모두 고도성장기에 박정희 정부가 선택한 경제정책을 중심으로 설명하는 것이다. 그보다 더 근본적인 이유는 한국은 미국을 중심으로 하는 자유주의 진영에 포섭이 되었고, 북한은 소련을 중심으로 하는 공산주의 진영에 속했기 때문이다. 제2차 세계대전 이후에 독립을 이룩한 나라 중에 한국처럼 자유민주주의에 기초한 개방적 시장경제체제를 운영한 나라는 대만과 싱가포르 및 홍콩 등 몇 나라에 불과하다.

한국이 자유민주주의 체제를 수용하고 시장경제제도를 운영하게 된 것은 건국대통령 이승만 박사의 공적이 크다는 것은 두말할 필요도 없다. 자유민주주의의 우월함을 믿고 공산주의의 미래를 예견한 이승만 대통령이 존재했기 때문에 자유 대한민국이 가능했다.

오늘날 장기적 경제성장의 핵심 요인으로 '제도'가 중요하다는 것이 경제사학계의 정설이다.

한국의 경우 이러한 효율적 또는 포용적 제도의 기초는 고도성장기인 1960년대에 갑자기 만들어진 것이 아니다. 남북한의 경제적 성취의 차이가 이렇게 크게 발생한 이유는 지리적 가설이나 문화적 가설로도 설명이 안 된다. 이러한 정치경제 제도의 등뼈가 되는 중요한 핵심 요소들은 고도성장기 이전에 형성되었다.

이 장에서는 한국이 1960년대에 고도성장을 할 수 있었던 제도적 기초를 1950년대에 어떻게 이룩했는지 설명하고자 한다. 즉 대도약의 준비기간으로서의 1950년대를 설명한다. 미국의 영향(2절), 농지개혁(3절), 6·25 전쟁과 반공이념(4절), 미국 경제원조하의 산업자본가 등장(5절), 그리고 마지막으로 교육의 영향(6절) 등으로 나누어 살펴본다.

02

미국의 영향 :
미군정의 귀속재산처리 방법을 중심으로

남한의 혼란상

1945년 8월 15일에 일본은 항복했지만, 미군이 일본군 무장 해제를 위해 남한에 진주한 것은 1945년 9월 8일이었다. 이 공백기에 한국은 일꾼도, 자원도, 치안도, 심지어 군대도 없었고, 교통과 통신은 마비되고 매일 시위가 계속되었다. 일제 식민통치자들은 항복 직후 화폐를 남발해 조선은행권 발행고는 해방 직후 15일 만에 약 50억 원에서 약 80억 원으로 폭발적으로 늘었다. 혼란으로 생산자재는 약탈되고 생산의 중요한 부분을 차지하던 일본인들이 물러가자 생산이 중단되어 물자가 귀해졌다. 게다가 일본과 만주 등지에서 약 250만 명 이상의 귀향민이 유입되어 인구가 급속하게 증가해 생필품의 수요가 크게 늘었다. 그 결과 물가는 해방 이후 두 달 동안 20배 이상 급상승했다. 자소작농 중심으로 구성된 좌익 계열의 인민위원회가 치안을 맡으며, 국민의 70퍼센트가 넘는 농민들은 급격한 개혁을 외치고 있었다.

미군정의 성립과 귀속재산 처리

미국은 '주한미군정청(USAMGIK: United States Army Military Government in Korea, 이하 미군정)'을 설립하고, 점령지역에 제공하는 긴급구호성 무상 원조인 '점령지역 구호원조(Government Appropriation for Relief in Occupied Areas: GARIOA)'를 도입해 식료품, 석유, 피복 및 의약품 등을 최우선 품목으로 도입했다. 그리고 비료 및 농업용품 등 생산수단도 지원했다.

그리고 남한에 정치적으로는 민주주의를, 경제적으로 시장경제체제를 수립하고자 사유재산제도를 보장하고 시장경제질서를 수립하고자 했다. 미군정은 일제 하에 실시된 주요 물자의 공출 및 배급 제도를 철폐하고 자유거래제를 실시하여 그 분배를 시장기능에 맡기려고 했다.

그러나 생산이 크게 위축되어 자유로운 시장경제체제를 운영할 수 없었다. 해방 당시에 기업주가 한국인인 기업은 2%에 불과했으므로, 한국인 경영자와 기술자의 공급부족 현상이 심해 생산 감소가 불가피했다. 1943부터 해방직후인 1947년 사이에 제조업 및 건설업분야 업체수가 53%나 감소했으며, 고용도 41%나 감소했다. 특히 곡물 재고가 부족한 상태에서 곡물 거래를 시장에 맡긴 결과 사재기 현상이 일어나서 1945년 6월부터 12월 사이에 도매물가가 12배가 오르는 등 급격한 인플레이션이 유발되어 쌀 기근 현상이 나타났다.

이로 인해 미군정은 임시적으로 곡물수집령을 공포하고 배급제를 실시했다. 그리고 1946년 2월에 '신한공사'를 창설해서 모든 귀속재산을 총괄하게 했다. 귀속재산이란 1867년 개항 이후 1945년까지 일본인들이 조선에 진출하여 축적해 놓은 재산을 지칭한다. 초기에는 '적국(敵國)의 재산'이라는 의미에서 적산(敵産)이라 불렀으나 후에 미군정은 이를 귀속재산이라고 명명했다.

이 중에는 공유재산도 있었고 사유재산도 있으며, 기업체, 부동산, 동산으로 구분된다. 신한공사에 이관된 귀속농지의 면적은 1947년 말 기준으로 당시의 남한 총경지면적의 13.4%를 차지할 정도로 방대한 면적이었다.[1] 이를 소작하는 농가는 55만 4,000 가구로, 당시 남한 총 농가의 26.8%에 이르는 규모였다.[2] 이보다 더 큰 비중을 차지하는 것은 기업체로, 숫자로는 전체 기업의 25%를 차지했고, 전체 노동자의 절반을 고용했으며, 공산품의 약 3분의 1을 생산했다.[3]

이 밖에 주식이나 상점 등의 가치는 1948년 세출예산(351억 원)의 9배 규모에 달하는 3,053억여 원으로, 남북한 부(富)의 80%를 차지했다.[4] 이렇게 막대한 부를 어떻게 처리하는가는 해방 이후 한국의 경제체제를 결정짓는 매우 중요한 분수령이었다.

1946년 5월 7일 신한공사를 '신한주식회사'로 명칭을 바꾸어, 일본인 지주가 징수하던 소작료를 징수해서 쌀 가격을 안정시켰다. 당시 소작인들은 조선시대 병작반수제의 전통에 따라 수확량의 절반은 소작료로 지급하고 있었다. 미군정은 '최고소작료 결정의 건(제9호 법령)'을 발표해, 소작료의 최고한도를 3분의 1로 정하고, 소작농을 보호하기 위해 지주가 소작계약을 일방적으로 해제하지 못하도록 했다.

1) 경지가 논 205,988정보, 밭 62,631정보, 대지 및 기타 13,861정보로 합계 282,480정보였다.

2) 미군정법령 52호. 여기에 과수원과 뽕나무밭, 산림까지 다 합하면 총 토지면적은 324,464정보였다(이대근, 『해방후-1950년대의 경제: 공업화의 사적 배경연구』, 82-83쪽).

3) 회사의 경우 일본인 소유분이 일부인 회사의 경우 처음에는 회사 자체가 귀속재산이 되었으나 후에 일본인 소유 주식만 귀속재산이 되었다. 금융자산의 경우 최초에는 모두 귀속재산으로 간주했다가, 1946년 2월 1일 기준으로 일본에 본사가 있는 금융기관의 예금 통장, 보험증서 등은 가져가게 허용했다. 조선 내의 은행에 예금한 것도 구호 차원에서 일정 한도에서 인출을 허용했다.

4) 조선은행, 「조사월보」 28, p. 87, 1949. 11. 조용래, 김재익, 김승욱 외 1, 『자본주의를 보는 두 시각』, 212 참고 ; 장시원, 317. 연도마다 수치가 다르다. 이대근 교수는 더 적게 평가함.

귀속재산 불하

북한에서는 귀속재산을 모두 국유화했기 때문에, 남한에서도 국유화를 하는 것이 바람직하다는 견해가 많았다. 좌익계열들은 인민위원회를 만들어 노동자가 스스로 공장을 관리하는 '노무자 자주관리운동'을 전개했다. 이들은 공장뿐만 아니라 상업, 운수업, 어장, 극장 및 토지마저도 관리하려고 시도했다. 노무자 자주관리운동이 반(反)자본과 반(反)제국주의의 성격을 지니고 있다고 판단한 미군정은 이를 재산관리처가 총괄하도록 했다.

미군정은 처음에는 관리인을 임명해 관리하다가 그 후에는 임대차제도를 실시했으며, 1947년부터 도시 주택 및 소기업체를 불하하기 시작했다. 총 20만 여건 중 약 1.5%에 해당되는 2,958건이 미군정에 의해 불하되었고, 나머지 대부분은 1948년 한국 정부가 수립된 후 한국정부로 이양되어, 대부분의 귀속재산은 한국 정부로 이양된 후에 불하되었다.[5]

그런데 귀속기업체에 비해 비중이 적었던 귀속농지의 경우 처음에는 민간에 불하하지 않았다. 그 이유는 귀속농지에서 소작료로 거두어 들이는 쌀이 쌀값 안정에 매우 긴요하게 사용되었기 때문이었다.

그런데 1948년 4월 1일부터 한국 정부가 수립된 8월 15일까지 불과 4개월 반 만인 1948년 9월 현재 50만 5,072호에게 분배 대상 농지의 85%인 19만 9.029정보가 불하되었다.[6] 미군정의 귀속농지 불하원칙은, 현 소작인에게 최우선적으로 불하권을 주도록 했으며(6조 1항), 농지불하 가격은 주생산물 연간 생산액의 3배로 정했고(제9조), 수배농가(受配農家·농지개혁으로 농지를 분배받은 농가의 공식적 표현)는 매년 생산물의 20%씩 15년간 분납(제10조)하도록 했다.[7]

5) 조용래·김재익·김승욱 외 1, 『자본주의를 보는 두 시각』, 212.

6) 한국농촌경제연구원, 1989, 『농지개혁사연구』, 402.

7) 김일영, "농지개혁을 둘러싼 신화의 해체," 301쪽.

미군정 하에서 불하된 귀속재산의 비중은 매우 작았다. 그러나 미군정의 불하방식은 민정이양 이후 불하의 원형을 제공해 한국에서 사적(私的) 소유권이 확립되는데 결정적인 역할을 했다. 전국농민조합총연맹(이하 전농)이 주장한 무상분배의 원칙을 거부하고, '유상매입 유상분배'의 원칙을 확립함으로써 사적 소유제의 원칙을 관철시켰다.

후에 한국 정부는 1949년 12월에 임시관재총국을 설치하고, 귀속재산처리법을 제정해 1950년 5월부터 귀속재산 불하를 본격적으로 추진했다. 6·25 전쟁으로 인해 귀속재산의 상당부분이 유실되었지만 1954년 다시 귀속재산 처리업무가 추진되어 정부수립 이후 1958년까지 전체의 90% 이상이 불하되어 한국에서는 사유재산권이 강화되었다.

미국은 일본인들이 남기고 간 귀속농지 뿐만 아니라, 조선인 지주의 농지도 소작인들에게 나눠주는 농지개혁이 대한민국 정부에 의해서 이루어지도록 적극적으로 지원했다. 한반도는 미·소(美蘇)의 체제 우월성을 시험하는 이념적 전쟁터였고, 대만은 일본과 말레이반도를 잇는 해상교통로, 전진기지 및 일본에 대한 식량공급지 등의 중요성이 있어 유럽 못지않게 전략적으로 중요한 지역으로 분류되어 미국은 기술적 원조의 한 형태로 농지개혁 정책을 지원했다.

심지어 원조를 지렛대로 삼아 압력을 넣어서 농지개혁을 실시하게 했다는 주장도 있다. 미국이 라틴아메리카 지역에 비해 동아시아의 농지개혁에 특히 관심을 보인 것은 이를 통한 자본주의적 경제발전만이 미국의 원조 없이도 반공체계를 스스로 재생산해 낼 수 있다고 인식했기 때문이다.[8)]

미군정은 초기에는 쌀값 안정을 위해 귀속농지에서 거두는 쌀이 중요한 역할을 했기 때문에 귀속농지는 불하하지 않았는데, 한국 정부로 정권

8) 신병식, 1989, 93-94, 97.

이양을 앞두고 갑자기 빠른 속도로 농지를 불하했다. 즉 귀속기업체와 달리 귀속농지는 대상지의 85%를 4개월 만에 불하했다. 이렇게 급히 농지를 불하한 이유는 맥아더 하의 미군정이 일본에서 농민층은 공산주의의 온상이라는 상황을 잘 파악했기 때문이다.[9)]

미국이 냉전체제 하에서 소련과 체제 경쟁을 하면서 자본주의 경제권을 확장시키기 위해 대(對)아시아정책의 일환으로 농지개혁을 지원했다. 2차 세계대전 이후 새로운 세계 질서의 형성을 주도한 소련과 미국은 자신이 확신하는 체제를 확산시키기 위해 신흥독립국의 정치에 개입했다. '작은 농장'과 '작은 마을'이 미국의 자유의 토대라는 신념을 가졌던 미국은 농지를 보유하지 않은 농민은 자유주의를 수용하지 않을 것이고 공산화를 피할 수 없을 것으로 판단했다.

이러한 신념은 중국대륙에서 우파 정부와 좌파 세력 간의 내전상황을 통해서 확인되었다. 군사적으로 우위에 있었던 장제스(蔣介石) 군대가 마오쩌둥(毛澤東)에게 패하여 공산화의 길로 가는 것을 보면서 농지개혁의 중요성을 인식했다. 공산당은 어느 지역에서든 농지개혁과 소작료 인하라는 인기전략을 통해 그들의 영향력을 확대했다. 미국은 남북한, 대만·중국, 베트남 등 미국의 영향권 하에 있는 분단국가에서 농촌이 사회혁명의 온상이 되는 것을 막으려고 농지개혁을 지원했다.

대만의 경우 대당공사의 강력한 반발에도 불구하고 국공유지를 민간에 불하 한 것은 국민당 정부의 의지라기보다는 미국의 영향력 때문이었다.[10)]

물론 미국이 지원했다고 해서 모든 나라가 농지개혁에 성공한 것이 아니다. 농지개혁에 실패한 나라들은 공산화가 되거나 사회갈등으로 인해

---

9) 사쿠라이 히로시(櫻井浩) "한국 농지개혁의 재검토," 426쪽.

10) 쉬 스롱·랴오 리민, 2014, 169.

경제가 안정적으로 성장하지 못했다. 토지개혁에 실패한 베트남은 결국 공산화되었다. 필리핀도 취임하는 대통령마다 토지개혁에 관한 법을 제정하며 토지개혁을 시도했지만 성공하지 못했다.[11]

11) 류석춘(2017), "한국과 필리핀 건국의 핵심과제와 대통령(들) 비교: 이승만 대 케손 등, 동남아시아연구 27권(2017), 33.

03

건국과 이승만 정부의 농지개혁[12)]

미군정은 좌우합작을 추진하면서 이승만을 외면했지만, 미국의 트루먼 대통령이 소련을 상대로 냉전을 선언하자, 비로소 이승만에게 힘을 실어 주기 시작했다.[13)] 일제는 전력생산시설이 북한지역에 92%를 건설했으며, 남한의 시설은 8%에 불과했다. 이로 인해 남한 지역에서 필요한 전력 필요량의 70%를 북한에 의존했는데, 갑자기 1948년 5월 14일 전력 공급을 중단함으로 인해, 생산시설을 가동할 수 없었다. 그리하여 1948년도 공업 생산액은 1940년의 21.2%에 불과했다.

농업의 경우에도 화학비료공장이 흥남 등 북한 지역에 건설되어 있었는데, 북한에서 화학비료의 공급을 중단했기 때문에, 1945~46년간 농업 생산은 그 전 기간인 1940~44년에 비해 9.4%가 감소했고, 특히 보리생산은 48%나 감소했다. 화학비료 공급 중단에 이어 단전조치는 남한의 공산품 생산량을 5% 수준으로 급격하게 떨어지게 만들었다. 거의 유일한 대중교통수단이었던 전차도 멈추고, 남한 사회는 암흑천지로 변했다.

건국 직후 1인당 국민소득은 35달러, 문맹률은 78%에 달했다. 공산세력은 정부를 전복시키려고 했고, 군대도 경찰력도 허약하기 짝이 없었

12) 이 부분은 다음의 두 논문을 기초로 작성된 것임. 김승욱, "농지개혁이 건국과 시장경제적 성장에 미친 영향: 한국과 대만의 비교를 중심으로," 『이승만 일기』 발간기념 국제학술회의 발표논문, 2015. 10. 30; 김승욱, "이승만 정부의 농지개혁에 대한 기독교적 평가," 『신앙과 학문』, 제16권 제4호 (2011. 12) pp.33-74.

13) 류석춘(2017), "한국과 필리핀 건국의 핵심과제와 대통령(들) 비교: 이승만 대 케손 등, 동남아시아연구 27권 (2017), 10.

다.[14] 정치상황도 매우 어두웠다. 이승만과 함께 반공을 내세웠던 김구는 평양에 가서 남북협상을 벌였고, 북한의 상황을 보고, 남한만의 단독정부 수립에 반대를 했다. 5·10 총선 이후에도 김구와 김규식은 계속 대한민국 건국 무효화 운동을 벌이며 통일운동을 추진했다.

이렇게 언제 꺼질지 모르는 바람 앞의 등불과 같이 연약하던 대한민국이 자유민주주의로 남을 수 있게 만든 중요한 것이 농지개혁이다. 당시 남한의 총 경지면적 232만 정보(町步) 중에 63.4%가 소작지였으며, 자소작지까지 포함하면 80%에 이르렀다. 게다가 전 농가의 68%가 1정보 미만의 영세농이었다.[15] 5정보 이상 규모의 조선인 지주의 소유지는 약 4분의 1인 24.6%였고, 특히 남한에서는 소수 지주가 전경지의 60%를 소유하고 있었다.

그래서 이를 유지하려는 지주세력과, 혁명적으로 타파하려는 농민세력 사이의 긴장이 고조되었다. 소작농들의 조합인 농민위원회나 농민조합인 전국농민조합총연맹(전농)이 결성되었다. 이들은 일본 제국주의자와 민족반역자의 토지를 몰수하여 빈농에게 무상으로 분배하고 토지경작권을 농민에게 줄 것을 요구하는 등의 토지개혁을 요구했다.

미군정은 일본인이 소유했던 귀속농지(전체 경작지의 13.4%)를 한국 정부 수립 이전에 서둘러 분배했으므로, 이제 조선인 지주의 토지를 어떻게 처리할 것인가가 관심사였다. 당시 지주들이 장악한 국회는 농지개혁에 매우 부정적인 입장이었다. 농지개혁은 소작인들에게는 희소식이었지만, 자신의 농지를 강제로 내놓아야 하는 지주들 입장에서는 재앙이었다.

이승만 정부는 1948년 7월 17일 제헌헌법의 제86조에 "농지는 농민에

14) 김용삼, 2014, 『이승만의 네이션빌딩-대한민국의 건국은 기적이었다』, 북앤피플, 243.

15) 생산성이 높은 호의 경우에는 이 비율이 더 높아 70%가 소작지였다. 조선은행 조사부, 『조선경제연보』, 1948, 28-29쪽; 김승욱, "한국의 경제성장과 자유주의," 복거일·박효종·김승욱·김정호 공저, 『한국의 자유주의』, 자유기업원, 2007, 187-268, 203쪽.

게 분배한다"고 규정했고, 공산혁명의 발발 가능성에 대한 우려로 인해 지주들이 중심인 한민당도 이 헌법을 통과시켰다. 그러나 1948년 12월 12일에 '농지개혁법'이 국회에 회부되었음에도 불구하고, '농지개혁법'은 정부수립 후 약 11개월 이상 지난 1949년 6월 21일에야 확정 공포되었다.

이렇게 시일을 끌게 된 것은 지주들로 구성된 다수당인 한민당이 농지개혁의 당위성에는 동의했지만 지주들에게 조금이라도 유리한 조건으로 법을 제정하려 했기 때문이다. 한민당의 농지개혁법안은 농민에게는 토지를 싸게 팔고, 지주에게는 비싸게 매입하여 그 차액을 정부가 세금으로 메운다고 하는 비현실적인 법안이었다. 이 안을 이승만 대통령이 거부하여 최종적으로 1950년 3월이 되어서야 '농지개혁 개정법'을 공포·시행하게 되었다. 그 주요 내용은 다음과 같다.

첫째, 농민에게 분배하는 것을 원칙으로 하되, 농가 1호당 총경지면적은 3정보를 초과하지 못한다(제12조).

둘째, 농지위원회는 지주로부터 3정보를 초과하는 농지와 귀속농지를 접수하여 소작인에게 우선 분배하되, 가격은 연평균 생산량의 1.5배를 5년 연부로 매년 12월 31일 이내에 정부에 수납해야 한다(제13조, 시행령 제35조). 즉 소작료보다 낮은 생산량의 30%를 5년만 상환하면 소유권을 이전받는 것이다. 이것은 미군정이 불하한 귀속농지의 반값에 불과할 정도로 저렴한 가격이었다. 게다가 등록세, 취득세 등 일체의 세금이 면제되었다.

셋째, 강제 매수당한 지주에 대한 보상은 체감률을 적용하고, 해당연도의 법정현물가격으로 환산하여 5년 동안 균분 상환한다(제7조, 시행령 제13조, 규칙 제19조).[16]

16) 여기서 여기에서 '보상'이란 강제매수당한 지주에게 정부가 토지대금을 지불하는 것을 말하고, '상환'이란 농지를 분배받은 농민이 토지대금을 정부에 납부하는 것을 말한다. 보상을 할 때 보상액이 많을수록 누진적으로 보상대금을 깎았다. 보상액의 75석 까지는 체감률을 적용하지 않고 다 지급하지만, 75석을 초과하는 부분에 대해서는 누진적으로 감액했다. 천 석 이상의 경우 초과분의 23%를 체감했고, 10,000석 이상의 경우 초과분의 47%를 체감했기 때문에 대지주일수록 크게 불리했다. 게다가 보상을 현금으로 하지 않고, 지가증권으로 지불했다.

지주들에게 보상을 위한 지가증권이 인쇄되어 배포되기도 전인 6월 25일에 전쟁이 발발해서 지가증권 교부가 이루어지지 못했다. 결국 6·25 전쟁이 한창중인 1951년 1월 15일부터 피난지인 부산에서 보상이 시작되었으며, 지주 1인당 5년간 평균 보상액은 30.2석이었다.[17]

농지개혁의 이념인 경자유전(耕者有田) 이데올로기, 즉 토지는 농민에게 돌려주어야 한다는 이념은 토지소유권을 절대시하는 자유주의 이념과 모순된다.[18] 그러나 이는 봉건제적 잔재를 청산해 공산화를 막기 위한 개혁조치였다. 배타적 소유권을 존중 하면서도 지주의 토지를 농민에게 이전시켜야 한다는 모순을 해결하기 위해서 유상으로 매수하여 보상하고, 산업자본가로 제기할 기회를 제공함으로써 자유주의의 원칙을 최대한 유지했다.

남한의 농지개혁은 논밭 이외의 토지들이 대부분 개혁의 대상에서 제외되어서 이를 철저하지 못한 것으로 비난하기도 하지만,[19] 이영훈(2014)은 오히려 이로 인해 농촌의 전통 양반 지주가문들은 가문의 위세를 보존할 수 있어 전통사회를 상당한 정도로 보전하고 계승하는 온건한 사회개량정책이었다고 긍정적으로 평가했다.[20]

1980년대 이전에도 농지개혁을 성공적이었다고 긍정적으로 평가하는 학자들도 있었지만,[21] 대체로 1980년대 이전에는 농지개혁을 실패라고

보상받은 지주가 이 지가증권을 금융기관에 제시하면 해당 연도분의 가액이 지불되는데, 이 법정가격은 시중가격의 절반 정도였으므로 지주들의 손해가 컸다. 권병탁, "토지는 농민에게," 521쪽.

17) 권병탁, 『한국경제사』, 1984, 528쪽.

18) 조석곤, "20세기 한국토지제도의 변화와 경자유전 이데올로기," 안병직 편(2001). 『한국경제성장사』, 서울대학교출판부, 제9장, 329-64, 2001, 360쪽.

19) 한국의 농지개혁은 산지 등은 포함되지 않고, 논과 밭만 대상으로 했기 때문에 '농지'개혁이라고 부르는 것이 타당하다. 한국의 경우 과수원, 종묘포(種苗), 상전(桑田) 등 다년생 식물재배 농지, 고원 등 산간지대 농지, 염전(鹽田), 500평 이내의 소규모 채마밭, 학교, 종교단체, 후생기관 등이 소유한 토지, 분묘를 수호하기 위해 마련된 600평 이내의 위토(位土)(이전부터 소작료를 징수하지 않았음) 등도 제외되었다. 한국농촌경제연구원, 1989, 『농지개혁사연구』, 629-647.

20) 이영훈, 2014, "農地改革의 역사적 의의" 건국대통령이승만대통령기념사업회 발표논문.

21) 권병탁은 "농지개혁의 한국사적 의의는 8.15 광복에 버금갈 만큼 큰 것"이라고 평가했다(권병탁, 『한국농지개혁소고』, 한국경제사특수연구, 영남대, 1972, 318쪽). 또한 유영익은 농지개혁의 경제적 의의로 가장 먼저 지주제

보는 견해가 우세했다.[22] 그런데 1980년대 중엽 이후에 점차 농지개혁을 성공적으로 평가하는 연구가 대세를 이루었다. 장상환(1985)은 "한국의 농지개혁은…농민적 토지소유를 확립했다"고 평가했으며,[23] 유희문(2001)은 역시 "지주의 농업자본을 공업자본으로 끌어들여 공업화의 자본축적을 성공적으로 이끌어냈다"고 평가했다.[24]

1950년에 한국에서 실시된 농지개혁법은 1994년 제정된 농지법에 의해 1995년 말에 공식 폐지될 때까지 45년간 한국 농지제도의 근간을 이루었다는 측면에서 볼 때 한국의 농지개혁도 성공적이었다고 평가될 수 있다.[25]

를 해체해 경자유전의 원칙에 입각한 자작농체제를 확립한 것이라고 주장했다(유영익, "이승만 대통령의 업적," 546-47쪽).

22) 권영훈 "분단 후 한국경제의 변천: 1945-61," 구본호·이규억 편, 『한국경제의 역사적 조명』, 한국개발연구원, 1991, 111-68. 강만길(1984)은 친일파 처단 문제와 함께 농지개혁이 가장 미온적으로 끝났기 때문에 이승만 정부는 민족주의 정권으로 인정할 수 없다고 했다(강만길, 『고쳐 쓴 한국현대사』, 창작과비평사, 1984, 304쪽). 유인호(1989)는 이승만 정부가 토지문제를 근본적으로 해결할 의도도 없었고, 해결하지 못했으며, 농촌의 민주화에도 기여하지 못했다고 비판했다(유인호, "해방 후 농지개혁의 전개과정과 성격," 470쪽). 이 밖에도 농업생산의 증진과 농가경제의 자립이라는 원래의 목적을 달성하는 데 실패했다는 견해도 있다(정영일, "전후 한국 농지개혁에 관한 일고찰," 『경제논집』, 6-2(서울대경제연구소, 1967; 유인호, "해방후 농지개혁의 전개과정과 성격,"; 김병태, "농지개혁의 평가와 반성," 『한국경제의 전개과정』, 돌베개, 1981). 농지개혁 후에도 반봉건적 토지소유는 잔존하고 있기 때문에 실패했다는 견해로는 박현채, 『한국농업의 구상』, 한길사, 1981; 박현채, "한국사회에서 반봉건의 내용과 민주주의," 『민족경제와 민중운동』, 창작과비평사, 1988; 황한식, "현행소작제도의 성격에 관한 연구," 『한국 농업문제의 새로운 인식』, 돌베개, 1984.

23) 장상환(1985), "농지개혁과정에 관한 실증적 연구-충남 서산군 근흥면의 실태조사를 중심으로." 『해방전후사의 인식 2』. 한길사. 292-358, 355쪽.

24) 유희문, 2001, 45.

25) 조석곤, 2014, "한국 농지개혁 당시 수배농가의 변동: 경기도 광주시 남종면 사례," 홍성찬 (편), 2014 『동아시아의 농지개혁과 토지혁명』, 서울대학교출판문화원, 25-53, 25쪽; Cho, Seok Gon, 2013, "A Study on Change in the Subae nongga at the Time of the South Korean Land Reform" Seoul journal of korean studies, 26(1), 25-53.

04

6·25 전쟁과 반공이념

좌우익의 대결과 혼란

해방 직후 전 세계적으로 이념 공방이 치열한 시기였다. 남한에서도 해방 직후 1950년까지 좌파와 우파 간에 유혈 갈등을 벌였다. 해방 직후 남한에는 지식인 중에 사회주의 사상에 매력을 느끼는 사람이 많았고, 전체적으로도 좌파를 지지하는 세력이 더 컸다.[26]

동아일보가 1946년 8월 13일에 보도한 바에 의하면 미군정청 여론국이 8,453명을 대상으로 실시한 이념 성향 설문조사에서 "귀하가 찬성하는 것은 어느 것입니까?"라는 질문에 70%(6,037명)가 사회주의를 선호한다고 답했고, 공산주의를 선호한다고 한 574명(7%)까지 합하면 77%가 사회주의와 공산주의를 선호한 반면, 자본주의를 택한 사람은 고작 14%인 1,189명에 불과했다. 나머지 8%(653명)는 모른다고 답했다.

1947년 7월 조선신문기자회의 여론조사에서도 정권의 형태는 인민위원회가 가장 선호되었고(71%), 국호는 '조선인민공화국'(70%)이 가장 선호되었다.[27] 건국 직후 남한에는 350여 개의 정당과 사회단체가 난립했다.

26) 김승욱, 2007, "한국의 경제성장과 자유주의," 복거일 외 3인, (2007), 『한국의 자유주의』, 제3장, 자유기업원, 200쪽.

27) 사회주의는 70%, 공산주의 7%, 모른다 8%였다 (정영철 (2004), "우리에게 미국은 무엇인가?" 송호근 편 (2004), 『한국사회 이해의 새로운 패러다임』, 서울: 나남출판, 171-200, 177).

남로당은 소련의 도움을 받아 세력을 확대해 1947년에는 37만 명의 당원을 보유하고 있었다.[28)]

남로당은 5·10 총선거 반대에 실패하고 대대적인 게릴라전 준비에 착수했다. 제주 4·3 사태 진압을 위해 제주도로 출동명령을 받은 국군 14연대가 반란을 일으켜 여수와 순천 일대를 점령하고, 400명의 경찰관과 우익 인사들을 살해했다. 이를 진압하는 과정에서 2,533명이 사망하고, 1,300명이 부상을 입었다. 이승만 정부는 국가보안법을 제정하여 공산주의를 불법화하고, 군은 남로당 세력의 뿌리를 뽑기 위한 숙군작업에 들어갔다. 여수·순천 반란사건은 오히려 전화위복을 가져왔다는 주장도 있다. 왜냐하면 그 덕분에 짧은 기간에 군이 우익화 되었고, 여수·순천 반란사건에서 인민위원회가 너무 잔인한 일을 많이 저질러 많은 사람들이 좌익에 환멸을 느끼게 되었기 때문이다.[29)]

남로당은 미군이 철수하는 1949년 6월이 공산화의 적기로 보고 총공세에 나섰다. 약 7만 명의 좌익과 빨치산이 남한의 8개 도(道) 가운데 5개 도에서 게릴라전을 전개했다. 북한은 이들을 지원하기 위해 게릴라 요원을 2,400명 남파했다. 이들을 토벌하는 과정에서 9,500여 명이 사살되거나 생포되었다.

1948년 12월 28일 미국 정부는 주한미군의 전체 보병사단을 한국에서 철수시킨다고 발표했다. 전국에서 빨치산들은 철도역을 공격하고 철도를 폭파하고, 탄광을 습격하며 우익인사를 학살하는 만행을 저질렀다. 이승만 정부는 빨치산 소탕을 위해 태백산, 지리산, 오대산에 3개의 전투사령부를 설치하고 대대적인 토벌작전에 나섰다. 1950년 3월에 남로당 지도자 김삼룡과 이주하가 체포되면서 남로당은 결정적인 타격을 입고 진압되

28) 김용삼, 2014, 『이승만의 네이션빌딩-대한민국의 건국은 기적이었다』, 북앤피플. 243.

29) 김용삼, 2014, 『이승만의 네이션빌딩-대한민국의 건국은 기적이었다』, 북앤피플. 252.

었다.[30)]

이승만 정부가 빨치산을 훌륭하게 막아냈으나, 미군은 군사비용을 줄이기 위해 철군을 단행했다. 1950년 1월 12일, 미국의 딘 애치슨 국무장관이 연설을 통해 대만과 한국이 미국의 방어선 밖에 있다고 하는 소위 에치슨 라인 선언으로 인하여 오판한 김일성은 스탈린을 설득하여 1950년 6월 25일 전면적인 남침을 개시했다.

6·25 전쟁의 발발과 휴전

전쟁 발발 3일 만인 6월 28일에 수도를 빼앗기고 북한군은 7월 말에 낙동강까지 진출했다. 8월 1일에는 국군과 유엔군은 낙동강 방어선을 구축하고, 8월 18일 임시행정부를 부산으로 옮겼다. 한반도의 불과 5%만 한국의 영토로 남아있던 풍전등화와 같은 상황에서 유엔안보리는 결의 UNSC-82를 통해 북한을 침략자로 규정하고 맥아더 장군을 총사령관으로 하여 21개국의 지원 하에 유엔군을 편성했다.

전쟁 발발 불과 나흘만인 6월 19일에 파병이 시작되었다. 이는 역사상 가장 빠르고 강력한 유엔의 결의였으며 전쟁참여였다. 유엔군과 국군은 9월 15일 인천상륙작전을 성공시키고, 9월 28일 서울 수복, 10월 1일에 38도선을 돌파했다. 10월 19일에는 평양을 점령하고, 이후 압록강까지 도달했다.

불과 3개월도 안 되는 사이에 극적인 반전이 일어났는데, 10월 25일 중공군이 개입을 시작하여 다시 전세가 악화되었다. 1951년 1월 4일 다시 수도 서울을 빼앗기고 수원-삼척 선으로 전선이 밀렸다. 리지웨이 사령

30) 김용삼, 2014, 『이승만의 네이션빌딩-대한민국의 건국은 기적이었다』, 북앤피플. 260-263.

관이 중공군의 대반격을 막아내면서 전선을 재정비해서 1951년 3월 15일에 국군은 서울을 재수복했다. 1951년 7월 초에 정전회담이 시작되어 1953년 7월 27일에 양측이 합의한 정전 협정이 발효되었다.

지금까지 6·25 전쟁에 대한 평가는 동족상잔의 비극이라든지, 사상자 숫자 등이 많이 언급되면서 "다시 일어나서는 안 될 비극"이라는 식의 초라한 평가가 많았다. 그러나 이 전쟁은 트럼프 대통령의 방한 당시 행한 국회 연설에서 언급했듯이 한국과 미국이 유엔군과 함께 공산주의의 공격을 성공적으로 막아낸 '승리한 전쟁'이고 국제전이다.

6·25 전쟁을 동족상잔의 비극이니 내전이라고 축소시키고 있으나 이는 냉전시대에 제2차 세계대전 이후 가장 많은 나라가 참전한 국제전이다. 김일성이 스탈린을 집요하게 설득하고 스탈린의 승인으로 시작된 전쟁이다. 그리고 중공군의 개입으로 장기화 된 전쟁인데 이에 대한 비판적 평가가 부족하다.

6·25 전쟁 승리의 원동력

공산주의자들의 침략을 성공적으로 막아낼 수 있었던 요인은 무엇보다도 미군의 군사적 우위와 유엔의 신속한 참전이라는 것은 두말할 필요가 없다. 6·25전쟁 이전의 남로당을 중심으로 하는 빨치산들의 공격을 막아내고, 미군과 유엔군이 진주할 때까지 낙동강 방어선을 막아낼 수 있었던 힘은 국군과 이승만 정부의 공으로 돌려야 한다.

남한의 소작인 계층이나 영세 자영농들이 낙동강 방어선을 구축하여 피를 흘리며 전쟁에 나선 것은 '지켜야 할 자신들의 땅'이 있었기 때문이다. 유엔 참전국의 도움이 물론 컸지만, 농지개혁으로 자기 땅을 가지게 된 농민들이 전쟁에 적극적으로 참여했다는 것도 역시 중요하다.

북한의 토지개혁으로 소작인들이 모두 자기 땅을 갖게 되었다는 소식이 남한에 다 전해졌었다. 이런 상황에서 남한에서 농지개혁을 하지 않았다면 어떤 결과가 발생했을까? 북한이 인민해방을 부르짖으면서 남침을 해왔는데, 이에 대해서 남한 인구의 70%를 차지하던 농민들의 반응은 어떠했을까? 쉽게 공산당의 선동에 넘어가 낙동강 방어선을 지킬 수 있는 힘이 나오지 않았을 것이다.

농지개혁법이 국회를 통과한 것은 6·25 전쟁이 발발하기 불과 3개월 전이었다. 그런데 어떻게 이렇게 짧은 기간에 농민들이 보수화되었을까? 그 이유는 이승만 대통령이 법을 무시하면서까지 농지개혁을 적극적으로 추진했기 때문에 가능한 것이었다.

농지개혁법은 3월 10일에 국회를 통과한 후, 시행령이 3월 25일에 만들어졌으며, 시행규칙은 4월 28일, 그리고 농지분배에 관한 세부 규정과 요령을 정한 농지분배 점수제 규정은 6월 23일, 그러니까 6·25전쟁이 발발하기 2일 전에 제정되었다. 이런 법적 절차가 다 끝난 다음에 실행에 들어갔다면 농지개혁은 전쟁 발발 전에 실행에 옮겨지지 못했을 것이다.[31]

그런데 이승만 대통령의 명령에 따라 농림부는 아직 농지개혁법이 국회를 통과하지도 않은 1월 21일에 지가(地價) 조사에 착수했고, 매수농지의 지번과 지목, 지적, 및 소유자와 소작인 조사를 했다. 그리고 3월 15일부터 24일까지 열흘간 공람을 시켜서 4월 10일부터 농지분배 통지서를 발급했다. 농림부는 1950년 4월 15일에 120만호에 42만 정보의 농지 분배를 완료했다고 발표했다.[32]

이는 봄의 파종시기를 놓치면 농지개혁이 1년간 연기될 것으로 판단한

31) 수정주의학자들은 이러한 이유 때문에 이들은 이승만 정부는 서울 수복 이후에야 농지분배가 가능했다고 주장했다. 사쿠라이, "한국 농지개혁의 재검토," 1982.

32) 김용삼, 『이승만과 기업가시대』, 북앤피플. 106.

이승만 대통령의 지시에 의해, 파종기 이전에 사업을 강행하여 예정통지서를 발부하고, 이에 의의가 없으면 이 통지서에 적힌 농가의 소유로 '확정'한다고 했다. 그리고 6월 9일부터는 보리 등 하곡에 대해서 이미 상환이 시작되어 약 70~80%정도가 확정된 것으로 추정한다.[33] 이렇게 서두르지 않았다면 6·25 남침으로 인해 농지개혁은 사실상으로 불가능했을 것이다.[34]

이렇게 서두른 농지개혁이 공산화의 위협에서 구해내는데 결정적인 기여를 했다. 북한은 수도 서울을 함락한 이후 호남의 곡창지대를 점령하고, 북한이 점령한 남한 지역에서 소작지를 무상으로 몰수해서 무상으로 분배했다. 그러나 이미 봄에 토지소유를 확정 받고, 그 대금까지 일부 납부한 남한의 농민들은 이를 반기지 않았다.

농지개혁의 결과, 자기 농지를 갖게 된 농민들이 소작농의 급진성을 잃고, 소농의 보수성을 보이기 시작했다.[35] 농지개혁법을 통과시켰을 뿐만 아니라, 실질적으로 소작인에게 6·25 전쟁 이전에 법적으로 분배를 마치도록 서두른 것이 남한이 공산화되는 것을 막아냈고, 보수화된 농민들이 남한의 체제를 유지하는데 결정적인 역할을 했다.

윤영선 농림장관의 증언과 같이 이승만 대통령은 기회 있을 때마다 공산당을 막으려면 농지개혁을 빨리 해야 한다는 강한 소신을 가지고 있었고, 그래서 대통령이 전쟁의 북새통 속에서도 농지개혁을 해야 공산당의

33) 김일영, "이승만 대통령과 근대 국민국가의 건설," 전상인 외, 『한국현대사: 진실과 해석』, 나남출판, 2005, 13-62, 321쪽. 반면에 유영익은 60%가 6·25 전쟁 발발 이전에 분배되었다고 했다(유영익, "이승만 대통령의 업적-거시적 재평가," 2006, 545쪽).

34) 한국농촌경제연구원, 『농지개혁사연구』, 1989, 998-99쪽. 이승만 정부가 이렇게 관련법규가 마련되기도 전에 농지개혁을 밀어붙인 이유를 김일영은 5·30선거 때문이라고 주장했다. 당시 인구의 70% 이상을 차지하는 농민들의 표를 의식해서 서둘렀다는 것이다. 전체 유권자 900만 명 중에 약 330만 명이 수혜농가 유권자였을 것으로 추정하며 이들이 상당한 선거에 영향을 미쳤을 것으로 추론한다. 이 선거 이전에 농지가 분배되어 지주계층 중심의 한민당은 선거에서 패배했다는 것이다. 그리고 이들 농민들이 보수화되어 이승만의 수동적인 지지계층이 되었다고 주장한다(김일영, "이승만 대통령과 근대 국민국가의 건설," 325-330쪽).

35) 김일영, "이승만 대통령과 근대 국민국가의 건설," 24-25쪽.

선동을 봉쇄해 영세소작인의 반공정신을 일깨울 수 있고, 피난지주의 생계를 도우며, 그리고 군량미 조달이 가능하다고 판단했다.[36] 실제로 그의 이러한 소신이 공산당으로부터 이 나라를 구했다.[37]

대만의 농지개혁이 한국에 비해 더 성공적이었다고 평가하지만, 한국에 비해 3년의 시차를 가지고 진행된 대만의 농지개혁은 한국과 일본의 경험을 참고할 수 있었기 때문에 시행착오를 줄일 수 있다는 점에서 어떻게 보면 당연하다고 볼 수 있다. 그리고 대만에 비해 한국은 농지개혁에 어려움이 많았다. 대만의 경우 장제스는 2·27 사건으로 약 1만 명에서 2만 명을 처형하면서 대만 농민들의 반발도 별로 없었다. 이런 상황에서 한국 등의 경험을 토대로 미국의 중미합동농촌재건 위원회(Joint Sino-American Commission on Rural Reconstruction: JCRR)의 기술적 지원을 받아 농지개혁이 이루어졌다.[38]

이승만 정부는 농지개혁을 실시하자마자 전쟁에 휩쓸렸다. 농지 보상도 피난정부에 의해 부산에서 시작되었다. 전쟁 인플레이션으로 인해서 지주자본을 산업자본화 하는데도 어려움이 많았다. 게다가 남한에서는 극심한 사상 갈등을 겪었다. 이러한 어려움 속에서 농지개혁을 이끌어내고, 자유민주주의를 수호한 것은 대단한 성과이며, 오히려 대만에 비해 더 성공적이었다고 평가할 수 있다.

---

36) 중앙일보, 1982년 5월 3일자; 전용덕, "한국의 농지개혁, 소득 재분배, 농업생산, 그리고 거래비용," 121에서 재인용.

37) 이승만이 공산혁명을 막기 위해서도 농지개혁을 속히 실시해야 한다는 언급도 했다는 것을 1948년 12월 7일자 서울신문 기사 등을 인용하여 김일영은 지적했다. 김일영, "농지개혁을 둘러싼 신화의 해체," 302-303쪽.

38) John D. Montgomery, " U.S. Advocacy of International Land Reform," Montgomery(ed.), International Dimensions of Land Reform (Boulder :Westview Press, 1984), p.117; U.S. Department of State, United :States Relations with CHINA: With Special Reference to the Period 1944~1949, 이영희 편역, 『중국백서』, (전예원, 1982), p.84. ; 신병식, 1988, 48.

6·25 전쟁과 이념 갈등의 종식

6·25 전쟁은 이데올로기적 갈등 없이 산업화에 매진할 수 있도록 하는데 크기 기여했다. 빈곤층이 널려 있던 제3세계 국가들은 빈부격차에 대한 대책이 적은 시장경제에 적대감을 품기 쉽고, 인기에 영합하는 표퓰리즘 정책에 찬성하기 쉬운 경향이 있다.

공산주의나 사회주의를 더 선호하던 남한에서 전쟁으로 인해 수많은 빈민층이 존재했음에도 불구하고 평등을 지향하는 공산주의를 지지하지 않고 반공사상에 투철해진 이유는 6·25 전쟁의 공이 크다. 6·25 전쟁을 통해 공산주의가 얼마나 잔인한 이데올로기인지 환멸을 느껴 투철한 반공국가가 되었기 때문이다. 따라서 한국이 반공국가가 되는데 가장 큰 기여를 한 사람은 6·25 전쟁을 일으킨 김일성이라고 볼 수 있다.

해방 이후 북한 지역에서 반동 세력으로 몰려 숙청 대상이었던 지주·상공인·기독교인들이 전란의 와중에 약 280만 명 정도가 월남했다. 이때 월남한 사람들 중에는 자본주의 정신이 투철한 상공인 계층이 많았다. 그 이유는 조선시대에 평안도 이북 사람들은 관리로 중용하지 않아 우수 인재들이 상공업에 종사하는 사례가 많았기 때문이다.

조선시대 양반들은 서양에서 전래된 기독교에 소극적이었던 반면, 북한의 상공인 계층은 청나라를 통해 들어오는 기독교에 열린 자세를 취했다. 그래서 평양은 한때 동방의 예루살렘이라고 불릴 정도로 기독교가 크게 번성했다. 북한 지역에서는 기독교인들이 많은 교육기관을 설립했다. 이들은 월남하여 부산과 서울 등지에 북한에 두고 온 같은 이름의 교회와 학교들을 세웠다.

반면에 남한 지역에는 자생적 공산주의자들이 많았다. 당시 세계는 공산주의 사상이 유행이었다. 소련이 1930년대에 고도성장에 성공한 반면,

미국은 1929년 대공황 이후에 경제적으로 어려움을 당하면서, 심지어 미국이 소련으로 시찰단을 보낼 정도로 세계는 공산주의를 통해 경제가 발전할 수 있을 것이라는 생각이 확산되고 있었다.

모든 사람들이 평등하게 사는 것을 강조하는 데다가 경제까지 성장을 할 수 있으니 세계의 지식인들이 공산주의에 대한 환상을 품을 수밖에 없는 상황이었다. 6·25 전쟁을 겪기 전에는 사회주의나 공산주의 체제를 선호하는 한국인들이 많았지만, 전쟁포로들의 선택을 보면 선호하는 체제가 상당히 바뀌었다는 사실을 알 수 있다. 북한군 포로는 약 10만 명이 넘었는데, 그 중에 북한을 선택한 포로는 불과 800명 정도에 불과했다. 남한군인 중에 북한으로 끌려간 국군포로는 24만 명 정도인데, 그 중에 북한을 선택한 사람들은 10~20%에 불과하다. 이를 보면 전쟁을 겪으면서 한국민들은 자유민주주의 체제를 선호하게 되었다는 것을 알 수 있다.

미국은 1953년 10월에 체결된 한미상호방위조약(Mutual Defense Treaty)을 통해 국군의 전력 증강과 전후 복구 지원 등을 약속함으로써 한국과의 방위 동맹을 강화했다. 이처럼 6·25전쟁 직후 체결된 한미상호방위조약은 국방비를 절약함으로써 한국이 경제 개발에 매진할 수 있게 했으며, 오늘에 이르기까지 공산주의 세력의 침략 위협으로부터 대한민국을 지키는 근간이 되고 있다.

정전협정이 체결된 후인 1954년 개헌에서 대한민국은 자유기업을 원칙으로 하는 자본주의 체제로 전환했다. 제헌헌법에 비해 사회주의적인 조항들을 삭제하고, 자유주의 시장경제 원리에 부합하는 방향으로 헌법을 개정했다. 남한에서는 공산주의가 강조하는 평등이념보다는 자유를 강조하는 시장경제가 더 국민적 호응을 받기 쉬웠다. 공산주의와 대결상황에 놓였다는 것도 역시 사회주의적 분배정책보다 성장 위주의 시장경제를 채택하는 것에 대한 반발을 줄여주었다. 남한이 자유민주주의 체제를 수용할 수 있게 만들었던 중요한 요인 중의 하나가 6·25 전쟁을 통해 체험한 공산주의에 대한 환멸 때문이었다.

05

원조경제 시기 산업자본가의 등장

오늘날 한국형 경제성장 모형의 특징을 언급할 때 빠지지 않고 등장하는 것이 재벌주도형 경제다. 재벌이라는 대기업 집단이 경제성장을 견인하는 것이 한국적 특징이라는 것이다. 사실 오늘날 선진국들일수록 좋은 대기업을 많이 가지고 있다. 우리나라 인구의 7분의 1밖에 되지 않는 스위스도 세계 500대 기업에 들어있는 대기업의 숫자가 우리와 같다.

한국은 2차 세계대전 이후 독립한 나라 중에 미국, 일본, 유럽의 글로벌 브랜드와 치열하게 경쟁을 하는 글로벌 브랜드를 가지고 있는 드문 국가다. 이런 의미에서 한국의 고도성장은 정부주도에 의한 성장이라고만 볼 수 없고, 민간부문에서 놀라운 기업가정신을 발휘하여 한강의 기적을 이룩한 것이다.

'재벌'이라 불리는 한국의 산업자본가 집단이 등장한 것은 1950년대의 일이다. 일제는 조선을 원료공급지와 상품시장으로 삼았기 때문에 회사령을 통해 조선 자본의 형성을 막았다. 1920년대 들어서면서 회사령을 철폐해 어느 정도 조선자본의 형성을 허용했지만, 주로 경공업 부문 중심이었다.

만주국을 세우고, 1930년대 후반에 중국본토를 침공하면서 조선을 병참기지화 전초기지로 활용하면서 중화학공업이 들어왔다. 그러나 그것도 대부분 일본자본에 의한 것이었다. 제조업의 경우 1940년에 94%가 일본

자본이었다. 해방 당시에 전체 산업에서 기업주가 한국인인 경우는 2%에 불과했다.[39] 서울대학교의 전신인 경성제국대학에 경제학부가 개설되지 않을 정도로 조선의 경제전문가를 키우지 않았다. 민족자본이라고 하지만, 대부분 정미소나 쌀가게, 식료품 판매, 양조장 등의 대부분이었다.

일제하의 민족자본은 경성방직의 김연수와 화신백화점의 박흥식 정도에 불과했다. 3·1운동이 벌어진 1919년에 전국에서 모인 자본금 100만 원으로 한국 기업사상 최초로 민족자본으로 경성방직이 출범했다. 생산라인의 확대를 허가해 주지 않아 만주에 남만방적주식회사를 설립해 최초의 해외진출 사례가 되었다. 후에 이들이 귀국하여 한국의 섬유산업의 뿌리가 되었다.

'백화점 왕'으로 불린 박흥식은 화신백화점과 전국의 450개의 연쇄점망을 거느리고 있었다. 그는 진남포에서 쌀장사를 해서 돈을 벌어 선광인쇄소를 차려 크게 성공했다. 을지로에 종이판매를 하는 선일지물사를 차려 지류업계를 평정했고, 1931년에 금은을 취급하는 화신상회를 인수했다. 일본이 금본위제에서 이탈하고 금의 수출을 금지해 금값이 폭등해서 횡재를 하여 백화점 사업에 진출했다. 1937년에는 제주도흥업을 설립해 관광사업에 뛰어들었으며, 제주도에 200만평의 목장을 확보해서 제주도를 아시아의 관광허브로 개발하려고 했다. 1939년에는 화신무역주식회사를 설립해서 동남아, 유럽, 아프리카, 미국 등에 진출했다. 1958년에 정부에 원자력발전소 건설을 제안했으며, 원자력발전소 1·2호기 건설을 추진할 때 박흥식의 회사가 웨스팅하우스의 대리점을 맡아 원자력발전기 도입 매매계약을 성사시켰다.[40]

39) 김용삼, 『이승만과 기업가시대』, 57-58.

40) 김용삼, 『이승만과 기업가시대』, 132.

해방 직후 상업자본의 발전

해방 직후 극심한 물자부족난을 겪으면서 무역업에 눈을 뜬 상인자본들이 등장했다. 최초의 무역은 소위 정크무역으로, 이는 텐진(天律), 다렌(大連), 칭다오(靑島) 등의 일본군이나 일본 상사의 창고에 보관 중이던 물품을 비공식루트로 실어와 대금으로 오징어, 말린 새우, 미역, 인삼 등으로 보내는 일종의 물물교환이다. 무역업자들은 10배가 넘는 이익을 남겼다.

장제스 군대가 후퇴하면서 정크무역도 쇠퇴하고 대신 마카오와 홍콩 무역이 활발해졌다. 1946년 한 해 동안 약 300여 척의 정크선이 인천항에 입항할 정도였고, 이 당시 무역은 주로 화상(華商)들이 주도했다. 인천으로 들어온 물품을 서울로 실어 나르는 화물트럭업을 한 한진상사의 조중훈이 트럭 1대로 사업을 시작한 것이 후에 트럭 30대에 물자 운반선 10척으로 늘어나 후에 한진그룹과 대한항공을 설립하게 되었다.[41]

귀속기업체 불하받아 산업자본가로 발전한 사례

귀속농지와는 달리 귀속기업체 등은 대부분 건국 이후에 이승만 정부에 의해 불하가 이루어졌다. 1948년 12월에 임시관재총국을 설치하고, 1년 후 귀속재산처리법을 제정해 불하를 시작했다. 귀속재산 매각을 할 때 납부금은 최고 15년간 분할 납부할 수 있도록 되어있었다(제19조). 그리고 귀속재산에 대한 정부의 평가 가격은 시가의 4분의 1에서 3분의 1 수준으로 매우 낮았다. 게다가 당시에는 물가상승률이 높았기 때문에 귀속재산을 불하받은 기업은 거의 무상으로 받은 것이나 마찬가지였다.

41) 김용삼, 『이승만과 기업가시대』, 140-146.

귀속재산을 불하받아 산업자본가로 발전한 사례는 영등포 소화기린맥주 회사를 인수한 박승직 상점의 후계자 박두병(두산그룹), 화약을 독점 공급하던 조선유지를 인수한 김종희(한화그룹), 수원의 선경직물을 인수한 최종건(SK그룹), 삿포로비루를 인수한 민덕기(크라운맥주, 하이트맥주) 등이다. 이 밖에도 영강제과에 근무하던 민후식, 신덕발, 박병규, 한달성은 이 공장을 불하받아 훗날 해태제과로 발전시켰다.

이렇게 귀속재산을 불하받아 재벌로 성장한 사례도 있지만, 대부분 실패했고, 그 기업이 현재까지 명맥을 이어오는 경우는 불과 40~50개에 불과하다. 한국의 귀속기업 관리는 북한보다 못했다. 북한은 일본인 기술자를 붙잡아 놓고 기술 지도를 받고 공장을 돌릴 생각을 했지만, 남한에서는 일본인 기술자를 쫓아내고 재산을 차지하는데 서로 혈안이 되어 있었다. 남한에서는 43.7%의 사업체가 제대로 이관이 안 되고 파괴되고 훼손되었다.[42)]

상업자본에서 산업자본으로

서구 역사를 보면 상인에서 산업자본가로 발전했듯이, 우리나라에서도 이 시기에 무역업 등 상업으로 큰 부를 축적한 이들 중에 산업자본가로 발전한 사례가 나타나기 시작했다. 원자재를 수입 가공하여 다시 파는 보세가공무역을 일으킨 천우사의 전택보가 그 선구자였다. 홍콩을 모델로 하여 마닐라, 뉴욕, 도쿄 등에 지점을 설치하고 의류 봉제품 가공을 시작하여 후에 합판을 수출하게 되었다. 그리하여 합판이 1960년대 초에 수출품목 1위를 차지해 첫 번째 수출왕 표창을 받고, 박정희 국가재건최고회

42) 김용삼, 『이승만과 기업가시대』, 150-156.

의 의장에게 보세가공을 통한 수출주도 성장 모델을 가르치게 되었다.[43]

황해도 출신의 서성환은 태평양화학공업사를 차려 여성용 크림을 생산하여 오늘날의 세계적인 화장품 메이커인 태평양화학으로 발전했다. 자전거 수리업을 하는 경성정공을 세운 김철호는 기아자동차의 출발이 되었고, 약품 도매상인 강증희는 동아제약을 설립해서 국내 최대의 제약회사가 되었다.

6·25 전쟁으로 파괴된 시설을 복구하는 과정에서 현대건설 등 많은 건설회사가 일어났다. 귀속재산 중의 일부인 서울 중구에서 200평을 불하받아 현대자동차공업사로 시작한 정주영은 자동차 수리업을 넘어 현대자동차의 전신이 되었고, 건설에도 뛰어들어 미8군 군납 건설업에 이어 한강대교 복구공사와 경부고속도로 공사 등을 하면서 건설업의 선두주자로 발전했다. 미국 건설업자들에게 배운 기술로 해외건설 진출의 기회도 마련했다.

지가증권이 산업자본형성에 미친 영향

토지자본을 산업자본화 한 사례는 선진국에서 많이 발견된다. 영국처럼 자연발생적으로 부농이 산업자본화한 사례도 있지만, 가깝게는 메이지유신으로 봉건 토지귀족들에게 지가증권을 교부해 산업자본에 기여한 사례가 있다. 우리와 비슷한 위치에 처했던 대만도 일본과 한국의 농지개혁을 반면교사로 삼아 농지개혁을 실시했는데, 그 지가 보상액을 현금으로 지급하지 않고, 30%는 4대 국영기업의 주식으로 즉각적으로 일시에 보상했다. 그리하여 지주들은 대기업의 대주주가 되거나 경영자가 되었으며,

43)김용삼, 『이승만과 기업가시대』, 157-162.

소규모 지주들은 중소기업을 불하받아 중소기업가로 전업할 수 있었다. 오늘날 대만을 대표하는 기업들은 대부분 지가증권을 산업자본화한 것이다.[44]

반면에 한국의 경우 전쟁 중에 지가증권의 형태로 보상이 이루어져 많은 영세지주나 중소지주는 지가증권을 20~30%의 헐값에 팔아 호구지책으로 낭비하여 산업자본으로 성장하지 못했다. 지주들 중에 상공업 자본가로 전업을 할 수 있었던 계층은 대지주 밖에 없었다.

대부분의 지주들은 귀속기업체를 인수하기에는 규모가 너무 영세했다. 귀속기업체를 불하받기 위해서는 토지보상액이 최소 400석은 되어야 한다고 농림부는 파악했는데, 97.8%가 400석 미만이었다.[45] 그리고 대다수라고 할 수 있는 84.2%가 50석 미만을 보상받은 영세 지주들이었다.[46] 400석 이상 보상을 받은 3,400명(전체의 2.2%)의 지주들도 투자를 거의 하지 못했다.

1943년 6월 현재 연간 벼 500석 이상을 추수한 대지주는 남한의 경우 1,630명이었는데, 1946년 12월에는 1,084명으로 줄었다. 한국의 농지개혁은 이 9%의 대지주만을 자본가 계급으로 연착시킨 대지주 중심의 개혁이라는 평가도 있다.[47] 호남지역의 지주 418명을 대상으로 한 연구에 의하면, 이들 중 산업자본가로 전업한 지주는 47명으로 11%에 불과했다.[48]

농지개혁을 긍정적으로 평가한 권병탁도 농지개혁을 통해 지주를 근대적 산업자본으로 승화시키는데 거의 실패했다고 평가했다.[49] 강만길도 역시 지주층에 지불한 보상금을 산업경영에 유도함으로써 토지자본을 산업

44) 김용삼, 『이승만과 기업가시대』, 109.

45) 한국농촌경제연구원, 『농지개혁사연구』, 776쪽.

46) 한국은행, 『경제연감』, 1955; 김일영, "농지개혁을 둘러싼 신화의 해체," 310쪽에서 재인용.

47) 홍성찬, 2014, 6.

48) 김용삼, 『이승만과 기업가시대』, 112.

49) 권병탁(1984), "토지는 농민에게," 509쪽.

자본화 하는 데는 큰 효과를 거두지 못했다고 평가했다.[50)]

그러나 귀속기업체를 불하받을 사람이 타인 명의의 지가증권을 가지고 귀속기업체의 인수대금을 지불할 수 있도록 제도를 고쳤고, 액면 가치의 전액을 인정했다.[51)] 지주들에게 교부된 지가증권이 전쟁과 인플레이션을 겪으면서 매우 낮은 가격에 거래되었지만, 귀속기업체를 인수할 때는 액면가 그대로 불하대금으로 활용되었다. 총 지가증권 보상액 중에 귀속재산 매입에 사용된 액수는 54%로 나타났다. 즉 지가증권을 보상금을 받은 지주들의 지주자본의 절반가량이 피난지에서의 생활자금 등으로 소비되었다는 의미다.[52)]

1958년까지 불입된 귀속재산 분납금 중 40%가 지가증권이었다. 600석 이상 보상받은 대지주 중에 귀속기업체를 불하받은 사람은 1.7%에 불과했음에도 불구하고 이렇게 많은 분납금이 지가증권으로 지불되었다는 것은 지주의 지가증권을 헐값으로 산 자본가들이 이것으로 납부했기 때문이다.[53)] 이들은 헐값에 지가증권을 사서 그것으로 귀속재산 매입에 사용하여 큰 이득을 남겼기 때문에, 지주자본의 부가 이들 산업자본가에게 이전되어 신흥자본가 계층이 탄생했음을 알 수 있다.

예를 들면 김연규는 조선중기(重機)의 불하금액 12억 원 중에 4억 원을 지가증권으로 납입했는데, 그 지가증권들은 액면가의 30%로 구입하여 납입했다. 헐값으로 사들인 지가증권으로 귀속재산을 불하받은 기업인으로는 동양맥주를 불하받은 두산의 박두병, 선경의 창업자 최종건, 한국화약의 창업자 김종희 등이 있다.[54)]

50) 강만길, 『한국현대사』, 창작과 비평사, 1984, 305쪽.

51) 홍성찬, 2014, 14.

52) 김용삼, 『이승만과 기업가시대』, 112.

53) 김일영, "농지개혁을 둘러싼 신화의 해체," 335쪽.

54) 김용삼, 『이승만가 기업가시대』, 110-112.

지가증권은 증권시장이 태동하는 계기가 되었다. 이렇게 지가 증권은 한국 자본주의 경제발달에 크게 기여했다. 1949년 11월부터 1955년 6월까지 증권거래액의 73%가 지가증권이었다.[55] 특히 대한증권협회가 개설된 직후인 1954년 이후에는 매매실적이 정확하게 파악되는데, 1954년에 거래된 증권 중에 88%가 지가증권이었고, 1954/55년에는 73%로 점차 낮아진다. 따라서 우리나라의 증권거래는 지가증권에서 시작되었다고 볼 수 있다.[56]

원조경제 하의 1950년대 한국 경제

6·25 전쟁으로 각종 시설과 공장이 파괴되었고, 전비조달을 위한 통화증발로 심각한 전후인플레이션을 경험했다. 1954~57년 사이에 연평균 물가가 40% 이상 상승했다. 전쟁 수행에 필요한 군사비 등 재정수요를 조세와 공채로 다 채우지 못했기 때문에 통화 발행을 크게 늘렸기 때문이다. 이를 해결하기 위해 이승만 정부는 1953년 2월 15일 전쟁 중에 화폐개혁을 실시해 100원(圓)을 1환(圜)으로 바꾸었으나 큰 효과를 거두지 못했다.

이승만 정부는 22.8억 달러에 달하는 거액의 경제 원조를 미국으로부터 받아내 6·25 전쟁으로 파괴된 시설을 복구하고 사회간접자본을 확충했다. 1958년 이후 실시한 긴축정책과 원조물자 판매대금인 대충자금으로 재정적자를 보전해 해방 이후의 악성 인플레이션을 진정시켰다.

당시 자유진영을 유지하기 위한 미국의 지원은 유럽·일본·인도 등 전세계적으로 전개되었는데 그 중에서도 남한에 대한 지원이 가장 많았다.

55) 장시원, "농지개혁-지주제 해체와 자작농체제의 성립." 356-57쪽.

56) 한국농촌경제연구원, 『농지개혁사연구』, 1060쪽.

전후(1953~61년) 경제회복에 큰 역할을 한 외국 원조액의 규모는 해방 직후부터 1953년까지 약 10억 달러가 들어왔으며, 1954~61 기간 중에는 약 21억 달러, 그리고 군사원조 16억 달러로 총 47억 달러가 원조되었다.[57] 1953~60년에 매년 평균 2억 6000만 달러의 원조가 도입되었다.

원조 달러를 민간에게 판매한 대금은 대충자금(counterpart fund)으로 적립되어 정부의 재정수입이 되었다. 이 대충자금이 같은 기간에 중앙정부 재정수입의 38%를 차지했다. 이 원조금액의 규모는 우리나라의 GNP에서 차지하는 비중을 보면 1953년에는 5~6% 수준이었고, 1956~57년에는 10~11%, 그리고 1961년에는 9% 정도를 유지했다.

원조액이 수입액에서 차지하는 비율은 1953년에는 55.5%였으며, 1956~58 기간 중에서는 총 수입액의 82~85% 수준이었다가, 1960년에는 90%로 피크를 이루었다. 당시에는 총투자율의 50% 이상이 외국 원조였다. 미국의 원조액이 총수출에서 차지하는 비중도 1948~55년 기간 중에 평균 34%에 이르렀다.[58]

미국의 대한(對韓) 원조는 미국의 전체 원조에서 큰 비중을 차지했다. 미국의 대외 원조 중에서 원조 대상국 순위를 보면 1945~54년 기간 중에는 한국이 7위를 차지했지만,[59] 1957~62년 기간 중에는 대한 원조가 인도에 이어 2위를 차지했다. 이것은 이승만 대통령의 외교적 노력의 결실이기도 했다.

당시 미국이 한국에 원조를 이렇게 많이 한 이유가 자본수출의 한 형태라는 비판도 있고,[60] 구호에 머물러서 경제발전에 큰 영향을 주지 못했다는 평가도 있지만, 원조 덕분에 재정적자를 감소시켜주고 인플레이션의

57) 원조액의 규모는 6·25이후의 원조가 훨씬 규모가 컸다.

58) 정일용, 90.

59) 영, 프, 서독, 이, 일, 그리스, 대만, 한국의 순이었다.

60) 정일용, 113

압력을 완화시켰으며, 무역수지 적자폭을 감소시키는데 기여했다. 그리고 논란의 여지는 있지만 저축의 대체효과를 통해 투자를 증가시키는 역할도 했다.

원조물자 도입에 힘입어 한국경제는 빠르게 재건되었다. 전쟁기간 동안 억눌러 있었던 생활필수품에 대한 민간 수요가 폭발하자 원조물자를 가공하는 경공업이 번창했다. 당시 3백 산업으로 불렸던 면방직업·제분업·제당업이 이를 대표하는 것이었다. 그 외에도 시멘트, 판유리, 비료와 같은 기간산업 분야의 공장이 건설되었다.

6·25 전쟁과 산업자본가의 출현

전쟁으로 인한 물자부족과 인플레이션 하에서 기회가 발생하기 마련이다. 재벌의 반열에 오른 당대의 기업가들은 대부분 부산에서 무역을 통해 큰 부를 축적한 기업가들이다. 전쟁 당시에 주력 수출품은 고철과 탄피였다. 이것을 수출하고 그 대금으로 생필품을 수입하여 큰돈을 벌었다.

이병철은 고철과 탄피를 수출하고 의약품을 수입해서 팔았는데, 1년 후에 출자금의 20배를 벌었다. 이 돈으로 제당공장을 지었다. 아침에 설탕을 한 트럭 싣고 나가면 저녁에 돈을 한 트럭 싣고 들어온다는 말이 돌 정도로 제당업은 수지맞는 산업이었다. 덕분에 설탕수입의존도가 1954년의 51%에서 1956년에는 7%로 크게 떨어졌다. 이것이 수입대체산업화의 시작이었다.[61)]

이어 이병철은 제일모직을 설립해서 외제 양복지를 대체했다. 그 뒤를

61) 김용삼, 『이승만가 기업가시대』, 219.

이어 대한모직, 한국모방, 경남모직 등의 회사가 세워졌다. 또 상업자본에서 산업자본으로 변신한 기업들이 락희화학, 한국유리, 대한양회 등 근대 기업들을 발전시켰다. 이병철의 뒤를 이어 거부가 된 삼호그룹의 정재호는 양말공장으로 시작해서 국내 굴지의 메리야스 공장으로 성장했으며, 조선방직을 인수해 방직 왕에 올랐다.

개성상인의 후예인 이정림은 개풍그룹을 일으켰다. 고무신가게에서 시작해 27세에 거상이 되어 서울에 개풍상사를 차렸다. 후에 문경시멘트 공장을 인수해 대한양회를 설립했다. 전후 복구사업에 시멘트 수요는 매우 컸고, 그로 인해 국내 5대 갑부의 반열에 들어갔다.

대한전선을 세운 설경동은 중석을 수출하여 마련한 재산으로 대한방직을 세웠고, 이어 대한전선을 불하받아 전선(電線) 제조사업을 거의 독점했다. 포목상에서 시작한 구인회는 허준구 가문과 함께 오늘날의 LG와 GS를 일구었다. 동업이 어렵다는 관행을 깨고 화합의 모범 사례가 되었다.

기업가정신

격변기에 운이 좋아 귀속재산을 불하받았거나, 정치적 특혜로 오늘날의 재벌로 성장했기 때문에 한국 재벌의 자본축적과정이 떳떳하지 못하다는 비판이 많다. 이 격변기에 성공한 재벌들이 운이 따랐고 특혜를 많이 받은 것은 사실이다. 높은 인플레이션 상황 하에서 저리(低利)의 은행융자를 받는 것 자체가 큰 혜택이었다. 그러나 이때 사업에 뛰어들었던 자들이 모두 성공한 것은 아니다.

해방 직후 귀속 기업체 및 귀속부동산 등이 29만 4,167건이 있었다. 절반 가까이가 훼손이 되었다고 해도 상당히 많은 귀속재산이 불화되었지만, 이 중에 제대로 성공한 기업은 50개 정도에 불과하다. 공장을 불하받아도 전쟁으로 파괴되어 거의 고철과 다름없었고, 정주영이 불하받은 것은 200평의 부지가 전부였다. 이런 것을 보면 불하의 특혜를 받았기 때문에 성공했다고 보기는 어렵다.

백범 김구에게 경교장을 헌납해 화제가 되었던 광산재벌 최창학의 경우 1923년에 금광을 발견해서 해방되던 1945년에 거부(巨富)가 되어있었지만, 그는 산업자본가로 변신하지 못하고 무역업자를 상대로 한 사채업을 했다. 그의 돈을 안 쓴 사람이 없다고 할 정도였지만, 전후 인플레이션으로 돈의 가치가 폭락하면서 그는 함께 몰락하고 말았다.

이런 사례를 보면 역시 성공한 기업가들의 기업가정신이 성패를 결정하는 가장 중요한 요인이었음을 알 수 있다. 이처럼 뛰어난 기업가정신을 보유하고 있는 기업가들이 다수 존재했기 때문에 1960년대 박정희 정부가 추진한 고도성장전략에 민간부문에서 호흡을 맞출 수 있었던 것이다.

06

이승만 정부의 교육정책, 산업정책 및 경제개발계획

교육정책

기업가정신도 중요하지만, 실제로 생산현장에서 담당하는 인적자본의 질도 매우 중요하다. 문맹률이 낮아야 작업지시가 쉽게 아래로 전달되고, 복잡한 일들도 효율적으로 이루어질 수 있다. 자원도 빈약하고 축적된 기술과 자본도 부족했던 한국이 1960년대 이후 고도성장을 할 수 있었던 요인으로 훌륭한 인적자본의 중요성을 꼽는 학자들이 많다.

조선은 유교문화 전통으로 인해서 학문을 숭상하고, 교육열이 매우 높았다. 일제에 병합되기 이전, 조선왕조 말기에 미국 선교사들이 조선에 들어와 연희전문, 이화전문, 숭의학당, 오산, 숭실, 고신, 전주 등 많은 학교들을 세웠다. 서양 선교사들이 세운 학교가 전체 사립학교의 절반에 해당된다. 1910년 기준으로 장로교는 501개, 감리교는 158개, 그 외 교파를 포함하면 683개, 천주교단이 설립학교까지 포함하면 총 807개 학교가 기독교에 의해 운영되었다. 문맹을 퇴치하는데 크게 기여한 것은 한글 보급의 확산 때문이다. 한글 보급에 큰 역할을 한 것은 성경 번역이었다. 1911년에 성경 전체가 완간되면서 기독교계에서 한글배우기 운동이 일어나 한글 사용 대중화에 결정적인 영향을 주었다.

한글을 읽기 쉽게 띄어쓰기를 시작한 것도 미국 출신 선교사 호머 헐버

트였다. 그는 1896년에 서재필 및 주시경과 함께 독립신문을 만들었는데, 여기에서 처음으로 띄어쓰기를 했다.

이승만 대통령은 대한민국 수립 직후인 1949년에 교육법을 제정하여 초등학교 의무교육을 실시해서 문맹률을 낮추는 데 크게 이바지했다. 그리고 정부가 교육정책에 상당한 권한을 행세하는 중앙집중적인 관리를 했으며, 오늘날의 6·3·3·4제 학제를 채택했다.

또 성인 문맹 퇴치를 위해 공민학교를 설립하여 큰 성과를 거두었다. 이승만 정부는 '한글전용법'을 공포했고, 한글학회는 "우리말 큰사전"을 완간했다. 1945~1950기간 중에 보통학교(초등학교)는 2.6배, 중학교는 10배, 고등학교는 3.1배, 대학생 수는 12배 증가해 급속한 경제 성장의 기초인 교육 혁명을 이루었다.

전쟁 중에도 전시(戰時) 수도 부산의 영도에 전시연합대학을 설립해서 교육을 지속했으며, 온갖 비난에도 불구하고 전후복구와 나라 발전을 위해 고급 인재가 필요하다고 하면서 대학생들을 군에 입대시키지 않았다.

전후에는 의무교육 6개년 계획, 문맹퇴치 5개년 계획을 추진해서 초등학교 진학률을 60%에서 86%로 높이고, 문맹률을 26%에서 4% 수준으로 낮추었다. 그리고 1955년에 2,000여 명을 선진국으로 유학보냈다. 군사나 건설 등 정부재정의 쓸 곳이 그렇게 많았던 1950년대 문교 예산이 전체 예산의 20%를 차지할 정도로 교육을 강조했다.[62]

해외유학은 군사 원조의 일환으로 군을 통해서 시작되었다. 약 1만여 명의 군인 유학생들이 미국에 가서 효율적인 행정 업무를 배워왔다. 미국에서 받은 기술원조 중의 일부로 해외연수를 1,421명이나 보냈는데, 이것이 미국 원조계획 중에 가장 성공적인 것이라는 주장도 있다.[63]

62) 김용삼, 『이승만과 기업가시대』, 248-251.

63) 김용삼, 『이승만과 기업가시대』, 252.

수입대체산업화 전략

전후복구 과정에서 미국의 원조는 한국 경제가 회복되는데 큰 힘이 되었다는 것은 두 말할 필요가 없다. 그러나 원조자금을 어떻게 사용할 것인가를 두고는 이승만 정부와 미 원조당국은 계속 갈등을 보였다. 미국은 군사원조는 국방비 보전을 위해서 사용하고, 전후 복구 원조는 소비재를 중심으로 가난을 구제하는데 초점을 맞추었다. 그러나 이승만 대통령은 당장 고통을 감내하고, 훗날을 위해 공업화를 위한 재원으로 사용하려고 했다.

심지어 미국은 한국이 공업화에 필요한 준비가 되어 있지 않기 때문에 일본을 공업기지화해서 미국에서 직접 소비재를 한국에 보내는 대신 일본에 공업시설을 재건, 일본에서 소비재를 한국에 보내게 함으로써 일석이조의 효과를 보려고 했다. 미국의 대한(對韓) 원조 내용을 보면 미국이 한국에 제공한 31억 9,900만 달러의 원조 중에 소비재가 81%를 차지하고 시설재는 19%에 불과했다.[64] 이승만 대통령은 한국이 일본제품의 소비시장이 되어서는 안 되고 한국도 자립경제의 기초를 이룩해야 한다고 주장하면서 미 원조당국에 불만을 토로했다.

이승만은 만족할 만한 수준은 아니지만, 운크라(UNKRA)의 원조 계획을 활용하여 인천에 판유리공장과 문경에 시멘트공장을 짓게 했고, 1953년에는 일제 시대에 오노다 사가 세운 삼척시멘트의 시설보수공사를 통해 재가동하게 했다. 1955년에는 AID와 운크라 원조자금으로 숙원사업이던 비료공장을 설립키로 한미 간에 합의가 이루어졌다. 이렇게 시작된 충주비료는 1961년 4월에 준공되어 박정희 시절부터 비료를 본격적으로 생산하게 되었으며, 국내 최초의 화학장치공장의 건설이었다. 1958년에는 국

64) 김용삼, 『이승만과 기업가시대』, 267.

내 자본으로 호남비료공장을 건설해서 비료자급화의 길을 열었다.

이승만 대통령은 전력 자급화를 위해 '전원개발 3개년 계획'을 수립했다. 또 연료부족 문제를 해결하기 위해 군부대를 투입했다. 강원도 석탄을 수도권으로 실고 오기 위해 영암선 철도건설을 국내 기술에 의해서 이룩했으며, 1954년부터 '석탄개발 5개년계획 및 연료종합 5개년계획'을 수립하고 석탄 증산에 박차를 가했다.

또 이승만 대통령은 1953년 아이젠하워 대통령이 표방한 평화를 위한 핵 활용(Atom for Peace) 정책을 적극 수용했다. 1956년 "원자력의 비군사적 사용에 관한 대한민국 정부와 미합중국 정부 간의 협력을 위한 협정"이 체결되었다. 1958년 3월에는 원자력법을 공포하고, 1959년 1월 대통령 직속으로 원자력원을 설립했다. 원자력 개발만을 전담하는 각료급 기관을 둔 예가 세계적으로 드물었던 시대에 한국이 이렇게 앞서 나갔다. 에너지의 대부분을 해외에 의존할 수밖에 없는 한국이 제조업 강국으로 발전하기 위해서는 값싼 에너지 확보가 필수적이었고, 핵에너지는 매우 중요한 에너지의 원천이었다. 1958년 공릉에 원자력연구소가 건립되었고, 127명의 국비유학생들이 미국으로 유학을 떠나 한국 원자력 발전의 토대가 만들어졌다. 이들 유학생들은 후에 한국의 원자력 산업의 기초를 닦았다.

서울대 공대에 원자력공학과가 신설되었는데, 세계에서 학부에 원자력공학과가 개설된 나라는 당시에 한국 밖에 없었다. 1971년에 국내 최초의 원자력 발전소인 고리 1호기가 기공식을 가졌으며, 우리나라는 원전이 국내 총 발전량의 40%를 차지하게 되었다. 오늘날 한국이 핵발전 분야에 세계 최고의 기술을 보유할 수 있게 된 것은 이런 이승만 대통령의 선견지명 덕분이었다. 5·14 단전으로 암흑이 되었던 한국이 50년 만에 북한에 한국 표준형 원자로를 건설해주는 경수로건설 사업을 주도하고 세계에 원전수출을 하며, 가장 안전한 원전시설 능력을 가지고 있는 한국이 되었다.

경제개발계획의 수립

한국경제성장 모형의 특징에서 빼 놓을 수 없는 것이 정부주도하의 경제개발계획이다. 그런데 경제개발계획은 이승만 정부에 의해 추진된 것이다. 1961년 5·16 군사 쿠데타로 정권을 장악한 박정희가 1962년에 제1차 경제개발 5개년계획을 실시했는데, 이것은 이승만 정부에서 계획했다가 장면 정부로 넘어간 것을 박정희 군사정부가 본격적으로 추진하여 실행시킨 것이다.[65]

이승만 대통령은 1957년 부흥부 산하에 산업개발위원회를 설치하고 경제개발계획을 입안하도록 했다. 경제 관료들은 세계은행 부속기관인 경제개발연구원에 연수를 가서 연수를 받고, 미국 오리건대학 교수 5명의 도움을 받아 계획을 수립했다. 장기 개발계획 모델에 꼭 필요한 산업연관분석표(Input-Output Table) 작성도 준비를 시작했다.

처음에는 7개년 계획을 세우려 했지만, 예측의 불투명성으로 인해 2단계로 나누어 먼저 3개년 계획을 목표로 했다. 1959년 12월에 최초로 계량적 기법에 기초한 경제개발 3개년 계획의 골격이 완성되었으며, 1960년 4월 15일에 국무회의를 통과했다. 그런데 나흘 후에 4·19가 터지는 바람에 이 계획은 장면 정부로 이관되었다.

장면 정부는 이를 토대로 5개년계획을 완성했다. 그러나 이 계획이 완성되고 두 달 후에 5·16 군사 쿠데타가 발생하여 이것도 역시 실행되지 못했다. 이것이 후에 박정희 군사정부의 경제개발계획 입안에 요긴하게 사용되었다.

---

65) 유영익, "이승만 대통령의 업적-거시적 재평가" 유영익 편, 『이승만 대통령 재평가』, 연세대학교 출판부, 2006, 475-576. 541-542쪽.

결론

역사, 단절인가 연속인가?

역사해석학에는 크게 두 가지 견해가 있다. 발전단계가 존재한다는 견해와 연속적으로 발전한다는 견해로 나눌 수 있다. 독일에서 시작된 역사주의 학파에서는 역사발전이 단계별로 일어난다고 보았다. 마르크스도 이러한 역사학파의 영향을 받아서 역사가 원시공동체사회-봉건제사회-자본제사회-공산제사회 등으로 단계별로 발전한다고 보았다.

그러나 실증주의 역사학파가 등장하면서 연속성이 강조되었다. '한강의 기적'이 어떻게 발생했는지를 설명하는 방식도 지금까지는 그 이전 시대에 어떠한 준비가 이루어졌는지에 대한 관심이 없이 고도성장기만을 설명하려는 시도가 많았다. 일제 시대는 반일감정으로 인해 긍정적으로 평가하기를 거부해왔고, 이승만 정부 시기 역시 정치적으로는 건국을 인정하더라도, 경제적으로는 별로 기여한 것이 없다는 인식이 많았다.

그러나 역사발전이 그렇게 단절적으로 일어나는 경우는 별로 없다. 왕조의 흥망성쇠의 관점에서 역사를 기술하거나 정치적 사건 중심으로 역사를 분석하면 단절적인 모습이 부각되지만, 그 안에서 살아가는 사람들의 가치관이나 경제적 측면을 분석해보면 연속적인 모습이 더 잘 나타난다.

지금까지 1960년대 대도약의 준비기간으로서의 1950년대를 설명했다. 한강의 기적을 가져온 요인은 자유주의 시장경제 체제에 통합되어 세계에 수출을 하고, 자체 브랜드를 발전시키는 과정 속에서 한국 경제가 부흥했다. 이러한 제도적 변화의 기초가 되는 정치경제 체제가 형성된 것이 1950년대이다.

냉전의 최전선에서 한국이 어떻게 국내적으로 좌우익의 갈등을 봉합하고, 공산주의자들의 침략을 막아냈으며, 그 과정에서 미국의 영향과 이승만 대통령의 역할이 어떠했는지를 농지개혁, 6·25 전쟁, 경제원조, 산업자본가의 등장, 그리고 교육정책 등의 영향으로 나누어 살펴보았다.

중국은 유교문화를 통해, 일본은 서구의 근대적 제도 이식을 통해 한국에 영향을 준 반면, 미국은 자유주의적 전통을 한국에 심었다. 일본에 의해 자본주의가 도입되었지만 일본의 자본주의는 다분히 식민통치를 위해 정부의 간섭이 심한 중상주의적 경향이 농후했다. 반면에 미국은 보다 자유주의적인 시장경제를 한국에 심는데 크게 기여했다.

미국의 긍정적인 영향은 두 가지 측면에서 볼 수 있다. 첫째, 자유주의 진영에 속하는 나라 중에서도 미국은 가장 시장경제에 충실하다는 것이다. 시장경제 체제로 분류되는 유럽, 일본, 미국 등도 시장경제의 구체적인 제도 면에서는 크게 차이가 난다. 유럽은 공산주의나 사회주의 등 좌파를 수용한다. 미국도 민주당의 경우 진보적인 성향이 있지만, 노골적으로 사회주의나 공산주의를 수용하지는 않는다. 대공황 이후 정부의 개입이 증가하고, 케인즈주의 경제학의 영향으로 수정자본주의적 모습이 행정부에 따라서 강하게 대두되기는 했지만 근본적으로 유럽식 복지국가에 비해서는 매우 자유주의적 원칙이 지켜진 나라다.

둘째, 다른 식민지를 경험한 국가들과 달리 한국에서는 반미감정이 적었다는 점이다. 해방 직후 남한에서는 반미감정이 적었다. 제2차 세계대전 이후 독립한 140여 개 국가 대부분은 식민 종주국에 대한 반감이 크던 작던 상당히 있었다. 이로 인해 전 세계 신흥 독립국가들은 대부분 사회주의나 공산주의 체제를 선호했다.

그런데 일본의 식민지를 겪은 한국이나 대만은 해방자로 다가온 미국에 대한 반감이 훨씬 적었다. 소련과 북한 공산주의의 영향 때문에 이승만 대통령과 미국의 정책에 대해 반대가 있었으나, 서구 제국들에 의해 식민지를 겪었던 다른 국가들에 비해 한국에서는 반미감정이 적었다. 이것이 미국이 주도하는 세계체제 속에서 자유주의 진영에 큰 반대 없이 포섭되는데 큰 영향을 미쳤다.

1948년 8월 15일에 출범한 대한민국은 2년도 채 지나지 않아서 공산세력의 무력 남침공격에 멸망의 문턱까지 갔었지만, 기적 같은 유엔의 결의와 미국의 도움으로 공격을 물리칠 수 있었다. 뿐만 아니라 이로 인해서 강력한 반공이념이 형성되었고, 농지개혁으로 보수화된 농민들은 자유민주주의를 수용했다. 공산주의의 위협과 전쟁의 혼란 속에서 국민의 단결을 이끌어내는데, 농지개혁으로 우경화된 농민들의 역할이 큰 힘이 되었다. 대다수의 인구를 차지하던 농민들이 보수화되어 자본주의 체제를 수용할 수 있게 되었고, 이로 인해 사회가 안정되어 경제성장에 전념할 수 있었다.

그리하여 점차 대한민국의 헌법은 사회주의적 요소가 축소되고 자유주의적인 것으로 바뀌어갔다. 정부 수립 당시인 1948년에 제정된 제헌헌법에는 주요 산업의 국유화와 노동자에 의한 기업이윤 환원 등을 골자로 하는 사회민주주의적인 경제제체를 채택했다. 그러나 6·25 전쟁 후인 1954년 개헌에서는 자유기업을 원칙으로 자본주의체제로 전환한 것으로 보면 6·25 전쟁을 겪으면서 사회주의에 대한 인식의 변화가 크게 일어났음을 알 수 있다. 그리고 1950년대에 실시된 정부소유 기업체의 매각은 이러한 체제전환을 반영한 것이었다. 이것이 한국에 미친 영향은 사적소유권의 확립이라는 중요한 결과를 낳았다.

1960년대 이후 한국의 고도성장은 정치적 안정과 시장경제체제 내에서 이루어진 것이었다. 이데올로기 갈등을 겪는 나라들은 성장하기 어려웠다. 또 사회주의 체제로 안정을 이룩한 나라들도 시장경제를 도입하지 않고는 경제성장에 성공하지 못했다. 1950년대 한국은 공산세력의 침략이라는 위협을 이승만 대통령의 리더십과 미국의 도움으로 슬기롭게 극복하고 훗날 경제적 번영의 기초를 닦았다.

건국과 자유민주주의에 기초한 제도형성의 두 주체는 미국과 이승만 대통령이었다. 이 두 주체는 서로 협력도 하고 갈등도 하면서 대한민국을 자유민주주의 체제 하에 세우는데 크게 기여했다. 이러한 기초 위해 1960년대 이후 박정희 대통령에 의해서 산업화를 달성할 수 있었다.

제 3 장

박정희와 중산층 노동자의 성장

류 석 춘 연세대학교 교수/사회학

- 연세대 사회학과 졸업 (1981)
- 미국 일리노이대 대학원 사회학 석사·박사 (1983, 1986)
- 자유한국당 혁신위원장 (2017)
- 박정희연구회 회장 (2016~2017)
- 연세대 이승만연구원 원장 (2010~2015)

주요 저서

- 『박정희는 노동자를 착취했는가』 (2018, 기파랑)
- 『시간을 달리는 남자: 건국 대통령 이승만의 7가지 선물』 (2016, 백년동안)
- *The Korean Economic Developmental Path: Confucian Tradition, Affective Network* (2013, Palgrave Macmillan)

01

박정희 백년 대 공산주의 백년

2019년은 박정희 대통령이 태어난 1917년으로부터 딱 102주년이 되는 해다. 북한 공산주의와의 대결 즉 반공을 기치로 1961년 44세의 나이에 집권에 성공한 그는 1979년 62세의 나이로 서거하기까지 18년간 대한민국을 통치했다. 2019년, 그가 서거한지 이미 40년이 지났지만 대한민국은 여전히 그가 남긴 유산을 놓고 갑론을박 중이다.

한 편에서는 그를 근대화의 아버지라 추앙하지만, 다른 한 편에서는 그를 친일파 혹은 독재자라 부르며 폄훼한다. 공교롭게도 그가 태어난 1917년은 마르크스·레닌주의가 러시아에서 볼셰비키 혁명이라는 이름으로 권력을 잡은 해였다. 박정희 백년 그리고 볼셰비키 백년은 공간을 달리 했지만, 시간을 공유하며 한반도에서 격렬히 대결했다.

그 백 년 동안 박정희는 단지 18년간 권력을 잡아 대한민국을 통치했다. 박정희 이후 최규하, 전두환, 노태우 집권 기간을 박정희 시대의 연장이라 간주한다면 그가 만든 체제는 1993년 김영삼이 집권할 때까지 32년간 유지되었다. 만약 1987년 민주화를 기점으로 박정희 체제가 정리된 것이라면 그의 체제는 26년간 유지된 셈이다.

백년의 세월을 기준으로 봤을 때 분명 박정희 체제는 상대적으로 짧은 기간만 존재했다. 그러나 그 짧은 시간에 박정희는 최소의 비용으로 최대의 효과를 거두며 최빈국 대한민국을 선진국 턱밑까지 끌어 올렸다. 박정희의 산업화에 기초해 대규모 중산층이 출현하면서 대한민국은 정치적 민주화는 물론 문화나 복지의 영역까지도 선진국 수준으로 올라갈 수 있었다.

한편, 러시아 볼셰비키 정권은 1991년 구 소련이 해체되기까지 무려 74년간 장기 집권하면서 전 세계를 공산화시켰다. 그 과정의 일환으로 북한에서도 1945년 해방과 동시에 공산정권이 들어서 2019년 현재까지 장장 74년간 김일성과 그 아들 그리고 그 손자로 권력이 이어지며 집권하고 있다. 1989년 베를린 장벽의 붕괴로부터 시작된 공산권의 해체에도 불구하고 북한 공산정권은 2019년 현재 여전히 건재하다.

오늘날 북한은 한편으로 핵무기 보유국 지위를 넘보며 대한민국을 위협하고 있다. 그러나 다른 한편 북한은 주민의 기본적인 생계도 책임지지 못하여 탈북자를 양산하고 있다. 중국 국경을 배회하며 먹을 것을 찾아 헤매는 북한의 앙상한 '꽃제비' 사진 한 장이 모든 것을 말해 준다. 마르크스·레닌주의에 따라 건설된 '노동자 천국' 주민이 왜 노동자를 '착취'한다는 자본주의 시장경제 대한민국으로 넘어오고 있는가?

박정희 백년과 공산주의 백년은 바로 이 대목에서 결정적 차이를 드러낸다. 이 글은 이 차이에 주목해 오늘의 대한민국을 세우는데 결정적으로 기여한 박정희 대통령 시대에 과연 노동자들은 어떤 대접을 받았는지를 구체적으로 따져 보는 글이다. 만약 박정희 시대의 노동자들이 정말 '착취'를 당했다면, 오늘날 우리가 보고 있는 광범한 중산층은 도대체 어디에서 온 것인가?

분석은 세 단계로 진행된다. 첫째는 박정희 시대의 전반부 즉 경공업이 발전하던 1960년대의 노동자 사례를 평화시장 경우를 중심으로 살펴본다. 둘째는 박정희 시대의 후반부 즉 중화학공업이 발전하던 1970년대의 노동자 사례를 현대중공업 경우를 중심으로 확인한다. 마지막으로는 이 두 시기를 연결하면서 박정희 집권 이후 1997년 외환위기를 전후한 시기까지 대한민국의 노동자들이 과연 어떤 대접을 받아 왔는지를 시계열적 통계자료로 검토한다.

결론을 미리 말하면, 박정희가 이끈 자본주의 시장경제 대한민국은 노동자를 착취하기는커녕 그들을 중산층으로 육성시키며 국가발전의 핵심 역량으로 키워냈다. 물론 1997년 외환위기 이후 대한민국은 빈익빈·부익부 양극화를 겪으며 중산층이 줄어들고 있는 것이 사실이다. 그러나 이는 1979년 서거한 박정희와는 무관한 일이다. 김대중·노무현 정권이 외환위기를 극복하는 과정에서 새로이 발생한 현상이기 때문이다. 그럼에도 불구하고 일부에서는 오늘날의 양극화 책임을 40년 전 세상을 떠난 박정희에게 떠넘기고 있다.

02

'착취' 그리고 한국의 노동자 연구

'착취(expoitation)'라는 용어는 널리 쓰이고 있지만 학문적으로 정의하기 까다로운 개념이다. 또한 '착취'는 공산주의 이론을 구성하는 가장 핵심 개념이기도 하다. 공산주의 이론에서 착취는 생산수단 즉 자본을 소유한 자본가가 생산수단을 소유하지 않고 노동만 하는 사람 즉 노동자로부터 정당한 대가를 지불하지 않고 노동의 성과를 빼앗는 행위를 말한다. 쉽게 말해 일한만큼 보상을 안 해주면 '착취'에 해당한다.

그러나 공산주의 이론은 현실을 전혀 설명하지 못했다. 자원의 상대적 희소성 문제를 고려하지 않기 때문이다. 공산주의 이론은 생산수단의 소유 여부로만 계급을 구분한 다음 계급 간의 영합적(zero-sum) 갈등관계 즉 양극화 때문에 자본가는 노동자를 '착취'하지 않을 수 없다고 설명한다. 그에 따라 마침내는 자본가 계급에 대한 노동자 계급의 집단적 투쟁이 등장할 것이라고 설명했다. 그러나 자본주의 사회에서 노동자 혁명은 끝내 등장하지 않았다. 오히려 공산주의 혁명은 자본주의 사회로 진입하지 못한 일부 후진국에서만 발생했다. 그러므로 공산주의 이론에 연연하며 착취를 정의하는 시도는 불필요하다.

대신 여기서는 상식적인 차원에서 '착취'에 접근하고자 한다. 만약 착취당하는 노동자가 있다면 다시 말해 일한만큼 보상받지 못하는 노동자가 있다면 그의 삶은 시간이 지나면서 더욱 열악한 상황으로 치달아야 한다. 이를 계층적 기준에서 말하면 착취당하는 사람은 시간이 가면서 계층의 사다리를 내려갈 수밖에 없다. 만약 시간이 가면서 삶의 조건이 현상을 유지하든가 혹은 상대적으로 개선된다면 그는 착취당하는 사람이 아니다. 계층의 사다리에서 같은 위치를 차지하고 있거나 혹은 사다리를 올라가는 경우가 이에 해당한다. 우리나라 노동자 특히 '착취'에 관한 분석은 지금까지 '계급'을 강조하는 연구자들에 의해 주도되었다. 그 결과 이들은 마르크스주의의 선입견을 따라 노동자를 '착취'의 대상으로만 접근하여, 오늘날 한국 사회의 구체적 현실과는 전혀 괴리된 분석 결과를 내놓는다. 이들은 기업은 성장했지만 기업에 종사하는 노동자들은 유례없는 저임금에 시달리면서 자본의 '착취' 대상이 되어 '프롤레타리아화' 되었다는 계급주의적 담론을 벗어나지 못하고 있다.

그러나 대한민국은 박정희가 집권한 초기의 절대빈곤 상황으로부터 시작해, 국민 대부분이 '마이 카' 그리고 '마이 홈'을 누리는 시대를 거쳐, 이제는 휴가철이 되면 해외여행을 가느라 국제공항이 북새통이 되는 국가로 변신했다. 만약 사회의 상층 계층만이 해외여행과 같은 특전을 누릴 수 있다면 그런 모습이 나타날 까닭이 없다. 계층의 사다리에서 허리를 차지하는 절대 다수의 중산층이 참여하지 않고는 이런 현상이 가시적으로 또 지속적으로 나타날 수 없기 때문이다.

현재 우리 사회의 중산층을 구성하는 집단에 화이트칼라로 대표되는 사무직과 관리직만 포함되어 있는 것은 결코 아니다. 블루칼라 직업을 가진 노동자들 특히 대기업이나 중견기업의 기술을 가진 노동자들도 상당한 수준의 급여와 혜택을 누리며 중산층에 편입되어 있다. 그 결과 일부에서는 이들을 심지어 '노동귀족'이라고까지 부르는 실정이다. 그렇다면 산업화의 주역인 노동자 집단이 어떻게 '착취'를 당하지 않고 중산층으로 편입되었는지 우리는 궁금해 하지 않을 수 없다.

03

박정희 시대의 경공업 노동자:
봉제산업의 전태일 그리고 평화시장의 경우

박정희 시대의 초반 즉 1960년대의 산업화는 경공업에 의해 주도되었다. 경공업 가운데서도 재봉틀로 원단을 가공해 의복을 만드는 봉제산업이 당시를 대표하는 산업이다. 박정희 정부는 봉제품 수출을 위해 1964년 통칭 '구로공단'이라 불린 한국수출산업공단을 새로이 조성하고 수많은 여성노동자에게 일자리를 제공했다. 한편, 내수를 위한 봉제품 생산은 6·25 피난민이 모여 살던 청계천 평화시장에서 역시 여성 노동자를 중심으로 이루어졌다. 이 여성 노동자들을 당시에는 '여공'이라 불렀다.

당시 봉제산업 여공의 삶에 관한 기록은 많다. 신순애가 2014년 저술한 『열세 살 여공의 삶』(한겨레) 및 김원이 2005년 저술한 『그녀들의 반역사』(이매진) 등이 대표적이다. 그러나 이들 기록은 모두 노동운동 특히 노동해방이라는 마르크스주의적 관점을 전제로 주관적으로 쓰여 졌다. 그렇기 때문에 이들 기록은 당시의 객관적 노동시장의 상황 즉 일자리는 없는데 일할 사람이 넘쳐나는 조건을 무시하고 있다.

조영래 변호사가 쓴 『전태일 평전』(1948-1970, 1978년 일본어판, 1983 초판, 2009 신판) 또한 마찬가지다. 조영래의 『평전』을 읽으면 전태일 그리고 당시 평화시장 근로자들이 겪은 삶의 조건에 독자들은 피가 거꾸로 솟지 않을 수 없다. 어린 전태일에게 주어진 삶의 무게는 너무나 버거운데 반해 그를 도와주는 사회적 장치는 전혀 존재하지 않기 때문이다. 그래서 이런 책들은 전태일 그리고 여공으로 대표되는 1960년대 경공업 노동자들이 엄청난 '착취'를 당했다는 인식을 가슴 속 깊이 심어준다.

그러나 『평전』의 내용을 기초로 전태일의 경력이동 및 임금상승을 구체적으로 분석한 결과는 전혀 다른 결론을 제시한다. 필자는 『월간조선』 2016년 12월호에 발표한 글 「전태일 평전의 3가지 함정」에서 이 문제를 본격적으로 따졌다. 다음은 『전태일 평전』을 분석한 필자의 결론이다.

"16살이라는 나이에 학교를 다닐 수 없는 가정형편 때문에 직장을 구하러 나온 젊은이에게 당시 사회는 일자리를 주었고, 그로부터 3년 만에 월급을 열 배나 받게 해 주었다. … 『평전』에 따르면 전태일은 16살이 되던 1964년 봄 평화시장에서 '시다'로 일을 시작해 만 3년 만인 19살이 되던 1967년 봄 '재단사'가 되었고, 같은 기간 그의 월급은 1,500원에서 15,000원으로 정확히 10배 올랐다."

『평전』은 전태일이 이로부터 다시 3년 후 1970년이 되면서 재단사 월급 23,000원을 받았음도 밝히고 있다. 그렇다면 전태일의 월급은 1964년부터 1970년까지 6년 동안 무려 15배 이상 상승한 셈이다. 이를 두고 과연 누가 착취라는 말을 꺼낼 수 있는가?

2017년 출판된 『전태일 바로보기』(비봉출판사)에 경제학자 박기성 교수가 쓴 글 「전태일을 죽음으로 몰고 간 근로기준법」에 제시된 다음 인용문이 착취가 아니었음을 다시 한 번 뒷받침한다. "전태일의 월급 2만3천 원에 12달을 곱해 연봉으로 환산하면 27만6천 원이 된다. 1970년 한국의 일인당 국내총생산은 8만7천 원이었으므로 연봉 27만6천 원은 당시 일인당 국내총생산의 3.2배였다." 대한민국 평균 소득의 3배를 넘게 받던 사람이 착취를 당했다고?

그러나 전태일의 임금상승과 경력이동은 『평전』이 기술하고 있는 당시 평화시장의 일반적 경력이동 패턴과 비교해 매우 빠른 경우에 해당한다.

왜냐하면 『평전』은 당시 평화시장에서 ‘시다’로 시작해 ‘미싱보조’로 승진하는데 필요한 시간을 1.5년에서 2년, 그리고 ‘미싱보조’에서 ‘미싱사’로 승진하는데 필요한 시간을 3~4년이라고 말하고 있기 때문이다. 다시 말해 『평전』은 당시 평화시장의 승진 사다리에서 ‘시다’로부터 ‘미싱사’까지 올라가는데 최소 4.5년 최대 6년이 필요하다고 기술하고 있다.

이 승진의 사다리를 전태일은 불과 2년 만에 모두 올라갔다. 물론 전태일의 아버지가 재단사였다는 가족 배경이 작용한 결과다. 그렇다면 전태일이 아닌 평화시장의 평범한 다른 여성 노동자들의 경우는 어땠을까? 앞의 설명에 따르면 당시 평화시장의 노동자는 아무리 늦어도 최대 6년이면 ‘시다’에서 ‘미싱사’로 승진할 수 있었다. ‘시다’에서 ‘미싱보조’로 최대 2년 그리고 다시 ‘미싱보조’에서 ‘미싱사’로 최대 4년이 걸린다고 기술하고 있기 때문이다.

[그림 1] 『전태일 평전』에 나타난 전태일 및 평화시장 노동자의 경력 및 임금 상승

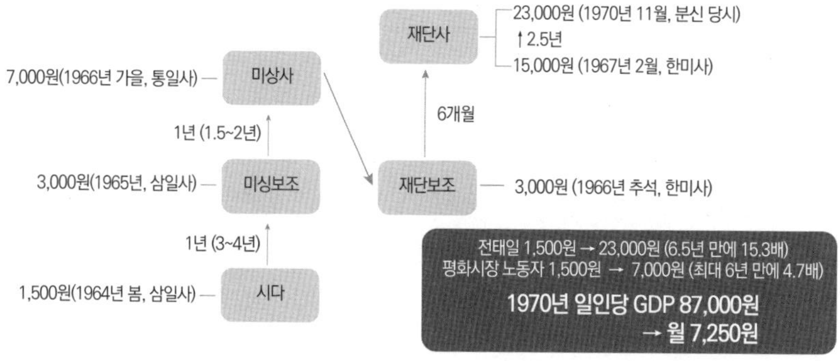

주: ( ) 속 숫자는 평화시장 여공들의 승진에 소요되는 시간

『평전』은 전태일이 시다로 처음 받은 월급이 1,500원, '미싱보조'가 되어 처음 받은 월급이 3,000원, 그리고 '미싱사'가 처음 되어 받은 월급이 7,000원이라고 각각 밝히고 있다. 물론『평전』이 제시하는 전태일의 보수는 각각의 직책에 따른 월급일 것이다. 그렇다면 전태일이 아닌 다른 노동자 누구라도 그러한 직책에 따른 보수를 동일하게 받았을 것이라고 가정할 수 있다.

그렇다면 평범한 여성 노동자 누구라도 '시다'로 일을 시작해 '미싱보조'를 거쳐 마침내 '미싱사'가 되는데 필요한 시간이 최대 6년이고, 그 기간에 월급은 1,500원부터 3,000원을 거쳐 7,000원으로 즉 6년 만에 임금이 4.7배 상승함을 알 수 있다. 즉 평화시장 노동자는 누구라도 6년 만에 임금이 5배 가까이 상승했다는 결론이다. 그렇다면 전태일의 경우는 말할 것도 없고, 당시 평화시장 노동자 누구에게도 '착취'라는 용어를 적용할 수 없다. [그림 1]에 이 상황이 요약되어 있다.

『전태일 평전』 내용을 꼼꼼히 따져 본 결과는 1960년대 봉제산업 노동자의 상황을 기술하는 과정에서 '착취'라는 단어가 노동운동의 활성화를 위한 수단으로 활용되었을 뿐임을 적나라하게 드러낸다. 이러한 상황은 비단 청계천 평화시장 여공들에게만 해당되는 일이 아니었다. 같은 상황을 구로공단 여공들에게도 고스란히 적용할 수 있기 때문이다.

당시 농촌의 유휴인력으로 존재하던 젊은 여성들은 일자리를 찾아 무작정 상경하는 경우가 많았다. 온갖 곡절 끝에 그들의 상당수는 마침내 구로공단 혹은 평화시장에 어렵사리 취직했고, 강도 높게 일했다. 그러나 힘들게 노동했지만 동시에 그들은 경력의 상승에 동반한 임금의 상승을 통해 시골에 있는 부모의 생활비 그리고 형제들의 학비를 대며 계층의 사다리를 착실히 올라가고 있었다. 그런데 '착취'라고?

04

박정희 시대의 중화학공업 노동자:
조선업의 현대중공업 노동자의 경우

박정희 시대의 후반부 즉 1970년대의 산업화는 중화학공업에 의해 주도되었다. 1973년 '중화학공업화'를 선언한 박정희는 철강, 석유화학, 조선, 전자, 기계(자동차 포함), 비철금속이라는 6개 업종의 산업을 일으켰다. 나아가서 그는 이 새로운 중화학공업에 종사할 노동자들을 '산업전사' 혹은 '기능공'이라 부르며 적극적으로 육성했다.

이들은 1960년대 경공업 분야의 여성 노동자 즉 '여공'들과는 전혀 질이 다른 새로운 종류의 노동자들이었다. 1960년대 여공들은 특별한 기술훈련을 거치지 않고 생산현장에 OJT(On the Job Training) 방식으로 바로 투입되었다. 그러나 중화학공업에 필요한 기능공들은 '공업고등학교' 혹은 '직업훈련원'을 거치며 일정한 수준의 기술을 습득해야만 생산현장에 투입될 수 있었다.

이 과정을 관리하기 위해 박정희 정부는 1973년 12월 '국가기술자격법'을 제정하고 엄격한 기능·기술 자격제도를 도입했다. 기능공 자격에 대한 제도의 정비와 함께 당시 양성된 기능공의 규모는 엄청났다. 서울대 사회학과 김진균 교수가 1978년 『한국 사회 인구와 발전』 제2권에 발표한 논문 "인력개발"에 따르면 당시 정부는 1972년부터 1981년까지 10년 동안 추가로 필요한 기능공 인력이 도합 134만 명이라고 추정하고 있다. 이 인력을 충원하기 위한 통로가 두 가지로 마련되었다. 하나는 '학교교육'이고 다른 하나는 '직업훈련'이다.

'학교교육'은 실업계 고등학교 가운데 공업고등학교 교육을 강화하는 방식으로 추진되었다. 대통령이 서거한 1979년을 기준으로 방위산업에 필요한 기술을 교육하는 '기계공고'가 시도별로 19개, 중동진출에 필요한 기술을 교육하는 '시범공고'가 시도별로 11개, 그리고 금오공고·구미전자공고·진주건설공고·금파화학공고 등과 같은 '특성화 공고'가 전국적으로 12개 만들어졌다. 여기에 더해 전국에 분포한 일반 공고 55개교의 교육이 강화됐다. 그렇게 배출된 공고생이 1979년 한 해 5만 명이었음을 [표 1]은 보여 준다. 이를 기준으로 10년이라는 시간을 대입하면 누적 공고 졸업생 숫자는 50만이 된다.

[표 1] 공업고등학교 유형별 졸업생 추계, 1979.

기계공고 (19개교) (1973 - 1979)		시범공고 (11개교) (1976)	특성화공고 (12개교) (1978 - 1979)	일반 공고
성동기계공고	부산기계공고(국립)	용산공고	구미전자공고	
전남기계공고	충남기계공고	경남공고	부산전자공고	
전북기계공고	인천기계공고	안양공고	금오공고	
태백기계공고	청주기계공고	영월공고	전주건설공고	
창원기계공고	서울기계공고	옥천공고	김해건설공고	
청량기계공고	부산기계공고(공립)	천안공고	포항제철공고	55개교
평택기계공고	연무대기계공고	이리공고	대중금속공고(대구)	
군산기계공고	목포기계공고	순천공고	금파화학공고(전남)	
진주기계공고	춘천기계공고	대구공고	철도고(용산)	
경부기계공고		울산공고	수도전기공고	
		한림공고	한국광산공고(제천)	
			정석항공공고(인천)	
연간 졸업생 1만 명		연간 졸업생 9천 명	연간 졸업생 6천 명	연간 졸업생 2만5천 명
1979년 현재 전체 공고 출신 졸업생 합계 5만 명				

출처: 문교부. 1980.『한국의 공업교육: 조국근대화의 기수』문교부. P.34, 58, 68.
조황희 외. 2002.『한국의 과학기술인력 정책』과학기술정책연구원. Pp. 152-153.

다른 한편 '직업훈련' 또한 강화되었다. 군이나 정부기관 그리고 지자체 등이 운영하는 '공공직업훈련' 및 기업이 필요한 인력을 정부가 정한 기준에 맞추어 스스로 교육하면 공공직업훈련을 마친 것처럼 '인정'해주는 '사업내직업훈련' 방식이 선택되었다. 공공직업훈련을 위해서는 국제원조 자금이 적극적으로 활용되었다. UNDP는 중앙직업훈련원(1968), 독일은 한독부산직업공공훈련원(1971), 미국은 용산의 정수직업훈련원(1973), 일본은 대전직업훈련원(1976), 벨기에는 한백창원직업훈련원(1976) 등의 설립을 지원했다. 이에 더해 ADB 및 IBRD 지원으로 1973년부터 1980년까지 전국에 모두 20개의 공공직업훈련원이 추가로 설치되었다.

[표 2]는 이와 같은 직업훈련을 통해 당시 배출된 기능공의 규모를 정택수가 2008년 출판한 책 『직업능력개발제도의 변천과 과제』를 근거로 구체적으로 확인한 결과다. 그에 따르면 1972년부터 1981년까지 10년 동안 '공공직업훈련'과 '인정'을 포함한 '사업내직업훈련'을 합해 모두 81만 명의 기능공이 배출되었다고 한다. 앞에서 살펴 본 '공고' 교육을 통해 충원된 기능공의 규모 50만을 이에 더하면 도합 130만 명 이상의 기능공이 당시 양성되었음을 알 수 있다. 실로 엄청난 규모의 숙련 노동자가 탄생했다. 그리고 이는 김진균 교수의 논문에 등장하는 정부의 계획 즉 10년 동안 134만 명의 기능공을 양성하겠다는 야심찬 계획이 실제로 거의 완벽하게 이루어졌음을 확인해 준다.

[표 2] 경제개발 5개년계획 기간 중 직업훈련에 의한 기능공 양성 계획과 실적(1972~1981)

년도	직업훈련 계획 (A)	직업훈련 실적 (B)	B/A
1972	32,436	30,668	0.95
1973	31,900	39,851	1.25
1974	47,000	41,310	0.88
1975	74,900	75,254	1.00
1976	91,600	125,653	1.37
3차 5개년 계획 합계	277,836	312,736	1.13
1977	96,300	83,027	0.86
1978	170,700	100,425	0.59
1979	176,200	129,442	0.73
1980	181,800	104,480	0.57
1981	187,300	78,365	0.42
4차 5개년 계획 합계	812,300	495,739	0.61
전체합계	1,090,136	808,475	0.74

출처: 정택수, 2008, 『직업능력개발제도의 변천과 과제』 p. 131, 133, 136.

이들은 지리적으로 울산, 마산, 창원 등과 같은 지역의 중화학공업단지에 당시 신설되고 있던 오늘날의 대기업 공장에 모두 취업했다. 또한 이들은 1987년을 전후로 학생운동과 연대해 '노동자대투쟁'을 주도했다. 당시 지속된 한국경제의 호황과 함께 전개된 노동운동 덕택에 이들이 일하던 공장에는 노동조합이 우후죽순처럼 들어섰고 이들에 대한 처우 또한 전반적으로 급상승했다.

그러나 한편 이들은 1997년에 들이닥친 외환위기의 후폭풍으로 구조조정 즉 해고의 칼바람을 정면으로 맞기도 했다. 1997년 위기 이후 심화되고 있는 노동자 집단의 양극화 과정에서 잘나가는 대기업 부문의 정규직 숙련 노동자를 대표하는 집단이 바로 이들 기능공 출신들이다. 오늘날 양산되고 있는 비정규직 노동자의 반대편에 존재하는 이들은 심지어 '노동귀족'이라는 호칭까지 얻을 정도로 임금은 물론 복지수준도 높다. 그렇다면 이들은 과연 어떤 과정을 거쳐 '착취'는커녕 안정된 직장과 고임금을 누리는 중산층 노동자로 성장하였는지 궁금하지 않을 수 없다.

유광호·류석춘은 2015년 『동서연구』 27권 3호에 "정주영의 기능공 양성과 중산층 사회의 등장: 현대중공업 사례를 중심으로"라는 논문을 발표했다. 여기에서 이들은 기능공을 대규모로 고용하는 대표적 장치산업인 조선업에서 지난 40년간 진행된 노동자에 대한 처우와 소속 계층의 변화를 분석했다. 이들은 구체적으로 1973년부터 1983년까지 현대중공업에 생산직으로 입사하여 2015년 현재까지 근속하고 있는 기능공 20명을 찾아, 이들을 대상으로 1) 입사 당시의 소속 계층, 2) 임금 소득을 비롯한 제반 처우의 변화, 3) 2015년 현재의 소속계층을 추적했다.

[표 3] 현대중공업 1973~83년 입사 기능공의 세대내 계층이동(N=20)

			2015년 현재 소속계층					
			하	중			상	합계(%)
				중하	중중	중상		
입사 당시 (1973~1983) 소속 계층	상							
	중	중상			1			1 (5)
		중중			4			4 (20)
		중하			9			9 (45)
	하				6			6 (30)
	합계				20			20 (100)

이들 20명의 소속 계층에 대한 분석 결과는 [표 3]에 제시되어 있다. 입사할 당시 이들의 소속 계층은 '중상' 1명, '중중' 4명, '중하' 9명, 그리고 '하' 6명이었다. 그러나 2015년 현재 이들은 모두 '중중' 계층에 소속되어 있다. 따라서 입사 당시 '중중' 계층보다 아래 계층에 속해있던 '중하' 9명 및 '하' 6명이 오늘날에는 '중중' 계층으로 소속이 바뀌었다. 전체 조사대

상 20명 가운데 이들 15명 즉 75 %가 계층의 상승이동을 경험한 셈이다.

유광호·류석춘은 또한 현대중공업 인력개발팀의 협조로 1973년 입사하여 2015년 현재까지 근무하고 있는 기능공 출신 생산직 직원 한 사람의 연도별 시계열 '기본급' 자료를 확보할 수 있었다. [그림 2]는 이렇게 얻은 자료로부터 현대중공업 기능공의 월평균임금을 도시근로자가구 월평균경상소득과 비교한 결과다. 이 그림이 제공하는 정보는 다음과 같은 몇 가지 특징으로 요약된다.

우선, 입사초기부터 현대중공업 기능공은 도시근로자가구의 평균소득을 상회하는 보수를 받았다. 다음, 1987년 노동자대투쟁이 벌어지면서부터 그 차이가 조금씩 커졌음도 확인할 수 있다. 마지막으로, 노조가 회사와 쟁의를 하지 않고 협조적 관계를 구축하기 시작한 1995년부터 2013년까지 그 차이는 두 배에 달할 정도로 넓어지며 기능공의 소득이 가파르게 상승했다는 사실이다.

[그림 2] 현대중공업 1973년 입사 기능공의 월평균임금과 도시근로자가구의 월평균 경상소득 추이 (1973-2013)

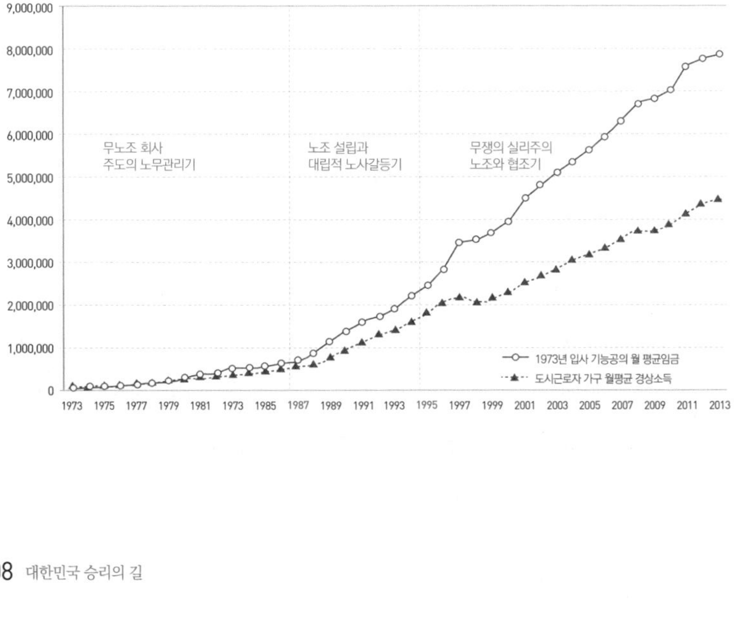

종합적으로 보아 이 노동자에 대한 처우는 처음부터 끝까지 '착취'라는 말을 전혀 끄집어낼 여지가 없다. 따라서 이 논문이 사례로 분석한 현대중공업 기능공의 임금상승 상황은 박정희가 혹은 대한민국이 노동자를 '착취'하는 모습을 보였다고 절대 말할 수 없게 한다. 박정희는 1970년대 중하층 출신의 젊은이들이 숙련을 가질 수 있도록 기술·기능 교육을 제공했고 또한 일자리를 제공해 결국에는 이들을 중산층으로 편입시키는 발판을 마련했기 때문이다.

나아가서 이와 같은 상황은 결코 현대중공업이라는 특정한 회사에 소속된 특정한 기능공에게만 벌어진 일이 아니었다. 당시 새로 시작한 중화학공업 분야의 공장에 취직한 모든 기능공들이 공유한 경험이다. 이들은 바로 이러한 과정을 겪으며 40년이 지난 지금 엄청난 임금과 복지를 누리며 해외여행을 즐기는 중산층으로 성장할 수 있었다. 이와 같은 계층의 상승이동을 경험한 노동자들의 규모가 박정희 대통령 재임기로만 국한해서 따져도 최소 100만 명 이상에 달한다. 4인 가족 기준 도합 400만 명 이상의 중산층이 만들어진 셈이다. 그런데, 박정희가 노동자를 착취했다고?

05

한계노동생산성과 임금상승:
시계열 통계자료(1963~1999)

앞의 현대중공업 노동자에 대한 분석 결과를 두고 여전히 일부 독자는 매우 제한적인 분야의 특수한 사례일 뿐이라고 평가절하할지도 모른다. 실제로 현대중공업은 중화학공업화 정책에 따라 탄생하여 오늘날 세계적 경쟁력을 갖춘 대표적 기업에 속한다. 비록 조선업의 국제적 여건 변화 그리고 노사관계의 악화 때문에 2017년 현재 심각한 구조조정의 아픔을 겪고는 있지만 분명 현대중공업은 당시 출발한 기업 가운데 가장 성공한 기업 가운데 하나다.

그렇다면 다른 경우는 어떤가? 이를 확인하기 위해 하나하나의 기업에서 일하는 노동자들을 대상으로 앞에서와 같은 분석을 반복할 필요는 없다. 왜냐하면 노동자 집단 전체를 대상으로 그들이 일한 만큼 보상을 적절히 받고 있었는가 하는 문제를 거시적인 통계자료로 확인할 수 있기 때문이다.

[그림 3]은 성신여대 경제학부 박기성(Park Ki Seung) 교수가 2007년 영문학술지 *Pacific Economic Review* 12권 5호에 "한국의 노사관계와 경제성장(Industrial Relation and Economic Growth in Korea)"이라는 제목으로 발표한 논문에 등장하는 도표다. 이 도표는 1963년부터 1999년까지 우리나라에서 노동의 한계생산성이 증가함에 따라 임금이 동반해서 상승하고 있었음을 분명히 보여준다.

[그림 3] 한계노동생산성과 임금(1963~1999)

노동의 한계생산성은 노동을 한 단위 더 투입할 때 생산이 얼마나 증가하는가를 보여주는 지표다. 따라서 노동의 한계생산성이 증가하면 그만큼 기업의 생산이 증가한다. 물론, 생산이 증가하면 기업의 수익도 늘어난다. 이 때 노동에 대한 보수가 늘어나면 노동은 적절한 보상을 받는 셈이다. 만약 이때 적절한 보상이 없다면 노동은 일한만큼 보상을 받지 못했다고 평가할 수 있다. 따라서 노동이 기여한 몫 즉 노동의 한계생산성이 증가하고 있음에도 불구하고 임금의 상승이 이루어지지 않는다면 이는 노동에 대한 '착취'가 발생한 경우라고 해석할 수 있다. 따라서 이 도표는 박정희 시대는 물론이고 그 이후 1999년까지도 노동에 대한 '착취'가 없었음을 확인해 주는 객관적 자료다.

오히려 이 도표에서 주목해야 할 사실은 1987년 노동자대투쟁이 벌어지던 해부터 1997년 외환위기가 오는 해까지 약 10년간 임금의 상승이 노동의 한계생산성 상승을 상당한 수준으로 앞지르고 있었다는 사실이다. 즉 이 기간에는 노동이 생산에 기여한 몫보다 임금을 더 많이 받아갔다.

이와 같은 상황이 약 10년간 누적되면서 결국에는 1997년 경제위기가 발생하였음을 이 도표는 잘 보여주고 있다.

이 도표는 1997년 위기 이후 다시 두 지표의 상승이 수렴하고 있음도 보여준다. 따라서 위기를 매개로 노동이 기여한 만큼의 임금을 받아가도록 조정이 되었음을 알 수 있다. 결국 이 도표는 대한민국이 노동자를 '착취'하기는커녕 임금의 상승이 노동의 한계생산성 상승을 웃도는 기간이 1987년 노동자대투쟁 이후 10년이나 지속되면서 경제가 위기를 맞게 되었다는 사실을 보여 주는 도표다. 이 상황을 두고 노동자에 대한 '착취'를 말하는 건 언어도단이다.

06

맺는말: 노동조합은 고용세습 버리고 노동보국(勞動報國) 나서야

오늘날 고임금과 복지, 그리고 고용의 안정까지 보장받는 대기업 노동조합의 뿌리가 1970년대 박정희 대통령의 중화학공업 정책에 따른 기능공 양성이었음을 이해하고 있는 사람들은 많지 않다. '노동자'하면 경공업 분야에서 특별한 기술 없이 고강도·장시간 노동을 버텨낸 여공과 같은 이들을 떠올리기 때문이다. 그래서 노동자는 으레 '착취'당하는 대상으로 치부돼 보호가 필요한 사회적 약자로 그려진다.

동시에 오늘날 경제의 발목을 잡는 가장 큰 걸림돌이 파업을 무기로 임금 인상과 복지를 요구하며 정리해고는 절대 수용할 수 없다고 버티는 대기업의 강성 노조라는 사실을 엄중하게 인식하는 사람들도 그리 많지 않다. 그렇지 않다면 2017년 현재 한국 경제가 처한 국내외의 어려운 상황을 아랑곳하지 않고 기업이야 망하든 말든, 비정규직이야 죽든 말든 기득권을 위해 파업도 마다 않는 노조를 대상으로 개혁을 밀어붙이지 못할 까닭이 없기 때문이다.

노조 권력에 밀려 기업이 불황에 해고를 못 하면 호황에 고용을 늘릴 생각도 할 수 없다. 한 번 채용하면 은퇴할 때까지 고용을 보장해야 하기 때문이다. 여기에 더해 임금과 복지도 매년 꼬박꼬박 올라가니 더욱 그렇다. 그러나 경제는 생물(生物)이다. 매 순간 상황이 변하고 매 순간 경쟁자가 나타난다.

중국과 인도라는 값싸고 거대한 인력을 가진 경쟁국의 등장에 한국은 지금 턱밑까지 물이 찬 상황이다. 그럼에도 노조가 쳐놓은 노동시장의 경직성에 발목이 잡혀 우리 경제는 지금 익사(溺死) 직전의 상황으로 몰리고 있다. 노조의 역할이 없더라도 우리나라 노동자는 처음부터 '착취'의 대상이 아니었다.

요즘의 대기업 노조는 조합원 자녀가 입사를 지원하면 가산점을 주어 고용을 세습하는 악습을 관행으로 만들고 있다. 이른바 '착취' 당했다는 노동자 부모가 자식이 대(代)를 이어 또 다시 '착취'당하도록 같은 회사에 노동자로 취직시키는 제도를 노조가 암묵적으로 요구하여 시행되기 때문이다. 이제 대기업 노동자는 더 이상 '해방'의 대상이 아니라 '세습'의 대상이 되었다.

그러나 고용 세습을 요구하는 노동조합의 뿌리를 거슬러 올라가면 박정희를 만나지 않을 수 없다. 1960년대 경공업과 달리 1970년대 중화학공업은 기술을 가진 기능 인력을 절대적으로 필요로 했다. 당시 인력은 넘쳤지만 노동시장에서 필요한 기술을 가진 인력을 찾기는 어려웠다. 대규모 자금을 투자한 중화학 공장에서 일할 기능 인력의 확보가 무엇보다 시급했다. 그래서 선택한 방식이 공업고등학교와 직업훈련원을 통한 기술인력의 공급이었다.

앞서도 밝혔지만 이렇게 '공고'와 '직훈(職訓)'을 통해 양성된 기능 인력의 규모는 1973년 중화학공업화를 선언하고 1979년 박정희 대통령이 서거하기까지 약 100만 명 규모였다. 그 후 1987년 노동자 대투쟁이 있기까지 또 다른 100만 명이 양성되었다. 이들 200만 명의 기능 인력은 당시 정부의 정책에 따라 집중적으로 중화학 산업공단이 조성된 마산·창원·울산 지역에 대부분 채용되었다.

당시는 기술을 가진 일손이 모자랐지 그들이 일할 일자리가 모자라지 않았다. 이들은 농촌의 어려운 가정 출신으로 교육과정에서 장학금이나 보조금 등의 혜택은 물론, 군복무를 대신해 산업체에서 5년간 일하는 특혜도 받았다. 국가적 지원으로 기능올림픽에 출전해 메달을 따기도 했고, 중동 붐을 타고 외화를 벌기도 했다.

그런데 바로 이들과 이들의 후예가 오늘날 고용을 세습하는 노조를 만들고, 막무가내의 강성 노동운동을 주도하고 있다. 노조 설립을 위해 1987년 '대투쟁'을 주도한 것도 이들이었고, 노조가 제도화되자 노조에 가입하지 못한 비정규직을 방패막이로 삼아 자신들의 고용을 보장받은 것도 이들이었다.

대기업 노조에 호소한다. 제발 '형님들, 삼촌들' 하며 일자리 달라는 오늘날 청년들의 외침을 외면하지 말라고. 국가의 지원으로 오늘의 자리까지 왔으니 이제는 국가를 위해 보답할 때도 되지 않았는가? 임금피크제 등의 노동개혁 도입에 동의해 기업만 보국(報國)하는 것이 아니라 노동도 보국할 수 있음을 보여줄 때가 되었다.

오늘날 등장한 '노동귀족'의 배후에는 노동자를 '착취'하기는커녕 중산층으로 키워낸 박정희가 존재한다. 그마저도 박정희는 이를 세계에서 가장 짧은 시간에 가장 효율적으로 만들어 냈다. 공산주의 북한은 꿈도 꾸지 못할 일이다. 박정희 백년이 공산주의 백년을 압도하는 대목의 비밀이 바로 여기에 있다. 그렇다. 박정희는 노동자를 결코 '착취'하지 않았다. 박정희는 이들을 '마이 홈' '마이 카' 그리고 휴가철에 해외여행을 누리는 중산층으로 끌어 올리는데 결정적 역할을 했다. 박정희 100년이 공산주의 100년을 압도하는 까닭이다.

대한민국
승리의 길

제 4 장

대한민국 성공을 만든 국가혁신 체제

김 광 동 나라정책연구원장

- 고려대 대학원 정치외교학 박사
- 미국 스탠퍼드대 후버연구소 객원연구위원
- 자유민주연구학회 회장
- 나라정책연구원 원장
- 제8~10기 방송문화진흥회 이사
- 독립기념관 비상임 이사
- 국가보훈위원회 위원

주요 저서

- 『4·19와 5·16-연속된 근대화 혁명』(기파랑, 2018)
- 『반FTA인가 반미인가』(자유기업원, 2008)
- 역서 『자본주의는 도덕적인가(*The Morality of Capitalism*)』(비봉출판사, 2016)

01

우리가 만든 나라: 대한민국

1990년대 중반부터 한국 사회에 대한 평가 기준은 완전히 달라졌다. 비교 기준은 경제협력개발기구(OECD)가 되어 있다. 소득수준이든, 복지수준이든 그것은 OECD 중위권이냐, 혹은 최하수준이냐 하는 것이 비교 잣대가 되어있다. 한국은 1996년 29번째 국가로 OECD에 가입했고, 현재 세계 240개 국가 중 약 15%인 35개국만이 선진국 그룹인 OECD 가입국이다.

한국 사회와 관련된 통계나 지표를 더 이상 중국이나 필리핀 혹은 태국이나 베트남과 비교하지 않는다는 것은 OECD 이외 나머지 다른 국가와 비교 대상으로 보지 않는다는 것을 의미한다. 대한민국은 70년 전인 1948년 대한민국이란 국호(國號)와 태극기(太極旗)라는 상징을 내걸고 누구의 관심도 없이 출범한 나라지만 이젠 경제규모 상으로는 11위, 산업수준으로는 세계 7위 전후의 수준에 와 있다. 이미 한국의 경제규모로나, 소득수준으로나 러시아와 스페인을 넘어서 이탈리아를 따라잡는 수준에 와 있다.

다른 측면으로 보면 더욱 놀랍다. 세계 240개 국가 중 5,000만 명 이상 인구를 가지면서도 2만 달러 이상 국민소득을 유지하는 나라는 7개국에 불과하다. 미국, 일본, 독일, 영국, 프랑스, 이탈리아와 함께 대한민국이 그 반열에 있다.

한국 경제규모가 세계 11위에 있다는 것은 세계 모든 국가 중 12개 국가만이 누릴 수 있는 수준인 상위 5%의 경제규모를 가진 나라라는 뜻이다. 비록 한국이 중국, 러시아, 일본 사이에 위치하고 있어서 상대적으로 작아 보일 뿐이지 세계 11위 규모는 대한민국이 명실상부한 강대국이란 것을 의미한다.

한국은 경제규모만 큰 것이 아니라 벨기에, 스웨덴 등과 달리 인구가 많으면서도 높은 국민소득을 갖는 몇 안 되는 나라 중의 하나다. 스위스, 노르웨이 등은 높은 복지수준을 유지하는 나라는 몇 백만 명 수준의 작은 국가들이 대부분이다. 인구 2,000만 명 이상 국가 중에서 복지수준이 높은 나라는 매우 희소하다. 그런 면에서 중규모 이상의 국가로만 본다면 한국은 경제력과 산업 경쟁력, 그리고 고수준의 국민소득 수준을 모두 다 갖춘 세계 7대 국가 중의 하나에 해당된다.

그런 위상을 상징하는 모습들은 눈으로도 금방 확인된다. 잠시 시간 여유를 갖고 올림픽대로나 강북 강변로를 타고 한강변 60㎞를 달려보면 알게 된다. 혹은 맑은 날 남산에 올라가 서울 전역을 보면 금방 느끼게 된다. 김포공항부터 하남 미사리까지 펼쳐지는 광경이나, 남산에서 볼 수 있는 약 40㎞의 서울 도심 경관은 그야말로 장관이다. 세계 어디에서도 보기 어려운 광경이고, 세계가 말하는 '한강의 기적(奇蹟)'이라는 찬사를 느껴볼 수 있다. 엄청난 빌딩숲과 아파트, 공원 등의 파노라마를 보면 과연 정말 우리가 만든 것인가가 의심할 정도다.

100년, 200년 전에 한반도에 살았던 이전 세대나 선조들은 상상할 수 없던 광경이다. 지난 몇 백년 간 한반도의 한민족 역사를 조금이나마 알고 있던 사람들이라면 대한민국 펼쳐진 70년 역사를 도저히 이해 못할 수준이다. 천지개벽(天地開闢)이고, '한강의 기적'이나 '떠오르는 용(龍)'이란 말로도 다 담아내지 못할 대변화였다.

한국을 제대로 보기 위한 다른 사례를 들면 항공편을 이용한 이동자 숫자다. 전 세계에 임의의 특정 공항(A)과 또 다른 특정 공항(B) 간 항공기를 이용한 여행객이 가장 많은 곳이 어디인가 하는 것이다. 미국 뉴욕-로스엔젤레스 노선이나 유럽의 런던-파리 노선 등을 떠올릴 지도 모르겠다.

하지만 국제항공협회(ITA) 통계를 보면 대한민국 국내 노선인 서울-제주가 가장 많다. 지구상에서 가장 많은 사람들이 항공편으로 이동하는 두 지역은 바로 김포-제주공항으로 연간 1,000만 명 이상이 오고 간다. 두 번째는 일본 도쿄-후쿠오카 노선으로 약 800만 명, 세 번째가 호주의 시드니-멜버른의 700만 명 수준이다.

항공편을 통한 이동이 지구상 최대 많은 곳이 한국이라는 것은 한국의 수준을 말해주는 것이기도 하다. 한국은 우리가 알고 있는 것보다는 훨씬 높은 수준에 도달해 있는 것이다. 매일 무려 1,700편, 일주일에 1만 편이 넘는 항공기가 오고가는 대한민국과, 일주일 전체에 6~8편 정도를 운항하는 북한과 비교하는 것은 의미가 없다.

[표 1] 항공 여행객 이용 노선 순위 (ITA, 2014)

순 위	운항노선	이용 승객 수(단위 : 백만 명)
1	서울 – 제주	10.5
2	도쿄 – 후쿠오카	8.3
3	시드니 – 멜버른	7.8
4	도쿄 – 삿포로	7.0
5	베이징 – 상하이	5.8

한국의 위상을 체감할 수 있는 사례를 하나 더 든다면, 국민이 국외로 나갈 때 지참하는 신분증인 여권(passport)의 위상이다. 국제사회에서 대한민국 여권 소지자는 특별대우의 대상이다. 한국 여권을 가지고 비자를 발급 받지 않고도 자유롭게 방문 할 수 있는 국가 숫자는 무려 172개국이다.

이는 세계 최고 수준이며, 캐나다와 스위스, 룩셈부르크 등과 동급 대우다. 한국보다 높은 수준의 대우를 받는 독일, 스웨덴 여권 소지자가 무비자로 갈수 있는 국가숫자 176개국과 큰 차이가 없다. 오히려 호주, 뉴질랜드 여권 소지자들보다 대우가 좋다. 대한민국 여권 소지자에 대한 국제사회의 대우는 곧 대한민국과 국민에 대한 평가와 대우의 수준이자, 국제 사회가 한국민에게 주는 신뢰의 상징인 것이다.

세계로 나가보면 뿌듯함을 더 느끼게 하는 것은 한국 기업의 브랜드 마크가 곳곳에 있다는 것이다. 전 세계인에게 삼성 스마트폰을 소유하는 것은 선망(羨望)이다. 전 세계 어느 공항, 어느 호텔을 가든 LG와 삼성(SAMSUNG) 상표가 달린 텔레비전을 볼 수 있고, 한국 텔레비전을 설치해야 고급 호텔로 평가받을 정도이다.

한국이 만든 자동차도 마찬가지다. 중국과 러시아, 인도와 인도네시아는 물론이고 미국이나 유럽 등 어디에서도 현대와 기아자동차를 볼 수 있다. 세계의 주요 고층건물들과 고난도의 원자력 발전소들은 한국 기업들이 세우고 있고, 전 세계 바다를 운항하는 대형 선박의 3분의 1이 한국 조선소가 만든 선박들이다.

컴퓨터든, 스마트폰이든 전 세계인들이 사용하는 제품에 들어가 있는 반도체 중 거의 60%에 대한민국 삼성과 SK 하이닉스가 만든 반도체가 내장되어 있다. 전 세계 주요 기업 중 한국의 삼성전자, 현대자동차, SK 기업들은 세계 100대 기업 내에 있고 세계 500대 기업 내에는 포스코, LG전자와 현대중공업, 기아자동차 등 모두 17개 한국기업들이 있다. 기업 브랜드가치의 기준에서도 삼성은 애플(Apple), 마이크로소프트(Microsoft)에 이은 세계 3위에 있다.

특히 한국은 자동차, 철강, 조선, 석유화학 등 전통적 제조업 뿐 아니라 인터넷이나 반도체, 게임, 문화산업, 정보산업 등 다양한 창조적 분야에서도 거의 세계 7위 내에 있다.

비록 영토는 작지만 한국의 무역규모를 보면 더욱 놀랍다. 한국은 이미 세계 6위의 무역대국이다. 보다 정확한 의미로 보면 지구상에서 개별 인구 당 가장 무역을 많이 하는 나라가 한국이다. 한국은 무역량으로 프랑스와 이탈리아 등을 능가한지 오래다. 1인당 무역량을 보면 중계무역항을 통한 중계무역량이 절대적으로 많은 싱가포르, 홍콩과 네덜란드가 있지만, 그 뒤를 이은 나라인 대한민국이 실질적으로 세계 최고 수준의 국민 1인당 무역량 국가다. 경이적인 수치다.

다른 모든 지표도 마찬가지다. 평균 수명을 보더라도 일본, 스위스, 캐나다와 함께 세계 최고이며, 고등학교 졸업자의 80%가 대학을 가는 인류 역사상 전무후무한 기록을 갈아치운 나라이기도 하고, 한국은 인구 중 해외 유학생 비율이 가장 높은 나라라는 것도 틀림없는 사실이다.

[표 2] 세계 경제규모 15개국 순위 (2015, World Bank)

순 위	국 가	GDP(억$)
1	미국	17,946
2	중국	10,866
3	일본	4,123
4	독일	3,355
5	영국	2,848
6	프랑스	2,421
7	인도	2,073
8	이탈리아	1,814
9	브라질	1,774
10	캐나다	1,550
11	대한민국	1,377
12	호주	1,339
13	러시아	1,326
14	스페인	1,199
15	멕시코	1,144

[표 3] 세계 경제성장률 상위 5개국 (1960-1995년)

순 위	국 가	연평균 경제성장률(%)
1	대한민국	7.1
2	싱가포르	6.4
3	사이프러스	6.2
4	홍콩	5.8
5	몰타	5.7

(출처: UNDP, Human Development Report 1998)

국가 역량은 스포츠 경쟁력으로 나타나기도 한다. 대한민국은 지난 30여 년간 하계 올림픽과 동계 올림픽 모두에서 세계 7위 전후의 수준을 유지하는 스포츠 강국이다. 중국 베이징(2008)-영국 런던(2012)-브라질 리우(2016)로 이어진 지난 세 차례의 하계 올림픽에서 한국은 각각 7위-5위-10위를 기록했다. 세계 7위 전후에 있고 실제 지난 30년간 10위 밖을 벗어난 것은 단 한 번에 불과했다.

동계 올림픽에서도 이탈리아 토리노(2006)-캐나다 밴쿠버(2010)-러시아 소치(2014)로 이어진 대회에서 각 7위-5위-13위를 유지했다. 북유럽 및 북미의 겨울이 긴 고소득 국가들만이 주도하던 동계 올림픽에서 한국은 정말로 예외적인 국가다. 지난 2016년 남미 대륙 전체에서 최초의 올림픽이 브라질의 리우에서 개최되며 소란을 떨었지만, 한국은 이미 30년 전인 1988년 성공적으로 개최한 바 있다.

대한민국은 동계 및 하계 올림픽은 물론 축구 월드컵까지 개최한 몇 안 되는 나라이기도 하다. 하계올림픽을 중국보다도 무려 20년 앞서 개최했고, 월드컵이나 동계올림픽이나 모두 14억 인구의 중국보다 앞서 개최한 나라의 반열에 있다.

02

역사의 물길을 바꾼 대전환

'한강의 기적(奇蹟)'으로 표현된 대한민국은 지난 수십 년간 지구상에서 가장 역동적 변화가 지속적으로 전개되어온 나라다. 그렇다면 대한민국에서 일어난 기적과 같은 고도성장은 어떻게 설명되어야 하는가?

기적적인 성공을 일부에서는 우리의 민족적 우수성으로 설명하기도 한다. 우리 민족이 원래 근면성실하기 때문에 성공했다는 설명이 그것이다. 그러나 그런 논리는 설득력이 없다. 민족성 때문이었다면 518년이나 계속되었던 조선시대에서도 성공했어야 한다. 최소한 다른 나라만큼은 번영이 유지되었어야 했다.

조선조 500년이나 대한민국 건국이후 70년은 모두 같은 민족이 살았는데 조선시대는 실패했고 대한민국에서는 성공했다면 그것은 민족성 논리로 설명될 사안이 아니다. 마찬가지로 북한과 대한민국은 같은 민족이지만 북한은 참혹한 실패의 상징이고, 대한민국은 성공의 상징이 되었다. 같은 민족이지만 결과는 전혀 달랐다. 민족성으로 설명될 문제는 아니다. 대한민국이 만들어낸 성공방식과 제도 혹은 리더십을 말하는 것이 맞다.

또 달리 대한민국 성공을 설명하며 그것은 국민 모두가 열심히 땀 흘린 결과라고 평가하기도 한다. 물론 틀리지 않다. 한국 사람은 지난 50년 간 근무시간이 상대적으로 많았고, 실제 열심히 일했던 것은 분명했기에 틀린 말은 아니다. 근면했다는 것은 부분적 설명은 되어도, 대한민국 성공을 전체적으로 설득력 있게 설명할 수는 없다. 열심히 일하고 땀 흘린다고 모두가 번영으로 가지는 않았기 때문이다.

더구나 한국인들만 땀 흘린 것도 아니다. 땀 흘리는 것으로 말한다면 북한 사람들이 더 열심히 노동했다. 하루 14시간씩 일에 매달려야 하는 북한이 더 성공했어야 한다. 마찬가지로 중국, 베트남, 캄보디아 사람들이 한국 사람보다 더 근면하지 않았다고 평가할 근거도 없다. 열심히 일했다는 것만 가지고 성공을 설명할 수 없다. 필요조건이 될지는 모르지만 충분조건이 아닌 것이다.

미국의 원조와 동맹으로 성공했다는 평가도 있다. 틀린 말도 아니지만 그것만으론 결코 한국의 성장을 설명할 수 없다. 미국이 지원한 나라는 한 두 나라가 아니다. 미국으로부터 가장 많은 지원을 받은 나라라면 필리핀과 중남미 국가들이다. 그러나 필리핀과 중남미 국가 중 어느 나라가 성공했다는 평가를 듣기 어렵다. 한국이 6·25 전후와 1950년대 미국의 원조와 지원을 받은 것은 분명하지만 그것이 성공을 만든 주된 원인이 아니라는 것이다. 그런 측면에서 대한민국에서 펼쳐진 대전환(Great Transformation)의 계기와 원인을 살펴보아야 한다. '한강의 기적'이 언제부터 시작되었는가를 보면 좀 더 구체적으로 이해할 수 있다.

[표 4] 5년 단위별 경제성장률과 1인당 소득

연 도	1인당 소득($)	성장률(%)	투 자(%)	물가상승률(%)	실업률(%)
1956~60	77	4.8	10.8		
1961~65	79	7.3	14.3	13.5	7.7
1966~70	187	11.8	24.4	12.3	5.5
1971~75	439	10	26.7	15.6	4.2
1976~80	1344	8.6	33.0	17.4	4.0
1981~85	2141	9.4	32.7	7.4	4.2
1986~90	4617	10.5	35.4	5.4	2.9

Source: Statistics Korea D/B(Retrived 25 April 2016)

[표 4]에서 알 수 있듯이 대한민국은 건국 이후 눈부신 변화가 발생했다. 1950~53년 6·25 전쟁에 따른 혼란과 복구 작업이 완료되던 1950년대 후반 4.8%의 경제성장을 하더니 1960년 전반에 들어서면서부터 7.3% 성장을 시작했다. 1960년대 후반에는 5년 평균 무려 11.8%의 경제성장을 기록했다. 한민족 역사에 단 한 번도 없었던 5년 평균성장률 11.8%이란 비약이 이루어졌던 것이다.

한국에서 이승만, 박정희 정부 30년 동안 평균 7% 전후 성장은 우리 민족사에서 경험한 적이 없는 경이적인 성장률이다. 건국 이후 30년이 지난 1978년 전후에 이르면 대한민국은 완벽히 다른 나라로 가 있었다. '한강의 기적'으로 불릴만한 번영모델을 갖추게 되었다. 한국의 번영은 그 후 전개된 대한민국의 번영모델이 되었고 계속된 산업발전과 성숙사회의 토대가 되었다. 국민 1인당 소득 100달러가 채 되지 않던 나라가 1980년에 가면 1,344달러로 비약했고, 2015년에는 무려 2만 6,000달러에 달하는 나라가 된 것이다.

제2차 세계대전 후 세계사에서 최고의 성취를 이룬 나라는 대한민국이라는 것에 우리는 자긍심을 가져야 한다. 유엔개발계획(UNDP)은 1998년 조사 가능한 전 세계 174개국을 대상으로 36년 간(1960~1995년)의 경제성장률 및 인간개발지수(HDI)의 성장 결과에 대한 발표에서 대한민국은 1960년 이후 36년간 성장률에서 평균 7.1%로 세계 모든 국가 중 1위를 차지했다.

한국을 뒤이은 성장률 최상위 국가는 싱가포르, 홍콩, 사이프러스, 몰타 등이었는데 한국과는 달리 하나같이 도시국가 수준의 소규모 국가들이다. 한국은 경제 성장뿐만 아니라 유엔 통계인 인간개발지수(HDI)에서도 가장 빠른 성장을 이룬 나라의 하나로 기록됨으로써 20세기 후반 세계에서 삶의 질(quality of life)이 가장 성장한 나라로 평가받았다.

불과 60년 전만해도 국가주권도 없던 나라의 경제규모가 1970년에 세계 33위 수준으로 발돋움하더니 대한민국은 세계 11위의 수준까지 도달하며 세계적 무역 국가이자 경제규모를 가진 나라가 되었다.

한국은 주요 산업수준에 있어서도 거의 모든 영역에서 세계적 규모와 수준을 유지한다. 철강, 석유화학, 자동차, 반도체, 전자기기, 화학섬유, 조선, 일반기계에 이르기까지 거의 대부분의 산업분야에서 세계적 수준에 있는 나라다. 한국의 산업규모는 자동차 4위, 반도체 3위, 전자 4위, 선박 1위, 철강 8위, 섬유 6위, 기계 9위나 영화, 출판 등에서 세계 7위 수준인 것에서 보듯 거의 모든 산업에게 세계 10위 이내 수준의 산업국가다.

세계적인 성공모델의 상징인 '한국의 발전모델'이 세계로 수출되고 있다. 그런 면에서 한국은 개발도상국이 가야 할 경제사회 발전의 이정표를 만들어 세운 나라라고 할 수 있다. 한국의 성공은 세계 개발도상국들이나 사회주의나 공산주의의 길을 걸었던 나라들이 갈 길을 제시한 나라가 되었고, 개발도상국과 사회주의 체제를 걸었던 국가들의 발전모델인 것이다.

누구나 잘 알듯이 1950년까지 한국은 전형적인 농업사회였다. 농촌 마을이 전형적인 모습으로 논과 밭을 가까이에 둔 농가(農家) 수십 호가 함께 살며, 가까운 뒷산에 가서 나무를 베어 땔감을 구해 난방과 취사를 하는 삶이었다. 한 끼 한 끼를 걱정하고 식량이 떨어지는 겨울 내내 웅크리며 살고 다시 농산물을 생산할 수 있는 봄을 기다리던 사회였다.

당시 대다수 국민은 보리밥과 밀가루로 만든 국수로 끼니를 때워야 했고, 쌀밥을 먹거나 계란 하나를 먹는 것도 사치였다. 애지중지 키운 쌀과 콩, 기르던 암탉이 낳은 계란 10여 개를 모아 5일장에 들고 나가 팔아서, 고무신이나 양말과 같은 다른 생활용품으로 바꿔 오던 풍경의 사회였다. 텔레비전 가진 집도 드물었다. 특별히 집안이 살만하거나 뛰어난 재능을 보이지 않으면 중고교 진학을 포기해야 했고, 여자가 고등학교를 간다는 것은 부잣집이 아니면 어렵던 사회였다.

그러나 [표 5]에 뚜렷하게 나타나듯, 한국 사회는 급격하게 산업사회로 전환되기 시작했다. 더 이상 전통적 농업사회가 아니었다. 1961년 농수산업 종사인구 약 79%로 거의 인구의 대부분이 농업에 종사했으나, 1983년에는 농수산업 인구가 30% 이내로 줄어들었다. 1992년에 가면 약 16%, 다시 현재(2015년)에 이르면 불과 6.5%로 줄어들었다.

반면 공업이나 제조업과 같은 2차 산업 종사인구의 비중은 1961년 불과 4.9%에 불과했지만 1983년에 24%, 1988년 28.4%로 비약적으로 늘어났다. 3차 산업인 서비스산업 비중도 1961년 불과 15.3%였던 것이 1983년에 가면 46.9%로 변화한다. 지난 50여 년간 한국 사회는 지구상에서 가장 커다란 변화가 이루어지고 있었던 것이다.

[표 5] 산업구조 : 연도별 산업 구조 (명목GDP)[1)]

(단위 : %)

연도	농림어업	광업·제조업		서비스업[2)]	제조업구조	
			제조업		경공업	중공업
1953	47.3	10.1	9.0	42.6	78.9	21.1
1960	36.8	15.9	13.8	47.3	76.6	23.4
1970	29.2	19.6	17.8	51.2	58.4	41.6
1980	16.2	26.4	24.4	57.5	42.5	57.5
1990	8.9	28.1	27.3	62.9	30.7	69.3

주 : 1) 1960년 이전은 1975년 기준이고, 1970년 이후는 2000년 기준인 총 부가가치액 기준
2) 서비스업은 전기·가스 수도사업, 건설업을 포함함.
자료 : 한국은행 경제통계시스템

이것은 혁명 이상의 대전환이었다. 농업 등 1차 산업 생산이 전체의 절반에 달하고, 인구 80%가 1차 산업에 종사하고 제2차, 제3차 산업이 불과 20%에 불과했던 전형적인 농업사회가 불과 22년 만에 거꾸로 농업은

20% 이내로 축소되고 제조업 및 서비스업이 70%가 넘는 대전환이 이루어졌던 것이다.

물론 세계무대에 한국기업들이 등장하기 시작한 것도 그 때부터다. 삼성, 현대, LG, SK 등도 모두 1960년대를 기점으로 비약적 성장기에 들어섰다. 또 그 전까지 한국 기업들은 대부분 합판, 가발, 신발, 방직 등 전통적 노동집약적 산업에 머물렀었지만, 1960년대를 기점으로 전자, 조선, 기계, 자동차, 석유화학 등과 무역 등으로 변화한다.

결과적으로 대한민국 건국 이후 대변화가 시작되고 그것이 하나의 패턴이자 모델로 정착된 결과가 오늘의 대한민국이다. 물론 한국에 '한강의 기적'이 만들어진 것은 박정희 시대의 몫만은 결코 아니다. 자유민주적 건국질서를 만든 이승만 시대에 당시 많은 사회주의권이나 개발도상국이 걷던 폐쇄적 방식을 따라가지 않고 자유와 자유선택에 기반을 둔 개방과 무역을 통한 경제 질서를 만들어 놓았기 때문이다.

국민 모두가 해보겠다고 일어나 함께 참여하고 건설한 결과이면서도 개방적 자유무역 체제를 기본으로 한 대한민국 건국질서가 만들어져 있었기에 가능했던 것이다. 개인 소유권을 부정하고 국가에 의한 계획경제를 걸은 사회주의권이나, 개방과 자유무역을 부정하고 독자적 개발모델을 만들고자 했던 개발도상국의 시도는 모두 실패로 끝났다.

대한민국이 만든 70년 역사는 17세기 이후 본격적 근대화를 시작했던 대부분의 나라들로부터 성공 모델로 평가받는다. 특히 제2차 세계대전이 종결된 1945년 이후의 세계 문명사에 대한 연구결과를 보면 공통적으로 성공 국가의 모델로 빠지지 않고 거론되는 거의 유일무이한 나라가 대한민국이다. 국제연합(UN)과 세계은행(World Bank), 혹은 국제통화기금(IMF)은 물론이고 거의 모든 국제기구와 세계 지도자들이 지난 수 십 년의 역사에서 한국을 가장 성공한 국가로 선택하는데 주저하지 않는다.

국가가 성공하고 실패하는 원인을 규명했던 MIT의 아제모글루(Kamer Daron Acemoğlu) 교수와 하버드대의 로빈슨(James A. Robinson) 교수는 전 세계에 펼쳐진 번영의 첫 번째 성공 사례로 '38선의 경제학'이라는 주제 하에 대한민국을 선택한 바 있다. 그들은 한반도의 군사분계선인 DMZ를 경계로 분리되어 전개된 한반도의 남(南)과 북(北)에서 각각 전개된 변화와 남쪽에서의 이루어진 대한민국 번영을 20세기 문명사의 가장 대비(對比)되는 사례로 평가한다.

세계의 각종 국제기구는 대한민국의 번영을 다른 국가의 모델로 삼으라고 권고한다. 세계은행은 1994년 한국의 경제제도와 정책을 모델로 삼아 발전전략을 펼쳐야 한다고 권고한 바 있다. 세계적 석학과 지도자들도 마찬가지다. 프란시스 후쿠야마와 퍼거슨 등도 한국이 민족사적으로나 세계 문명사적에서도 놀랄만한 역동성과 변화를 만들어왔다고 평가한다.

오바마 미국 대통령은 그의 각종 연설에서 한국이 선진국가로 본받고 배워야할 분야가 많다는 것을 여러 차례 공식적으로 거론하며 찬사를 표했다. 트럼프 대통령도 역시 한국을 독일, 일본 등과 함께 거론하면서 한국은 선진국이고 역동적 국가라고 여러 차례 강조할 정도이고, 푸틴 러시아 대통령이나 덩샤오핑(鄧小平), 말레이시아 마하티르 등 거의 모든 세계 지도자들이 대한민국은 세계적 성공 모델이라고 거론하며 그들도 한국이 걸어온 길을 따라 배워야한다고 표명해왔다.

그런 면에서 대한민국은 개발도상국, 공산체제의 길을 갔던 나라들과 신생 독립국들이 모델국가로 따라 배우기를 해야 할 대상이 되어 왔던 것이다.

03

첫 번째 국가혁신: 봉건사회에서 근대 상공업사회의 창조

대한민국이 1948년 근대 독립국가로 출범한 이래 70년 만에 번영국가로의 도약은 20세기 세계사의 성공적 번영모델이 된 것은 무엇보다 인식구조의 대대적 변화에서 시작된 것이다. 이전과는 다른 대한민국 혁신체제가 한국 사회와 한민족에게 정착된 것이다. 대표적인 것이 바로 산업(産業)과 상업(商業)에 대한 인식 변화와 대대적 참여였다.

조선시대 이래 우리 사회에선 상공업에 대한 비중도 낮았고 상공업 종사자에 대한 사회적 평가는 극히 낮았다. 현재도 그런 경향은 강하게 남아 있다. 조선에서의 성공문화, 즉 출세문화는 예로부터 장원급제로 상징되는 과거(科擧)에 급제하는 신화가 지배했다.

성공하고 소위 출세하려면 신분이 좋은 집단에서 태어나거나, 혹은 과거를 봐서 입신양명하는 모델이 몇 백 년 간 한국 사회를 지배했다. 그것은 모두 정치권력을 지향하는 것이고 권력을 가지고 권력을 갖지 못한 계층을 지배하는 방식의 출세 모델이었다.

한국인에게 가장 영향을 주는 고전이 『춘향전(春香傳)』이다. 그런데 『춘향전』을 보면 성춘향의 억압과 억울함의 해소는 물론 행복으로의 전환과정 모두 과거에 합격한 이몽룡의 권력 획득으로 해결되는 전형적인 스토리텔링이다. 『춘향전』에 나타나듯 권력이나 정치적 지배가 난제를 해결한다는 식의 문제 해결구조가 보편화된 사회였다.

그 이후에도 고시(高試)에 합격하여 검사나 판사가 되라는 것이거나, 사관학교에 가서 장군이 되라는 것이 출세의 상징으로 자리 잡았다. 아니면, 학자나 교수가 되는 길, 공무원 시험을 거쳐 공무원, 변호사가 되고 의사와 약사가 되는 것 등이 성공적 삶의 모델이었다. 그런 잔재가 아직도 남아 한국 사회에는 현재 전체 취업 준비생의 50%가 공무원 시험을 준비하는 상황이다.

그러나 이승만-박정희 시대를 거치면서 권력과 정치 중심 사회구조에 대전환이 전개되었다. 사회 전반에 상공업(商工業)이 육성되기 시작했고 세계적 기업들이 나오기 시작했다. 짧은 기간에 한국이 산업 및 무역국가로 변신했다는 것은 커다란 사회 변혁이 진행되었음을 말한다.

고등학교나 대학을 졸업하고 기업에 취직하겠다는 인식의 형성이 지금처럼 일상화된 직업취득 패턴이 정착된 것도 1970년대 들어서면서다. 그 전에는 공무원이 아니면 취직할 기업 자체가 없었다. 제조업을 비롯한 상공업이 천시되고, '장사꾼'과 공업에 종사하는 '장인(匠人)'을 천시하는 시대가 계속되었기 때문이다. 유교 윤리에 따라 입신양명적 씨족 및 가문(家門)사회에 고착되었고 과거급제로 신분상승을 도모하던 사회였다.

그러나 대한민국 시대에는 불과 몇 십 년 만에 그런 인식과 롤(role) 모델이 뒤바뀌는 혁명적 변화가 진행되었다. 그런 한국 사회에 권력과 계급, 공직이 존중되며 공상을 차별하던 시대가 종결되고 상업, 사업, 제조업이 의미를 갖게 만들었다. 사농공상(士農工商) 시대에서 한국은 제조업 중심의 공업 사회로 나아갔다. 연이어 정보화 사회로 변신하는데 불과 50년 밖에 걸리지 않았다. 농업이 주도했고, 농사꾼으로 살아야 했던 사회가 어느덧 최첨단 산업과 정보산업국가로 변화했던 것이다. 그것은 아름다운 혁명이었다.

[표 6] 국가별 무역량 및 1인당 무역량 순위 (2014)

순 위	국 가	국가별 무역량(100만$)	1인당 무역량(1$)
1	중국	41,600	31
2	미국	38,480	121
3	독일	27,260	337
4	영국	15,957	249
5	일본	14,636	115
6	프랑스	12,384	187
7	대한민국	10,715	214
8	네덜란드	10,288	605
9	캐나다	9,297	265
10	이탈리아	9,098	151

Wikipedia, List of countries by exports / imports

[표 7] 한국과 신흥국 수출성장 비교 (1961~2010)

구 분	1960	1970	1980	1990	2000	2010	B/A(배)
한국	1.2	12	205	737	2,057	5,315	4,429
홍콩	11	36	256	1,004	2,423	5,005	455
태국	5	11	78	291	820	2,272	454
멕시코	12	28	208	489	1,799	3,137	261
브라질	11	30	213	379	643	2,330	212
필리핀	9	14	76	122	416	695	77
아르헨티나	11	18	39	146	309	800	73

(김기환, 『한국의 경제기적 지난 50년 향후 50년』, 기파랑, 2013)

특히 개방 사회와 수출주도 산업구조는 글로벌 기준에 한국 사회가 맞춰지는 방향으로 사회전반의 변화를 만들었다. 마을 공동체와 씨족(氏族) 공동체가 글로벌 공동체로 바뀐 것이다. [표 7]에서 너무도 명확히 나타나듯, 수백 년간 '자체 생산, 자체 소비'에 머물던 극도의 자급자족적 폐쇄국가에서 세계가 경악할만한 수준의 수출국가로 변신한 것이다.

1961년 한국 수출량은 1.2억 달러로 태국의 4분의 1 수준, 필리핀의 7분의 1 수준에 못 미치는 아무도 알아주지 않는 나라였다. 그러나 불과 20년이 지난 1980년에 이르면 오히려 태국, 필리핀보다 약 2.5배나 수출은 더 많이 하는 전혀 다른 나라로 변신했다. 브라질과 멕시코의 10분의 1 수준의 수출량도 안 되던 나라가 불과 20년 만에 브라질과 멕시코와 같은 수준의 수출량을 하는 나라가 되더니, 다시 20년이 지난 2000년에 이르면 브라질의 수출량보다 두 배나 많은 수출하는 나라로 성장했다. 세계적 수준의 산업 국가이자, 무역국가로 변신한 것이다.

개방사회 및 수출지향 산업은 생산제품과 산업구조에서나, 혹은 사회 및 기업운영 방식을 모두 글로벌 기준에 맞춰 변화시켜냈다. 수출을 주도적으로 하는 나라는 그 사회가 스스로 국제기준에 맞추지 않으면 세계 무역구조에 들어갈 수 없다.

국제무대를 대상으로 수출입국을 만들어가는 과정은 곧 대한민국 전체가 글로벌화로 변화하는 것을 의미했다. 1961년과 2010년, 50년의 결과를 비교해보면, 대부분의 다른 나라보다 무려 몇 배에서 몇 십 배 이상으로 수출량이 확대된 나라가 되어 있다. 그만큼 한국은 봉건국가, 식민국가, 폐쇄국가를 넘어 글로벌 국가로 변신한 것이다. 특히, 아시아개발은행, IMF와 세계은행 등도 다 한국의 역량을 비웃던 시대를 뚫어야 했고, 우리 스스로부터 무슨 철강 산업을 하고, 무슨 자동차를 만들어 수출하는 자조와 비아냥까지도 극복한 결과다. 한국에 왜 고속도로가 필요하냐고 비웃고, 반대하던 그런 시대를 넘어서야 했던 것이다.

대한민국은 철강, 기계, 조선, 반도체, 자동차, 석유화학, 전자 등 거의 모든 산업영역에서 세계적인 산업국가 반열(班列)에 올라 있다. 전 세계인이 부러워하는 나라다. 한국은 산업수준도 세계적이지만 연구개발(R&D) 중심국가로서도 세계적이다. 물론 전체 국가적 연구개발비의 총량이 미국, 일본, 독일, 중국 등에 비하면 작지만 그것은 총량을 본 것일 뿐, 실제 국가총생산액 중 연구개발에 투자하는 비율이 가장 높은 나라는 대한민국이다.

한국은 전체 국가총생산액(GNP)의 4.3% 수준을 연구개발에 투자하는 나라([표 8] 참조)로서, 이스라엘(4.1%)이나 일본(3.5%), 핀란드(3.2%) 등에 앞서 세계 최고 수준이다. 물론 과학기술 수준이 더 높다는 것도 아니지만, 주어진 조건에서 한국은 그 어떤 나라보다도 미래지향적 나라에 와 있다.

[표 8] 총 경제규모 대비 연구개발(R&D) 투자 순위(OECD)

순 위	국 가	연평균 경제성장률(%)
1	대한민국	4.3
2	이스라엘	4.1
3	일본	3.5
4	핀란드	3.2
5	스웨덴	3.2

특히 기계, 건설, 자동차 등 제조업 경쟁력을 결정짓는 철강 경쟁력에서도 세계 최고 수준이다. 1973년 포항제철(POSCO)이 건설되어 세계 최고의 철강생산 경쟁력을 갖추게 되었다. 연이어 기계산업, 전자산업 등으로 비약적인 산업 고도화가 이루어졌다. 1970년대 후반부터는 전자산업에서 경쟁력을 갖추기 시작했고, 전자산업의 기반은 연이어 1980년대 반도체 산업에서 세계 최고수준을 만드는 기반이 되었다. 반도체산업의 경쟁력은 통신, 전자, 컴퓨터, 스마트폰과 자동차 전자부분에 이르기까지 정보통신 산업 전반의 경쟁력으로 이어질 수 있게 되었다.

비록 다른 근대국가에 비해 철도시대는 늦게 시작되었지만 자동차가 중심이 된 고속도로망은 한국이 첨단을 걷고 있다. 경부고속도로의 완공(1971)을 포함한 국토 전체에 사회간접자본(SOC)이 만들어지고, 본격적인 자동차 시대를 연 것은 1970년대다. 이어 1980년 후반 모두가 자동차를 소유하게 되는, 소위 '마이 카(My Car)' 시대를 열었다.

농업으로만 사용되던 전 국토는 산업사회에 맞게 전환되었다. 구로공단(1967)이 만들어졌고 연이어 익산공산, 마산수출자유지역, 구미공단, 창원기계공단과 반월(안산)공단 등 전국은 공업단지로 변화했다. 부산, 인천 등은 세계적 무역항으로 거듭났다. 수천 년 간 농업사회로 머물던 한반도의 국토 전체가 완전 개조되었던 것이다.

04

두 번째 국가혁신:
자유(自由)사회와 기업(企業)주도 번영체제

대한민국을 변화시킨 것은 한반도와 우리 민족에게 자유(自由) 사회를 정착시켰다는 데 큰 의미가 있다. 자유 선택과 자유 경쟁이 살아 숨 쉬고 있는 나라가 만들어진 것이다. 한국에 사는 모든 개인에게 자유 선택이 보장된 것은 삶의 구조와 수준을 근본적으로 바꾸어냈다. 이러한 자유선택 사회에서 성공하길 원하거나, 남보다 많은 재산을 가질 수 있는 기준이란 오직 하나, 남이 원하는 물품이나 서비스를 더 잘 공급해주는 사람이다. 과거처럼 결코 권력이나 신분, 부모나 출신 성분이 아닌 것이다.

봉건 조선시대에는 근대 문명과 격리되었지만 대한민국 시대에 근대 문명이 꽃피운 것은 바로 자유 사회에서 자유 선택이 지켜지고, 봉건적 속박과 권력 중심적 지배에서 벗어나 자유경쟁이 시작되었기 때문이다. 특히 일(toil)과 직업, 상업과 공업이 천시된 봉건 조선시대에는 제조하고 기업하는 사람들은 존중받지 못했지만 대한민국에서는 더 이상 아니었다.

권력, 혹은 정치 우위의 시대가 끝나고, 근대 산업과 상업, 무역이 중시되며 물질적 풍요를 창출할 물품과 일자리를 많이 만드는 사람과 기업이 우대받는 시대가 열린 것이다. 시장(市場)에서 남들에게 혜택을 주고 필요품을 제공할 능력을 갖춘 사람이 성공하는 사회구조가 만들어진 것이다. 시장의 시대가 된 것이다.

성공의 기준이 남들이 원하는 것을 해줄 수 있는 것으로 변했다는 사실은 혁명적 변화였고, 그런 기준은 한국에서 훌륭하게 작동되었다. 물건을 만들든, 장사를 하든, 무역을 하든, 남이 필요로 하는 것을 훌륭하게 해내는 사람의 시대가 열린 것이다.

[표 9] 세계 글로벌기업과 한국 기업(15개/총 500개)

자료 : Fortune 500 Global

순 위	기업명	매출(백만 달러)
13	삼성전자	177,440
84	현대자동차	81,320
172	한국전력	51,805
173	포스코	51,752
180	LG전자	49,996
208	기아자동차	43,792
237	현대중공업	40,883
277	한화	36,590
294	SK	34,992
310	현대모비스	33,196
414	롯데쇼핑	25,758
429	LG디스플레이	25,100
431	GS칼텍스	25,061
439	삼성생명	24,501
464	한국가스공사	23,039

그 결과, 전통사회가 개방사회로 변모하고, 근대적 기업이 주도하고 기업에 의해 성장 발전하는 사회가 되었다. 글로벌 경제 속에서 한국 기업의 수준과 위상은 명백히 대혁신의 결과를 보여준다.

2016년 「포춘」지의 글로벌 500대 기업의 수익 순위를 살펴보면 세계 500대 기업 안에 한국 기업이 15개가 포함된 것을 확인할 수 있다. 특히 삼성과 현대는 글로벌 순위 100위 안에 포함되는 명실상부 한국을 대표하는 기업이며, 그 외에도 포스코, LG, 기아, 한화, SK, 롯데 등 한국 내 굴지의 기업이 세계 시장에 나란히 진입되어 있다.

19세기 이전에는 폐쇄적 왕조(王朝)국가에 의해 상업이 통제되었고, 식민시기와 1950~53년 전쟁을 겪으면서 세계 최빈국에 위치하던 몇백 년 간 한국에서 찾아볼 수 없던 대변화였다. 건국 70년 만에 대한민국이 만든 사회·경제의 대격변이자 자랑스러운 결과물인 것이다.

05

세 번째 국가혁신:
안보와 번영에 기반한 민주주의

한국의 민주주의는 안보와 번영의 토대 위에 이룩한 것이다. 더구나 짧은 시행착오와 경험을 토대로 만들어진 것이다. 그런 의미에서 한국 민주주의는 소위 '민주화 시대'라는 1987년을 전후에서 시작된 것이 아니다.

안보가 취약하거나 불안한 나라는 민주주의가 성장할 수 없고, 경제적으로 빈곤한 나라에서 민주주의가 성숙한 사례도 없다. 따라서 확고한 안보와 안정된 경제발전이야말로 민주주의의 근간이다. 한국 민주주의도 바로 확고한 안보체제와 안정된 경제발전의 결과이므로 안보와 민주주의는 결코 대립적인 것이 아니다.

특히, 1987년 이후의 민주주의 성숙은 냉전 해체라는 세계정세 변화와 고도 경제성장의 결과다. 1985년 고르바초프의 등장으로 공산주의 체제가 무너지기 시작했고 수십 년 간 공산 전체주의 체제를 유지하면 대한민국을 공격했던 북한의 위협을 극복할 수 있다는 자신감과 함께, 경제성장과 높은 국민소득을 통해 한국은 민주주의 성숙으로 나아간 것이다.

1987년에 이르면 한국의 1인당 국민소득은 3,000달러를 넘어서게 되는 데, 1인당 소득이 3,000달러가 넘을 때 성숙된 민주주의로 나아갈 기반이 된다는 경험지표로 보더라도 한국 민주주의 성숙은 사회경제적 기반이 확립된 1980년대 후반에 이루어진 것이다. 그런 측면에서 한국 민주주의의 성숙과 안정은 사회경제적 번영과 성공으로 만들어 낸 것이기도 하다. 필리핀, 태국, 파키스탄 등 다른 대부분의 나라가 민주화를 시도했음에도 민주주의가 성숙하지 못한 것은 사회경제적 기반이 취약했기 때문이다.

특히 한국 민주주의 발전은 단절된 것이 아니라 1948년 대한민국 건국체제의 비약적 민주주의 체제가 시작된 이래 시행착오와 경험을 통해 성숙된 과정이다. 한국에서의 민주주의 성숙이란 건국 시기의 민주주의 혁명에서 시작해 1960년의 4·19나 1980년의 광주 민주화운동 및 1987년의 민주화운동에 이르기까지 지속적으로 정착, 성숙되어온 결과다.

다른 한편으로는 1961년의 5·16을 기점으로 한 산업화 체제로 만들어진 경제사회적 발전의 결과이기도 하다. [표 11]에서 보듯 1987년에 이르면 한국은 세계 최고의 경제성장률, 중진국 수준의 국민 소득과 선진국 수준의 물가 안정, 그리고 건국 이후 최초의 국제수지 흑자 전환이 나타났다. 그것은 1987년 전후의 한국 민주주의 성숙이란 40년에 걸친 산업화와 고도성장, 자유민주주의의 경험, 그리고 안정된 사회경제적 기반 및 공산체제와의 비교우위를 통해 이루어진 것임을 알 수 있다.

[표 10] 한국 및 주요국가의 정치 권리와 시민 자유 수준(2008)

국 가	치 권리(PR)	시민 자유(CL)	평 균
대한민국	1	2	1.5
프랑스	1	1	1
독일	1	1	1
스페인	1	1	1
일본	1	2	1.5
싱가포르	5	4	4.5
태국	6	4	5
필리핀	4	3	3.5
북한	7	7	7

(출처: Freedom House, Freedom in the World 2008)

[표 11] 1987년 민주주의 성숙 전후의 경제사회 상황

	1985	1986	1987
경제성장률(%)	6.8	10.6	11.1
일인당GDP($)	2,309	2,643	3,321
물가상승률(%)*	2.3	2.8	3.1
국제수지($)	-7.9억	47.1억	100.6억

그런 면에서 한국 민주주의 발전은 1948년 건국에서 시작되었고 경험과 시행착오를 거쳐 지속적으로 정착, 성숙된 것이다. 건국 이후의 민주주의 시련이란 민주적 경험을 쌓고 빈약한 사회경제적 토대의 부족을 메우며 성숙시키고 발전시켜 나가는 정치발전 상의 과정이었을 뿐이다.

또한 대한민국은 서양의 민주주의 투쟁과 전혀 다른 한국적 민주주의 투쟁과 발전의 역사다. 최초의 민주공화제를 수립한 이후 체제와 민주주의를 위협하고 침략한 공산주의 체제에 대한 반(反)공산주의를 통해 한국은 자유민주주의를 지키고 발전했기 때문이다.

서양의 민주주의 역사는 봉건제의 해체와 왕권 견제, 그리고 국민의 세금을 국민 대표자를 통해 통제하고자 하는 과정의 역사였다고 할 수 있다. 서양의 민주주의 발전은 또한 주권재민(主權在民)의 확대 과정으로 보통선거권을 부여받는 참정권 확대 과정이자 여성과 문맹자 및 세금을 못내는 사람에 대한 신분 차별이 극복되어 가는 과정이었다.

그러나 대한민국은 건국체제를 통해 자유민주적 공화제를 시작하면 봉건왕조와 전(前)근대적 신분제는 더 이상 온존할 수 없었다. 특히 1948년에 의회민주주의가 도입되고 남녀 보통선거권이 전면적으로 주어졌기에 한국 사회에서 '민주주의 제도 도입'을 중심으로 한 민주주의 투쟁이란 있을 수 없었다. 따라서 한국에서 민주주의 투쟁이란 제도를 도입시켜 만들어 놓은 자유민주 체제가 공산전체주의에 의해 붕괴되지 않도록 지켜내기

위한 투쟁이었던 것이다.

그런 의미에서 한국의 민주투쟁이란 자유민주주의 체제를 파괴, 붕괴시키고자 하는 공산 전체주의와 맞서 싸우는 투쟁사였다. 자유민주주의의 발전은 공산주의를 경험하게 되면서 공산주의이자 자유를 부정하는 전체주의를 극복하는 과정에서 이루어진 것이다. 서구와는 달리 한국 민주주의 투쟁이란 바로 자유민주주의를 위협하고 붕괴시키려는 공산주의로부터 우리 체제를 지키는 것이다. 그런 의미에서 반공주의가 마치 반(反)민주주의였던 것처럼 인식되는 현상은 바로잡아야 한다.

4·19, 5·18, 6·10 등 권위주의적 체제에 대한 저항과 극복이라는 민주투쟁도 의미가 있지만, 근본적으로는 한국에서의 반공(反共)투쟁이 곧 민주주의 투쟁이고, 한국 민주투쟁의 본질이었음 확고히 해야 한다.

06

대한민국 문명사의 완성과 우리의 소명

대한민국이 만들어온 빛나는 성공 모델에도 불구하고 우리 사회에 대한민국을 비판적으로 보는 사람들이 많다. 우리가 만든 성취를 우리가 비하하고, 흙수저를 물고 태어난 사람에게는 힘들고 가혹한 사회라고 말한다. 경쟁이 심하고 살기 힘들다며 헬(Hell) 조선이라고 자조하기도 한다.

그렇다면 어느 나라에서 태어났어야 했다는 말인가? 과연 다른 어디에서 태어났다면 그런 '흙수저'와 '헬 조선'을 면할 수 있었다는 것인가? 그들도 대한민국 모델보다 뛰어난 대안은 제시하지 못한다. 지난 100년 역사를 되짚어 본다면 대한민국을 넘어서는 다른 성공적 대안은 찾을 수 없다. 미국, 캐나다와 몇몇 서유럽 국가를 선택하겠지만, 그런 나라야말로 이미 17세기부터 그 나라를 건설하고 성숙시켜온 그 나라 사람들의 노력으로 만들어졌다. 차이라면 몇 백년 전부터 산업화를 이뤄낸 조상을 가진 나라라는 사실일 것이다.

그렇다면 그런 나라에서 태어나지 못했는가를 한탄하기보다 우리가 스스로 만들고 성취시킨 것에 자부심을 가져야 한다. 먼저 근대화에 나선 서유럽과 북미 몇몇 나라를 거론하며 그런 나라에서 태어나지 못한 것을 한탄한다면 그건 대한민국이 만들어 놓은 역사와 헌신에 대한 모독이다. 한국은 수백 년 간 근대 개방 체제로 가지 못했고 늦게 시작했기에 부족한 것일 뿐이지,

지난 70년 간 대한민국은 최고의 나라를 만들어 왔다. 오늘의 사회가 아직 부족함이 있다는 것을 문제 삼는다면 그것은 물려받은 것이 없었던 결과이기도 하다. 비판해야 한다면 폐쇄체제를 계속 유지시키며 실질적 생산 활동인 산업과 상업을 비하시키며 근대화에 나서지 않았던 조선시대와 현재 북한의 상황을 비판해야 한다.

'한강의 기적'은 계속되어야 한다. 초일류 세계적 국가모델은 완성되어야 한다. 1990년대 이후 성장률이 지속적으로 낮아졌지만 여전히 잠재력을 갖추고 있다. 교육투자에 의한 인적자원의 우수성과 함께 연구개발(R&D) 투자가 전 세계에서 가장 높은 나라로, 그 가능성은 여전하다.

과거 수십 년 간의 냉전시대에 우리는 중국, 러시아와 국교 수립도 없이 나머지 세계와 함께 눈부신 업적을 만들어 왔는데, 현재는 전통적인 미국, 일본은 물론이고 새롭게 중국과 동남아시아가 고도성장하는 상황이다. 상대적으로 세계적 역동성의 중심에 있는 한국은 매우 유리한 위치에 있다. 대한민국을 만드는데 있었던 시행착오에서 교훈을 얻고, 계승할 것을 창조적으로 계승하며, 더 빛나는 시대를 만드는 것이 우리의 소명이다.

세계 최고의 경제성장을 기록하던 나라가 개발도상국 중 최하위권, 세계 모든 나라 중 중위권을 기록하고 있는 것은 한국 경제의 침체와 한국 사회의 역동성 상실을 말하는 것이기도 하다. 한국과 관련된 최근 기록은 주요 선진국 중 경쟁력 하락 속도가 가장 빠른 나라로 기록되고 있는 것이다.

성공의 상징이던 한국이 1997년 외환위기로 IMF의 구제금융을 받아야 했던 것이나, 한국의 성장률은 불과 3% 전후로 지난 20년 간 거의 세계평균 경제성장률을 넘어서지 못하고 있다. 한국의 침체는 성공을 성공으로 여기지 않고 실패의 길에 연연하거나 그 길을 따라가기 때문이다. 성공에 대한 국민적 자부심은 계승되지 않고 마치 우리가 잘못된 길을 걸어왔기에 청산(淸算)되어야할 역사를 가진 것처럼 만드는 역사인식은 대한민국의 계승과 번영의 지속에 매우 부정적 영향을 미치고 있다. 특히 대한민국 역사가 부끄럽다거나 잘못된 역사라는 인식에 기반을 둔 '역사청산'이나 '독재-민주투쟁'적 논리에 의한 잘못된 인식이 널리 확산되어 왔다.

대한민국의 성공 역사를 계승하지 않고 부정적으로 보거나 '역사 청산'의 대상으로 보는 것은 곧 실패 국가로 가는 길이다. 그런데 마치 대한민국은 민주주의나 민족주의에 반하는 길을 걸었다고 잘못 생각하고 그것을 극복한 것이 '민주화 세력'이란 잘못된 인식론부터 극복해야 한다.

민주주의나 정치발전도 어느 나라나 민주주의를 기성의 완성품처럼 수입하여 쓸 수 있는 것이 아니고 누적된 경험과 제도적 축적과정을 통해 발전하는 것이며, 한국도 마찬가지였다. 그럼에도 한국이 이룬 과거 성공을 계승하지 않고 오히려 성공시대를 만들었던 중요한 가치나 그 시대를 청산하려는 사회 분위기가 조성되어 있다.

또한 대한민국이 건국된 이후의 70년 역사야말로 민족번영과 민족주의의 상징이지 "우리 민족끼리"를 외치며 가장 반민족적이자 문명파괴 세력에 동조하며 우리가 폐쇄적이고 배타적 민족주의를 외쳐서는 안 된다. 민족주의란 대한민국이 걸어왔던 것처럼 민족을 발전시키고 더 많은 자유와 번영을 만드는 것이자, 전체주의적 북한 체제를 극복하고 북한에 있는 또 다른 우리 민족에게도 우리가 누리는 자유와 민주주의, 그리고 번영을 함께 누릴 수 있도록 만드는 것일 뿐이지, 반(反)문명 체제와 함께 할 민족주의는 없다.

따라서 대한민국 사회를 보는 시각과 인식의 정립 방향은, 첫째 대한민국의 정당성과 정통성 확립, 둘째 자유민주적 정체성 확립과 성공 역사에 대한 계승적 역사관 정립, 그리고 성공적 번영역사를 만들어온 헌신 세력에 대한 감사와 후세대 교육 및 동질성 확립이라는 차원에서 진행되어야 한다.

특히 한국은 제국주의적 공산전체주의의 확산을 저지하고 유라시아대륙 극동지역 끝에서 자유민주주의와 시장경제의 보루를 만들었을 뿐 아니라, 한민족사에 유래 없는 '민주주의 발전'을 이룩하고 반공투쟁을 통해 민주주의를 지켜낸 나라라는 인식을 명확히 하며, 왜곡된 시각을 불식하고 대한민국의 정통 역사관을 정립해야 한다.

또한, 대한민국 건국 70년 성공사를 넘어 건국 100년인 2048년까지를 내다보며 새로운 번영체제를 재확립하기 위해서 성공역사의 원인과 혁신체제의 성격을 명확히 하고, 대한민국에 대한 자긍심과 함께 성공 역사를 계승하겠다는 의지를 다지는 역사인식과 국가관을 정립해야 한다.

대한민국
승리의 길

제 5 장

북한 통제체제의 성립과 미래

이지수 명지대학교 교수/정치학

- 서울대 정치학과 졸업
- 모스크바대학교 아시아아프리카대학 정치학 박사
- 한국정치학회 연구이사, 섭외이사 역임
- 한국국제정치학회 총무이사 역임
- 한국정치외교사학회 편집위원장 역임

주요 저작

- 「김일성시대 사회통제: 탈북자 증언을 중심으로」 (한국정치연구, 27(1), 2018)
- 「김일성의 6·25전쟁 중 방소 대화록에 관한 고찰」 (한국정치외교사논총, 39(2), 2018)
- 「북한정치체제에 드리워진 스탈린의 그림자중소연구」 (39(3), 2015)

01

북한 수수께끼 풀기의 시작

과연 북한은 어떤 나라인가. 북한은 사회주의국가인가. 다른 사회주의 국가의 공산당정권은 대체로 종식되었는데, 북한에서는 아직도 조선노동당 정권이 존속하는 까닭은 무엇인가. 비결을 어디서 찾을 수 있는가. 북한을 정확하게 규정할 수 있는 개념은 어디서 찾을 수 있는가. 북한은 핵무기를 포기할 것인가. 왜 북한은 베트남이나 중국처럼 개방을 하지 못하는가. 이런 질문은 매우 익숙하면서도 대체로 그 답에 대해서는 권위있는 판단이 유보되어있는 실정이다.

우리는 여기서 북한이란 체제의 탄생부터 현재에 이르기까지를 주로 (정치)권력의 역사를 통해 접근해 보고려 한다. 사실 '북한'이란 연구의 대상이 출현한 것은 80여년이 채 안되었다. 대개의 학문 분야들은 연구 대상에 대한 연구가 백여년 이상 축적되어 다양한 접근이 시도된다. 그러면서 자연스럽게 연구대상에 적절한 연구방법론들도 개발되면서 비로서 "학"이란 칭호를 얻을 수 있다. 그런데 "북한학"이라고 하는 학문 분야의 대상인 "북한"이란 존재가 나타난 것은 80여년도 채 안된 것이다. 이를 감안하면, "북한학"이란 개념 자체는 어불성설이 아닐 수 없다.

어떤 주제가 연구, 혹은 관찰의 대상으로 부상하여 처음 시도되는 접근 방법중의 하나는 아마도 시간적 관찰, 즉 역사적 접근일 것이다. 대상의 탄생부터 전개과정, 거슬러 올라가서는 탄생의 기원, 배경, 환경 등에 대한 검토도 추가될 수 있다. 조선민주주의인민공화국의 탄생 과정, 그 기원, 탄생 이후 역사 전개과정 등에 대한 시간적 접근과 동시에 동시기 다른 공간에서 전개된 역사와 비교하는 작업도 빼놓을 수 없다. 가령, 2차대전 이후 신생 사회주의국가들과 북한을 비교해 보는 것도 흥미로운 작업이다. 이런 작업은 거의 동시에 주제에 대한 추상적 개념화의 시도들과 병행 되기도 한다. "북한"을 어떻게 정의할 것인가? "조선민주주의인민공화국"을 어떻게 인식해야 하는가? 국가로? 혹은 대한민국의 반국가단체로? 아니면 "(북한적) 현상"으로? 다양한 개념적 인식과 비교, 시간적 접근 등을 통해 북한이란 연구 주제에 대한 결과물들이 비로소 축적되면서, 서서히 "북한학"이란 연구분야가 자리잡아 가게 된다.

한편으로는 제도나 법에 대한 고찰을 통해 북한이란 체제에 접근하는 것도 가능하다. 결국 가령 정치학의 발달사를 돌이켜 보건데, 근대 정치학의 초기에 왕성했던 철학적 접근, 규범적 접근, 역사적 접근, 법, 제도적 접근 등이 역시 북한이란 대상에 대해 다루어질 연구방법들일 것이다. 하지만, 이것 저것 따져보아도 결국, 연구대상이 출현한지 고작 80여년이 채 안된 상황에서 북한에 대한 연구는 "지역학"이라고 하기에 앞서, 보다 덜 성숙한 단계로서, "지역연구"의 차원에서 현재 연구가 진행되고 있다고 하는 편이 합당할 것이다. 그러므로 "학"으로서의 본격적인 연구가 아직 성숙하지 않은 상태에서, 일단 연구 대상에 대한 시간적 접근, 역사적인 해명작업은 북한 연구에 있어서 기본의 하나일 것이라는데에 의문의 여지가 없다.

하지만 북한에 대한 총체적인 역사적 접근이야말로 무모한 작업이 아닐 수 없다. 역사학의 시기 범주로 보면, 북한의 역사는 최근세사이므로 이 또한 역사적인 접근을 매우 조심스럽게 하지 않을 수 없다. 아마도 총체적인 역사적 접근은 일단 보류하고, 보다 미시사적인 연구, 즉, 북한제도사 혹은 제도변천사, 정치사, 경제정책사, 경제협력에 관한 시대적 변화 등등에 대한 고찰이 선행되어야 할 필요가 제기된다.

이 글은 앞서 제기된 질문들에 대한 답을 궁극적으로 구할 것이다. 하지만 우선 북한사, 특히 정치사 그 중에서도 정치권력이란 추상적 개념을 모티브로 시간적 변화과정에 대해서 살펴 볼 것이다. 그래서 북한 정치권력의 형성과정을 살펴보면서, 배경, 기원을 규명하고, 성격을 분석할 것이다. 그러한 권력의 성격이 어떻게 변화하는가에 대해서도 알아보면서 앞서 모두에 제기한 문제들에 답을 구해 보려고 한다.

이제 결론을 모두에 밝혀둔다.

1. 북한에서는 다른 사회주의 체제와 유사하게 혹은 상이하게 정치지도자 개인에 대한 우상화가 1945년 해방직후부터 전개되었다. 소련의 스탈린 체제나 모택동 체제에서의 개인 숭배가 북한에서도 재현된 데는 내외부적 요건이 상호작용한 결과다. 즉, 스탈린 우상화의 영향을 동구에 비해 과도하게 받았다고 평가할 수 있는데, 동구 지도자들에 비해 북한의 김일성은 당시 현지 인민들에게 전혀 알려진 존재가 아니었던데 기인한다. 소련 당국은 무명의 김일성을 처음에는 유명한 김일성의 경력으로 왜곡하여 인민들에게 내세웠는데, 이후 김일성은 스스로 본인의 경력을 과장하기 시작했다. 당시 영향력 있는 지도자들에 비해, 김일성은 비교적 거의 최연소였을 뿐 아니라 항일경력, 공산당 활동 경력에 있어서도 비교할 처지가 못되었기 때문이다. 알려진 바에 따르면, 김일성은 해방 당시 이미 4여년을 소련의 극동지역에서 군사 훈련을 받으면서 비교적 편안하게 지내다가 해방을 맞은 소련군 대위 출신이었다. 현재 북한이 내세우는 김일성의 최대 항일투쟁 업적으로 자타가 공인하는 보천보전투라는 것도 실은 민간인 2명이 실수로 죽임을 당한, 국경마을 약탈사건이다. 선전하는 최대의 전투가 이 정도라면 나머지 김일성의 항일투쟁은 무엇인가. 북한에서 쓴 김

일성의 역사는 이렇듯 앞뒤가 모순된 내용들로 인해 사실이라기 보다는 '신화'라고 보는 것이 타당하다.

2. 북한 최고권력자의 우상화는 스탈린의 사후 전개된 스탈린 격하운동의 영향을 받아 철회되어야 하지만, 당시 정치 패권투쟁에서 김일성일파가 승리를 거두면서 우상화는 더욱 강화된다. 정치 패권 투쟁은 이론을 둘러 싼, '논쟁'의 수준이나 혹은 볼쉐비키 혁명사에 보이듯 레닌이 말하는 '사상투쟁'의 차원이 아니라, 기선제압하기, 밀어붙이기, 폭력의 발동 등이 동원된 물리력에 의한 비정규전에 가까왔다. 당시 북한의 정치권력 패권 다툼의 당사자들 가운데 비정규전에 능했던 것은 만주일대에서 마적집단 경력을 가졌던 김일성 일파가 유일했다.

3. 한편 스탈린의 사후, 격하운동을 계기로 북한의 정치권력 내부에서는 왜곡의 역사를 지속가능하게 하려는 시도가 자연스럽게 벌어지는데, 권력의 세습은 이런 맥락에서 이해될 수 있다. 즉, 김일성의 왜곡된 역사 경력을 정통성의 기반으로 출발, 지속되어 온 북한 정치권력의 상층부는 김의 사후, 왜곡 역사가 시정됨으로써 정권의 정당성이 훼손되어 궁극적으로는 정치권력 자체의 위기에 이르게 되는 일련의 과정을 사전에 차단하기 위해 김정일에게로 세습을 결정했다고 보아진다. 물론 누구보다 김일성 개인의 사적 인식이 가장 중요했다. 역사적 경력의 왜곡이 김일성에 비해 과도 하지 않았던 스탈린도 사후 격하되는 과정을 목도한 김일성은 사후, 자신의 날조된 경력으로 인해 더더욱 격하가 예상되거니와, 그와 정치적 운명을 함께 한 권력 상층부로서도 김일성의 사후 정치적 추락은 기피해야 할 사태였음에 인식을 같이 한 것으로 보인다.

4. 북한의 정치권력은 사회주의 일반체제에서 보이는 통제 위주의 권력 성격을 가진다. 통제위주의 정치권력은 사회주의 체제 일반적 성격이라 할 수 있다. 왜냐하면 그들의 이론에 따르면, 각국의 개별 사회주의 체

제는 전세계적 차원의 공산 세계가 실현될 때까지의 과도체제라고 설정된다. 전 지구적 수준에서 공산혁명이 완수되는 과정에서 자연스럽게 소멸하게 되어 있는 개별 사회주의 국가 시스템은 임시적으로 당에 의해 이끌어진다. 당은 혁명의 지휘부이므로 복수가 아니라 유일해야 한다. 이 시기는 과도기이므로 인권, 자유, 행복 등 인류 보편의 가치들이 혁명적 필요에 따라 당의 판단에 의해 유보될 여지가 허용된다. 고로 사회주의 국가의 정치 권력 성격은 전투사령부와 같은 단일 지도부에 의한 통제위주적인 것이 되기 마련이다. 민주주의의 발달은 통제 위주의 정치권력이, 점진적으로 권력을 내주면서 대신 공백이 된 힘 혹은 권력의 정당성을 구성원들로부터의 지지로 보완하게 된다. 하지만 사회주의 체제는 시종 혁명의 완수기까지는 당의 유일한 통제에 유지하게 된다. 여기에 더해 북한에서는 정치권력의 기반이 왜곡된 사실에 있으므로, 사실 왜곡을 지속해야 할 강제유인이 발생하게 되면서 통제 위주의 정치권력이 점차적으로 통제 일변도, 종국에는 통제 중독의 성격이 강화된다.

5. 통제가 권력의 지속강화의 주요 요인이므로 통제가 이완되는 환경을 북한의 정치권력은 극도로 경계하게 된다. 베트남, 쿠바, 중국 등에서 볼 수 있는 유일당 체제 임에도 개방을 할 수 있었던 사례를 북한에서는 찾을 수 없는 이유가 여기에 있다.

6. 통제중독형 정치권력으로서 폐쇄체제 유지, 부단한 긴장유지, 위기에 기반한 상시 동원체제가 북한 정치권력의 현주소다.

7. 70년대 말부터 시작된 사회주의 체제의 부분적 변화, 그리고 10여년만의 정치권력과 시장의 충돌, 그 결과 사회주의 체제가 종식된 소, 동구의 사례와 달리, 북한에서는 60년대부터 70년대 말까지는 사회주의 블록경제의 우산속에서, 80년대에는 조총련에 대한 경제적 편취(혹은 착취), 90년대 들어서서 대한민국 정부의 지원으로 체제가 지속되고 있는 형편이다.

8. 그러나 8~90년대부터의 만성적인 물자부족 사태는 결국 90년대 중반 고난의 행군으로 수많은 사상자를 발생시켰고, 이때부터 본격적인 탈출사태가 계속되고 있다. 북한은 현재 모순 요인을 국외로 방출하는 한편, 인민 기아라는 천문학적 비용을 치루면서 정치권력 유지가 지속되는 형편이다.

9. 북한정치권력의 지향점은 통제체제를 유지하면서 경제적으로는 외부의존을 병행하는 것이다. 햇볕정책의 이상인 북의 개방과 외부의 지원은 현 김씨 체제 권력으로서는 치명적이 되므로 불가하다고 보아진다. 극히 일부 개방만 하고 지원을 받은 김대중, 노무현 정부 시기가 북 정권으로서는 현실적인 최선책일 것으로 관측된다. 다만 더 큰 개방을 하고 지원을 못 받은 현재 문재인 정부 시기가 북으로서는 가장 위협적인 상황이 되었다. 북한 당국이 현 대한민국 정부를 비난하는 소이다.

02

무명 김일성의 등장

북한의 김일성 진위설

북한의 김일성이 다른 사람의 경력을 도용, 과장했다는 주장은 북한을 제외하고는 학계에서 매우 보편적이다. 북한을 제외하고는, 한국을 위시한 어느 나라의 연구자들도 북한에서 공식적으로 주장하는 김일성의 경력을 액면 그대로 사실로 받아들이는 이는 없다. 다만 그 정도와 세세한 사실 관계에 따라 주장이 엇갈리는데, 이는 크게 두 가지 부류로 나뉜다고 볼 수 있다.

첫째는 북한이 주장하는 바, 김일성은 분명히 항일무장투쟁을 한 적이 있으며 다만 경력이 과장되었다고 주장하는 그룹이다. 이들의 주장에 따르면 대표적인 북한 김일성의 항일 투쟁으로 "보천보전투"와 "마에다전투"를 북한의 김일성이 직접 참여한 전투로 주장한다. 규모가 과장된 점은 있지만 분명히 김일성의 경력이라고 보아 무방하다는 주장이다.

둘째 그룹은, 앞서 얘기한 두개의 대표적인 김일성의 경력을 부인한다. 김일성의 항일투쟁이란 것은 거의 조작, 날조, 도용된 것이며 그가 이른바 항일무장투쟁을 기치로 내건 동북항일연군에 소속된 것은 분명하지만, 동북항일연군에서 김일성이 속한 소집단은 구체적으로 항일무장투쟁을 한 것이 아니라 보급투쟁의 명목으로 민간 약탈을 하면서 근근이 생존에 급급하다가 결국 1930년대 말에서 1940년 사이에 소련 영토로 넘어가 소련군 부대에 소속되어 군사훈련을 하다가 해방을 맞은 것이라고 주장한다.

이 글의 필자는 후자 그룹의 주장에 동의한다는 점을 우선 밝힌다.

이제 그 진실에 접근해 보자.

세세한 김일성의 일생 전부에 관한 진위 판단 논쟁은 이 글의 주제가 아니다. 여기서는 첫 번째 그룹의 전문가들이 주장하는 바의 중요한 근거들인 보천보전투와 마에다전투에 대해서 살펴보겠다.

보천보사건[1]의 김일성(金成柱)과 북한의 김일성(金聖柱)

북한에서는 그들의 수령, 김일성의 본명이 김성주(金成柱)라고 주장한다. 일제관헌 기록인 사상휘보 20호에는, 보천보사건의 김일성에 대한 자세한 신원이 기록되어 있다. 그중 보천보사건을 일으킨 김일성부대의 김일성의 본명은 김성주(金成柱)라는 부분이 있다. 이를 근거로 첫번째 그룹은 북한의 김일성을 동일인이라고 주장한다. 그런데 같은 기록에는 일제가 김성주의 사촌인 김성보(金成甫)를 앞세워 김일성을 체포하려고 시도했다는 대목이 나온다. 여기서 잠시 우리에게도 익숙한 북한 김일성의 형제들의 이름을 상기해 볼 필요가 있다. 북한 김일성은 김철주, 김영주라는 형제가 있다. 이것은 북한의 공식적 기록에도 나온다. 우리가 알 수 있는 사실은 북한 김일성의 형제들은 "주"짜 돌림을 사용한다는 점이다. 그런데 그의 사촌이 김성보인 것에 의문을 가질수 있다. 그의 사촌 김성보는 돌림짜를 따르지 않고 있다는 의문을 갖게 된다. 그럴 개연성은 충분히 있다. 그런데 여기서 보천보의 김성주는 "주"짜 돌림이 아니라 "성"짜 돌림

1) 보천보사건은 민간인 2명이 오발로 사망한 사건이다. 그러므로 전투보다 사건이라는 용어를 사용한다.

을 쓰는 다른 사람일 수도 있다는 추정 또한 가능하다. 앞서 언급한 두 번째 그룹의 연구자들에 따르면, 북한의 김일성은 본명이 원래 김聖주인데, 보천보 김일성에 관한 기록과 맞추려다 보니 김聖주를 김成주로 바꾸었다고 주장한다. 이에 관한 어린 시절의 북한 김일성을 알고 지낸 이들의 다수 증언을 근거로 제시하고 있다. 하지만 이것만으로 북한 김일성은 보천보 김일성과 다른 사람이다라는 주장을 그대로 받아들이기엔 아직 설득력에서 완벽하지 않다.

그런데, 또 다른 연구자는 다음과 같은 주장을 한다. 그의 형제 이름이 김哲주, 김英주인데 비추어 맏형인 북한 김일성은 김成주가 아니라 김聖주여야, 우리 고유의 작명 관례에 비추어 볼 때, 자연스럽다는 것이다. 첫째는 聖(saint), 둘째는 哲(philosopher), 셋째는 英(hero)이면 훨씬 자연스런 형제 작명이라는 논리다. 그러면서 북한 김일성의 본명은 김聖주인데 보천보 김일성의 경력을 도용하기 위해, 본명을 김成주로 바꾸었다는 주장에 일리가 있다는 의견을 제기한다.

위 두 가지 반론에 귀를 기울인다고 하더라도 여전히 우리가 쉽게 승복할 수 없는 이유는 도대체 두 사람의 김일성이 본명도 같은 김성주라는 것은 우연치고는 너무 작위적이지 않는가 하는 합리적인 의심이 남기 때문이다. 북한의 김일성이 본명 김성주를 놔두고 김일성으로 자칭하고 다닌 것이나, 보천보사건의 김성주 또한 김일성이란 이름을 자칭하고 다닌 것에 대해서는 당시 사정을 살펴 볼 때, 그리 예사롭지 않은 우연이 아닐 수 있다. 왜냐하면 일제하 김일성이란 이름을 가지고 독립운동을 한 이는 복수에 이르기 때문이다. 1923년 7월 29일자 동아일보 인터뷰 기사에 따르면 동아일보 기자가 직접 시베리아 땅으로 찾아가 백마 탄 전설의 김경천 장군을 만난다. 그가 직접 자신도 김일성이란 이름 가지고 활동했다고 주장한 근거는 찾을 수 없다. 하지만 당시 조선인들에게는 그 역시 전설의 김일성 장군이라고 각인되었었다.

기록상 김일성이란 이름을 가지고 항일무장투쟁을 벌인 최초의 장본인은 김창희라는 인물로 알려져 있다. 이러저러한 사정으로 결국 일제하 당시 조선민족에게는 김일성 장군이란 이름이 독립투쟁의 전설, 아이콘과 같은 기억으로 남게 된다. 김일성 장군 부대의 항일무공담은 부풀려져서 신화가 되었다. 여기서 너도 나도 김일성을 자칭한 저간의 사정을 짐작할 수 있다. 필자의 경우에도 어린 시절 김일성 장군 놀이를 한 기억이 있다. 60년대 무렵까지만 해도, 한국의 어린이들 사이에서는 김일성 장군 부대라면서 독립운동 전쟁놀이를 한 기억들을 공유하고 있다. 즉 본인들이 자칭했든 하지 않았든, 독립운동을 한 이들의 행적은 김일성 신화에 보태어 부풀려 진 사례가 비일비재했다는 점을 우리는 인정하지 않을 수 없다. 이를테면 김일성은 고유명사이면서 동시에 보통명사로 조선인들 마음에 각인된 것이다.

그러므로 보천보사건을 두고도 두 명의 김일성이 등장한다는 것은 하등 이상한 것이 아니다. 또 다른 가령, 한씨 성을 가진 자가 바로 내가 보천보의 김일성이라고 주장한다고 해도 하등 이상할 리 없다. 그런데 문제는 보천보의 김일성으로 지목될 수 있는 사람이 두 사람이 있는데 그 둘이 공교롭게도 본명 또한 김성주라니, 이건 우연치고는 너무 우연이 아닌가. 그중 그중 하나는 1937년에 사망한 김성주인데 이이가 자기가 보천보의 주인공이다라는 주장을 한 흔적은 없다. 반면에 북한의 김성주는 자기가 바로 그 김일성이라고 주장한다. 보천보사건의 김성주가 누구든 간에, 보천보 사건을 일으킨 그룹이 김일성부대를 자칭하고 있었든, 아니든간에 일제는 당시 사건의 당사자가 김일성부대라고 인식했으며, 그 지도자의 본명은 김成주라고 확인하고 있다. 여기에 북한의 김일성은 자기가 예의 동 사건의 주인공이라고 주장하고, 본인의 본명도 일제 기록과 같은 김成

주임을 주장한 것이다. 보천보 사건의 실제 주인공을 일제에서 지목한 김일성부대라고 할 때, 일단의 연구자들에 의해 지목된 북의 김성주가 아닌, 다른 김성주인가 혹은 북의 김성주와 같은 김성주인가 하는 문제가 2인의 김성주론이다. 2인의 김성주론이 억지인듯한 느낌이 드는 점에는 누구나 동의하게 된다. 2인의 김성주론을 주장한 최초의 연구자 또한 그 점에 의문을 품었었다. 하지만 당시 조선인들의 작명법에 유의할 필요가 있다. 대체로 조선인들의 이름은, 보통 성과 이름 두자로 작명되는데, 성은 태어나면서 이미 정해지는 것이고, 동시에 항렬상 돌림자 역시 이미 정해지기 마련이라, 실제 창작되는 이름 자는 나머니 한 글자에 불과하다는 점이다. 한국인들의 이름에는 동명이인이 흔하다.[2)]

정리하면 보천보사건의 김일성은 본명이 김성주이고, 일제의 기록에도 등장하는 그의 사촌인 김성보에서 드러난 것처럼 "成"짜 돌림을 썼다. 반면에 북한의 김일성은 "주"짜 돌림을 쓰는 김성주이고, 본명은 김成주가 아니라 김聖주이다. 보천보 김일성의 경력을 도용하려다 보니, 이름 가운데 "聖"짜를 "成"짜로 바꾼 것이다라는 결론에 이른다. 즉, 북한의 김일성은 보천보사건의 김일성이 아니다.

마에다전투 혹은 홍기하전투

마에다전투 역시 김일성부대가 치른 전투로 세상에 알려져 있다. 규

2) 최초로 보천보 김일성과 북한 김일성이 다르다는 주장을 한 연구자 이명영도 처음엔 2인의 김성주라는 우연의 일치가 못내 걸렸다고 한다. 어떻게 이런 우연이 있을 수가 있는가하는 고민에 고민을 거듭하다가 어느 날 무심코 당시, 1973년도 서울시 전화번호부를 보게 되었다고 한다. 인명부를 뒤적이다가 문득 김일성이란 이름을 찾아보니, 다수가 등재되어 있음을 확인하고, 계속해서 박정희, 김성주, 김정일이란 이름들 역시 다수로 등재된 것을 보고서야 의문이 풀렸다고 한다. 1973년 당시 서울시 전화번호부에만 등재된 중복사례에 미루어 실제 전체 인구 가운데 중복사례는 훨씬 더 클거라는 확신을 하게되었다는 것이다. 무엇보다 북한의 김일성은 김成주가 아니라 김聖주라는 증언이 결정적으로 2인의 김성주론의 결정적 근거가 된 것은 이미 앞서 언급했다.

모도 보천보전투에 비해 훨씬 크다. 하지만 이 전투가 세상에 알려진 것은 1982년에 이르러서이다. 1982년 10월 화룡현에서 우연히 일제가 세운 비석이 발견되면서이다. 일제의 마에대 부대원인 순직 군인을 기리는 비석인데 그 내용에, 안도현의 밀림에서 김일성부대와의 전투에서 전사했다는 기록이 있다. 이미 1982년 4월에는 홍기하전투의 유적지에서 또 다른 부서진 비석 조각이 발견되었는데 거기에는 마에다부대의 격전지라는 글귀를 판독할 수 있었다. 이렇게 해서 마에다부대 전투=홍기하전투라는 등식으로 김일성부대의 또 다른 전과가 세상에 비로소 알려지게 되었다. 이를 뒷받침하는 일제의 기록이 1940년 3월 사상대책월보에서 확인되면서 확고부동한 김일성부대의 전적에 하나가 더 추가되었다.

문제는 일제가 기술하고 있는 본 전투의 김일성부대의 주인공이 북한의 김일성인가 여부이다. 예의 전자 그룹 전문가들은 북한 김일성의 항일투쟁 업적에 이를 추가하고 기존에 주장되던 북한 김일성의 항일무장투쟁 업적 가운데 보천보사건을 능가하는 업적이라고 주장하고 있다. 즉 홍기하 전투의 김일성부대의 김일성과 북한의 김일성을 동일인이라고 주장하고 있다.

하지만, 이 주장의 가장 치명적인 약점은 그렇다면 왜 북한에서는 이 전투에 대해서 80년대 이전에는 전혀 언급하지 않고 있는가에 대한 질문에 답이 없다는 것이다. 물론 북한에서는 북한의 김일성이 만주일대에서 수만번의 전투를 치루었다고 하면서도 내세운 가장 대표적인 전투로 보천보를 들고 있었다. 홍기하나 마에다전투에 대한 언급은 적어도 80년대 이전에는 찾을 수 없다. 보천보보다 더 큰 규모의 전과임에도 불구하고 말이다. 왜 북한에서는 애초 1982년 이전에 출간된 김일성의 항일무장투쟁사에 이를 기록하지 않았는가. 당시는 일제 치하이므로 일제는 자신들의 내부자료에서만 항일사건들을 기록하고 외부에는 가급적 공개하지 않았으리라는 점은 타당한 추정이다. 그래서 일반인들에게는 잘 알려질 수 없었다고 하더라도 김일성 본인은 본인이 치룬 전투라면 당연히 기억하고 경력으로 내세울 법한데 그렇지 않았다는 점이다. 더구나 보천보사건보다 훨씬 규모가 큰 사건임을 감안하면 홍기하전투는 북한의 김일성에게는 일부 학문적 엄밀성이 부족한 연구자들이 헌정해 준 사건이라는 심증이 오히려 설득력을 가진다.

만주항일투쟁신화에서 백두혁명신화로 탈출

북한의 김일성 개인에 대한 기록은 수정과 추가, 혹은 삭제를 거듭해 왔다.[3] 남의 경력과 본인 하지도 않은 일을 꾸미다보니, 기록은 점점 정교해지고 앞뒤가 맞게끔 미화되지만, 문제는 이후에 쓰여진 기록들이 앞서의 기록들과 다르다는 점이다. 앞서 언급한 마에다전투(홍기하전투)가 북한에서는 1982년 이전에는 전혀 알려지지 않았다는 점은 무엇을 의미하는가.

1980년 주은래 수상의 지시로 편찬되었다는 『동북항일열사전』이란 역사 기록이 있다. 중국 흑룡강성 사회과학원지방당사연구소와 동북열사기념관이 출간한 것인데 전3권(매권 15만~20만 자)의 방대한 기록을 통해 일제하 만주에서의 항일투쟁 조선인 26명, 중국인 1백3명의 기록을 담고 있다. 그런데 여기에 북한의 김일성에 관한 기록은 전혀 나오지 않는다. 북한 조선노동당의 우당, 중국공산당과 6·25 전쟁의 혈맹국가인 중국에서 김일성의 만주에서의 무력항일투쟁에 대해 공식적으로 인증하지 않은 셈

3) 이를 북한에서 시기별로 출간된 자료들을 근거로 조목조목 정리한 연구로, 이명영, "권력의 역사" (서울: 성대출발부, 1983)

이다. 아닌게 아니라 공교롭게도 북한의 백두산 일대에서 구호나무가 발견되었다는 대대적인 보도가 나온 시점은 80년대 들어서이다. 중국쪽에 김일성의 항일투쟁을 증명해 줄 객관적 근거가 80년에 출판된 자료에 부재한 가운데 1987년 김정일 45세 생일을 계기로 대대적으로 백두산 일대에서 김일성부대의 항일구호나무가 발견되었다는 점을 어떻게 이해해야 하는가. 예의 중국에서 출간된 동북항일열전이 외부에 알려진 것은 1983년 일본에서 출판되면서이다. 이를 계기로 연구자들에게 북한의 김일성의 만주항일투쟁의 실체에 대한 의문이 제기된 것도 당연했다.

이전까지만해도 북한의 김일성은 만주항일투쟁의 신화적 존재로 기록되었었다. 그리고 대표적인 항일투쟁의 전범을 보천보전투에 두어 왔었다. 하지만, 보천보전투의 실상이 연구자들에 의해 널리 공유되면서 그렇다면 나머지 김일성의 무장투쟁이란 것에 대한 의문이 제기되기 시작한 시점이었다. 민간인이, 그것도 갓난 아이를 포함해 두 명이 죽었다는 보천보사건조차 의심의 대상이 된 것이다. 만주에서의 북한 김일성의 활동에 대한 중국측 공식 기록의 부재에 대해 북한의 대응은 백두혁명신화의 창조다. 북한 당기관지 노동신문과 정부기관지 민주조선은 1982년 2월 15일자 1면에서 김정일이 백두밀영에서 태어났다고 주장하기 시작했다. 하지만 북한의 김일성 항일투쟁 경력을 부분적으로 수용하고 있는 그룹 가운데 어느 누구도 김정일이 백두산 밀영에서 태어났음을 인정하는 이는 없다. 백두산 일대의 구호나무에 대해서도 일부 연구자들은 중국 쪽 백두산지에서도 몇몇 발견되는 것으로 보아 완전한 조작은 아닐 수 있다라는 조심스런 결론을 내는 학자도 있으나 극히 소수다.

정리하면 80년대 들어서부터 북한은 김일성의 소위 만주무력항일투쟁 신화를 백두혁명신화로 바꾸기 시작했다는 것이다. 그 배경은 위에서 언급했다.

03

김일성 신화의 탄생 전말: 소련의 미숙성

스탈린의 정책

스탈린은 1945년 한반도에 소련군을 진군시키면서 어떤 정책을 전개하는가. 이 질문에 대해서는 비슷한 시기 소련이 점령한 동구 지역에서의 정책과 비교해 접근해 볼 필요가 있다. 스탈린의 점령지에서의 정책과 관련해서 최초의 시험대는 오스트리아였다. 소련이 연합군과 공동으로 점령한 오스트리아에서 시행된 총선거(1945년 11월 25일)에서 오스트리아 공산당은 5% 득표에 그치고 만다. 공산당만의 단독 집권이 좌절되었다. 이를 전후해서 동유럽 등 소련의 점령지에서의 현지 공산당은 일제히 공산당이란 깃발을 내리고 노동당, 혹은 노동자당, 노동의 당 등의 이름을 내걸고[4] 제 정당들과 합당을 시작한다. 소위 통일전선전략이다. 공산당 단독 집권이 가능하지 않자, 제 정당과의 합종연횡을 통해 일단 공산당 세력이 권력 장악에 참여한 이후, 정권 내 권력투쟁을 통해 비공산 세력을 구축하고 종국적으로 공산당 세력이 헤게모니를 장악 한 연후에, "노동~"당이란 간판을 떼고, 본래의 공산당으로 돌아가는 상황은 동구 사회주의 국가들에 공통된 역사다.[5]

4) 동독에서는 동독 공산당이 독일사회주의통일당이란 이름으로 변신하는데, 이미 당시 동독에는 노동당이란 정당이 존재했었다.

5) 통일전선전략은 그들의 당 이론에 비추어도 논리적 완결성을 획득한다. 즉, 혹자는 기존의 공산당이 자체적으로

한반도에서도 비슷한 상황이 벌어진다. 먼저 평양에서 1946년 6월 이미 북조선공산당으로 기치를 내건 김일성은 같은 해 8월 조선신민당과 합당하면서 북조선노동당이란 간판을 새로 내건다. 곧 이어서, 남한에서도 비슷한 상황이 연출된다. 박헌영의 조선공산당은 1946년 9월 들어서 여운형의 조선인민당과 백남운의 남조선신민당과의 3당 합당을 꾀한다. 우여곡절 끝에 남한에서도 북한에 이어, 1946년 11월 23일 공산당이 간판을 내리고 남조선노동당(남로당)이 출범한다. 동구의 소련의 점령지에서와 같이, 한반도에서도 남북에 각각 북조선노동당, 남조선노동당이 출범한 것이다. 그리고 1949년 6월 30일 남북조선 노동당이 조선노동당으로 재출범하여 현재에 이르고 있다. 북한에서는 김일성이 1926년 결성했다고 하는 "타도제국주의동맹"을 조선노동당의 기원이라고 주장하고 있다. 하지만 조선노동당은 해방이후 박헌영의 1945년 8월의 "조선공산당"의 법통에서, 동년 10월의 "조선공산당 북조선분국"으로, 다시 1946년 6월 "북조선공산당"을 거쳐, 동년 8월 "북조선노동당", 결국 1949년 6월부터 오늘에 이르는 역사를 가지고 있음이 명백한 사실이다.

조선노동당의 역사는 이렇게 당시 소련 점령지 동구권에서의 경우와 마찬가지 과정을 거쳐 출범했음이 명백하다. 그리고 이러한 공통된 역사는 당시 소련 스탈린의 정책이 소련 점령지에서 예외없이 적용되었음을

집권이 불가능하면서 그들의 본색을 숨기려고 노동당이란 새로운 간판을 내세운 거라는 주장을 하기도 한다. 하지만 그들의 이론에 따르면, 원래 공산당은 '일국일당주의'에 따라 존재하는 혁명의 전위당이다. 여기서 일국일당이란 공산세력은 하나로 일치 단결해야 한다는 당위성에 더 나아가, 공산당은 제 정당과 동시에 존재할 수 없는, 명실상부한 일국내 유일한 정당이어야 한다는 점을 내포한다. 그러므로 타 정당과 공산당의 간판을 가지고 합당한다는 것은 이미 일국 일당주의에 어긋나는 것이다. 그러므로 먼저 각국의 공산당은 타 정당과 합당하기 전에 먼저 "노동~당"이란 당명을 정해 놓고 합당을 추진한다. 여기서 유추할 수 있는 논리적 귀결은 합당의 여지가, 혹은 통일전선전략의 필요가 존재하는 한, 공산당이란 간판을 내걸 수 없다는 점이다. 일국일당주의가 완결되면서 비로소 공산당이란 명칭을 회복할 수 있다는 논리다. 이에 비추어 보면, 동독의 경우 동독에서 공산세력의 헤게모니가 장악된 이후에도 여전히 독일 사회주의통일당(Sozialistische Einheitspartei Deutschlands)이란 간판으로 존재한 것과, 북한에서 아직도 조선노동당이 조선공산당이란 명칭을 회복하지 않은 점은 그들의 논리에 따르면 당연한 것이다. 물론 중국은 처음부터 중국공산당이란 간판을 포기한 적이 없다. 국공합작기에도 여전히 공산당의 간판을 유지했다. 중국은 소련군의 점령에 의해 사회주의국가로 출범하지 않았다.

확인해 주는 부동의 사실이다.

당시 스탈린의 대한반도 정책의 첫 단서를 노동당의 출범으로 시작한다면 두 번째 단서는 김일성의 지도자로서 등장이다. 과연 왜 김일성이 점령지 소련의 지도자로 선택되었는가이다. 김일성이 스탈린의 선택으로 박헌영을 제치고 북한의 지도자로 등장한 데에는 다음과 같은 배경이 있다.

첫째, 소련의 위성국가 지도자로서의 자격요건이다. 당시 소련의 스탈린은 일국사회주의론을 견지하였었다. 그의 정적 트로츠키가 세계동시혁명론을 주장한 데 반해, 스탈린은 먼저 소련을 사회주의의 모국, 세계혁명의 지휘부, 사령탑으로 세울 것을 주창했다. 2차대전 이후 출범한 사회주의국가들을 소련의 위성국가로 자리매김하고, 모스크바의 지령에 따라 세계혁명을 수행하는 전진기지로 생각했다. 그러므로 각국 사회주의국가들의 지도자는 개별 민족국가에서의 존경이나, 공산주의자로서의 혁명 활동 경력, 혹은 민족국가 지도자로서의 비전에 앞서 무엇보다 모스크바 노선에 대한 충실성과 실행력이 요구되었다. 차이는 있지만 대체로 소련과 밀착된, 가급적 젊은 지도자들이 발탁되었다. 박헌영은 김일성보다 12살이나 나이가 많았고, 공산주의 이론의 연찬에서도 김일성에 비할 바가 아니었다. 그는 약관의 나이에 상해에서 공산주의자로서 활동하기 시작했고, 조선공산당 창당에도 수차례 주도적으로 참여했다. 20대 말에는 모스크바에서 호치민 등과 함께 본격적으로 공산주의 이론을 연찬하고, 30년대에 국내에 들어와 공산당 운동을 전개했다. 하지만 체포와 투옥을 반복하면서 해방을 감옥에서 맞는다. 이에 반해 김일성은 해방 당시 북한 땅에 존재했던 지도자들에 비해 소련군의 후원을 받는다는 사실 외에는 내세울 게 없는 형편이었다. 나이나 투쟁경력이 미미했다는 것이다. 그는 어려서 만주로 건너가 홀어머니 밑에서 자라다가 어머니가 재가하면서 고아처럼 여기저기 떠도는 신세로 유소년기를 보냈다. 그러다가 마적단 무리에도 끼게되고, 당시 만주의 대개 마적들이 그랬듯이 항일의 깃발을, 혹은 공산혁명의 깃발을 내걸었으나 실은 약탈을 통해 무리져 다니던 신세였다가, 30년대 말 혹은 40년대 초 소련땅으로 넘어가 88여단이란 조직에 이르게 된다.

북한의 김일성의 경력 가운데 북한에서만 부인하지만, 외부에서는 공히 인정하는 88여단 시절은 어떤 형편이었을까. 이에 대해서는 파벨 수다플라토프의 회고에서 그 단서를 찾을 수 있다. 그는 스탈린의 오른팔이었던 베리야의 측근으로 활동했던 사람으로 스탈린 사후 베리야의 처형과 함께 15년간 투옥 생활을 거쳐, 1992년 소련의 해체 이후 복권되었다. 1994년 출판된 그의 회고록에 적힌 활동 가운데 우리의 주목을 끄는 것은 2차대전 전후기간 중 그가 소련 내무인민위원회(KGB의 전신)의 특무국의 책임자로서 구축한 특수여단들이다. 회고록에 따르면 30년대 말부터 그의 부서에서 소련의 국경선을 따라 특수여단들을 수십 개 만들었다는 대목이 나온다. 부대 구성원은 주로 국경에 인접한 민족 인들로 구성하고, 훈련 내용은 도시게릴라, 사보타지, 공수낙하 훈련을 했다는 것이다. 유사시 적 후방에 공수낙하되어 침투 교란 작전을 수행하는 것이 목적이었다고 한다. 특수여단이라는 명칭이었지만 규모는 100여명 안팍, 많은 경우라도 2~300명을 넘지 않았다고 한다. 우리가 아는 88여단의 경우와 부합하는 바가 많다. 물론 아직 88여단의 성격에 관한 직접 자료는 많지 않아서 정확한 부대의 임무, 목적에 대해서는 구 소련의 자료공개를 기대해 볼 따름이지만, 88여단은 당시 소련 NKVD(KGB의 전신) 소속부대라고 봄직하다. 2차대전의 발발과 함께 스탈린은 전시체제의 효율적인 통치를 위해서 모든 무력기관(무력기관에 소속된 사람들을 실로비키라고 부르기도 한다)의 계급체계를 통합했다. 군, NKVD, 철도부대, 검찰, 경찰 등의 계급이 통일됨에 따라, 가령, 검찰, 경찰 등에도 중위, 대령 등과 같은 칭호가 따르게 되었다. 그리고 군복의 색깔과 견장에 따라 구분이 되었다. 또한 소련은 국경지대의 경비를 군이 담당하지 않고, NKVD가 담당했다. 국경지대에 위치했던 88여단 역시, 소련군, 붉은군대 조직이 아니라 NKVD에 소속된 조직으로 보아야하는 이유가 여기에도 있다. 일설에는 일제 하 그리고 해방직후 줄곧 소련영사관과 접촉해 온 박헌영이 소련 외무성의 지원을 받은 데 반해, 김일성은 스탈린의 측근인 베리야의 지원을 받아 스탈린의 지명을 받았다고 하는데 이는 저간의 사정을 확인시켜주는 또 하나의 추론이다.

스탈린에게는 박헌영같이 민족적인 지도자형 공산주의자보다는 김일성과 같이 모스크바의 지령에 따라 일사분란하게 움직이는 실무형의 에이전트가 더 필요했을 것이다.[6]

소련에 의한 경력 왜곡의 시작

소련은 한반도에도 소련의 사회주의 혁명 전진기지를 염두에 두고, 시스템을 구축하려 했다. 우선 지도자로서 그들의 수족으로 훈련받은 소련 NKVD 대위를 앉히는 것으로 출발했으나 의도대로 순조롭게 진행된 것은 아니다. 1945년 10월 평양에서 열린 군중대회에 처음으로 김일성을 등장시킨 날의 에피소드는 이를 상징적으로 보여준다. 당시 소련군의 김일성 담당관으로 역할을 했던 메클레르의 회고에 따르면, 행사 당일 아침, 김일성이 소련시절의 군복에 훈장을 달고 나타났다는 것이다. 황급하게 소련 교포 출신 통역대위(문일, 또는 강문일, 혹은 미하일 강)가 입고 있던 양복

6) 이러한 경향은 실제 소련의 당간부 임용방식에서도 확인된다. 가령 소련공산당의 전위조직이라고 할 수 있는 콤소몰(공산청년동맹)의 모스크바 조직 대표자를 선출하는 과정에서 당시 모스크바 시당 제1서기였던 보리스 옐친(후일 러시아연방 대통령)의 일화는 유명하다. 그는 연령을 기준으로 가장 어린 사람을 지명했다. 요컨데, 공산당 중앙위원회의 서기국과 정치국 외의 하부 조직 혹은 국외 공산당의 지도자는 머리가 아니라 손발로서의 역할을 충실히 수행할 수 있으면 충분하다고 보는 인식은 스탈린 이후 소련 공산당 수뇌부의 뿌리깊은 인식이었다.

으로 갈아입혔으나, 끝내 김일성은 소련훈장[7]을 달고 등단했다는 것이다. 하지만 현재 북한 당국이 내놓는 당시 사진에는 훈장이 삭제되어 있다. 이 에피소드는 당시 김일성은 자신이 어떻게 소련군 당국에 의해 상징화 될지에 대한 자의식이 없었음을 말한다. 아무튼 이 날 보다 중요한 해프닝이 한 번 더 있었다. 평양인민들 앞에 김일성 장군이라고 소개되어 나타나는 장면에서 군중들 속에서 "가짜 김일성"이란 수군거림이 일순간에 퍼져버린 것이다. 전술했지만 당시 조선인민들에게 김일성 장군이란 이미 1920년대 수염을 날리면서 백마를 탄 주인공으로 각인되어 있었는데, 새파란 30대 초반의 젊은이가 김일성 장군으로 소개되었으니 수군거림이 당연했다. 폭탄투척 사건과 함께 혼란과 어수선 속에 끝난 대회에 당황한 소련 당국은 김일성이 가짜가 아니라 진짜 평양에서 태어난 조선사람임을 확인시켜주려고 일부 군중들을 끌고 만경대의 김일성 생가로 가서 김일성이 이곳에서 태어났음을 확인시키는 해프닝까지 연출했다.

이를 계기로 소련군정 당국은 김일성의 항일독립운동을 회고하는 인터뷰 기사를 신문, 잡지등에 게재하고, 1946년에는 한설야로 하여금 김일성 전기를 출간하는등 김일성을 지도자로서 부각시키려고 적극적으로 나섰다. 급조된 김일성의 경력은 이후 김일성에 대한 소위 혁명역사가 출간될 때마다 변조를 거듭하면서 점점 정교하게 꾸며지는데, 이와 같은 과정의 집대성이 김일성 회고록이라고 선전되는 "세기와 더불어"이다. 김일성 생전 1992년부터 순차적으로 출간된 이 책은, 김일성 생전에 5권까지, 사후 8권까지 나왔다. 하지만 역사적인 진실과 무관하다는 것이 일치된 평가다. 물론 회고록이 본인의 구술이나 집필이 아닌 작가들에 의해 창작되었다고 믿어진다.

---

7) 1945년 8월말, 전쟁이 끝나면서 대대적인 훈장과 메달 수여가 당시 소련에서 있었는데, 김일성이 속한 88여단도 예외가 아니었다. 김일성도 이때 적기훈장을 받았다.

애초 소련은 NKVD 대위 김일성을 항일투쟁의 김일성 장군으로 소개하는 데 더 나아가 구체적인 경력 조작기술 또한 전수하는데 대표적인 것이 사진 조작이다. 일찌기 소련에서는 혁명초기부터 부단하게 신문 잡지, 출판물에서 사진 조작을 통해 왜곡선전을 광범위하게 해왔는데[8], 북한의 김일성 역시 항일투쟁 당시의 사진과 88여단에서의 사진들을 조작하는 사례를 답습하고 있다. 김일성이 아닌 인물을 김일성으로 조작하기도 하고, 중심인물이 아닌 북한 김일성이 등장하는 단체 사진들에서 김일성을 중심 위치로 이동 조작하기도 한다.

2차 대전의 종전과 함께 88여단 관계자들에게도 대규모 훈장과 메달이 수여될 때만 해도 김일성에 대한 구체적인 경력 왜곡의 필요성을 소련 당국이 느낀 것은 아닌 듯하다. 하지만 공산비적(공산당의 깃발을 건 마적)에 불과했던 김일성 무리를 적 후방 침투요원으로 양성 하던 중, 종전은 갑자기 다가왔다. 원자폭탄 투하로 일황이 항복을 선언한 것은 소련으로서는 준비되지 않은 종전이었다. 이에 다급한 소련당국은 소련 NKVD 대위 김일성을 내세우기보다는 당시 조선인민들에게 친숙하게 알려진 김일성이란 이름을 (실제 김성주도 김일성을 자칭한 다수의 사람 가운데 일인이었을 뿐이다) 그대로 가지고 소개하면 무난할 것이라고 안이하게 생각한 듯하다. 88여단 김일성 무리의 비공개 귀국과 그 시기, 그리고 이후 전개되는 과정을 미루어 볼 때 그런 추정이 가능하다. 하지만 첫 소개 장면에서 인민들의 반발과 의심을 계기로 본격적으로 경력을 미화해야겠다고 생각한 듯 하다. 아무리 본인도 김일성이라는 당시 유행하던 이름을 자칭했다고 하더라도, 당시 조선인민들에게는 너무 광범위하게 그리고 전설처럼 과장되게 알려진 이름으로 소개한 것은 소련이 당시 조선 정세에 미숙했음을 드러내는 사례라

---

8) 소련의 사진 조작에 관해서는, David King, The Commissar Vanishes: The Falsification of Photographs and Art in Stalin's Russia, (Tate; New edition edition, September 2, 2014)

고 할 수 있다. 차라리 김성주를 김일성이란 이름이 아니라 김일성 부대에서 장군님을 모시던 최측근, 그리고 그의 후계자로 이름을 승명했다고 소개하는 것이 나을 뻔했다. 그래서 보천보사건의 김일성을 회고하면서 전설의 김일성 장군에 대한 최후의 증언자로서 연출했더라면 이후의 한반도 비극은 피할 수 있었을지도 모른다.

04

친소련 시스템의 구축과정

소련군은 해방군인가 점령군인가

혹자는 해방 당시 소련군과 미군의 점령군 사령관 포고문을 비교하여 전자는 해방군의 성격이 강했고, 후자는 점령군의 인식을 가졌다고 주장한다. 하지만 이러한 주장은 두 가지 점에서 반박될 수 있다. 첫째는 사회주의체제의 공식문건이 갖는 성격이다. 그들의 공식문건은 선전선동의 원칙에 의거하여 다분히 작위적으로 작성된다는 점을 간과하고 문서를 문면 그대로 이해하면 오해의 소지가 다분하다는 점이다. 공식 행정문건만이 아니라 언론보도 또한 그러하다. 가령, 북한의 노동신문이나 소련의 프라우다 신문에는 일반 범죄나 ㈜관료들의 부정부패에 관한 보도가 전무하다고 해도 과언이 아니지만, 이를 액면 그대로 받아들여 실제로 범죄가 없다고 받아들일 수 없는 이치와 마찬가지다. 즉, 당시 소련군의 포고문을 문면 그대로 이해하면 소련군은 언필칭 해방군으로서 인식할 수 있으나 실제로 소련군은 점령군을 자임하고 공연하게 행위한 점이 북한에서 물자 반출사례에서 확인된다. 그들은 전쟁 배상을 직접 집행한다는 명목으로 식량, 산업시설, 심지어 38선 경계초소의 경계막까지 반출했다. 물론 군인들의 민간인 강간, 약탈 사례 또한 민심악화의 계기가 되어, 1945년 11월, 함흥반공학생사건과 신의주 반공학생의거사건이 벌어지기도 했다.

더욱이 소련군의 포고문이라는 것도 알려진 바와는 달리 크게 세 가지 버전이 존재한다는 점이 소련 해방군설 반박의 두 번째 근거다. 즉, 전해지는 바에 따르면, 소련군의 포고문은 크게 1945년 8월의 실무적이고 행정적인 내용의 포고문과 매력적인 호소와 조선인의 자유와 독립을 약속하는, 역시 동년 8월에 공표되었다고 주장되는 포고문, 그리고 예의 광범위하게 인용되는 붉은 군대가 해방군임을 선포하고 역시 조선인의 자유와 독립을 약속하는 포고문, 이상 세 가지 문건으로 나누어 볼 수 있는데, 여러 가지 전후 사정과 그 근거와 내용을 비교해 볼 때, 두 번째 포고문은 세 번째 10월에 나온 포고문과 혼동되어 전해진 것이다. 세 번째 포고문은 소련군의 만행에 대한 인민들의 항의가 속출한 가운데 나온 위무적 성격의 내용을 담고 있다. 즉 애초 소련군이 진주하면서 공표한 8월의 포고문 역시 미군의 그것과 별반 차이가 없는 내용을 담고 있다는 것이다. 하지만 인민들의 저항이 거세지면서 급하게 발표된 위무 내용의 포고문이 애초 소련군이 진주하면서 공표한 것으로 혼동된 것이다.

해방 3년의 북한에서의 전개과정

1945년 9월 20일자 스탈린의 비밀전문과 동년 12월 25일자 소련군 총정치사령관 쉬킨 중장의 보고서에 따르면, 소련은 애초부터 소련의 “국익을 보장해”줄 정치경제적 입지를 구축할 것과 , 소련의 “정치적 입지 강화를 보장해줄 수” 있는 간부의 선발과 양성에 초점을 두었다.

먼저 정치적으로는 김일성을 지도자로 내세우고, 명칭의 변화와는 무관하게, 애초부터 시종 유일당을 통한 통치체제 수립을 지향했다. 혹자는 미소공동위원회의 진행과정과 소련의 한반도 정책 변화과정을 연결시키려고 하지만, 사실 미소공동위원회와는 무관하게 북한에서의 단독 사회주의 위성정권 수립은 시종일관 진행되었다. 6자 회담 등의 지난한 협상과정과는 무관하게 북한 당국이 꾸준히 북핵 개발을 해 온 것과 동일한 차원에서 이해할 만하다.

경제시스템 구축과정

소련군은 전쟁 배상의 명목으로 자원, 물자, 산업시설들을 소련으로 반출하는 한편으로, 1946년 초에는 거의 한 달이 안 되는 시기에 토지개혁을 단행하였다. 무상몰수 무상분배라는 토지개혁은 (무상)몰수의 측면으로 본다면, 결과적으로는 대체적으로 반공, 반소세력이었던 지주세력의 몰락을 가져왔다. 그렇다면, (무상)분배의 결과는 과연 과거 소작인이었던 사람들을 포함한 전체 농민들에게 환영 받았는가. 이에 대해서는 부정적인 답변을 할 수 밖에 없다. 이유는 다음과 같다. 무엇보다 무상분배라는 것 자체가 허구의 신화다. 부동산의 공정한 무상분배란 가능하지 않기 때문이다. 이미 소련에서 경험 한 바[9]도 있지만, 농가 호당 가구 원의 숫자가 다 다르고, 설사 가구 원의 숫자는 같더라도 실질 가용노동력의 숫자 또한 제 각각인 터인데 이런 세세한 사항에 대한 기준도 없고, 토지의 비옥도와 위치의 차이를 무시한 채, 거의 획일적으로 농가 호당 토지가 분배된 점은 다음에 언급할 현물세 실시와 더불어 과연 획기적으로 바꾼 토지제도를

9) 혁명후 소련에서 예의 토지개혁이 진행되었지만 과연 어떻게 평등하게 토지를 나누어 줄 것인가의 문제는 간단치가 않았던 것 같다. 결국, 어느 지역에서는 지역의 토지를 비옥도, 지목, 위치 등에 따라 덩어리로 구획하고, 각 덩어리를 예를 들면, 폭 1미터 안팎으로 길게 잘라 각 가구당 나누어 준 기록도 있다. 결국, 농민들은 한 고랑 농사를 짓고, 다시 다른 구역으로 건너 가서 한 고랑 농사를 짓고, 또 다른 구역으로 건너가서 농사를 지어야만 했다는 것이다. 적어도 이런 분배 방식에 따르면 분배 토지의 원근 혹은 비옥도 등에 따른 차별은 해소될 수 있었겠다. 그러나 가구당 나누어 줄 것인지, 가구의 구성원 숫자를 기준으로 나누어 줄 것인지, 혹은 가구당 가용 노동인원을 기준으로 나누어 줄 것인지의 문제가 남는다. 이른바 사회주의 토지개혁 혁명은 애초 존재하지 않았던 셈이다.

유지할 본의가 있었는지를 의심하지 않을 수 없게 한다. 무엇보다도 구체적으로 어떤 기준으로 토지를 나누어 주었고 이에 대한 농민들의 반응은 어떠했는가에 대해 소련의 문서들은 막연하게 절대적인 지지 가운데 전체적으로 토지개혁이 성공리에 마쳐졌다고 기술하고 있을 따름이다. 더구나 소련에서는 이미 그러한 토지분배의 홍역과 시행착오를 치르다가 결국은, 여러 가지 다른 이유와 함께 기존의 토지개혁을 포기하고, 농업집단화를 통해 모든 토지를 국유화하고 모든 농민을 집단화했던 1930년대의 역사적 경험이 있었다. 그럼에도 불구하고 북한지역에 주둔한 소련군이 이러한 점을 당시 토지개혁을 단행한 북한지도부에게 주지시킨 흔적을 찾을 수 없다. 그렇다면 북한의 현지 지도부는 소련의 토지개혁 경험을 무시하고(혹은 무지했거나) 강행했다거나, 아니면 애초 사실을 알면서도, 그 제도는 잠시만 유지하려 했는지가 궁금하다. 앞서 언급한 슈킨 보고서에 의하면, "반소, 반동적인 지주세력의 기반을 무너뜨리기 위해서 빨리 토지개혁을 해야"한다고 되어 있다.

결국, 1946년 초 진행된 토지개혁의 결과로, 토지를 무상 몰수당한 세력-대체적으로 반소, 반공 성향이었던 지주들, 민족반역자, 종교기관-들의 경제적 기반이 무너진 점과, 획일적으로 무상분배 받은 대다수 농민들에게는 불만이 쌓인 점, 두 가지를 들 수 있다.

토지개혁에 이어 공포된 현물세 규정에 따르면 지세나 수익세 등은 면제하고 각 농가로부터 수확고의 25%를 현물세라는 명목으로 징수하게 되어 있었다. 그러나 문제는 25%가 일률적으로 부과된 데 있었다. 실제 수확고가 아니라 예정수확고를 기준으로 한 것이 문제였다. 흉년과 풍년, 비옥한 땅과 그렇지 못한 땅에 대한 차등도 없었거니와, 애초 가호마다 가용노동력이 다르니 같은 면적에서도 수확량은 다르게 마련이었다. 그럼에도 토지 면적에 따른 획일적인 예상수익에 따른 현물세를 책정했으니 농민들이 불만을 느끼는 것도 당연했다. 이런 문제가 자주 발생하자 몇 차례 차등 징수 조치 등으로 대안을 마련했으나 그때마다 미봉책에 그쳐버렸다.

훗날, 6·25 전쟁이 끝나고 복구사업이 어느 정도 진행 된 1958년에 가서, 북한 지도부는 결국 전면적인 농업 협동화를 단행하였다. 이와 같은 과정은 소련이 진주했던 동구국가들에서도 마찬가지였다. 소련군 진주 지역에서의 토지개혁은 시작할 때부터 예정된 운명이 따로 있었던 것이다. 즉, 무상몰수와 획일적인 무상분배를 실시하고 몇 년 후에 결국에는 농업집단화를 단행했다는 비슷한 경로를 보여주고 있다. 대부분의 동구 국가들은 토지 개혁조치 이후 3~4년 만에 농업집단화를 다시 단행한 데 반해 북한은 이에 비해 많이 늦다. 아마 전쟁이라는 사정이 작용한 듯하다. 이정식에 의하면, 박헌영의 경우, "토지가 국유농장으로 변조될 것임을 시사했다"고 주장한다. 이에 따르면 애초의 토지개혁은 일종의 기만정책이었을 따름으로 평가 될 수 있다. 소련의 사회주의 토지개혁 혁명의 신화는 허구였다. 마찬가지로 북한에서의 토지개혁 또한 같은 운명을 걸은 것이다. 북한에서의 토지개혁은 무상분배가 아니라 무상몰수가 목표였을 따름이다. 무상분배가 중요했다면 분배에 좀 더 정교한 방식에 대해 고민한 흔적이 있어야 했다. 유감스럽게도 찾아 볼 수 없다.

토지개혁의 결과는 경제적 효과로는 오히려 손실이었으나-결국, 나중에 경제적 효율성을 제고하기 위해서 농업협동화를 단행한 것으로 보아-, 집권세력의 입장에서 본다면 반대세력의 몰락과 불만세력의 남한으로의 대거 이주를 통해 상대적으로 북한에서의 정치적인 안정을 이루었다는 점에서 이득이었다. 토지개혁만 놓고 본다면, 경제적인 효과보다는 정치적인 효과가 더 컸다고 평가할 수 있다. 오히려 경제적인 효과는 부정적이라고 밖에 표현할 수 없다.

아울러 1946년 여름에는 중요산업 국유화에 대한 법령을 반포하여 전

산업의 90% 이상에 달하는 1,032개의 공장 기업 소 문화기관 등이 무상으로 몰수 되었다. 법령의 문구에 따르면, "…전부 무상으로 몰수하여 이를 조선인민의 소유, 국유화한다"고 하였고 그대로 실시 되었다. 그러나 이러한 조치는 이미 1945년 소련군이 진주하면서 대부분의 산업시설을 당시 각 도에 존재했던 인민위원회 소유로 한 조치를 보다 확정시킨 것에 지나지 않는다.

이러한 일련의 산업 경제부분에서의 변화는 첫째, 정치적으로는 반대세력들의 몰락을 초래했으며, 둘째 경제적으로는 사회주의 경제체제로의 진입을 의미한다고 보아진다. 아무리 양보하여 북한 인민들의 자발적인 의사에 따라 진행되었다고 해도, 당시 소련은 향후 있을 남한과의 통일정부 수립을 위해서라도 북한만의 일방적인 변화의 움직임을 저지 내지 지연시켰어야 했다는 책임방기의 혐의를 벗을 수가 없다.

남한에서의 상황 변화 내지 미소공동위원회에서의 대화와는 별도로 그 이전에 혹은 그와 동시에 북한에서는 이렇게 경제 및 산업의 토대 구조 면에서 대대적인 변혁이 진행되고 있었다. 그것은 당시 북한 주민들 대다수가 전혀 경험한 적이 없었던 소비에트 경제 체제였다. 과연 이렇게 단기간에 이루어진 변화를 "조선의 소비에트화"가 아니라 "소비에트의 조선화"라고 주장할 수 있을까? 북한 인민들 혹은 북한의 당시 지도자들에 의해 소비에트의 제도가 도입되고 주체적으로 적용되는 방식이라면 보다 장기간에 걸쳐 좀 더 다른 방식으로 진행되었어야 했다. 소련의 다른 점령지역, 동구 국가들과 별다른 점이 보이지 않고 수 개월만에 전격적으로 단행된 변화를 주체적인 변화라고 보는 것은 억지에 가깝다.

1945년 10월 12일에 발포 된, "북조선주둔 소련군 제25군 사령관의 명령서"에 의하면, 제4조에서 "…반일당과 민주주의적 단체들은 자기의 강령과 규약을 가지고 와서 반드시 지방자치기관과 소련군경무사령관에 등록하여야 하며 동시에 자기의 지도기관의 인원명부를 제출할 것"을 명령하고 있다. 이에 따라 당시 한창 발기되던 제 정당 단체들은 소련군경무사령부에 등록하게 되는데, 등록단체들은 지도기관의 인원명부만이 아니라 신원내사, 조상 때부터의 가계와 8세 이후부터의 일기적인 자서전내사를 받아야만 했다고 한다. 결과적으로 소련군은 당시 북한지역의 정치지도자급 인사들의 정치적 성향에서부터 성장배경-그들의 표현을 빌면, 출신배경-에 이르기까지 샅샅이 파악하게 되었다는 점이다. 당시 진주 소련군의 북한상황에 대한 현지보고서에 각 정당 단체들에 대한 상세한 내용이 적시되어 있었던 점도 이 명령 집행에 의해서 가능했다는 유추를 할 수 있다.

당시 소련군은 북한에 진주하면서 이미 지방에서 자발적으로 구성되기 시작했던 인민위원회를 인정하고 각도 임시인민위원회(나중에는 임시정치위원회), 5도행정국이란 조직을 통해 조선인들에 의한 자치적인 행정활동을 허용한 듯한 제도를 시행했으나 실은 진주 소련군의 지시를, 주로 소련파로 구성된 소위 "43인조회의"라는 모임을 통해 법령문의 해설을 먼저 하고, 그것을 공산당, 혹은 인민위원회 등에서 김일성 등이 제안하고, 토의하는 형식을 취하였다.

전해지는 각종 당시 공산당(나중에는 북로당, 노동당), 인민위원회 등의 회의의 자료들을 보면 나름대로 토론이 다양하게 이루어지지만, 가령 북한의 당시 인민위원회에서 토지개혁을 둘러싸고 벌인 논의들에 대한 증언이나 기록에 의하면, 소련 외무성의 토지개혁안 등을 토대로 수많은 논란이 있었으나 '결국은 소련의 의도대로 되었다'라고 해석하기 보다는 그러한 반대 토론에 해당하는 사례들은 결국 소련의 논의대로 결론이 이미 나 있던 것을 알았느냐 몰랐느냐라는 차이의 흔적들로 간주하는 것이 자연스럽다. 혹은 알면서도 논의를 위한 논의를 한 부분도 있었을 것이다. 소련에서는 스탈린의 대숙청이 있었던 1930년대를 거치면서 공산주의자들의 회의는 자유로운 토론이라기보다는 정해진 결론을 추인하는 성격으로 변했다는 것이 구소련의 고위 관료들의 회고록들에 심심찮게 나온다. 그리고 그것이 당시 소련의 스탈린 통치체계의 기이한 모습이기도 하였다.

사회시스템의 이식

1945년에 북조선공산주의청년동맹(소련의 콤소몰 조직을 모델로 함-나중에 북조선민주청년동맹으로 바뀜), 북조선직업동맹이 창립된다. 이어서 북조선민주여성동맹, 북조선농민동맹(1946.1) 등이 결성된다.

이러한 조직 결성은 소위 공산 세력에 의해 주도 되었는데, 이러한 제반 사회단체들은 소련의 그것들을 모델로 한 바, 북조선의 전 인민들은 각자 연령, 직업, 성별에 따라서 단체에 소속이 되었다. 말하자면 이것은 전 인민의 사회 조직 단위 편제를 의미한다. 이미 1945년 경부터 남한 사회와의 이질성이 제도적으로 확정, 심화되고 있었던 셈이다.

전 인민의 전국적인 사회 단체에의 편제는 일단 각 단체에 가입하는 원서에서 월남자를 포함한 가족사항의 기재뿐 아니라 종교, 정치적 가입 정당까지 기입하게 하여 중앙권력으로 하여금 전 인민들에 대한 일종의 데이터 베이스를 구축하게 하여 전체주의적인 통제를 가능하게 한 셈이다.

물론 이는 이미 30년대 대숙청을 통해 소련의 전체주의적 통제 시스템을 구축한 소련의 그것을 북한에 도입한 것으로 보아 진다.

군대의 결성

공식적으로는 북한군의 창설은 1948년 2월 28일이다. 그러나 이미 1946년 7월부터 북한지역에서 군의 육성은 시작되었다고 보아야 할 것이다. 왜냐하면, 당시 북조선임시인민위원회의 보안국장이었던 최용건이 보안간부총훈련소의 총사령관으로 배치되면서부터 시작되었다고 보기 때문이다. 김일을 문화부사령관(이것은 군에서 문화부라 함은 주로 선전선동을 담당하는 정치장교의 업무영역임-필자 주)으로. 무정을 포병부사령관으로 출범한 이 기관은 출범직후부터 평남, 평북, 함북, 함남에 훈련소를 설치하고 신병훈련을 받았으며 훈련병들은 이미 군복을 착용했으며, 훈련이 끝난 후에는, 남포여단, 삼팔경비대, 강계포연대, 나남사단 등으로 분산 배치되었다. 문화부는 정치부로 개칭되면서 군의 정치위원들이 군의 사상통제를 담당하는 전형적인 사회주의 군 체제의 면모를 갖추기 시작한 것이다. 이러한 과정은 미소공동위원회가 개최되는 과정에 공개되지 않은 채로 진행된 것이다.

05

한반도 비극의 전개 과정: 통제의존형 권력의 통제 중독화

통제의존형 권력의 본질

정치권력에 대한 정의는 분분하다. 그런데 필자가 주목하고자 하는 점은 정치권력의 이중성 내지, 비교해서 생각할 수 있는 두 개의 하위 개념에 대해서다. 즉, 지지와 통제다. 정치권력은 국민의 지지로부터 강화되기도 하고, 다른 한편으론 지지와는 무관하게 국민을 통제하기도 한다. 일반적으로 민주국가에서는 국민들의 지지에 따라서 정치권력이 유지·강화되기도 하고, 획득되기도 한다. 물론 반대로도 설명할 수 있다. 유권자로부터의 지지가 약화되면 정치권력도 약화되고, 유지가 어려워질 뿐 아니라 경우에 따라서는 정치권력을 이양하기도 한다. 점점 국민들에 대한 통제보다는 국민들로부터의 지지가 권력을 유지하는데 점점 중요해지고 있다는 점은 누구나 인정하고 있다.

대한민국 현대정치의 역사를 정치권력이 통제 위주에서 지지 지향으로 변화된 것으로 이해할 수 있다면, 북한 정치 역사는 이에 반해 정치권력의 통제 의존성의 심화로 이해 할만하다. 혹자는 민주집중제라는 형식적이면서 선언적인 개념을 들어 북한 정치권력을 이해하고자 하지만, 실제 그것이 현실에서 구체적으로 어떻게 작동하는지에 대한 여부를 우리가 확인할 길은 없다. 오히려 인민의 대표자들을 선출하는 과정에서의 민의의 선택

지가 단지 찬반으로 확인되는 제도 하에서 인민들의 이해와 요구가 상층부로 반영된다는 주장은 마치 인민들의 이해와 요구의 수준에 따라 무상몰수 무상분배의 토지개혁이 이루어졌다는 주장만큼이나 근거가 애매한 주장이다. 복수의 후보가 아닌 단일 후보도 충분히 민의 수렴이 될 수 있다는 주장도 있다. 하지만 일단 복수로부터의 선택이 배제되어 있다는 것은 부동의 사실이며, 대표자(지도자를 포함해서) 선출에서 선택의 배제는 실상 지지를 보다 효율적으로 수렴하려는 과정을 중시하기보다는, 통제를 보다 효율적인 통치 수단이라고 보는 시각이 깃들여져 있다고 보여진다. 왜냐하면 선택의 자유는 효율이전에 민주사회의 전제이기도 한데, 민주 사회에서 선택이 제한되는 경우는 가령 전시나 천재지변으로 인한 비상사태의 경우에 국한된다. 일시적으로 국민들의 선택권이 여러 경우에서 제한된다. 선거가 연기되기도 하고, 시장에서의 자유로운 거래 대신에 정부에 의한 통제 속에 배급제가 실시되기도 한다. 이 점에서 본다면, 북한의 경우, 전시 상황에서와 같은 현상들이 체제 출범 때부터 내내 지속되고 있는 셈이다. 이 점에서 본다면 북한은 서구 개념의 평시 민주주의 체제라기보다는 굳이 비유하면, 전시 체제적 특성을 내포하고 있다고 할 수 있다.

사회주의체제란 사회주의자들의 주장에 따르면, 공산제가 도래하는 시간까지의 일종의 과도기의 개념이다. 자본제 국가들과의 대치 속에서 궁극적으로는 세계적인 차원에서 공산제가 확산 확립되는 날까지의 일종의 전시 체제인 셈이다. 세계 공산 혁명이 완수될 때까지는 인민들의 자유로운 선택이 유보된다. 어짜피 소멸될 국가이니 애초 정부 조직보다는 일종의 전투 사령부격인 당의 영도가 중요하다. 일당 독재라든가 유일당이란 것도 이를테면 전투사령부가 둘 이상의 복수일 수 없다는 점에 착안하면 극히 자연스럽다. 결국 사회주의 국가는 공산혁명이 완수되는 날까지 지극히 효율적인 혁명(전투) 수행 체제로 편성될 수밖에 없다.

북한은 어떠한가? 북한이 사회주의 국가인지 아닌지 여부를 떠나, 과연 북한이 세계적인 차원에서 공산혁명이 요원해진 오늘 날 과연 한반도만에서라도 공산주의 체제를 완성하려고 하는가에 대해서는 대체로 의문을 표시한다. 하지만 공산혁명의 완수가 아니라 조국통일이라는 과제를 강조하고 있는 것으로 미루어 현재 북한의 체제는, 그들의 주장에 따르면, 조국통일의 그날까지는 과도적인 단계에 놓여있다고 스스로 인식할 수 있다. 조국 통일이 완성되는 그 날까지 일종의 유사 전시 체제를 유지하자면 배급도, 대표자(지도자를 포함해서) 선출도 결국 중앙 권력의 통제 하에 일사분란하게 진행되어야 할 것이다. 이 점에서 본다면, 북한체제가 인민들의 지지를 확인하는 과정을 유보하고, 보다 효율적인 통제의 측면을 강조하는 저간의 배경을 읽을 수 있다. 세계공산혁명의 완성이란 목표를 이데올로기적 과업으로 설정한 소련을 비롯한 사회주의 진영은 70여년 만에 해체되었다. 그러나 북한은 아직 조국통일의 과업을 대내외적으로 공언하고 있는 실정이다. 어떤 사람은 북한이 동구 사회주의 국가들과는 달리 사회주의 체제 블록이 와해된 이후로도 건재한 것은-현재 북한의 실정을 놓고 단순하게 건재하다고 판단하는 것은 논란의 여지가 있겠지만- 북한 체제야말로 소련 점령군에 의해 사회주의 제도가 일방적으로 이식된 것이 아니라 북한의 지도자들과 인민들이 주체적으로 제도를 현지화 시킨 결과라고 주장하기도 한다. 이 주장이 간과하고 있는 점은 현재 북한의 처지를 해체된(실은 사회주의 체제 해체의 측면 외에 새로운 체제로 변화했다는 측면이 간과되었지만) 구 사회주의 국가들에 비해 해체되지 않았다는 점만을(실은 해체되지 않고 온전히 구 체제를 유지하고 있는 측면 외에도, 변화를 거부하고 있는 측면 역시 부각되지 못하고 있다) 부각시키고 있다는 점이다. 어쨌든 현재 북한의 정치권력은 여전히 통제 위주의 통치 방식에 의존하고 있는 실정이다. 만일 북한이 오늘이라도 조국통일의 성전을 포기하고 남과 북이 평화롭게 공존하는 전략을 채택한다면 북한의 정치권력의 성격도 변할 수 있을까? 많은 이들이 북한은 이미 오래 전에 무력적화 통일노선을 포기했다고 보고 있다. 그러나 과연 이것만으로 북한의 정치권력이 통제 위주의 성격에서 탈피할 수 있을까?

사회주의 국가들이 통제 위주의 정치권력을 고수한 것은 비단 공산혁명의 완수라는 성전 의식에서 비롯된 것만은 아니다. 그들의 본래 경제 시스템, 특히 소위 사회주의적 생산관계를 들여다보면 그렇지 않다는 점을 발견할 수 있다. 사회주의 국가들의 경제 시스템은 굳이 전시 통치체제라는 이유에서만 비롯된 것은 아니다. 노동가치설로 표현되는, 애초 가치는 오로지 노동에 의해 온전하게 구현된다는 그들의 경제에 대한 기본 인식은 시장 경제적 세계관의 입장에서 본다면 매우 독특한 사고인데, 실제 국내에서나 사회주의 국가 간에서나, 상품의 교환은 노동력 등가 교환의 개념이라는 원칙에 의해 거래되었다. 즉, 그들의 표현에 따르면, 그들의 경제체제는, 생산 수단의 사적 소유를 폐절하고 오로지 노동 가치에 의한 가치 교환을 경제 시스템에 도입한 과정이나 결과에 따라 자연스럽게 형성된 질서이다. 이러한 경제제도의 특수성은 결과적으로 정치권력을 통제 위주로만 운용할 수밖에 없는 결과를 낳았다. 경제제도의 특성 또한, 세계 공산혁명 완수라는 이데올로기적 과업 설정과 더불어 정치적으로 통제 위주의 정치권력을 가능케 했다는 대표적인 예는 토지개혁이다. 이는 앞서 설명한 바 있다. 가능하지 않은 무상분배는 시행착오 끝에 결국 1930년대 스탈린의 집단농장 정책으로 귀결되었다. 집단농장이라고 해도 수확물에 대한 개별적인 처분이 제도적으로 허용되지 않았다. 시장이 허용되지 않았다는 것이다. 시장이 없으면 시장의 기능을 대체할 그 무엇이 있어야 한다. 중앙권력이 시장의 기능을 독점한 것이다. 사회주의 체제의 가장 특징적인 요소 중의 하나인 배급제는 비단 전시 비상체제적 성격 외에도 사회주의 경제원칙의 본래적 성격에서 비롯된 것이다. 배급이란 공평해야 한다. 무엇이 공평한가에 대해서는 논란의 여지가 있다. 하지만 공평이 섬세하면 할수록 그만큼 현실에서는 그만큼 실행하기가 어렵다. 도대체 무조건 일인당 몇 그램(g)이란 식으로 나누어 주는 것이 가장 공정해 보일 수도 있다. 실행하기가 가장 쉬어 보이나 그만큼 불만이 많을 수밖에 없다. 사회적 불만을 효율적으로 관리하려면 불만을 해소시켜야 하는데 궁극적으로 해소방안이 마땅치 않을 때는 불만을 억압적으로 통제해야 한다. 도대체가 모두를 만족시킬 수 없으므로 불만족은 항상적이고, 항상적인 불만은 통제를 통해서 제어하는 수밖에 없었다. 그리고 이러한 비효율적인 경제체제는 역시 시장경제와의 대치라는 모순 때문에 임시적으로 발현된 것일 뿐, 세계 혁명의 완성과 함께 모순은 사라진다는 이데올로기적 믿음이 있었다.

조직행동이론가들은 조직 성원이 조직의 목적에 부합한 행위를 하기 위한 조건으로 자발성과 보상성을 든다. 양자는 상호 보완적이다. 보상성이 다소 불만족스럽더라도 자발성이 높다거나, 반대로 자발성은 부족해도 보상성이 충분히 만족스러운 경우 조직 성원은 충실하게 맡은 바 업무를 수행한다. 그러나 이들의 시각으로 보면 가령 대한민국의 사병들은 도무지 충실히 업무에 수행할 조건이 미흡하다. 보상성도 미비한데다 자발성을 기대하기란 쉬운 일이 아니다. 이를 해결해 주는 것이 선택불가능성과 강제성이라고 한다. 양자는 상호 중첩되는 부분이 있는데, 요컨대 대한민국 사병들이 맡은 바 업무를 수행하고 사병집단이 집단으로서 유지되는 데에는 강제성이 중요한 작용을 한다는 점에 대부분 동의한다.

사회주의 체제의 경우도 이와 유사한 점을 발견할 수 있다. 인민들에게 작용하는 보상적인 측면이 과연 무엇인가를 살펴보면, 지극히 제한적이면서 결국 정신적인 보상 측면, 자발성에의 기대 외에 특기할 만한 요소를 발견하기 어렵다. 결국 사회주의 체제가 유지되기 위해서는 물론 인민들의 자발적인 측면도 있을 수 있지만, 궁극적으로는 강제성 또한 필연적이라는 결론에 이른다. 이는 세계공산혁명의 완수라는 성전 체제와는 또 다른 측면이다.

북한의 경우도 오히려 통제에 의존하는 정도가 점점 커지고 있다. 조국통일 완수라는 전시 체제적 성격을 포기하더라도 사회주의 체제를 유지하는 한은 변화의 조짐을 발견하기 어려운 까닭이다.

그런데 북한의 경우 정치권력의 속성을 이해하는 데 한 가지 특성을 더 추가할 수 있을 것 같다. 권력의 공유 형태이다. 대체로 기존 사회주의 국가들이 정치권력을 개인이 아니라 공산당이란 일종의 집단이 소유한 반면 북한의 경우는 노동당이나 군 등의 익명화된 집단이 아니라 김일성, 김정일, 김정은으로 명시화 된 개인, 일가족에게 집중화되어 있다. 이 점은 여러 가지 점에서 확인되는데, 심지어는 김일성 조선이란 표현까지 등장하고 있다. 정치권력이란 일종의 공공재적 성격을 가지고 있다 라든가, 개인이나 집단을 초월한 사회 전체의 공공성의 개념으로 이해해야 한다는 주장은 적용되지 않는다. 북한의 정치권력이 개인과 그 가족에게 집중되어 있다는 점은 그만큼 북한의 정치권력은 인민들의 지지나 심지어 이른바 권력층 내부의 사람들로부터의 지지 혹은 충성심보다는 통제를 통해 유지되고 있는 성격을 강화시킨다고 할 수 있다. 혹자는 북한 김정은 권력은 측근들의 충성심에 의존한다고 하는데, 인류 역사를 통틀어 정치권력이 사유화되어 궁극적인 정치권력의 소유와 소유자로부터의 수혜가 원천적으로 한계가 그어진 사회에서 충성심과 강제적 통제의 영역을 구분하기란 쉬운 일이 아니다. 조선시대 유교적 전통이 확립된 경우 신하들의 충성이 왕권 유지에 중요했다고 보지만 왕조실록에 대한 연구에 따르면 당시 신권과 왕권은 일방적인 관계라기보다는 긴장 혹은 상호 보완의 관계였다고 한다. 상식적인 얘기로 받아들여도 무방하다. 다만 연산군과 같은 예외가 존재했지만 결국 청산되고 말았다. 북한의 정치권력이 사유화되어 있는 점은 정치권력의 속성을 지지나 충성심에 의해 유지된다고 보기보다는 역시 통제에 의지할 수 밖에 없는 결과를 낳는다고 볼 수 있다. 사적 소유가 원칙적으로 금지되어 있는 점도 이러한 통제체제를 유지하는데 기여한다. 왕조시대의 신하들이나 혹은 일반적인 독재국가의 장성들은 개인 재산을 가질수 있었다. 그러나 북한과 같은 사회에서는 어느 날 국가로부터 배정받은 집을 비우라면 비울 도리밖에 없다. 어제까지 내각의 수상을 지냈다고 해도 내일부터 농장 노동자로 배치 받으면 생활 환경 자체가 변한다. 이를테면 최고 권력의 통제력이 사회주의 체제에서는 그렇지 않은 독재국가에 비해 상대적으로 강력하다고 볼 수 있다. 현재 북한을 관찰하는 데에 군부의 동향이라든가 권력층 내부의 일부 동향에 주목할 이유가 다른 나라에 비해서는 상대적으로 축소되는 이유의 근거다.

북한의 정치권력이 통제의존형으로 굳어진데는 적어도 세 가지 이유를 들 수 있다. 그리고 이 이유들은 정치권력을 유지하기 위해서는 더욱 강화되어야 할 필요충분조건처럼 되어버렸다는 점을 지적할 수 있다. 첫째는 과거 사회주의체제국가들이 그랬듯이, 세계혁명의 완수라는 과업을 설정한 것처럼, 제로섬 게임 방식의 조국통일 노선을 지향하는 과정에서 정치권력의 통제일변도성이 강화되었다고 볼 수 있다. 둘째, 사회주의 경제 체제를 유지하는 한에서는 통제일변도의 권력 유지, 행사가 불가피하다. 셋째, 정치권력이 사유화된 점은 무엇보다 지지 의존형으로 바꾸기 어려운 요인이 되었다. 이 세 가지 요인은 북한의 정치권력이 통제의존형으로 갈 수 밖에 없는 데 결정적으로 작용한 것으로 이해된다. 또 역으로 사유화된 정치권력을 유지하자면 이상의 세 가지 요인을 포기하기보다는 강화하는 쪽으로 경사할 여지가 충분하다고 볼 수 있다.

통제의존의 심화

북한의 정치권력 속성이 통제의존에서 통제중독형으로 강화되는 것은 중앙배급체제의 사회주의적 특성에 기인한 바라고 설명했지만, 역설적으로 중앙배급체제 경제의 붕괴가 더욱 통제의존적 성격을 강화시키고 있는 것이 북한의 현실이다. 중앙배급경제가 붕괴된 것은 사회주의체제의 본래적 모순에서 비롯되었다. 본래적 모순이 70여년간 은폐된 것은 소련 중국과 같은 사회주의 강국들의 자원의 풍부함에서 기인한 바 크다. 하지만, 아프가니스탄 전쟁과 1980년 모스크바 올림픽의 경제적 손실은 결국 소련의 사회주의경제를 휘청이게 했고, 이에 의존했던 동구 사회주의국가들의 경제에까지 영향을 미쳤다. 어쩔 수 없이 중앙계획경제를 포기하고 시장경제체제로 이행한 것이 주지하는 사회주의권의 변화 역사다. 하지만 북한은 소위 합영법을 통해 80년대 조총련 경제의 도움(혹은 결과적인 착취)으로 연명하는 데 성공했고, 90년대 이르러서는 대량의 아사자와 탈북사태라는 비용을 치루면서 체제를 지탱하고 있다. 시장경제로 전환하면 되는데 북한이 이를 거부하는 이유는 실은 북한체제만의 특수성에 기인한다. 시장경제로의 이행은 필연적으로 개방을 초래한다. 하지만 개방은 북한의 정치권력에 치명적인 위협이 된다는 것이 북한 집권층의 인식이다. 김정일은 90년대 중반부터 2000년대 초반까지 있었던 대한민국 정부의 햇볕정책에 대응해서 무늬만의 개방을 단행했는데, 그는 이러한 개방을 스스로 모기장식 개방이라고 불렀다.

요컨대 문을 철저히 잠그고, 개성이나 금강산 같은 모기장 특구를 운영하여 외부로부터 지원을 수용하겠다는 계획이었다. 하지만 이명박, 박근혜 정부 때, 개성공단과 금강산 관광이 중단되었다. 더우기 유엔 및 미국 정부의 경제 제재는 북한정권으로 하여금 어쩔 수 없이 제한적이나마 장마당이라는 시장경제 방식을 허용할 것을 강요했다. 그리고 이제 북한에는 장마당 경제가 중앙배급경제를 압도하고 있는 실정이다. 스스로든 강제적이든 시장경제로 이행한다면 문제해결이 쉬울 것으로 많은 이들이 예상한다. 하지만 여전히 북한 정치권력은 시장경제를 공식적으로 선언하지 못하고 있다. 쿠바나 중국 베트남 공산당도 단행한 개방을 수용하지 못하는 것은 북한 정치권력의 취약성 때문이다.

북한의 정치권력이 앞서 언급한 베트남, 중국, 쿠바의 그것에 비해 취약하다는 점은 정치권력의 속성의 차이에 기인한다. 그들 나라의 정치권력은 기본적으로 공산당의 권력이지만, 북한은 김씨 개인의 권력이다. 그들의 공산당 권력은 개방을 두려워 할 역사왜곡의 기초 위에 있지 않지만, 북한 김씨 권력의 기반은 역사왜곡의 신화이기 때문에 개방에 취약하다.

소련 당국이 국내 현실에 어두워 김일성 장군으로 김성주를 내세운 게 잘못 채워진 첫 단추라면, 내세울 경력이 일천했던 열등감이 김일성으로 하여금 경력 날조와 왜곡으로 일관되게 했고, 스탈린처럼 사후 격하를 두려워 한 김일성은 결국 권력을 세습하는것으로 문제해결을 했다. 왜곡된 역사를 권력 계승 정통성의 주요 기둥으로 삼은 김정일, 김정은은 결국 개방불가를 강요하고 있는 셈이다. 외부 환경 변화로 어쩔 수 없이 사회주의 배급경제가 무너지는 대신 장마당 경제가 호황인데, 이를 김씨정권은 반길 수가 없다. 장마당경제가 활성화되고 자리 잡을수록 초조해 한다. 결국 강제적으로라도 장마당 경제의 확산을 억제해야 한다. 김씨정권의 통제의존은 이제 중독 수준에 이르렀다.

통제체제로 연명하기 위해서 내외의 긴장상태가 요구되고, 북한 정치권력은 의도적으로 외부세계와 긴장관계를 만들어 내야 하는 형편이다.

핵무기 개발은, 폐쇄체제와 통제체제로 밖에 유지될 수 밖에 없는 김씨권력으로서는 유일한 방안일수 밖에 없다.

06

북한체제의 미래

현재 북한은 김씨정권과 노동당간의 모순, 노동당과 인민간의 모순 구조에 놓여있다. 후자의 경우, 사회주의 체제 공통의 모순이었는데, 소련 동구는 당이 시장경제로의 이행에 대한 어정쩡한 태도로 일관하다가 결국 인민들에 의해 사회주의 체제가 청산되었다. 중국 베트남 모델은 공산당이 시장경제로의 이행을 선도하면서 공산당의 인민에 대한 통제를 일정 정도 양보하고, 대신 일정 정도 지지를 획득하는 방식으로 진행되고 있다. 개방에 대한 자신감이 바탕이었다. 하지만 북한은 아직도 당이 시장경제를 선도하지 못하고 있다. 사실 당이 중국 베트남 모델을 따른다면 노동당 역시 권력이 지속 가능한 측면이 있다. 하지만, 김씨정권은 개방에 결정적으로 취약한 토대에 있기에 시장경제로의 진행을 억제하고 있는 실정이다. 김씨정권과 노동당 권력은 상호협력적이라기 보다, 일방적인 주종관계에 가깝다.

김씨정권의 개방과 외부 지원의 손익계산서를 간단한 표로 정리하면 다음과 같다.

현재 북한 김정은이 추구하는 통치 비전은 아마도 다음으로 추정된다. 첫째, 핵무기를 통해 외부와의 긴장관계를 지속시키면서, 통제일변도 권력체제를 유지한다. 둘째, 폐쇄체제를 기본으로 하되, 제한된 개방을 통한 외화벌이로 중앙배급계획경제를 복원한다.

	지원받기	지원안받기
개방	절대불가*	최악상황**
폐쇄	최선상황***	김씨정권의 숙명****

* 열고, 받기 : 햇볕정책의 희망사항, 탈 김씨 정권에서야 기대 상황.

** 열었지만, 못 받음 : 현재 김정은의 상황.

*** 안 열고도, 받기 : 김씨 정권의 희망사항, 김대중, 노무현 정부 때는 차선책으로 문을 살짝 열고(사이비 개방), 지원 받음.

**** 안 열고, 안 받기 : 김씨 체제의 숙명. 이명박, 박근혜 정부 때 상황.

한편 북한 김정은 정권의 이러한 계획을 위협하는 요소들은 다음과 같다. 첫째, 북한 내부 인민들의 인식 변화 내지 각성이 증가하고 있다. 90년대 고난의 행군 이래 사회주의중앙배급경제의 붕괴를 목격하거나, 배급경제 자체를 체험하지 못한 세대가 인구 절대 다수를 차지하기에 이르렀다. 둘째, 공식적인 정부방침과는 별도로 사실상 장마당 경제가 전체 경제를 리드하기에 이르렀다. 비공식 경제, 혹은 암시장경제가 공식경제 혹은 국가경제를 추월했다. 셋째, 외부의 환경이 북한에 대한 지원을 막고 있다.

에필로그: 김씨정권 불침항모론 비판

요즘 여기저기서 북한붕괴론이란 괴담이 다시 고개를 들기 시작했다. 연원으로 따지자면, 남북이 분단되어 각각 정권이 들어선 당시에 벌써 제기되었으니, 북한붕괴론의 역사는 북한의 역사와 궤를 같이한다고 볼 수도 있다. 하지만 당시의 북한붕괴론은 치밀한 분석에 따른 전망이라기보다, 소련과 그들이 내세운 김일성 정권에 대한 분노가 가져다 준 당위론적인 주장에 가까웠다. 세상 일이 어디 다 자기 뜻대로만 되는가.

1989년 베를린 장벽 붕괴를 촉발로 급부상한 북한붕괴론은 소련 및 사회주의권 해체라는 대세론의 한반도 버전이었다. 무엇보다 소련의 해체와 공산당 일당체제의 종식은 현실에서뿐 아니라 이데올로기로서도 치명적이었던지라, 북한도 예외없으리라는 기계적인 적용론이 작용했다. 하지만, 문제는, 이전부터 북한은 이미 사회주의의 본질로부터 멀어져간 것을 간과했다는 점이다. 사회주의 모국 소련의 위성으로 출발했으나, 일치감치 위성궤도에서 이탈해 안드로메다로 날아가 버린 북한이었다. 태양계에서 벌어진 일이 다른 은하계에서도 일어나란 법은 아니지 않은가.

1994년 김일성이 죽었을 때, 다시 괴담이 리바이벌되었다. 그러나 일찌감치 후계구도를 구축하여 이미 김정일의 왕국이 되어버린 북한이었다. 선왕의 죽음은 오히려 왕국을 똘똘 뭉치게 하여 고난의 행군을 감내케 하였다. 김일성의 죽음이 북한체제의 붕괴는커녕 오히려 강화에 기여한 셈이다. 하나의 죽음이 꼭 전부의 종말만을 뜻하는 것은 아니지 않은가.

이후에도 기회가 있을 때마다 잊을만하면 고개를 내미는게 북한붕괴론이다. “오렌지 혁명”이니 “아랍의 봄”이니 지구촌 어디선가, ‘전복과 혁명’의 역사가 벌어질 때마다, ‘북한에서도~’라는 후렴구가 따를 정도니, 예의 붕괴론은 ‘론’이 아니라 ‘괴담’의 처지가 되어버린 게 사실이었다. 정작 북한 내부 사정에는 어두우면서, 다른 사례에서 유추한 논리를 적용하려 한 것이 한계 아니었겠는가.

시간은 흘러, 어느 새 북한붕괴론은 괴담의 수준으로 폄하되는 대신, 그 자리에 슬그머니 북한불침론이라는 신화가 자리잡게 된다. 하지만 북한불침론 역시 과학적인 이해 없이 피상적 수준에서 전개되는 신화의 수준이라는 점이 명백했다. 대표적인 것이 북한체제의 내구성에 관한 일종의 신화다. 그동안 숱한 붕괴가 지구촌 곳곳에서 벌어졌지만 북한은 예외였다는 점이 어느새 북한체제의 내구성이란 미신을 확산시킨 것이다. 북한체제불침론의 신화가 탄생하는 계기다. 착각의 발단은 시점의 혼란에서 비롯되었다. 소련 및 사회주의권의 해체를 비롯한 지구촌 여기저기서 벌어진 '붕괴'의 사건들이 실은 '붕괴'가 아니라, 인민들의 자유와 해방, 그리고 공동체 삶의 '소생' 계기였다는 점을 애써 외면한데서 비롯된 오해였다. 권력이 아니라 인민의 시점으로 바꾸어서 보면, 북한의 내구성은 내구성이 아니라 체제와 정권의 초고비용성, 낭비성으로 재조명 될 수 있다. 정권의 붕괴를 막는 비용치곤 너무한 것 아닌가.

북한불침론은 인민과 정권의 관계를 '승승, win-win' 아닌, zero sum의 구도로 전제하고 있는 셈이다. 그리고 이것을 불가피한 현실이라고 강변하는 모순을 내포한다. 북한붕괴론이 괴담의 처지가 된 것이나, 북한불침론이 신화의 수준에 가까와 진 것은 모두 우리의 무지에 기인한 것을 자인한다. 무지는 우리의 탓도 있지만, 도무지 북한의 내부 사정을 들여다 볼 수 없는 환경의 탓이 더 크다.

하지만, 사정은 크게 바뀌었다. 베일에 쌓여 온갖 억측과 환상을 불러 일으켜 온 북한의 내면이 세상에 드러나기 시작한 것이다. 한국에 정착한 탈북자만 3만 명을 훌쩍 넘고 있다. 계속 늘어 나는 추세인 것도 분명하다. 탈북자들과 북의 친지들이 휴대전화 통화를 수시로 하는 것도 이제 비밀이 아니다. SNS 이용도 늘고 있다고 한다. 북한체제의 속살들이 알려지면서, 우리가 깨닫게 된 점들만해도 엄청나다.

북한정권이 정작 두려워 하는 것은 개방이라는 것. 왜냐하면, 3대 세습 정권 정당성의 기반이 100% 인민지지가 아니라, 가짜 신화라는 내막, 북한정권이 실은 조총련에 빨대를 꼽아 근근이 연명해 왔다는 점, 평양의 마천루 아파트가 실은 전기부족으로 걸어서 오르락내리락 한다는 현실, 물이 안 나오니까 용변봉지를 야밤에 창밖으로 던지기도 한다는 웃픈(웃기면서도 슬픈) 사연, 자동차는 생산수단이므로 개인소유가 극히 제한적으로 허용된다는 이유로 마천루 아파트마다 실은 주차장이 없다는 사실, 무상노동, 무상서비스 제공에 기반한 무상천국이 이미 오래 전에 사라졌다는 점,

인민들이 점점 무상노동의 직장에서 벗어나 각자 도생의 이익추구 전선에 나서는 현상, 화폐가 제한적인 기능에 머물렀던 사회주의 시스템에서 본원적인 기능을 회복한 시장경제에 돌입했다는 점, 하지만 여전히 정권은 시장경제를 공식화 전면화하지 않는다는 진실, 이 때문에 북한돈은 외면받고, 외화만 돈으로 대접받는 분위기 등등 북한에 대한 정보가 차고 넘치는 현실이다.

외부인들에게만 북한 내부에 대해 눈이 뜨인 것이 아니라, 북한 인민들도 외부세계를 인식하기 시작했다. 평양의 상류사회 안방에 까지 번진 남한드라마나 한류 열풍은 이미 오래 전 얘기다. 1980년대 말부터 무상시스템이 무너지기 시작하면서 본격적으로 미공급시대로 접어든 90년대 태어 난 이들이 이제 20대 청년세대다. 대량 아사자들을 목격하면서 살아남은 당시 10대 청소년들이 이제는 30대 중추세대다. 대학생시절 무상체제가 무너지는 걸 묵도한 이들이 40대다. 알게 모르게 북한 인민들의 성분이 바뀐 것이다. 적어도 인식의 세계에서만큼은 노세대와는 판이하게 바뀐 셈이다. 당원만이 누리던 특권도 실은 돈주고 살 수 있는 세태, 각종 인민동원도 돈 주고 빠지고, 돈벌이에 열중한다는 사실, 이제 거리의 군중동원도 사복입힌 군인들로 채워야 한다는 점 등등이 북한의 요즈음 세태다.

그럼 저간의 변화에도 불구하고, 북한정권이 정권을 걸고 사수하려는 것은 무엇일까? 북한정권이 아마도 가장 양보할 수 없는 것을 한마디로 요약한다면 백두혈통신화의 훼손일 것이다. 정권이 가짜 신화를 토대로 정당성을 갖춘 터라 가짜 신화의 진실이야말로 치명적인 위협인 셈이다.

김일성 만주항일투쟁에 대한 자료가 중국과 소련에 전무하다는 사실, 그래서 만주항일투쟁의 영웅이 백두항일혁명 장군으로 둔갑한 내막, 김정일이 탄생했다는 백두혁명기지 밀영이 실은 가짜라는 진실, 그가 실은 백두태생이 아니라 소련 출생자라는 점, 당시에 만들어졌다는 구호나무들이다 조작이라는 얘기, 김일성이 해방 직전 4~5년을 소련 극동 게릴라 양성소에서 특수훈련 받은 소련군 대위 출신이라는 점, 6·25는 스탈린 지령을 받은 김일성의 용병전이었다는 사실들이야말로 북한 인민들에게 절대 노출되어서는 안 되는 진실이다.

이제야 비로서 북한정권이 '대화와 협상'에서 상대와의 윈윈을 추구하는 게 아니라, 승패에 집착하는 배경을 우리는 깨닫게 되었다. 요컨대 신화정권을 지속가능케 하려는 고육지책이었다는 것을 이해하게 된 것이다.

이산가족 상봉, 남북 자유왕래, 북한 인권개선, 정치범수용소의 폐지, 북한 민주화, 핵무기 포기, 동북아 평화 정착같은 자잘한 이슈부터 거대과제가 실은 백두혁명신화 정권만 제거되면 불가능한 것도 아니라는 점을 자각하게 되었다.

도대체 북한이 베트남, 쿠바, 중국 수준의 절반만이라도 개방을 못하는 이유도 다름아니라 백두신화정권 사수에 집착하기 때문이란 인식이 이제 국제사회에서 공감대를 얻기 시작했다. 요컨대, 김씨 3대 신화만 대내외에 부정하고 나서면 조선노동당 그 누구라도 개혁개방과 핵무기 포기 대가를 누리면서 장기집권이 가능하다는 점을 조선노동당의 고위 당간부들은 과연 모를까?

어설프게 천지인 개념을 빌어 설명하자면, 이제 남은 것은 하늘의 뜻뿐이다. 노세대와 전혀 다른 세계관을 가진 신인류가 북한의 절대 다수다. 사람이 바뀐 것이다. 공식영역의 사회주의계획경제를 비공식 영역의 시장경제가 전복한 지 이미 오래다. 사실상 화폐경제, 시장경제인 셈이다. 지각변동이 일어났다. 사람도 바뀌고, 땅도 변했는데, 정권만 요지부동이다. 결국 하늘의 뜻에 맡길 수 밖에 없는 지경이다.

대한민국
승리의 길

제 6 장

1987년 체제의 등장과 '민중민주' 세력의 발호

유광호 자유민주주의연구원 연구위원

- 서울대 역사교육과 졸업
- 연세대 사회학 박사
- 연세대 강사
- 연세대 이승만연구원 연구원
- 연세대 사회발전연구소 전문연구원
- 박정희대통령기념재단 초빙연구위원
- 한국자유회의 실행간사

주요 저서

- 『한국현대사 이해』 [공저] (경덕출판사, 2007)
- 『아산, 그 새로운 울림: 미래를 위한 성찰(아산연구총서2)』 [공저] (푸른숲, 2015)
- 『박정희 바로보기』 [공저] (기파랑, 2017)

01

1987년 체제 30년, 민주화란 무엇인가?

87년 체제를 어떻게 봐야 하나?

자유민주주의도 국민국가를 전제로 하는 정치체제이며, 그 국민국가에 대한 충성을 필수적으로 요구한다. 그런데 분별력이 없는 김영삼, 국가에 대한 충성심이 애매한 가운데 합법과 비합법 방법을 배합하면서 국가 권력 장악에 몰두한 김대중, 반국가, 반체제 세력인 민중혁명운동세력, 그리고 그 민중혁명운동권 하에 반체제와 집단이기주의를 추구하는 노동운동권, 전교조, 민변 등등을 애국 자유민주주의 세력과 국민들은 체제 내 정치 게임의 상대이자 동반자 국민으로 받아들여야 하는가? 자유민주주의가 복원되고 심화된 87년 체제를 다룸에 있어 우리는 이러한 문제의식을 가지지 않을 수 없다.

자유민주주의란 무엇인가? 대의제 즉 의회제, 입헌주의, 개인의 자유 보장을 핵심적인 요소로 하는 정치체제다. 주권은 국민 전체에 있고, 국민은 선거를 통해서만 주권을 행사한다. 개인의 자유와 기본권을 가장 잘 보장하는 하나의 통치형태다.

박정희 대통령의 권위주의를 이용한 개발 대전략 덕에 한국은 농경사회에서 산업사회로 전환될 수 있었고, 비로소 건국이념이었던 자유민주주의를 내실화할 수 있는 구조적 기반을 확보할 수 있게 되었다. 그러나 이는 자유민주주의를 실현하기 위한 필요조건을 갖추었다는 것이지 충분조건이 확보되었다는 뜻은 아니었다. 여기에서 충분조건이란 민주화를 의미하며, 이는 산업사회를 기반으로 형성된 새로운 사회구조를 토대로 하는 것이다. 중산층이 광범위하게 형성되고 고급 노동인력이 많아진 것은 자율성의 확보를 요구하는 모습으로 나타났다. 이를 민주화에 대한 요구라고 부를 수 있는 것이다.

이러한 요구가 가능할 수 있었던 것은 한국경제가 시장경제 지향적이었다는 점과 국가의 일관된 정당성 철학이 자유민주주의로 유지되어 왔고, 그것으로 시민의 정치의식이 형성되어 왔던 것이 중요한 배경이 되었다는 사실이 지적되어야 한다. 정부 주도의 국가운영을 더 이상 두고 볼 수 없다고 해서 시작된 1987년 6월의 민주화 시위에서는 노동자가 아니라 넥타이 부대가 중심에 섰다. 이들을 중심으로 한 중산계층이 민주화를 주도하고 정치의 중심을 잡는다는 것은 정부 주도의 경제운영이 불가능하게 되었다는 것을 의미한다. 이런 배경 속에서 5공화국 정부는 위기에 빠져들게 되었고, 우여곡절 끝에 노태우 당시 여당 대표가 전면에 나서 사태를 적절하게 마무리 짓게 됨으로써 민주화 과정에서 발생할 수 있는 유혈사태는 피할 수 있었다. 그 결과 권위주의 체제로부터 민주화를 바탕으로 국가의 통치체제(regime)가 바뀌게 되었다.

한국의 집권 엘리트는 6·29 민주화 선언을 통해 사회운동이 실질적으로 독점했던 민주화 운동의 상징성과 정통성을 급속히 잠식했고, 그 결과 '민주화'라는 의제는 집권 보수 엘리트와 투쟁적 시민사회가 분점·공유하는 의제가 되었다. 노태우 정권의 민주주의관의 한가운데에는 '사회집단의 자율'이 위치했다.

"사회 각 부문의 자치와 자율은 최대한 보장되어야 합니다. 각 부문별로 자치와 자율의 확대로 다양하고 균형 있는 사회발전을 이룩하여야 국가발전의 원동력이 된다고 믿습니다"로 상징되는 '사회집단의 자율'은 6·29 민주화 선언의 핵심 내용이었다.

그러나 자유민주주의에 대한 이러한 기대에 반하는 '좌경세력'의 대표격인 대학생들에 대한 노태우의 근본적인 불신과 반감은 본인의 회고록에서도 분명히 드러난다. "나는 6공이 과거의 권위주의적 요소들을 하나하나 제거해감에 따라 시위를 일삼아 온 대학생들이 본연의 자세로 돌아가 면학에 정진할 것이라고 믿었다. 이는 오판이었다.… 그들은 남북학생회담을 추진하고 주한미군 철수를 내세워 반미 감정을 부채질하면서 북한을 찬양하는 등 좌경 의식화하고 있었다. 투쟁방식도 날로 폭력화해갔다."

그 이후 선거를 통한 정권교체로 두 번이나 집권했던 세력의 행태를 보자. 이명박, 박근혜 정부에서 민주주의가 후퇴했다고 사보타주, 나아가 타도 투쟁을 줄기차게 벌였던 세력이 결국 군중시위에 기초하여 박근혜 대통령을 탄핵하고 정권을 다시 잡았다. 그들이 말하는 민주주의란 어떤 것인가? 귀족노조의 경제 망치기와 종북 행위 등을 다 들어주어야 그것이 민주주의인가?

이전에도 공산주의를 지향하는 반체제 세력은 물론 좌경 선동정치인 김대중을 위시한 제도권 정치 세력도 박정희 대통령의 산업화 노선에 '대중경제론' 등의 좌경적이고 반(反)산업화적인 노선을 내걸고 근본주의적 반대를 하면서 민주주의를 내세웠다. 이들의 민주주의란 어떤 것인가?

87년 체제를 흔히 산업화 세력과 민주화 세력의 타협물이라고 얘기한다. 과연 그런가? 우선 '민주화 세력'이라는 말과 '산업화 세력'이라는 말이 타당하지 않다. '민주화 세력'으로 지칭되는 세력의 정체는 무엇인가? '산업화 세력'이라는 말은 자칭 민주화 세력이 붙여준 이름으로, 박정희를 비롯한 산업화 세력의 후신과 자기들 민주화 세력이 손잡아야 한다는 것이며, 도덕적 우위와 향후 지도성은 이른바 '민주화 세력'이 가진다는 의

미였다.

그러나 말은 바로 해야 한다. 산업화 세력이야말로 민주화의 기반을 구축해 온 세력이다. '민주화 세력'은 산업화를 반대한 세력이었다. '민주화 세력'의 반대에도 불구하고 산업화 세력이 산업화를 천신만고 끝에 이루고 민주화를 진전시켰던 것이 진실이다. 따라서 '근대화 세력과 반(反)근대화 세력'으로 구분하는 것이 오히려 타당하다 해야 할 것이다.

그러면 87년 체제가 한국에서 '민주화'의 처음이었던가? 아니다. 한국은 자유민주주의 체제로 건국했고 그 이념을 훼손한 적이 없었다. 박정희 세력도, 전두환 세력도 근대화를 위한 개발주의에 몰두했을 뿐, 우익 전체주의적 이데올로기를 가졌던 것은 결코 아니었다.

그들은 자유민주주의 체제와 국가의 안전, 발전의 기초와 근육을 만들어내기 위해 권위주의의 힘을 빌렸을 뿐이다. 나라를 세우고 나라 만들기와 산업혁명을 할 때는 강력한 리더십이 반드시 필요하기 마련이다. 자유민주주주의에 적대하는 세력이란 바로 좌익혁명 세력, 반체제 세력이었다. 야당 선동정치 세력이 이 반체제 세력을 품고 함께 엮여 돌아갔던 것이다.

1987년 민주를 회복하고 나서 어떻게 됐는가? 대한민국 자유민주주의 체제에 충성하는 민주화가 펼쳐졌는가? 아니다. 제도권 정치세력은 무능이 드러났고, 이른바 민중운동권은 그 반체제성, 공산주의 지향성, 종북성이 노골적으로 드러냈다. 노동계의 노동운동도 제 범위를 넘어 반체제 이데올로기를 전가의 보도처럼 휘둘러왔다. 반(反)자유민주주의성을 모두 그 정체로 했던 것이다. 자기변혁이 수반되지 않은 '민주화'였다는 평가를 면할 수 없다.

만약 야당 정치세력이 1987년에 집권했다면 어떻게 됐을까? 피바람이 불었을 것이고, 무능과 시행착오 때문에 자유민주주의라는 체제 자체에 대한 국민적 환멸을 광범위하게 불러일으켰을 확률이 높은 위험한 상황이 왔을 것이다. 그렇게 되면 권위주의보다 더한 반동이 성립될 수 있었던 상황이고 시절이었다.

대한민국은 70년 동안 전쟁 중인 나라다. 자유민주주의 세력은 반자유민주주의-반체제 세력과 싸우면서 건국을 했고, 국민국가 만들기를 했으며, 산업혁명을 해냈다. 따라서 흔히 얘기해온 '민주 대 반민주' 내지 '민주 대 독재' 구도의 역사관은 허구다. 근본주의적 대립이 진실이다.

근대화 대 반근대화 세력의 대립구도였다. 근대화 세력이 만난을 무릅쓰고 성공시킨 산업혁명과 그에 따른 광범위한 중산층의 성립에 기초를 두고 1987년의 자유민주주의 심화는 성립할 수 있었다. 결국 이른바 '민주화 세력' 즉 반근대화-반체제 세력의 체제 전복투쟁에도 불구하고 근대화 세력의 지향과 성취가 한국 민주화의 심화를 가져왔던 것이다.

6공화국 1기 정부를 담당한 노태우 정부는 자유민주주의에의 지향을 분명히 했다. 그래서 권위주의 체제로부터 민주주의 체제로의 이행을 부드럽게 할 수 있었다. 그는 시민사회가 자유사회와 자유민주주의 정치의 태반이자 원동력임을 분명하게 인식하고 있었고, 시민사회의 성장을 보호하는 정책을 다방면으로 취했다.

그러나 좌경, 민중운동권의 응답은 자유민주주의가 허용하고 보장하는 기본권을 이용하여 자유민주주의를 전복하고 파괴하는데 매진했다. 그것이 그들의 '민주화 투쟁'이었고 '통일운동'이었다. 친북·반미 운동이 공공연하게 행해졌다. 이렇게 한국의 자유민주주의 체제는 위태롭게 되었다. 이것은 1970년대부터, 아니 해방 때부터 지속된 '민주'와 '민족'과 '통일'을 내세우고 투쟁해온 세력들의 정체가 스스로 드러난 것에 다름 아닌 것이다.

민주화란 무엇인가?

민주화란 무엇이며 우리 사회에서 '민주화 세력'을 자임하고 또 그렇게 불려왔던 자들의 정체는 무엇일까?

민주화(democratization)는 국민의 정치참여 확대와 행정권자 또는 정치권력에 대한 책임의 강화를 추구하는 과정이라고 정의할 수 있다. 이 나라는 공산 전체주의 세력에 맞서 처절하게 싸운 결과 1948년에 자유민주주의 헌법을 만들어 건국했다. 모든 생소한 제도는 도입, 시행했다고 해서 일거에 완성되는 것은 아니므로 꾸준히 심화, 발전시켜가야 한다. 그래서 민주화는 토착적인 조건을 민주주의의 보편적 가치에 맞도록 개선해가는 과제를 지닌다.

그런데 양동안 교수의 말대로 민주화의 의미는 그 용어를 사용하는 세력의 사상에 따라 크게 달라진다. 다 같이 민주화라는 동일한 용어를 쓰지만, 사회주의자가 말하는 민주화란 사회주의화를 뜻하는 것이고, 무정부주의자가 말하는 민주화는 무정부화를 뜻하는 것이며, 자유민주주의자가 말하는 민주화란 자유민주주의화를 뜻하는 것이다.

민주화라는 용어가 뜻하는 바가 그것을 말하는 사람들의 사상에 따라 이처럼 크게 차이가 나는 데도 불구하고 한국에서는 지금 '민주화 운동'이라는 이름으로 그간의 반(反)정부, 반(反)체제 세력들의 '투쟁'행위들을 포괄하고 있다. 이것은 그들의 '통일전선전술'을 공인하자는 것이다. 그리하여 좌익까지도 모두 보상을 받았으며 정치적 자산으로 크게 활용되어 왔다.

한국의 민주화 운동 주도세력은 스스로 '민주화 투쟁'을 했다고 말하면서 그들이 국정을 주도하게 되었을 때, '민주화 운동'이라는 말을 만들었다. 그 이유는 '민주화 투쟁'을 미화하여 명예로운 일로 만들고, 희생자들에 대한 보상을 해주고, 자신들이 한 일, 즉 과거 반정부 시위에 대한 정당성을 부여하여 권력 획득에 이용하기 위한 목적 때문이었다.

투쟁은 비합법적이고 폭력을 불사하는 것을 뜻하며, 운동은 합법적으로 활동하는 것을 이른다. 정부에 대한 과격한 도발에 따른 희생을 통한 세력 확대 전술은 투쟁에 속한다. 이런 까닭에 한국에서 벌어졌던 이른바 '민주화 운동'은 사실은 '민주화 투쟁'이라고 불러야 정확할 것이다.

그러면 이런 정치적 소용돌이는 한반도 전체의 차원에서 어떤 구실을 할 수 있는 것일까? 6·25 남침을 했고 1968년 1·21 사태와 1974년 8·15 저격 사건에서 박정희 대통령을 암살하려 한 김일성은 1977년 12월 평양을 방문한 동독 공산당 서기장 호네커에게 이런 말을 했다.

"남한에서 박정희 같은 사람이 정권을 잡지 않고 정당한 민주인사가 정권을 잡는다면 그 사람이 반공주의자일 수도 있겠지만 어쨌든 그런 사람이 권력을 잡는다면 통일의 문제는 풀릴 수 있을 것입니다. 남한에서 민주인사가 권력을 잡으면 조선의 평화통일은 이루어질 수 있습니다. 남한에서 민주적인 상황이 이루어진다면 노동자와 농민이 그들의 활동을 자유로이 할 수 있을 것입니다. 외국 군대는 물러가야 합니다. 남한 민중이 그들의 길을 스스로 선택할 수 있을 때 그들은 사회주의의 길을 선택할 것입니다."

김일성은 남한이 민주화되면 설사 반공주의자가 집권해도, 노동자와 농민들의 활동이 자유로워지므로 민노당, 통진당 같은 종북 정당도 만들 수 있어 대남공작에 유리하고, 좌경세력의 선동에 넘어간 한국 사람들 손으로 주한미군을 철수시키게 될 것이라고 내다봤다. 그런 김일성의 전략 판단과 예상은 적중했다. 적의 침투와 전복공작에 취약한 자유민주제의 약점을 정확히 간파하여 역이용하겠다는 것이다.

그러나 김일성이 박정희만을 배타하고 죽이려 했다는 것은 자유민주주의 대 전체주의 대립구도에서 박정희가 자유민주주의 체제를 수호하는 보루였다는 점을 역설적으로 말해준다. 하지만 1960~70년대의 지식인들이 박정희 정부가 찾아낸 수출주도형 공업화 노선이라는 한국형 국가혁신체계를 이해하고 받아들이기는 쉽지 않았다.

지식인들의 지적(知的) 허영심이 사회주의라는 환상에 경도되는 성향이 있는 데다가 그 시절은 제3세계에서 탈신식민지주의, 즉 이른바 민족해방 열풍이 불었고 선진국과 교역하면 선진국에 종속되어 착취된다는 종속이론이 풍미하던 때였기 때문이다. 당시 언론계 분위기도 상당히 그런 수준이었다.

흔히들 그 시대의 사회를 권위주의 정치에 억눌린 암울한 모습으로 그리고 있지만 그것은 커다란 착각이다. 그것은 박정희의 개발독재에 저항한 소수 정치세력에 의해 조성되어 널리 유포되어 온 것이다. 그 시대를 산 대부분의 한국인들은 정부-기업-노동자의 상호유인적인 성장체제에 포섭되어 그들의 인생과 가족을 위해 활발하게 노동하고 헌신했다.

사회는 의외로 밝았으며 역동적이었다. 이런 진실을 반체제운동가 백기완은 1990년대의 어느 날 "박정희는 우리 같은 사람 3만 명만을 못살게 했지만 다른 정치인들은 국민 3천만 명을 못살게 했다"고 고백적으로 폭로했다.

'민주화 세력'의 정체

'민주'를 입에 달고 사는 사람 치고 진정으로 자유민주적인 사람은 드물다. 자유민주주의만이 진정한 민주주의라는 점을 부정하는 사람들은 '민주'라는 말 속에 '인민민주주의' 내지 좌경적 민주주의들을 포함시키기 위해 그렇게 한다. 레닌의 용어혼란전술을 의식적으로 구사하는 것이거나 아니면 감염됐다는 증좌다.

'민주화 투쟁' 세력이라고 자칭한 부류는 대개 권력 획득을 목적으로 하는 야당의 선동적 정치인들과 좌경 재야인사와 종교계 인사들, 그리고 좌경 학생 운동권과 혁명적 좌익세력이었다. 1960~70년대에는 전자가 '민주화 투쟁'을 주도했지만 1980년 광주사태를 구실로 후자가 세를 급격히 확대하여 과격한 선도투쟁을 벌이면서 이후 주도권에 접근했다. 1980년대 후반에 이르면 '통일'과 '민족해방'을 명분으로 내건 종북 세력이 장성하여 좌익진영의 헤게모니를 쥔다.

반면에 자유민주주의의 심화로서의 민주화를 바라는 사람들은 대체로 과격한 '투쟁'으로까지는 나가지 않았다. 그들은 1960년대 중반 이후 건설이 이루어져 가는 나라를 처음으로 희망을 갖고 바라보면서 자신의 분야에서 자신의 역할에 충실함으로써 나라 발전에 기여하고자 할 따름이었다. 그들은 경제를 비롯한 나라의 인프라가 성장하면 자유민주주의도 심화될 수 있을 것임을 부정하지 않았던 것으로 보인다.

정계에서는 '중도통합론'을 내걸었던 이철승 신민당 당수가 있었다. 그는 자신들의 권력 획득을 위해 좌익과의 동침을 서슴지 않았던 선동 정치인들과는 류가 달랐다. 그는 국가안보가 있고서야 정치게임도 있을 수 있음을 꿰뚫어보고 정치를 했다. 그러나 좌익과 뒤엉켜 권력 추구에 여념이 없던 1970~80년대 이 나라 정치판에서 이철승은 정당한 대우를 받지 못하고 내몰렸다. 학계에서는 미국식 자유민주주의자 김동길 교수 같은 인사들이다.

한국의 '민주화 투쟁'으로서의 민주화 운동은 권력 획득을 위한 권력 투쟁이었다. 김대중은 일찍부터 명확한 신념 위에서 좌경 행보를 보였다. 1973년 일본에서 북한의 대남공작 전위대인 조총련 내의 '베트콩파'가 주도한 '한민통(한국민주회복통일촉진국민회의)'에 참여했다가 붙잡혀 오기도 했다.

1985년에는 이철 의원을 같은 좌익으로 오인하여 "현재 우리나라는 극심한 계급적 갈등 때문에 이를 해소하기 위해서는 프롤레타리아 혁명이 필요하다. 우리나라는 권력은 군사정권에 독점되어 있고, 부는 재벌이 독점하고 있는 등 너무나 상황이 악화되어 있다. 이를 해소하기 위해 프롤레타리아 혁명이 꼭 필요하다"는 요지로 한 시간 정도 설명하기도 했다고 한다.

이러한 김대중은 좌익세력을 끌어들여 자신의 세 불리를 보완하면서 전통 보수 야당을 대한민국에 대한 충성도가 애매한 정당을 탄생시켰다. 평화민주당부터 시작된 그의 당은 좌익세력의 신분 세탁소 역할을 하여 좌익 세력에 대한 국민의 거부감을 약화시키는데 크게 기여했다.

이와 같이 좌익 세력을 품어서 엉켜 돌아가기는 경쟁하는 비좌익 선동 정치인 김영삼도 크게 다를 바가 없었다. 치열한 권력욕 이외에는 사실 별다른 정치적 비전이 없었던 김영삼은 좌경 세력과의 연합을 두고도 김대중과 경쟁했다. 김영삼이 정계에 입문시키고 김대중의 지원으로 대통령이 된 노무현은 대통령 재임 중에 "한국에서도 공산당이 허용될 때라야 비로소 완전한 민주주의가 될 수 있다"고 속내를 드러내고 말았다.

한편 좌익 민중운동 진영에서 "민주화 운동의 대부(代父)"라고 불리는 김근태는 '민주화 투쟁' 내 혁명 세력의 정체와 선동 정치인과의 관계를 전형적으로 보여준다. 서울대 상대를 졸업한 김근태는 1970년대부터 경인지역에서 노동자로 위장 취업하여 혁명적 노동운동을 전개했고, 1983년에는 학생운동자 출신자들을 규합하여 혁명운동 단체인 민주화운동청년연합(민청련)을 만들었다. 민청련 의장으로 활동하면서 남한에서의 당면 혁명을 민족민주혁명(NDR)으로 규정하는 일을 선도했다.

김근태의 민족민주혁명론은 대학가의 운동권 학생들에게 접목되었으며, 후일 운동권 학생들은 자기들이 실현하려는 당면 혁명을 민족해방 민중민주주의 혁명(NLPDR)으로 정립했다. 민족해방 민중민주주의 혁명이란 북한이 1970년대부터 남한에서 일으킬 혁명으로 제시해온 민족해방 인민민주주의 혁명과 내용이 동일한 것이다. 단지 한국의 법 집행기관과 대중을 기만하기 위해 북한이 사용한 '인민'을 '민중'으로 바꿨을 뿐이다. 혁명운동권 구성원에게 민족해방 민중민주주의 혁명은 궁극적으로 사회주의 혁명을 실현하기 위한 중간 단계의 혁명이다.

김근태는 그 후 반(半)합법 운동단체들을 만들어 이끌면서 투옥을 거듭하다가 김대중의 대선 운동을 하여 그의 공천으로 정계에 입문했다. 그는 국회의원이 되면서도 자신의 과거 혁명운동에 대한 반성을 말하거나 사상 전향을 선언한 바 없다. 그리고 반(反)대한민국 활동을 제도권 내에서 활발히 벌였다. 이 점은 김근태의 동지들은 물론 후배인 386 학생운동권 출신 정치인들과 시민운동가들도 대동소이했다.

이와 같이 '민주화 운동'은 제도권 정치 엘리트들과 재야의 좌익세력들이 권력을 획득하기 위해 박정희의 발전국가 세력에 비해 미약한 각자의 세 불리를 보충하기 위한 연합, 즉 통일전선 투쟁이었다. 이런 '민주화 운동' 세력은 10년간의 좌파 정부를 거치면서 더욱 장성하여 현재 여야에 두루 걸쳐 정치적 헤게모니를 행사하고 있는 실정이다.

결국 한국의 민주화는 '민주화 투쟁'에도 불구하고 이루어졌다. 박정희를 위시한 산업화와 국가안보에만 열중한 '부국강병(富國强兵)' 세력이 이룬 성취가 이 나라 자유민주주의의 진전을 실제로 가져왔던 것이다.

02

민중민주주의와 민족해방

민족민주주의

1980년대 이후 좌익 운동권의 사상노선인 '민중민주주의'란 무엇인가? 그 연원과 정체를 알아야 오늘날 우리 사회의 사상과 정치 지형을 좌지우지하는 세력의 성격을 알 수 있다.

공산주의자들은 식민지 및 반(半)식민지를 사회주의 사회로 전환시키기 위한 그들의 투쟁을 민족해방운동이라고 부른다. 남한의 혁명운동권은 이 민족해방운동을 '민해운'으로 축약하여 부르기도 한다. 1970년대 후반에 와서 공산주의자들은 민족해방운동에 3개의 단계를 설정했다. 공산주의자들이 새로 설정한 민족해방운동의 3단계는 민족해방 혁명 단계, 민족민주주의 혁명 단계, 사회주의 혁명 단계 등이다.

여기서 민족민주주의는 제3세계 공산주의자들이 자신들의 사상적 정체나 사회주의 혁명 추진 노력을 감추고 비사회주의 세력들도 동조할 수 있는 상대적으로 온건한 내용의 강령, 다시 말해 민족주의적인 내용과 민주주의적인 내용에 맞춘 강령을 제시하여 비사회주의 세력들과 연대한 반(反)제국주의(반미 및 반서방을 의미) 투쟁과 친(親)사회주의적 민주화 투쟁을 전개하기 위해 표명한 잠정적 사상이자 정권조직형태라고 말할 수 있다.

민족민주주의가 주장하는 것은 정치적 독립의 공고화, 정부의 민주화,

민중의 참여 확대, 제국주의-봉건 잔재의 청소, 경제구조의 개편, 근로인민의 역할 강화 등이다.

정권 형태로서의 민족민주주의는, 공산주의자들의 민족해방운동 이론에 의하면, 그 발전 순서에 따라 일반민주주의, 혁명민주주의, 인민민주주의 등 3개의 하위 형태로 분류된다. 여기서 인민민주주의가 남한의 혁명운동권이 말하는 민중민주주의다. 인민이라는 말이 북한과 공산주의자들이 사용하는 용어임을 남한에서 알기 때문에 '민중'이라는 말로 대체하여 자기 정체를 숨긴 것이다.

인민민주주의

인민민주주의(People's democracy)는 혁명민주주의보다 공산주의적 지향성이 강화된 정권 형태다. 혁명민주주의에서 통치권을 장악한 반제-반봉건 지배연합에서 공산주의자들의 주도권이 마르크스-레닌주의 노선에 따라 사회변혁이 본격적으로 추진될 때의 정권 형태가 인민민주주의다. 그러한 변혁을 공산주의자들은 '민주개혁'이라고 부른다.

해방 후 소련이 김일성을 괴뢰로 내세워 북한에서 무상몰수 무상분배의 토지개혁 등의 변혁을 한 것을 '민주개혁'이라고 불렀는데, 바로 이것을 말한다. 인민민주주의에서는 민족민주주의 연합정권에 참여했던 부르주아지와 쁘띠 부르주아지들이 제거되고 지배연합 속의 쁘띠 부르주아지적 경향도 제거된다. 민족민주주의 정권이 인민민주주의 단계에 이르면 '민주개혁'을 통해 사회주의로의 이행이 확고히 보장되며, 민족해방운동은 최종 목표인 사회주의 사회의 실현에 진입하게 된다.

민중민주주의는 인민민주주의다

이러한 인민민주주의를 1980년대 중반부터 한국의 민중혁명운동 세력이 민중민주주의로 바꿔 불렀다. 우리나라 국민들은 공산주의나 공산주의자들의 민족해방운동 이론에 대해서는 잘 모른다.

그러나 북한 공산정권이 한때 자신들을 인민민주주의 정권이라고 불렀고, 6·25 전쟁 기간 중 공산군 지배 하에서 인민민주주의적 통치를 겪었었기 때문에 인민민주주의라는 것이 사실상 공산주의를 말하는 것임은 잘 알고 있다. 따라서 남한의 민중혁명 세력이 자신들의 혁명노선을 인민민주주의 혁명이라고 솔직하게 노출시킬 경우 당국은 물론 일반 대중도 그들 혁명 세력이 우리 사회의 공산화를 추구하는 세력이라는 점을 명확히 파악하여 그에 대해 보다 단호하게 대처했을 것이다.

민중혁명 세력은 그러한 것을 피하기 위해 인민민주주의를 민중민주주의로 바꾸어 부르는 용어혼란전술을 사용했다. 좌익 혁명 세력이 이러한 과도적 정치형태를 인민민주주의로 부르건 민중민주주의로 부르건 그것이 궁극적인 목표로 삼는 것은 공산주의라는 사실에는 전혀 차이가 없다.

NL, PD

이제 NDR파니 NL파니 PD파니 하는 이 나라 혁명운동권의 파벌들의 명칭이 위에 설명한 공산주의자들의 민족해방 운동 이론에서 등장하는 투쟁단계 및 정권형태와 관계가 있다는 것을 알 수 있다. NDR은 National Democratic Revolution의 약자이며, NDR파란 남한에서 혁명운동의 초점을 민족민주주의 혁명에 두어야 한다고 주장하는 파다.

이 파는 크게 NL파와 PD파로 분화되었다고 할 수 있다. NL은 National Liberation의 약자이며, NLPDR(National Liberation People's Democratic Revolution: 민족해방 민중민주주의 혁명)을 줄인 것이다. NL파란 남한을 미국의 식민지로 보고, 미국의 식민지배로부터 남한을 해방시키기 위한 반미 투쟁에 남한 혁명운동의 초점을 두어야 한다고 주장하는 파다. 이 NL파에는 북한 정권의 주체사상을 신봉하고 북한 정권의 남한혁명 노선을 그대로 따르는 주체사상파(약어로 주사파)가 포함된다.

NL파는 계급을 초월한 대중을 동원하여 반미투쟁, 특히 주한미군 철수를 위한 투쟁을 우선적으로 전개할 것을 주장한다.

PD는 People's Democracy의 약자이며, PD파란 인민민주주의(남한의 혁명세력이 민중민주주의라고 부르는 것) 정권의 수립에 남한 혁명의 초점을 두어야 한다고 주장하는 파다. PD파는 노동자 계급을 동원한 반(反)자본주의-반정부 투쟁을 우선적으로 전개할 것을 주장한다.

민중민주주의 운동 세력과 공존이 가능한가?

한국의 민중주의 운동 세력이 남한에서 일으키려는 민중민주주의를 실현하기 위한 혁명이 사회주의화와 통일이라는 궁극적 목표를 달성하기 위한 제1단계 혁명이고, 그들이 말하는 민중민주주의 변혁(혁명)은 1940년대 중·후반 동유럽과 중국 및 북한에서 전개되었던 인민민주주의 변혁(곧 공산화로 가기 위한 중간단계의 혁명)이라는 점을 분명히 밝혀주고 있다.

이러한 민족해방 민중민주주의 혁명운동을 전개해온 혁명운동권을 '민주세력'이라고 간주해온 것이 정상인가? 사실이 이러함에도 불구하고 그런 용어들을 사용하며 운동을 전개했던 사람들이 명백한 전향 선언도 하지 않은 채 국회의원, 지방자치단체장, 자방의회 의원 등으로 선출되고, 또 정부의 고위직에 임명되어도 그에 대한 비판적 반응을 나타내지 않았다. 그런 일들이 대한민국의 장래에 어떤 의미를 가지는 지를 정확히 이해하지 못했기 때문이다. 두렵고 위태롭기 그지없는 상황이 아닐 수 없다.

자유민주주의 체제는 다양한 사상이 용인되어야 하지만, 그 다양한 사상들은 상호관용 속에 공존할 수 있고, 국가의 발전방향에 관한 기본적 합의가 이루어질 수 있는 사상들이어야 한다.

현재 우리 사회에서 활동하고 있는 사상들 가운데는 본질적으로 여타 사상들과 공존할 수 없는 사상이 있다. 1980년대 민족해방 민중민주주의 혁명을 추진했던 분자들과 그 후배들이 실천하려는 사상인 혁명적 사회주의, 곧 공산주의가 그것이다. 그 공산주의세력이 민주세력이니 진보세력이니 하는 위장 명칭으로 자기들의 사상적 정체를 숨기면서 투쟁하기 때문에, 그리고 그들의 힘이 강해졌기 때문에, 집권해서 정부 요직들에 들어가 있기 때문에 한국의 자유민주주의는 위기에 봉착한 것이다.

03

5·18 광주

5·18의 허상과 실상

1980년대에 386세대는 대학을 다니며 전두환 대통령의 제5공화국에 대한 치열한 저항운동을 벌였다. 운동권 학생들만이 아니라 이른바 면학에 열중하는 학생들도 전두환 대통령은 '손에 피를 묻힌 독재자'라고 생각했다. 그리고 학생들은 독재에 저항한다는 이유만으로 모든 탈선과 위법을 정당화했다. 아무도 말릴 수 없었다.

그런데 학생들과 민중운동권이 의도하는 바는 이미 일반 국민들이 전두환 정권에 대해 요구하던 자유민주주의가 아니었다. 운동권이 그렇게 과격하고 방자해진 빌미의 하나는 5·18 광주의 허상이었다. 독일기자 위르겐 힌츠페터(Jürgen Hinzpeter)가 찍은 영상과 과장된 얘기들이 근거가 되었다.

현재 광주사태에 대한 믿을 만한 유일한 연구는 2011년 유네스코 세계기록유산에 등재된 '5·18 민주화운동' 기록물을 가지고 연구한 재미학자 김대령 박사의 『역사로서의 5·18』(1·2·3·4, 비봉출판사, 2013)이다. 이 저서는 생생한 일차 자료와 면밀한 논증에 기초해 있다. 이 문헌에 의지하여 5·18 광주사태의 실상에 접근해 보자.

김대중 세력의 계획된 봉기

1997년의 5·18 재판은 광주에서 "최규하 물러나라"는 구호를 외쳤던 시민군이 최규하 대통령 수호세력이었다는 황당한 판결을 했다. 왜 이런 일이 벌어졌을까? 허상을 내세우려고 숨겼던 실상이 있기 때문이다.

이 판결에서는 5월 18일 0시 이전의 시간은 존재하지 않는다. 그러나 모든 사건에는 전후 관계가 있다. 비상계엄 전국 확대에도 그것이 불가피했던 상황, 대통령이 그 단안을 내리지 않으면 안 됐던 상황이 있었다. 김대중 세력은 신현확 총리 내각에게 5월 19일까지 총사퇴하라고 최후통첩을 보냈으며, 광주에서는 5월 19일에 무장봉기가 일어나도록 예정되어 있었으며, 범 운동권 세력이 5월 20일 총궐기 대회로 최 대통령 정부를 전복시킬 만반의 준비를 해놓고 있었다.

그런 상태에서 대통령이 국가 전복이라는 최악의 사태를 막을 해법이 무엇이었겠는가? 아직 전투경찰 병력이 몇 명 되지 않았을 때, 과도정부로서는 비상계엄의 전국 확대 외에 달리 해법이 있을 수 있었겠는가?

민청학련 사건 관련자들의 조직인 '민주화청년협의회(민청협)'와 김대중은 5월 20일 거사의 성공을 확신하고 있었다. 그러나 그들은 5월 17일 24시에 비상계엄이 전국으로 확대되고 내란음모 주동자들에 대한 예비검속이 있을 줄을 전혀 예측하지 못했다.

운동권의 5·18 담론에서 비상계엄 전국 확대에 그토록 집착하는 이유가 있다. 이것은 민족민주운동권 편에서는 아주 중대한 사건, 즉 자유민주주의 체제를 전복시킬 기회를 놓치게 하는 사건이었기 때문이다. 5월 17일 신군부의 압력 속에 비상계엄을 전국으로 확대한 것이 5·18의 원인이라는 것이 정설 같이 되어 있다.

비상계엄 전국 확대가 쿠데타였는가, 아니면 최규하 대통령과 그의 정부를 수호하기 위함이었는가? 더 말할 나위도 없이 최 대통령의 비상계엄 전국 확대 선언은 정부와 헌정질서를 수호하기 위한 행위였다. 그럼에도 불구하고 5·18 재판 판결 논리에서는 이런 배경이, 이런 전후 관계가 숨겨져 있다.

시민군의 무기탈취 및 무장봉기를 정당화시켜 주는 유일한 길이 비상계엄 전국 확대를 군사 쿠데타로 해석하는 것이었다. 이런 억지주장을 관철시키기 위해 "최규하 물러가라"고 외친 시민군들이 바로 '최규하 대통령 수호세력'이었다는 판단을 등장시켰던 것이다. 이렇게 해서 5·18 재판 판결에서 5·18 시민군이 유신헌법 수호세력이 되었다.

5·18의 사상은 민족민주주의

그러나 실상과 진실은 김대중 세력은 4공화국 헌정질서를 전면 부정했다는 것이다. 최규하 대통령도 신현확 총리도 유신잔당이므로 개헌을 주도할 자격이 없으며 총사퇴해야 한다는 것이 김대중 측의 입장이자 광주의 선동 논리였다. 그것은 선거가 아니라 민중봉기로 정권교체를 해야 한다는 것이었다.

범 전라도 운동권은 5월 19일에 무장봉기를 일으킬 만반의 준비를 해놓고 있었다. 가톨릭농민회도, 광주운동권도, 민청협도, 남민전과 밀착하여 그 영향을 받고 있었다. 김대중을 한국 민주주의의 상징으로 내세우는 세력 중 상당수가 종북 좌익으로 알려져 있다. 1980년 봄 김대중의 지지기반은 김일성이 지원하는 '민청학련' 및 '남조선민족해방전선' 사건 관련자들이었다.

김일성에게 충성을 맹세한 남민전 전사들이 지지하던 정치인은 누구였던가? 바로 김대중이었다. 김대중은 김일성에게 충성을 맹세한 자들을 위한 보호막이었다. 그들이 김대중 주변에 모여들면 민주투사 행세를 할 수 있었다.

박현채는 보이지 않는 김대중의 보좌관이었고, 또 남한 혁명운동에 보이지 않는 운동권 윗선(사령탑)이었다. 왕년의 빨치산 박현채에게 전쟁은 끝난 것이 아니었다. 5·18 시민군의 무장봉기는 산업화 및 중화학공업 육성에 대한 저항이었다. 남한이 계속 산업화되면 미국의 경제 식민지가 된다는 것이 박현채를 추종하던 당시 운동권의 논리였다. 5월 8일자 광주사태 선동선언문이었던 제1시국선언문에서 선동 논리는 수출정책 반대였다.

광주사태는 갑자기 일어난 것이 아니라 먼저 5월 14일부터 16일까지 '민족민주화 대성회'가 있었다. 5·18의 사상 코드는 '자유민주'가 아니라 '민족민주'였다. '민족민주'는 앞의 민족해방운동 이론에서 보았듯이 그 3단계가 '인민민주주의'이고 궁극적인 목표는 사회주의화다.

빨치산 출신이 북한과 연계되어 오랫동안 양성해 온 공산혁명 세력이 광주·전남에 존재해왔고, 장성해왔다. 종북 공산혁명 세력의 중심은 광주·전남 운동권이었다. 여기 각 곳에 남민전 세력이 침투해 있었다. 이들은 1979년 박정희 대통령 사망 후에 김대중 세력과 손을 잡았다. 그리하여 '남조선혁명' 전략 대로 무장투쟁을 사전에 준비하게 되었다. 일단 김대중 세력의 개입은 최소한으로 설정하고 있는 상태에서 보더라도 이렇게 정리된다.

이런 5·18에 대해서도 노태우 정부는 상당히 전향적인 모습을 보이면서 민주화 조치에 공세적으로 나섰다. 1988년 3월 29일 정부는 5·18 광주사태를 '민주화 운동의 일환'으로 규정하고 그 보상을 심의할 유족기구를 설립하여 5·18 광주사태의 치유방안을 마련하기로 했다.

그런데 이것은 순진한 생각이었다. 진실과 법치를 도외시한 정치적 발상이었다. 자유민주주의의 핵심 중 하나가 법치주의임을 망각한 소치였다. 이제 관용을 베풀면 대한민국에 대하여 모두 충성할 것이라는 낙관적이고 안일한 발상에서 나온 것이었으리라. 더구나 문재인 정부는 이제 이른바 '광주 5·18 민주화 운동'의 정신을 헌법에 넣겠다고 공언해 놓고 있는 상태다. 이미 오랫동안 '5·18 독재' 내지 '5·18 전체주의'라고도 할 수 있는 현상이 만연한 마당에 이러한 정책은 대한민국의 정체성을 심각하게 흔들어 놓을 수 있다.

04

주체사상이 전면에 등장하다

반미의 등장

1980년대 초반 서울대 운동권 내부에서 치열한 사회구성체(사구체) 논쟁이 일었다. 학생들에게는 누구를 상대로 싸우느냐 하는 점이 중요했다. 국가독점자본주의론으로 보면 전두환 정권을 상대로 해야 한다. 예속국가독점자본주의론으로 보면 국내적으로는 전두환 정권과 대외적으로는 제국주의 세력인 미국, 일본을 동시에 겨냥해야 한다.

크게 차이가 나지도 않는 것이었는데, 그것들은 단지 한국의 정통성을 부정하고 미국, 일본에 대한 적대감을 부추기기 위해 쓴 선전 문건의 성격이 강한 것이었다. 1984년 이런 난삽한 논쟁이 벌어지고 있을 즈음에 던져진 것이 바로 「예속과 함성」이었다. 그 긴 문건은 머리말에서부터 미국을 적으로 규정했다.

"모든 불행과 고통의 근원은 미국에 있다. …미국은 종주국이고 우리나라는 신식민지이다. …하나의 민족을 둘로 쪼개려는 미국, 그리하여 한반도의 반만이라도 확고한 식민지로 만들어 보려는 미국, 민족통일의 가장 강대한 적인 이 미국은 두 개의 한국정책을 추구하고 있다."

「예속과 함성」은 공산주의 운동권의 결정적인 변화를 이끈 것은 아니었지만 운동권 학생들의 정서적인 변화를 촉진하는 데에는 중요한 역할을 했다. 특히 반미 무드가 광범위하게 조성되던 당시의 학생운동권에는 상당한 영향을 끼친 것으로 평가되고 있다.

서울대에 주체사상 등장

주체사상파는 서울대 4학년 김영환이 1985년 10월에 주체사상과 반제(反帝)의 입장에서 처음 만든 「반제민중민주화운동의 횃불을 들고 민족해방의 기수로 부활하자」는 제목의 팸플릿에서 시작한 것으로 평가된다. 김영환에게 가장 영향을 많이 준 것은 1982년 김정일 명의로 북한에서 발표된 「주체사상에 대하여」라는 문건이었다.

김영환은 자기 문건의 모두(冒頭)에서 "이 글을 읽기 전에 충고한다"며 "미 제국주의에 대한 적개심으로 혈관이 꿈틀거리지 않는 사람은 이 글을 읽기 전에 미리 반성부터 할 필요가 있다"고 했다. 그리고 "한국 사회는 미 제국주의와 그 앞잡이가 파쇼적으로 지배하는 신식민지 사회"라고 규정했다.

"한국 사회의 기본 모순이 한국 민중과 미 제국주의 사이의 모순"이므로 당장 해야 할 일은 사회주의를 건설하기 위한 공산혁명운동이 아닌, 식민지로부터 벗어나기 위한 민족해방 투쟁이다. 이른바 NL 이론을 띄운 것이었다.

김영환은 당시 학생들이 벌이던 주요 투쟁이었던 삼민헌법쟁취투쟁과 경제침략저지투쟁 가운데 대중에게 보다 강한 설득력을 가질 수 있는 '경제침략저지투쟁'을 벌이라고 촉구했다. 대중을 중시한다는 점은 「주체사상에 대하여」를 적용한 것이었다.

김영환은 12월에는 「민주주의 혁명」을 배포했다. 여기서 사회구성체 논쟁을 모두 비판하면서 현재의 학생들이 "사회주의 혁명을 하자는 것인지 민주주의 혁명을 하는 것인지 구분이 안 간다"는 것이었다. 그리고 남한 민중은 미국 때문에 민주주의 훈련을 받아보지 못했으므로 당장 사회주의 혁명은 안 되는 것이고, 프롤레타리아뿐만 아니라 "다른 계급의 지지도 얻은 민주주의 혁명을" 해야 한다는 주장이었다. 그리고 남한이 민주주의 혁명을 이루면 북한, 중국, 소련 등 사회주의권의 지원으로 확고하게 미 제국주의의 간섭을 막아내고 인민민주주의 사회를 건설할 수 있다고 내다보았다.

주체사상은 간단해서 환영받았다

이에 대한 서울대 운동권의 반응은 가히 폭발적이었다. 골치 아프게 마르크스-레닌 원전을 볼 필요도 없고, 한국 사회에 대한 사회구성체 논쟁을 이해하려 머리를 싸맬 필요도 없다. 미국만 몰아내면 소련, 중국, 북한의 도움으로 사회주의 낙원인 인민민주주의 사회를 건설할 수 있다. 이 얼마나 간단한 일인가!

이는 사실은 김일성이 1964년에 내놓은 '남조선혁명론'과 내용상 같은 것이었다. 당시 운동권 내부에는 북한을 추종하려는 토양이 이미 마련돼 있었다. 김영환 같은 학생들은 김일성을 독립운동가로 인식하고 있었고, 남민전(남조선민족해방전선)과 같은 공산혁명 조직을 선망하며 검찰이 만든 공소장을 몰래 보고 외우기도 했다. 그리고 운동권 하부 대중은 순식간에 반미에 빠져 들었다.

구국학생연맹(구학련)이 김영환의 지시에 따라 1986년 3월 29일 서울대에서 100여 명의 학생들이 참가해 결성됐다. 혈서를 쓰며 충성을 다짐했다. 당일 낭독된 결성취지문에서 “미제의 신식민지 파쇼통치의 매판적 반동집단을 타도하고 민족민주정부를 수립하여 …한반도의 분단과 민중을 억압, 착취하는 원흉으로서 미제와 그 괴뢰정권에 대한 불타는 적개심”이 강조됐다.

이와 같이 한국 정부를 괴뢰 정권으로 부르기는 일찍이 없던 일이었다. 북한의 대남 전략이 한국의 학생운동에, 그것도 한국 학생운동의 핵이자 중추부라고 할 수 있는 서울대의 운동지도부에 여과 없이 수용된 순간이었다. 이후 한국에서 사회주의를 추종하는 학생운동이나 재야운동은 주체사상에 기반하여 북한을 추종하는 자세로 일관하게 된다.

주체사상이 지배적 혁명노선으로

NL이 빠른 속도로 대중을 장악해 나간 데에는 여러 가지 원인을 찾을 수 있다. 당시의 사회분위기가 크게 작용했다. 전두환 정권을 불신하고 민주화를 강력히 요구하던 사회분위기가 이러한 사상이 급속히 확산되게 한 토양이 됐다.

대부분의 언론이나 국민들이 전두환 정권을 비판했다. 학생들의 반정부 활동도 민주화 투쟁으로 인정되는 분위기였다. 이런 상황에서 많은 학생들은 마음 놓고 반체제 투쟁을 벌였다. 학생들이 돌 던지고, 화염병 던지고, 각목 휘두르고, 공공기관 점거하는 게 조직화되고 전투화 된 상태였다.

누구든지 붙잡히는 것을 겁내지 않았다. 이런 상황에서 반미나 주체사상을 겁낼 이유가 없었다. 교도소 내에서도 아무런 제재 없이 주체사상이나 의식화 교육을 할 수 있었다. 운동권의 규모도 커졌다. 졸업정원제로 인해 대학생의 숫자가 많아진 데다 의식화를 통해 사회주의 운동에 뛰어든 학생들의 숫자가 급증했다.

학생 대중은 서울대생들에게 통하던 어려운 용어나 암호 등을 거부했다. 주체사상은 쉽게 쓰인 혁명의 매뉴얼이었다. 한글로 쓰인 대로만 하면 된다. 사회주의 학생운동권이 나름대로 혁신을 이룬 것이고 운동권의 대중화였다.

당시 정부 당국의 대응도 예상보다 강하지 않았다. 구학련의 한 핵심 출신은 1985년부터 1986년 초 사이에 수사당국이 서울대 구학련을 강하게 수사했다면 NL의 싹이 꺾였을 것으로 보았다. 이렇게 사회주의 학생운동은 전국 대학으로 일반화되어 총학생회라는 공식조직을 이용하게 되며, 1987년 8월 19일 충남대에서 '전국대학생대표자협의회(전대협)'을 결성하기에 이른다.

주사파가 김대중 후보 지지

1987년 12월 대선 국면에서 NL은 김대중 후보를 지지했다. NL은 민주정부 수립 이후에 연북(聯北)시스템을 구축하고 남북 간의 교류를 실현하면 점진적인 평화통일을 실현할 수 있다는 생각이었다. 이들은 사회주의 건설이 아닌 식민지 해방과 통일을 목표로 하며 대중성을 중시한다.

'민중후보'인 백기완 후보가 이념적으로 더 근접하다 하더라도 당선 가능성은 제로이다. 그럴 바에야 백기완처럼 선명하지는 않지만 상대적으로 대중성을 확보한 양 김 씨(김대중, 김영삼)를 지지하게 된다. 이 가운데에서도 NL은 대개는 김대중 후보를 선택('비판적 지지')했다. 일부 후보 단일화를 주장하는 측은 김영삼 후보 지지로 돌아서기도 했다. 전대협 등도 NL 노선을 따라 활동하게 된다.

소련이 망해도 주사파가 기승하는 이유는?

중공이 변신하고 소련이 붕괴함에 따라 소련식 사회주의 체제를 꿈꾸던 PD 계열 운동가들이 혁명에의 정열을 포기하고 현실로 돌아갔다. 그런데 주체사상을 신봉하는 사람들은 다르다. NL 이론에 따르면 남한은 미제의 식민지다. 남한 사회에서 혁명가들의 당면과제는 미제를 축출하고 통일을 이루는 것이다.

이는 사회주의의 몰락과는 별로 관계 없는 민족적 과제다. 그러므로 소련이 망하든 말든 남한 사회에 미군이 남아 있고 남북한 간의 분단 상태가 지속되는 한, 또 북한에 김일성, 김정일의 지침에 따른 체제가 지속되고 노동당이 존속하는 한, 이들의 지시에 따른 남한에서의 식민지 해방과 통일을 위한 혁명운동은 계속해야 하는 것이다.

이런 논리가 지금까지 주사파 NL 노선이 우리 사회에서 기승을 부리고 있는 이유다! 이것이 바로 모택동 등의 제3세계 공산주의적 민족주의 내지 민족주의적 공산주의 혁명노선과 같은 것이다. 김영환이 북한에 가서 직접 지령을 받고 1992년에 만들었던 지하당이 '민족민주혁명당(민혁당)'이다. 그것의 경기남부위원장이 헌법재판소 심판에 의해 해산된 통합진보당 소속 국회의원이었던 이석기다.

이석기는 혁명조직 구성이 적발되어 내란 모의죄를 선고받고 수감 중이다. 그는 민혁당 사건으로 수배 중 검거됐으나 5개월 만인 2003년 8월 노무현 대통령의 특별사면으로 석방되었다. 그 이유가 아직도 밝혀지지 않았다.

남한의 자유민주주의가 이제는 친북 반체제 행위를 규제하지 못한다. 따라서 친북 행위의 리스크가 사라진 셈이다. 다른 한편으로 친북 분자들은 북한이 남한을 이겨도 자신들은 이용 가치가 있어서 북한으로부터 대접 받을 것이라고 생각하고 있다. 따라서 그들로서는 친북이 어느 경우나 이롭다고 타산한다. 어느 경우에나 지배자 층에 속할 수 있다고 보는 것이다.

2017년 현재 민중운동권 출신과 그 동조자가 국회의원으로 활동 중인 숫자만 70명에 달한다고 한다. 문재인 정부에서 청와대에 입성한 민중운동권 출신 고위직을 보면, 63명의 비서관 중 22명이 운동권 출신이다. 더욱이 NLPDR 노선에 따라 투쟁했던 전대협 의장 출신인 임종석 비서실장과 일하는 비서관급 이상 30명 가운데서 17명(57%)이 운동권 출신이다. 문재인 정권은 민중운동권 정권이라고 해도 과장이 아니다.

05

통일 업적 욕심이 반체제 세력을 키웠다

김영삼의 '동맹보다 민족'

3당 합당으로 여당 대통령 후보가 된 김영삼은 "호랑이를 잡으러 호랑이 굴로 들어왔다"고 호언했다. 과연 당선 후 대통령 취임사에서 "어느 동맹국도 민족보다 더 나을 수 없다"고 선언했다. 주변에 좌경인사가 그 문구를 넣었다고 많이 알려져 왔으나 김일성이 일본 기자를 통해서 부탁했다는 설도 있다.

그리고 취임 직후 비전향 장기수를 북으로 송환해줬다. 이러한 행위는 북한과 남북 이제, 나아가 통일 문제를 다뤄보자는 신호를 보낸 것이다. 통일 문제가 체제 통일 문제라는 것을 잘 알지 못하는 김영삼 대통령으로서는 북한 정권의 통일전선 수행의 장을 마련해 주는 꼴이 될 것이었다. 통일원장관 한완상의 사상을 볼 때 헌법이 명하는 자유민주적 기본질서에 입각한 통일노선에 심대한 훼손을 가져올 것이었다.

박정희 대통령은 '전쟁 상태'를 극복하기 위해 경제개발을 했다. 경제개발이 본궤도에 오르자 "이제 체제 경쟁을 하자"고 북한에 선언했다. 그런데 경제적 후진성이 해결되고 나자 정치인들은 이제 '통일 문제'가 과제라고 생각하고 매달리게 됐다. 이것은 김영삼 대통령 때부터 시작됐다. 박정희 노선을 계속해서 갔더라면 남한의 승리로 귀결됐을 것을 망쳐버린 것이다.

김영삼은 비전과 통치력 결여에도 불구하고 박정희에 대한 콤플렉스 때문에 박정희의 국가혁신체제를 온통 해체하는 데 몰두했다. 그 결과는 IMF 사태로 돌아왔다.

민주화 이후 통치력이 왜 그리 빈곤하게 됐을까? 정치적 차원에서 본다면, 민주화 이후 몇몇 대통령이 이승만 대통령의 국가창건 업적이나 박정희 대통령의 국가기반 확보 등에 맞먹는 역사적인 업적을 이루려는 야심이 그 원인이라고 할 수 있다. 그런 업적을 이룰 수 있는 국가적 과업이 바로 통일이라는 것이다.

통일 문제에 관한 업적에 집착하는 것을 잘못이라고 할 수는 없지만, 문제는 접근 방법과 수단이 잘못됐다는 데 있었다. 특히 21세기적 발전책을 추구하는 것과 통일을 별개의 것인 양 착각한 것이 가장 큰 문제였다. 그 결과 우리 사회의 다양한 내부 문제를 해결하고 닥쳐올 미래를 개척하는 노력보다는 통일 문제, 혹은 남북 관계에서 어떤 '진전'만 확보하는 것을 최우선 과제로 삼았던 것이다.

지난 20여 년 동안의 통일우선 정책은 민족에 대한 맹목적 환상을 낳았다. 그 결과 우리 사회는 분단이라는 희생으로 민족이 둘로 갈라졌고, 통일이 되기 전까지의 한국 현대사는 전부 잠정적일 뿐이라는 통일지상주의에 빠지게 되었다. 이러한 국가적 분위기 속에서 시대착오적인 좌익사관이 분출했고, 이것이 한국 사회를 역사의 전쟁터로 만들어버렸다.

김영삼 대통령은 또 한국의 안보정책을 일대 전환시켰다. 이전까지의 '대북 대결 군사정책'에서 '주변국 중심 군사정책'으로 바꾼 것이다. 그것은 우리의 적은 북한이 아니라는 의미였다. 이것이 김영삼계의 입장이었고 김대중계의 그것도 마찬가지였다. 그리고 이런 사고는 박근혜 정부까지 이어졌다. 미국과의 군사, 안보 정보가 차단되기 시작한 것이 김영삼

때부터였다.

이러한 김영삼의 이른바 문민정부의 안보관의 대전환으로 인해 민족과 국가에 대한 관점은 혼란을 겪기 시작했고, 주적(主敵)논쟁이 벌어지는 바탕이 되었다. 그럼에도 불구하고 김영삼 정부는 "세계화"니 "민족"이니 하면서 착각의 연속을 노정했다. 그 결과 대한민국의 성공을 이끌어왔던 국가혁신체제는 해체되고 북한의 대남전략은 성공해 갔으며 결국 외환위기를 맞게 되었다.

이른바 '민주화' 시대에 한국의 정체성과 국가전략에 큰 혼란이 오게 된 것은 당시 공산권 붕괴에 대한 우리의 좌표 설정에서 어긋나기 시작했기 때문이다. 우선 북한이 그런 세계사적 대전환이라는 상황에서 버티리라고 누가 예상했겠는가?

1993년 북한 핵문제가 출현했음에도 불구하고 북한 붕괴론은 계속되었다. 이해할 만한 일이다. 김영삼 대통령은 북한은 적이 아니라고, 그리고 남한을 정복할 능력이 없다고 생각했다. 한국 사람들 대부분이 지금도 이런 사고방식의 연장선상에 있다. 보수파도 똑같이 그래 왔다. 그렇기에 엄중한 현실을 알지도 못하고 "종복은 없다"고들 믿고 있는 것이다.

06

김대중-노무현 정권과 종북 좌익의 확산

김대중의 친북 행각과 '남남갈등'의 발생

김대중 대통령은 갖은 구걸 행각 끝에 2000년 6월 김정일과 '남북정상회담'을 하고 헌법 위반이 농후한 '6·15 공동선언'을 남겼다. 김대중의 대북 유화정책은 내각제 개헌문제와 함께 자민련과의 불화를 가져왔고 양당의 공조는 끝났다.

김대중은 임기 말까지 북한에 저자세로 일관했고, 결국 북핵문제의 해결에 적극적으로 나서지 않고, 사실상 포기했다. 김대중 좌파정권이 추진한 햇볕정책은 위기에 빠진 김정일 체제의 강화를 가져왔으며, 이는 남한 내 친북좌익 세력의 강화로 이어져 체제불안이 가중되고 있는 한편 북한의 개혁은 점점 요원하게 되었다.

김대중 정부의 대북유화정책은 이른바 '남남갈등'을 불러일으켰다. 이 정책을 둘러싼 살벌한 대립은 대한민국의 존립기반을 뒤흔들 수 있는 위험요인이 되고 있다. 상황을 더욱 복잡하게 만든 것은 국내에 우후죽순처럼 등장한 여러 친북단체들이 김대중의 평양 방문 이후 통일운동을 빙자해 공공연하게 친북활동을 전개한 점이다.

그 대표적인 예가 2001년 평양에서 열린 광복절 공동행사였다. 이 행사에 참석한 남측 대표 일부가 정부와의 약속을 어기고 당초 참석치 않기로 한 평양 교외의 통일탑 앞에서 열린 평양축전 개폐회식에 참가한 데서 비롯되었다. 일부 인사들은 김일성을 찬양하기까지 했다. 강정구 전 동국대 교수는 방명록에 "만경대 정신 이어 받아 통일위업 이룩하자"는 내용의 문구를 적었다.

국내에서 말썽이 크게 일어나자 그 분란의 와중에서 통일연대(정식명칭 '6·15 남북공동선언 실현과 한반도 평화를 위한 통일연대')는 "연방제 통일을 왜 불온시하느냐"라는 항의 성명을 발표하고 "남측 당국이 사법처리 운운하는 것에 분노한다"고 정부를 역공했다. 통일연대는 6·15 공동선언의 통일조항을 근거로 "찬반을 떠나 연방제 통일방안이 과거처럼 불온시 될 수 없다"고 주장했다.

강정구를 비롯한 7명이 귀경 후 국가보안법상의 찬양 고무 혐의 등으로 검찰에 구속되었다. 이 사건으로 인해 임동원 통일원장관에 대한 해임건의안이 제기되어 9월 3일 국회에서 통과되었다.

김대중은 국가부도 위기에서 대권을 맡았으므로 무소불위의 권력과 상당한 국가적 자율성을 가졌다. 그러나 그는 나라와 사회를 '발전'과 '통합'으로 견인하기 보다는 사회적 세력 교체, 지역주의 인사, 좌경적 대북 유화정책으로 일관해 국가안보를 위태롭게 하고 김정일의 폭정을 지지함으로써 사회갈등, '남남갈등'을 증폭시켰다.

관련 분야에 비전문적 인물들을 기용하고 주변의 부정부패를 방관함으로써 국가 능력의 저하를 면치 못했다. 그가 한 것은 김정일 살리기와 남한 내 친북좌익 세력의 조장, 안보세력의 직무유기와 직업공무원의 정치적 타락 강요, 그리고 자유민주 보수세력에 대한 핍박 등 국가정체성 해체뿐이었다.

대외적으로는 김대중 정부의 방조 하에 좌파세력이 반미운동을 확산시키는 가운데 중국에 대해서는 호의적이고 때로는 저자세가 만연해갔다.

이 경향이 한국 문명화의 토양이 됐던 해양문화권으로부터의 철수를 초래할까봐 우려를 낳았다.

노무현과 386의 민중민주주의

무엇보다도 노무현의 승리를 결정적으로 만든 것은 변화를 바라는 국민들의 정서를 좌파적 흐름으로 이끌어 간 좌경 민중주의 사상이었다. 노무현의 당선으로 그의 지지층인 386세대와 475세대 등 젊은 세대로의 권력이동이 일어났다. 청와대 비서실은 이들 386세대가 장악했다.

노무현이 취임하기에 앞서 임명한 청와대 1, 2급 비서관 37명 중 31명이 386 세대였다. 그들 대부분은 노무현의 개인적 지지자들이며, 당시만 해도 직업 관료는 한 사람도 없었다. 이들 중 10명은 친북좌익 사상 문제로 투옥된 경력을 지녔다. 권력지향적이고 이념편향적인 386 세대 식 사고를 가진 사람들을 권력 핵심에 앉히는 바람에 국가 정체성이 무너지고 있는 상황이었다. 그들은 친북좌익 입장에서 사회주류 교체를 지향하고 대한민국의 정당성을 부정하는 것으로 보였다.

노무현 대통령은 "남북 관계만 잘되면 다른 것은 깽판 쳐도 된다"고 말함으로써 이른바 '자주민족주의' 노선을 뚜렷이 밝혔다. 김대중 정부의 햇볕정책을 보완적으로 계승할 뜻을 밝힌 노무현은 북측의 연방제 안에 대해 상당히 긍정적인 입장이었다.

노무현의 이러한 굴종적인 대북 자세는 북한을 더욱 고압적으로 만들었다. 북한이 남한의 지원을 받아주는 것이 한국 정부에 대한 하나의 협상 지렛대가 되어버렸다 상호주의에 입각해 대북 유화정책을 비판하는 의견에 대해 노무현 정부는 "그럼 전쟁 하자는 것이냐"는 식의 으름장으로 되받았다. 그것은 '수구 냉전 세력'과 '반전(反戰) 평화 세력'으로 나누는 북한의 대남 선동과 비슷한 논리였다.

노무현은 북한의 일관된 바람과 일치하는 한미동맹 해체에도 전력을 기울였다. 한미연합사령부의 전시작전통제권 문제는 한국의 안보 국익을 위한 합의제의 합리적인 장치이지 주권 침해 사항이 전혀 아님에도 불구하고, "자주냐, 의존이냐"는 식의 '민족'과 '반민족' 문제로 단순화하여 그것의 해소를 밀어붙였다. 그 결과 평화를 담보하는 전쟁 억지력은 점점 약화돼갔다.

2004년 좌경 386 세대의 무더기 진입으로 17대 국회는 좌익운동권 출신 의원수가 과거 1970년대의 민청학련 출신 및 '80년 봄' 세대들을 합쳐 총 의석의 45%에 이르러 제16대의 두 배 이상이나 되었다. 이 때문에 제17대 국회는 좌경 세력이 우익 세력보다 우세한 구도가 형성되었다.

노무현의 언론 규제와 법치에 대한 도전

노무현의 언론정책은 주요 자유민주주의 성향의 신문들에 대한 공격이었다. 그는 조선일보, 동아일보, 중앙일보 등 공격대상 신문들이 차지하고 있는 기존 언론시장의 판도를 뒤집고자 했다. 나아가 법적으로 신문시장의 독과점을 규제하고 신문 편집 과정의 사주 개입을 차단하는 등의 조치를 취할 수 있는 신문법을 만들었다. 그것은 시장지배력이 약한 친여 신문들을 정부가 직접 지원할 수 있는 길을 열었다. 이는 소비자인 구독자들의 선택권을 정면으로 침해하는 전형적인 반자유주의 정책이었다.

여당인 열린우리당이 제17대 국회를 장악하자 곧바로 착수한 것이 이른바 '개혁입법'이었다. 그 중 대표적인 것이 국가보안법 폐지안, 과거사진상규명법안, 사학관련법안, 언론관련법안 등 이른바 '4대 개혁입법안'이었다. 국보법 폐지 추진 주역은 노무현 자신이었다.

국보법 폐지가 본격적으로 추진되자 내각의 법무부장관도 폐지에 반대 입장이었고, 헌법재판소와 대법원도 8월과 9월 각각 보안법 지지 판결을 내렸다. 그러나 노무현은 대법원 판결이 나오자마자 "국보법은 위헌이든 아니든 악법"이며 이 문제는 "법리가 아닌, 역사적 판단에서 판단해야 한다"고 주장했다.

또한 각종 과거사 관련 위원회를 통해 반국가 행위자를 애국자로 만드는 등 국가 이념을 바꿔치기하여 사법부의 권위와 국가정체성을 파괴했다. 이렇게 노무현 정부는 입헌주의와 법치주의에 정면 도전하는 한편, 불법적인 집회와 폭력적인 의사 표시에 대해서는 관대했다. 2006년 평택 미군기지 이전 반대시위에서의 폭력적인 행동이나 교원평가제에 반대하는 전교조의 불법 연가투쟁, 쇠파이프를 휘두르는 불법적인 집단행동에 대해서는 별로 문제 삼지 않았던 것이다.

노무현 정부의 중추 세력인 386 운동권 세력은 앞에서 언급했듯이 국가의 공권력과 정면으로 투쟁하고 대결하는 것을 통해 성장했다. 때문에 권력의 요직에 진출해서도 불법과 준법을 분별하지 않았다. 폭력·불법 시위가 만연해도 강자에 대한 약자의 정당한 투쟁 정도로 여겼다. 그 결과 무질서에 가까운 무법 상태가 조성됐고, 그 피해는 선량한 국민들에게 돌아갔다.

민주화라는 이름으로 진행된 과격주의는 자유민주주의의 핵심 요소인 법치주의와 입헌주의를 넘어서려는 전략을 보여주었다. 노무현은 국민을 가진 자와 가지지 못한 자로 양분하고 다수 국민들의 상대적 박탈감과 증오심을 유발, 선동하는 발언들을 전략적으로 구사했다. 노무현의 이러한 입장과 행태는 토크빌이 경고한 민중주의적 민주주의론에 입각한 대중독재(democratic despotism)로 나아갈 위험성도 있었다.

이와 같이 좌경정부 10년 동안 민중민주주의 세력의 발호는 87년 체제가 마련한 자유민주주의의 안착을 위한 기회를 무참히 유린하는 것이었다. 그리하여 자유민주주의 대 민중민주주의의 대결구도가 더욱 선명해졌다. 그것은 대한민국 건국의 정신과 5·18 정신, 즉 민족민주주의 혁명(NDR)의 대결이라고 할 수 있다. 또한 '국민'주의와 '민족'주의의 대결이 된다. 이 투쟁에서 자유민주주의를 수호하기 위한 투쟁과 정치력을 보여주지 못함으로써 체제변환의 위기에 몰려있는 상황이다.

제 7 장

북한 전체주의의 대한민국 전복 전략

이동호 자유한국당 서대문을당협위원장

- 현 캠페인전략연구원 원장
- 현 자유민주연구학회 사무총장
- 전 중소기업진흥공단 상임감사
- 전 연세대학교 이승만연구원 객원연구원
- 전 네이버편집자문위원회 자문위원
- 전 여의도연구원 상근부원장

주요 저서

- 『문제는 정치야 바보야』 (2016, 북앤피플)

01

민주주의와 자유민주주의 그리고 전체주의

가장 흔히 하는 오해가 자유민주주의와 민주주의를 동일시하는 것이다. 그러나 이 두 개념은 서로 다른 범주를 나타내는 개념이다. 민주주의는 '어떻게 통치할 것인가'를 결정하는 원리다. 자유주의는 '통치의 내용'에 관한 원리를 나타내는 개념이다. 서로 다른 범주를 나타내는 개념인 것이다.

양동안은 "민주주의는 치자(治者)와 피치자(被治者)가 범주적으로 동일하면서 통치를 위한 지배의사가 상이한 의견들의 자유경쟁을 거쳐 다수결로 결정되는 통치방식을 의미한다"라고 정의했다. 그에 반해 "자유주의는 국가의 통치가 개인의 생명과 자유와 재산을 최대한 보장하도록 행해져야 하며, 그러기 위해서는 국가 권력의 행사가 개인의 생명과 자유와 재산을 침해할 수 없도록 제한되어야 한다고 주장하는 통치내용에 관한 원리"라고 정의하고 있다.

민주주의는 통치의 힘, 즉 통치권이 한 개인이나 몇몇 소수의 수중에 장악되어서는 안 된다고 믿는 신조다. 따라서 민주주의는 '피플(People)의 지배'를 말하는 것이다. 민주주의는 여러 가지와 결합이 가능하다. 민주주의가 통치의 내용을 포함하지 않고 있음으로 통치의 내용을 말하는 여러 가지 '주의'와 결합하는 것이 가능하다. 구체적으로 자유주의와 결합하기도 하고, 전체주의와 결합하기도 한다.

민주주의가 전체주의와 결합하는 경우도 있다. 전체주의도 다수의 지배를 실현하는 근대적 방식의 하나다. 다수결을 통해 다수의 의사를 확정하고, 이를 하나의 의사로 강요하는 것이 전체주의적 방식이다.

전체주의적 민주주의는 다수의 의사를 각 개인이 따를 것을 강요한다. 개인이 전체의 의사를 따르지 않을 경우 전체의 의사에 반하는 반동으로 간주하여 이를 처벌한다. 전체주의에서 개인은 '전체의 한 부분'으로 간주되기 때문에 전체의 의사에 저항하는 것은 유기체의 의무를 저버리는 해당행위이므로 처벌의 대상이 된다.

레이몽 아롱은 전체주의 특징으로 다섯 가지를 제시하고 있다.

1) 국가 권력을 독점하는 정당의 존재, 2) 국가 공식 이데올로기의 존재, 3) 이런 공식 이데올로기를 사회 전체에 강요하기 위한 폭력과 선전 수단의 국가와 당에 의한 독점, 4) 국가의 직접적 통제를 받는 경제체제, 5) 개인의 모든 범죄는 이념적으로 해석되어 경찰과 이념적 테러의 대상이 된다.

이런 기준에 비추어 볼 때 히틀러의 독일과 스탈린의 소련과 마찬가지로 북한은 전체주의적 정치 지배 양식에 속한다는 것을 알 수 있다.

자유주의는 개인의 생명과 자유와 재산을 최대한 보장되도록 해야 한다는 사상이기 때문에 그 원리를 구현하기 위한 방식이 굳이 민주주의일 필요는 없다. 자유주의 입장에서 볼 때 개인의 생명과 자유와 재산을 보호하기 위해 국가 권력의 행사를 제한하는 입헌주의-법치주의만 잘 보장된다면 민주주의가 아니더라고 군주제 혹은 귀족제 하에서도 가능하다.

현재 대한민국 공화국이 선택한 자유민주주의는 자유주의가 그 내용을 실현하는 방식으로 민주주의 통치방식과 결합한 것이다. 국민주권주의와 1인 1표제, 대의제 등을 그 내용으로 한다. 따라서 자유민주주의제 하에서 통치의 내용으로는 자유주의를 기본으로 한다.

자유민주주의에서 입헌주의-법치주의가 중요한 것은 자유주의가 소중히 하는 개인의 생명과 자유, 재산의 보장은 입헌주의-법치주의를 통해 실현되기 때문이다. 이때 개인은 법 이외에는 어떤 제약도 허용하지 않는 것으로 간주된다. 자유민주주의 하에서 개인은 어떤 자의적 지배나 폭력적 지배도 당하지 않는 존재다.

한편 자유민주주의는 민주주의 통치방식을 도입한 것이기 때문에 통치권이 한 개인이나 소수의 수중에 장악되지 않고 평등한 존재인 개인의 지배를 실현하는 것을 목표로 한다. 이는 현실적으로 국민주권의 원리에 입각한 1인 1표제와 대의제로 실현된다.

국민주권은 모든 권력은 국민에게 있다는 사상이다. 이때 국민은 '광장에 나온 대중'이 아니다. 전체 국민을 말하는 추상적 개념으로 '권력의 원천으로서의 국민', 즉 전체 국민을 지칭하는 개념이다. 정치적 정통성의 근거를 제시하기 위한 상징적 준거 기준인 것이다. 만일 집단이나 개인이 권력의 정당성의 원천으로서 국민을 스스로 칭하기 시작한다면 국민주권주의가 무너지고 집단이나 소수의 엘리트에 의해 동원되는 전체주의로 가는 경향이 있음을 역사는 증명한다.

레닌은 권력의 원천으로 인민 혹은 민중을 지칭하였다. 여기서 레닌이 말하는 인민은 가진 자를 제외한 개념이다. 노동자, 농민, 도시빈민만을 칭하는 개념이다. 따라서 레닌에 의하면 권력의 원천은 전체를 칭하는 국민이 아닌 것으로 국민주권주의에 반하는 것이다.

전제군주제에서 주권의 상징은 국왕이었다. 그러나 자유민주주의제 하에서 더 이상 주권이 국왕에게 있지 않다. 국왕이 떠난 빈자리에 국왕과 달리 눈에 보이는 실체를 갖고 있는 것이 아니라 추상적 개념으로 정치체제의 정통성의 원천으로 '국민'을 상정하는 것이다. 이것이 국민주권주의다.

한편 자유민주주의제는 '평등한 개인'을 상정하고 있다. 그렇다면 평등한 개인이 서로 대립한다면 이는 개인들 간의 홉스가 말하는 무한대립 상태인 '만인(萬人)에 의한 만인의 투쟁'의 상태에 빠지게 된다. 따라서 초기의 정치사상가들은 혼돈이 아닌 질서를 가진 채 평등한 개인의 자유와 권리를 보장하는 방식을 고민하게 된다. 그 고민의 결과 고안된 것이 오늘 우리가 채택하고 있는 자유민주제의 구체적 실현방식인 복수정당제, 대의제, 1인 1표제다.

복수정당제는 평등한 개인들의 의견이 상이하다는 것을 전제하는 다원주의에 기초하고 있다. 그렇다면 상이한 개인들의 의견을 어떻게 하나로 모을 것인가 하는 문제가 제기된다. 여기서 자유민주제는 복수정당을 상정한다. 복수의 정당을 통해 상이한 개인의 의견을 복수의 정당의 주의로 모으는 과정을 도입한다. 상이한 개인들의 의견은 복수 정당의 서로 다른 의견으로 집약된다.

그리고 복수의 정당은 서로 의견을 가지고 경쟁한다. 그 경쟁의 결과는 개인들이 평등한 자격으로 참여하는 1인 1표제로 결정된다. 투표를 통해 다수의 지지를 받은 정당 혹은 대표자는 일정한 기간 동안 법이 허용하는 범위에서 통치권을 행사한다. 이것이 대의제다. 자유민주제 하에서 법의 범위 안에서 일정한 기간 동안 통치권을 행사하는 정당의 대표는 다음의 집권을 위하여 국민 개인의 권리와 자유를 더욱 신장하기 위해서 노력할 것으로 상정된다. 물론 집권에 실패한 정당도 다음의 집권을 위하여 절치부심하게 된다. 이 과정에서 개인의 자유와 권리는 더욱 보장되고 신장되는 것으로 이해되는 것이다.

대한민국과 같은 대통령제 하에서는 국민을 대의하는 기관은 전국구 대의기관인 대통령과 지역구 대의기관인 국회로 나누어져 있다. 대의제는 우리가 흔히 알듯이 직접민주제가 가장 좋은 방식이지만 영토가 넓고, 인구가 많아서 도입하는 한계가 있는 제도라기보다는 개인의 자유를 최대한 보장하기 위해 국가권력을 행정부와 입법부, 사법부로 나누고, 이들이 견제와 균형을 통해 개인의 자유가 최대한 보장되도록 하는 방식으로 고안된 전혀 새로운 통치방식이다.

대의제 하에서 각 개인의 지지를 모으는 과정인 선거를 통해 복수의 정당과 대표는 심판을 받는다. 국민의 선택을 받지 못한 정당과 대표는 일정 기간(임기)이 지난 후 그 성과 결과에 대한 분석과 새로운 대안을 가지고 국민의 선택을 호소하게 된다. 이 과정을 통해 각 정당과 대표는 국민들의 자유와 권리를 최대한 보장하는 방식으로 나가는 것이다. 이것이 현재 대한민국이 선택한 대의제 통치원리다.

대한민국이 채택하고 있는 자유민주주의 제도는 개인의 자유를 실질적으로 보장하는 가장 앞선 정치체제다. 그러나 자유민주주의 제도는 심각한 약점도 지니고 있다. 양동안은 자유민주주의 제도의 약점으로 "내부의 적이 전개하는 전복투쟁에 대한 방어능력이 허약하다는 점, 대중의 근시안적 욕구에 영합하는 선동정치(인기영합정치)로 전락하기 쉽다는 점" 등을 지적하고 있다. 양동안은 특히 자유민주주의 제도가 내부의 적이 전개하는 공격에 방어능력이 약한 것을 심각하게 지적하고 있다. 그는 그 원인으로 자유민주의 체제는 모든 국민에게 기본권을 보장해주는데, 기본권을 보장 받은 국민들 가운데는 자유민주주의를 공격하려는 세력이 있고, 그들은 자유민주주의가 보장해준 기본권을 자유민주주의 공격에 이용하게 된다. 자유민주주의는 모든 국민에게 기본권을 보장해둘 의무를 지지고 있기 때문에 그러한 내부의 적의 공격에 효과적으로 대응할 수 없다고 말한다.

공산 전체주의자들은 자유민주주의 체제가 부여한 기본권을 적극 활용하여 이를 체제 전복 활동에 활용한다. 공산 전체주의자들의 소위 합법투쟁 전술이 그것이다. 공산 전체주의자들은 법의 테두리에서 허용된 합법 공간을 적극 활용하여 자신들의 이념과 투쟁의 정당성을 선전·선동하는 일에 이용한다.

이들은 사상과 표현의 자유를 빌미로 공산주의 사상을 가진 개인이 이를 표현하는 자유를 무제한적으로 허용해야 한다고 주장한다. 광화문 광장에서 마음껏 공산주의를 외쳐도 아무런 제재를 받지 않는 세상이 자유민주주의 제도의 기본이라고 주장하는 것이다. 최순실 사태 이후 광장을 장악한 세력들은 "사회주의가 답이다"라고 마음껏 외쳐도 아무도 이를 제지하고 있지 않다. 심지어 고등학생이 혁명정부를 말하고 있는 실정이다.

내부에 존재하는 체제 전복주의자들의 무제한적 사상과 표현의 자유에 대한 주장은 최근 법조계에서 광범위하게 받아들여지고 있다. 최근 군대 내에서 공공연하게 북한의 지도자를 찬양한 군인이 법정에서 무죄 판결을 받았다. 공산 전체주의 나라인 북한이라는 적과 싸워야 하는 군대 내에서 일어난 일이라는 점에서 문제가 심각하다.

적(敵)을 적으로 인식하지 못하는 군대가 어떻게 적과 목숨을 걸고 싸울 수 있겠는가? 이처럼 헌법과 법률이 허용하는 범위에서 공산 전체주의와 혁명의 정당성을 공공연하게 표현하는 것이 합법성을 가장한 공산 전체주의자들의 중요한 투쟁전술이다.

양동안은 자유민주주의 체제가 '내부의 적'들의 체제 전복활동에 취약한 원인의 두 번째 요인으로 자유민주주의는 국민이 이성적일 것을 전제로 한 체제인데, 국민이 항상 이성적일 수는 없으며, 국민이 이성보다 감정에 입각하여 정치적 선택과 행동을 할 경우 자유민주주의 체제는 내부의 적에 대한 방어력이 약해진다고 지적한다.

내부의 적은 국민을 감정적으로 선동하여 민주주의의 이름으로 자유민주주의 체제를 공격하며, 국민감정을 등에 업고 전개되는 '내부의 적'들의 공격을 자유민주주의 체제는 물리치기 어렵다. 일단 감정적 선동에 넘어간 국민들은 빠른 시일 안에 이성을 회복하기 힘들며, 국민이 이성을 회복했을 때는 이미 자유민주주의 체제는 와해되어버렸기 십상이다. 양동안은 체제 전복을 시도하는 공산 전체주의자들의 감정적 선동에 국민들이 쉽게 휩쓸릴 가능성이 높다는 점을 경계해야 한다고 주장한다.

02

민주주의를 파괴하기 위한 공산 전체주의자의 체제 전복 활동

한국자유회의는 2017년 3월 7일 2차 국민토론회 「체제 탄핵, 이데올로기와 전복활동」에서 "현 정세를 체제 탄핵이며 반(反)자유민주 세력의 대한민국 체제에 대한 전복 활동"이라고 진단했다. 배후에서 탄핵을 주도하고 있는 공산 전체주의 세력이 박근혜 대통령에 대한 탄핵을 넘어 대한민국 체제를 전복하기 위한 활동이 탄핵 정국의 본질이라고 지적한 것이다.

한국자유회의는 현 대한민국 체제 위기의 근본 원인은 북한 전체주의자와 이를 추종하는 세력들의 체제 전복 활동에 기인한다고 진단했다. 1980년대 대학가를 장악했던 공산 전체주의자들이 장성하여 오늘 체제 전복 활동에 나선 결과라는 것이다. 체제 전복 세력은 자신들을 민주주의자 또는 평화주의자 등으로 위장하고 포장했다. 대한민국의 지식계는 그들의 체제 전복 활동을 용납했다.

자유민주주의 체제는 자유를 허용한다. 우리에게는 자유가 목적이다. 그러나 체제를 전복하려는 세력들에게 자유민주주의 체제가 허용하는 자유는 수단이 된다. 체제 전복 세력이 자유를 이용하여 체제를 전복하려 할 경우 이를 지키는 것이 매우 어렵다. 전체주의자들의 모든 활동은 체제 전복 활동에 맞추어져 있다. 이들은 사상과 전략에서 자유민주주의 체제를 한 번도 인정한 적이 없다. 전복 세력에게 대한민국 체제는 항상 타도 대상이었다. 대한민국의 지식계는 이들의 활동을 자유민주 체제를 보수하려는 노력으로 잘못 이해한 것이다.

전복 활동은 국가 체제를 무너뜨리는 활동을 말한다. 전복 활동이란 전쟁을 동원하지 않고 특정 정치체제를 무너뜨리는 행위를 말한다. 1975년 남베트남(월남)이 무너졌다. 월남이 무너지기 전에 그 사회에서 활동하던 세력이 베트콩이었다. 베트공들의 전복 활동이 먼저 있었다. 베트콩들의 전복 활동으로 약화된 월남은 결국 북베트남(월맹) 정권의 무력에 의해 무너졌다.

전복 활동은 전쟁이라는 수단이 동원되지 않은 체제 전복 활동이다. 전복 활동은 장기간에 걸쳐, 수많은 사람이 동원되어 진행된다. 전복 활동은 현실에서는 반드시 대외세력과 연결되어 일어난다. 한국의 경우 북한 전체주의 세력이 대한민국 전복 활동에 개입되어 있다.

전복활동을 위해서는 전위그룹의 형성이 우선이다. 이렇게 형성된 전위그룹은 대한민국의 전 분야에 침투한다. 교육계, 군대, 국회, 사법부, 언론사, 문화계 등 모든 영역에 전복 세력이 침투해 들어간다. 그리고 전위그룹의 기획에 의해 각계에 침투한 세력의 동조로 사회적 이슈를 이용하여 대규모 정치집회 혹은 소요사태를 일으킨다. 사회를 혼란 상황으로 몰고 가는 것이다. 그람시는 이를 진지전에서 기동전으로 이동하는 것으로 정의했다.

대규모 정치집회 과정에서 인명이 사상되는 사태가 일어나면 정치집회는 더욱 불이 붙어 대규모 반정부 투쟁으로 발전한다. 대한민국에서 현재 일어나고 있는 현상은 전복 세력에 의한 체제 전복 활동의 과정을 그대로 따르고 있다.

전위그룹은 1980년대와 1990년대 학생운동을 통해 성장한 사람들이다. 이들은 북한의 주체사상과 혁명이론으로 무장되어 있다. 통합진보당에 대한 해산심판 과정에서 그 실상이 적나라하게 드러났다. 전위그룹은 우리 사회 각계각층으로 침투했다. 교육계, 국회, 언론계, 문화계, 법조계 등 이들의 침투 활동은 성공적이었다. 각계에 침투한 세력들은 모든 계기를 정치 투쟁으로 전환시켜 대규모 시위사태를 조직했다.

2002년 여중생이 미군 장갑차에 치어 사망하는 사건이 발생했다. 전복세력은 이 사건을 주한미군에 의한 만행으로 규정했다. 윤민석은 그가 작사 작곡한 'Fucking USA(빌어먹을 미국)'에서 "숏트랙 금메달도 훔쳐가고/효순이 미선이를 탱크로 죽이고/통일의 길목마다 훼방을 놓는/우리 민족의 적 양키들아"라고 노래했다. 교통사고를 반미투쟁으로 몰아간 것이다.

이명박 정부가 출범한 초기(2008년) 한미 FTA 협정이 발효되었다. 전복세력은 정부의 쇠고기 협상을 문제 삼았다. 광우병 위험물질이 미국산 쇠고기에 포함되었고, 이 위험물질이 잘못된 정부의 협상 때문에 대대적으로 한국으로 수입되게 되었다고 선동한 것이다. 표면적으로는 한미 FTA 협상을 다시 하라는 것이었지만, 그 내용은 반미투쟁이었다.

막 출범한 이명박 정부는 이 광우병 시위 사태를 수습하는데 1년이라는 시간을 허비했다. 박근혜 정부는 출범 초기 국정원이 대통령 선거에 부정하게 개입했다는 소위 국정원 댓글사건으로 곤욕을 치렀다. 전복세력들은 "국정원을 동원한 불법선거로 대통령을 도둑맞았다"고 선동했다.

2014년 고등학교 수학여행단을 태우고 제주도를 향하던 세월호가 진도 앞바다에 침몰했다. 재판 결과 밝혀졌지만 세월호의 비극은 배를 소유한 선사(船社)의 과도한 화물 적재와 안전수칙 무시, 관리감독 책임이 있는 감독기관의 묵인, 그리고 당시 선장과 선원들이 인명구조 활동을 포기하고 자신들만 먼저 배에서 탈출하는 등 복합적인 결과 일어난 불행한 사건이었다.

그러나 전복세력은 이 사건을 정권의 문제로 몰고 갔다. 대통령이 세월호 사건의 초기 7시간 동안 구조 활동을 전면에서 지휘하지 않았다고 주장한 것이다. 그리고 온갖 억측을 만들어냈다.

2016년 최순실 사태가 터지자 전복세력이 총결집했다. 이들은 그동안 침투해 자신들의 영향력 하에 있던 세력들을 총동원했다. 먼저 언론이 동원되었다. 최순실이 국가권력을 이용하여 아무 자격이 없는 자신의 딸을 이화여대에 부정 입학시켰다고 주장했다. 이 주장에 자녀들을 둔 학부모들이 모두 분개했다.

이어 최순실이 대통령을 이용하여 국정을 농단했다고 폭로했다. 재벌을 협박해서 'K스포츠재단'과 '미르재단'을 만들고, 이를 사유화하려 했다는 것이다. 사유화의 증거로 'K스포츠재단' 이사장에 자신이 단골로 다니던 마사지 샵의 원장을 앉혔다고 선동했다. 여기서 전 국민이 분노가 폭발했다. 전복세력은 곧바로 대중투쟁을 기획했다. 민중총궐기투쟁본부를 확대해서 '박근혜퇴진 국민행동'을 조직했다. 그리고 대중을 광화문에 동원했다. 이들은 "이게 나라냐"고 외치면서 대한민국을 저주했다.

드디어 국회가 나섰다. 야당이 나서고 여당 일부가 이에 동조했다. 아직 어떤 법적, 실체적 진실도 밝혀지지 않은 상태에서 2016년 12월 9일 국회가 대통령을 탄핵했다. 특검이 구성되고, "탄핵을 인용하지 않으면 혁명이 발생할 것"이라고 헌법재판소(헌재)를 노골적으로 협박했다. 마침내 2017년 3월 10 헌재가 국회의 대통령에 대한 탄핵소추를 인용하여 대통령을 파면했다.

대통령 파면에 성공한 체제전복 세력은 더불어민주당을 앞세워 대통령 선거에서 사상 최대의 표차로 보수당 후보를 물리쳤다. 그리고 집권에 성공했다. 이들은 이제 자신들의 다음 목표를 향해 나아가고 있다. 그 길은 체제 변혁의 길이다. 이미 그 구체적인 모습이 서서히 드러나고 있다.

한미동맹은 지속적으로 약화되고 있다. 경제는 그리스와 브라질, 베네수엘라 방식의 질 낮은 사회주의 실험을 계속하고 있다. 기업의 자유를 바탕으로 하는 자유시장경제에 역행하는 방식이다. 우리 사회 전반을 아무도 가보지 못한 방향, 아니 실패의 방향으로 몰아가고 있다. 번영의 자유대한민국의 '문명의 축'이 무너지고 있는 것이다.

안보는 반미(反美)·친중(親中)·연북(聯北)으로 향하고 있다. 한미동맹은 약화되거나 파탄을 맞을 것이고, 한일관계는 더욱 악화될 것이다. 이는 대한민국의 안보를 지탱했던 축이 무너지는 것을 뜻한다. 이들은 경제민주화로 포장된 대한민국 경제 허물기를 가속화시킬 것이다. 재벌은 대한민국 사회의 '공공의 적'으로 선동되고 대중들에게 인식될 것이다. 기업은 마치 죄인처럼 단죄 받을 것이다. 그리고 모든 국민들은 국가를 향해 "우리의 생활을 책임지라"고 요구하는 국가사회주의화가 진행될 것이다.

대한민국 경제의 활력은 급격히 떨어지고 쇠락의 길로 갈 것이다. 안보와 경제의 동시 추락, 이것이 이번 대선 패배 이후 대한민국에 일상적으로 전개될 상황일 것이다.

03

전대협과 북한의 대남혁명론인 민족해방인민민주주의혁명론

1. 왜 전대협에 주목하는가?

1980년대와 1990년대 한국의 학생운동은 '전대협'과 그의 후신인 '한총련'(한국대학총학생회연합의 약칭)이 주도한 시대였다. 한국 학생운동은 전 세계적으로 그 유래를 찾아보기 어려울 만큼 격렬하고, 그 규모도 가히 압도적이었다. 1987년 6월 투쟁(민주화 항쟁)은 학생운동이 전면에서 주도적으로 끌어갔다. '민주헌법쟁취국민운동본부'가 형식적으로 투쟁 지도부 역할을 했으나 대중 동원력과 투쟁의 강고성에서 학생운동에 필적할 세력은 아무도 없었다.

당시 명동성당과 시청 앞을 점거하고 시위를 주도한 것은 각 대학 총학생회였다. 연일 각 대학교 총학생회는 학교별로 학내 시위를 벌이고, 오후에는 각자 맡은 지역으로 이동하여 가두시위를 조직했다. 학생 시위대들은 '호헌철폐, 독재타도'를 전면에 내걸고 시민들의 동참을 호소했다. 학생들의 가두시위는 일반 시민들의 동참을 가져왔다. 삽시간에 시청 앞이 시위대에 점령당하는 것은 당시 일상적인 풍경이었다. 학생운동 지도부는 이전 학생운동권이 시민과 유리된 과격한 구호를 전면으로 내세우던 경향과는 달랐다. 오로지 시민들과 일반 학생들의 정서에서 크게 벗어나지 않는 투쟁구호와 방식을 고수했다.

학생들의 시위와 일반 국민들의 여론 악화를 견디지 못한 전두환 정부는 결국 호헌방침을 철회하고 노태우 민정당 대표의 6·29 선언을 수용하는 형식으로 민주화의 진전을 이루는 조치를 취하게 된다. 전대협 신화는 여기에서부터 시작되었다. 이들은 1987년 6월 투쟁을 선두에서 이끌었고 민주화의 진전을 이루어낸 실질적인 주역으로 평가되었다. 연일 계속되는 학내 시위와 가두 시위는 수많은 학생운동의 투쟁 영웅과 지도부를 탄생시켰다. 이들은 1987년 6월 투쟁 과정에서 노련한 대중선동가이자 대중투쟁의 지도부로 성장했다.

30여 년이 흐른 지금 당시 학생운동 지도부들은 우리 사회의 주역으로 성장했다. 문재인 정부의 청와대는 전대협 출신이 핵심 권력을 좌우하는 곳에 전면 포진되어있다. 뿐만 아니라 더불어민주당의 주류를 전대협 출신들이 장악하고 있다. 더불어민주당 지도부뿐만 아니다. 국회의원, 당료, 실무자, 보좌관 등 곳곳에서 학생운동 출신이 주축을 이루고 있다. 대한민국의 심장인 청와대와 여당을 이들이 장악하고 있는 것이다.

전대협 출신들은 이들에 동조하는 수많은 지지그룹을 가지고 있다. 언론계, 출판계, 문화계, 법조계, 여성계, 시민운동 단체, 노동운동계, 농민운동계 등 우리 사회 곳곳에 지지그룹을 가진 가장 강력한 집단으로 성장했다. 전대협 출신의 학생운동 그룹은 현재 대한민국에서 가장 강력한 영향력을 가진 집단이라고 평가해도 전혀 과장이 아니다. 따라서 이들이 어떤 사상과 관점을 지니고 있는가 하는 문제는 우리 사회의 행로를 짐작하게 해주는 매우 중요한 문제다.

전대협 출신들이 주도하고 있는 대한민국의 정치 현실은 어떠한가. 그들의 특징은 단적으로 노무현 정부 시절에 드러났다. 이들이 활약한 소위 '진보정권' 시대에 한미동맹은 급격히 약화되었다. 우리 국민들 사이에는 남북 분단의 원인을 미국이 제공했다는 터무니없는 거짓말을 사실로 받아들이는 경향이 점차 강해지고, 오늘날 남북한 간의 갈등의 배경에는 미국의 강경정책 탓이라고 생각하는 국민들의 수가 과거에 비해 급격히 증가했다. 만연된 반미감정은 우리의 국력이 성장한 만큼 우리 목소리를 가져야 한다는 것으로 인식하기에는 그 도를 넘어서 버렸다.

반면에 북한 김정일 정권에 대한 근거 없는 낙관론은 어느새 노무현 정부의 주도적인 흐름으로 자리 잡고 있었다. 심지어 노무현 대통령이 우리를 위협하고 있는 북한 핵무기에 대해 "이유 있다"는 발언을 하여 북한 핵을 두둔하기까지 했다. 노무현 정부 이후 현재까지 전대협 출신이 북한 핵 문제에 대해 우려를 표시하거나 문제를 제기한 적이 있는가?

전대협 세대의 특징은 북한에 대해서는 극단적으로 관대하다는 점이다. 국제사회가 그 심각성을 공감하고 있는 북한인권 문제에 누구 하나 진지하게 문제를 제기하고 해결을 촉구했다는 말을 들어본 적이 없다. 오히려 북한인권 문제는 "북한 내부의 시각으로 봐야 한다"는 궤변을 늘어놓는다.

반면 미국에 대해서는 적대적이다. 해방 이후 대한민국의 역사가 자랑스러운 승리의 역사가 아니라, 오욕과 굴절로 얼룩진 수치의 역사라는 좌파들의 주장에 이르면 우리 사회가 수용할 수 있는 한계를 벗어나고 있다.

이들의 이런 관점과 태도는 어느 날 갑자기 나타난 것이 아니다. 이들의 이런 현실 인식은 1980년대 이후 지속적으로 진행된 좌파적 사회운동 과정에서 형성된 것이고, 30년이 지난 현재까지 그 근본이 바뀌지 않은 채 곳곳에서 집단적으로 표출되고 있다. 그동안 우리 사회는 이들에 대해 "권위주의적 정권에 저항하는 민주화 운동"이며, "사회가 선진화되기 위해 치르는 대가" 정도로 생각하여 관대하게 바라보았다.

좌파적 사회운동에 대한 주류 사회와 지식인 사회의 무사안일적인 대응으로 이들은 우리 국민들의 인식의 혼란을 효과적으로 이루어냈다. 다

수 국민들은 좌파적 사회운동의 실체를 제대로 파악하고 있지 못하며, 문제의 심각성을 깨닫고 있지 못하다. 현재 진행되고 있는 우리 사회의 분열과 갈등에는 아직도 1980년대식 좌파적 사고에서 벗어나고 있지 못한, 이제 우리 사회의 주류가 된 세력의 편향된 인식에 그 원인이 있다.

2. 전대협의 탄생과정

1980년대 학생운동은 그 이전의 학생운동과 민주화 운동과는 내용면에서 확실히 구분된다. 1970년대 학생운동은 서울대 중심의 소수를 제외하고는 인권과 민주주의 실현이라는 소박한 차원의 학생운동이었다. 그러나 1980년대에 들어서면서 학생운동은 마르크스·레닌주의를 적극적으로 받아들이고, 중반에 이르러서는 주체사상과 혁명론을 수용하기에 이른다. 물론 그 이전에도 소수의 서클 차원에서 마르크스·레닌주의를 학습했으나, 1980년대처럼 공개적이고 대중적으로 이루어지지는 않았다.

현재 우리 사회의 주도적 그룹인 전대협의 탄생을 이해하기 위해서는 이전에 진행되어온 학생운동 내부의 논쟁에 대한 이해가 있어야 한다. 여기서는 1980년대 중반에서부터 이루어진 세칭 NL 계열의 학생운동을 중심으로 살펴보고자 한다.

주체사상의 도입과 '자민투'-'민민투'에서 건국대 사태까지

1985년 말부터 1988년까지 진행된 이 시기의 학생운동은 이전까지의 학생운동과는 전혀 다른 양상으로 전개되었다. 가장 특징적인 것으로는 운동의 지도사상으로 북한 주체사상을 수용하고, 그 혁명노선을 학생운동에 적용한 것이다. 1985년까지 학생운동은 자생적 사회주의 혁명론자들이었으나, 이 시기부터 학생운동은 주사파가 장악하여 학생운동의 대세를 형성했다.

주체사상의 학생운동 내의 수용과정은 1983년에 학원가에 유포되었던 『예속과 함성』이 그 시작이었다. 1985년 9월 당국에 의해 구미간첩단 사건의 주범으로 밝혀진 김성만, 양동화 등이 북한 혁명론을 남한의 학생운동에 소개한 것이다. 이들은 이 책자에서 한국은 1945년 이래로 미국의 식민지이며, 한국의 군부독재 정권은 미국에 의해 양성되고 조종되는 괴뢰정권이라고 주장했다.

이 책자는 당시 학생운동에 큰 충격이었다. 그러나 아직 이런 주장은 학생운동 내에서 본격적으로 수용되지는 않았다.

주체사상의 본격적인 수용은 「강철서신」으로 알려진 김영환의 단재사상연구회로 부터 시작되었다. 이 시기 김영환은 단파 라디오로 북한의 「구국의 소리」 방송을 집중적으로 청취하는 한편, 여기서 제기되는 남한 혁명론을 토대로 민족해방민중민주주의혁명론(NLPDR: National Liberation People's Democracy Revolution)을 본격적으로 제기했다. 이는 1960년대의 통혁당, 1970년대의 남민전 이후 최초의 조직적 형태를 띤 반(反)제국주의 세력의 등장이며, 학생운동을 모태로 출발하는 것으로는 최초였다.

김영환 그룹은 당시 학생운동의 주류였던 삼민투 NDR론과 치열한 사상투쟁을 전개하여 그 세력과 영역을 넓혀나갔다. 이들은 『반제 민중민주화 운동의 횃불을 들고 민족해방의 기수로 부활하자』(일명 해방서시)라는 소책자를 학생운동에 광범위하게 전파했다.

이 소책자에서 그들은 "19세기 말부터 지금까지의 한반도 근대사 100년은 제국주의 침략의 역사요, 제국주의에 대한 민중 투쟁의 역사다. 한국사회는 미 제국주의와 그 앞잡이가 파쇼적으로 지배하는 식민지 사회다"

라고 주장했다.

이들의 주장은 그간의 학생운동이 미 제국주의의 침략적 본성과 민중의 민족해방에 대한 열망을 제대로 주시하지 못한 데 대한 반성을 촉구한 것이다. 이는 학생운동 내부에 커다란 충격과 파급을 가져왔다.

이제까지 학생운동은 주요한 운동의 대상, 즉 주적(主敵)이 독재정권과 그들의 물적 토대인 독점자본이라고 보았으나, 이들은 우리 사회를 관통하는 가장 큰 주적은 미국, 다시 말해 미국의 제국주의적 침략에 있다고 본 것이다. 이러한 인식은 오늘날 반미운동의 뿌리를 형성하고 있고, 30여 년이 지난 현재까지 386 핵심 운동권의 우리 사회에 대한 인식의 주요한 기조를 이루고 있다.

주사 NL파는 치열한 사상투쟁으로 학생운동의 대세를 장악하는 한편, 서울대를 필두로 지하 지도부를 건설했다. 1986년 3월 29일 서울대에서 비합법 지도부인 '구국학생연맹'(이하 구학련)을 결성하고, 그 산하에 반(半)합법 투쟁기구인 '반미자주화 반파쇼민주화투쟁위원회'(일명 자민투)를 1986년 4월에 발족시켰다. 그 산하에 '반전반핵투쟁위원회' 등 5개 투쟁위원회를 두었다. 구학련의 투쟁기구인 자민투는 1986년 4월 반전반핵투위를 중심으로 반전반핵 투쟁과 전방 군부대 입소 반대투쟁을 전개했다. 이 과정에서 김세진, 이재호 등이 분신을 감행했다.

자민투의 선도적인 구호와 투쟁은 당시 학생운동에 커다란 충격을 주었고, 이를 토대로 자민투는 학생운동의 주도권을 급속히 장악했다. 또 기관지로 『해방선언』을 발행해 전체 학생운동에 그들의 혁명론을 파급시켜 나갔다.

1985년 하반기 NDR론 하에 '삼민혁명론'으로 통일되었던 학생운동은, 1986년 초 NLPDR론으로 무장한 자민투가 반제국주의직접투쟁과 반전반핵투쟁을 선언하자, 기왕의 MT계열은 NDR론을 기본골간으로 계승하면서 반제반파쇼투쟁을 선언하는 '반제반파쇼민족민주투쟁위원회'(일명 민민투)를 조직하고 기관지로서 「민족민주선언」을 발행했다. 이로써 학생운동은 1986년 상반기 이후 '자민투'와 '민민투'로 양분되었으며, 각자의 기관지를 통해 본격적인 논쟁에 돌입하게 되었다.

1986년 상반기 투쟁을 통하여 학생운동의 주도권을 장악한 주사 NL 진영은 서울대 '구학련'을 필두로 연세대의 '구국학생동맹', 고려대의 '애국학생회' 등을 결성하고 이를 바탕으로 1986년 10월 28일 건국대에서 '전국반외세반독재애국학생투쟁연합'의 결성식을 감행한다.

그러나 건국대 투쟁으로 주사 NL 진영은 큰 타격을 받게 된다. 당시 내걸었던 구호가 국민정서와 매우 동떨어진 것이었다. 북한 방송에서나 들을 수 있었던 구호가 집회 장소에서 등장했던 것이다. 이들의 모험적인 구호와 투쟁으로 국민들의 지지를 받는데 실패했다. 그 후 수사당국의 대규모 검거 선풍으로 당시의 지도부가 대부분 구속되고 수배를 받았다. 건국대 사태로 구속된 학생만 1,290명에 이르고, 각 대학의 학생운동은 3~4학년 실질 주도 그룹이 대거 구속 됨으로써 심각한 차질을 낳았던 것이다.

건국대 투쟁에 대한 주사파 내부의 평가를 보자.

"건대 항쟁은 주객관적인 정세와 유리되고, 대중의 준비 정도에 걸맞지 않은 반공 이데올로기 분쇄투쟁, 조국통일촉진투쟁 등을 제기함으로써, 정권에게 엄청난 탄압의 빌미를 제공하고, 사상 유래 없는 대탄압을 촉발시킨 것이다. 중요한 문제는 엄청난 탄압을 받았다는 사실보다, 정권의 탄압으로부터 조직을 보위하고 대중으로부터 보호를 받으면서 탄압을 극복하지 못했다는 사실이다."

건국대 투쟁을 지도했던 구학련, 애국학생회, 구학동 등의 혁명적 대중조직들도, 구성원이 건대투쟁 이후 대부분 검거됨으로써 와해 지경에 이른다.

주사 NL 진영은 이러한 평가를 바탕으로 건대사태를 통해서 두 가지의 결론에 이른다.

"첫째, 투쟁노선에서 좌편향의 문제다. 1986년 초 반전반핵투쟁으로 시작하여 서울대에서의 「민주조선」 대자보 게재사건, 애학투 발족식에서의 반공 이데올로기 분쇄투쟁 선언에 이르기까지 일관된 흐름으로 지속된 투쟁 노선 상의 심각한 좌편향은 건대 투쟁을 계기로 더욱 극대화되어 대중과의 심각한 괴리를 초래했다. 아무리 반미투쟁이 절박하다고 할지라도 주객관적인 정세와 대중의 준비 정도에 걸맞게 투쟁을 조직 전개해야 함에도 불구하고, 구체적인 실정에 의거하지 못한 전략적인 구호의 남발은 대중을 투쟁으로 고무할 수 없을 뿐더러 오히려 대중으로부터 고립을 자초했다는 것이다.

둘째, 조직노선상의 좌편향 문제다. 지도조직은 대중조직 속에서 단련되고 대중조직의 보호를 받아야 함에도 불구하고, 성급히 지도조직을 건설하고 그 산하에 투쟁위원회를 건설함으로써, 선진적 활동가를 끊임없이 투쟁으로 내몰아 조직의 붕괴를 자초 했다"는 것이다. 이러한 노선은 그동안 문제로 제기되었던 선도투쟁론의 재판이라는 것이다.

그러나 NL 진영은 이러한 편향에도 불구하고 "올바른 사상관점과 혁명이론이 이를 계기로 제기되고 확산되었다"는데 그 의의를 높이 평가하고 있다. 여기서 올바른 사상관점과 혁명론이란 북한의 주체사상과 민족해방 인민민주주의 혁명론을 지칭하고 있다.

북한의 혁명적 대중노선에 따른 전투적 총학생회론과 전대협 건설

1986년 건국대 투쟁과 구학련 등 지도조직의 붕괴는 학생운동으로 하여금 '대중과 함께'라는 과제를 안겨주었다. 북한의 '혁명적 군중노선'에 비추어 볼 때 1986년 투쟁은 대중을 투쟁의 주체로 세우지 못한 분명한 오류였다는 것이다. 학생운동 지도부는 대중노선의 불철저함에 심각한 자기반성을 한다.

공산주의자의 혁명 전략의 핵심은 수많은 대중을 어떻게 혁명의 대오로 이끌어 내느냐 하는 데 항상 초점이 맞춰져 있다. 대중을 혁명의 대오로 이끌어 내기위해서는 사실의 왜곡과 과장하기 등 숱한 방법이 동원된다. 따라서 이러한 관점에서 볼 때 대중들에게 생소한 단어의 사용은 금물이며 대중이 이해할만한 어휘로 해야 한다는 것이다.

미국에 대한 폭로는 분명히 옳은 것이기는 하나, 방법이 세련되지 못했다는 것이다. 미국을 제국주의자이며 침략의 원흉이라는 구호는 사회혁명의 전략적 구호인 만큼 무모하게 남발될 것이 아니라 미 제국주의의 앞잡이인 군부독재 정권, 즉 전두환 정부에 대한 폭로를 통해 독재를 지원하는 미 제국주의 등으로 폭로하고 투쟁에 나가야 한다는 것이다. 이러한 대중노선이 관철될 때 대중은 독재에 대한 투쟁에 나서고, 이 투쟁을 미제에 대한 혁명투쟁으로 이끌어야 한다는 것이다.

대중노선의 제기는 조직노선 상에는 대중조직의 강화로, 투쟁노선에는 선도적 투쟁을 지양하고 대중투쟁을 창출하는 문제로 집약되었다. 이 시기 지도부의 철저한 파괴에도 불구하고 상대적으로 역량 손실이 덜한 학교가 고려대와 연세대였다. 1986년 말부터 이들 학교를 중심으로 대중노선을 실천하기 위한 내부 사상투쟁이 시작된다.

구학련 지도부가 1986년 초 당시 학생운동의 주류였던 민민투에 대항하여 학생운동의 주도권을 장악하는 과정에 각 대학 간의 비밀 연대사업부서가 있었고, 이를 통하여 1986년 애학투가 건설될 수 있었다. 각 대학 간의 연대사업부서는 1986년 각 대학 지도부의 철저한 파괴에도 불구하고 건재했다. 1987년 대중노선은 이들을 중심으로 진행되었다. 고려대 조혁을 중심으로 각 대학의 잔존세력을 모아 '반미청년회'를 결성했다. '반미청년회'는 1987년 학생운동을 사실상 배후에서 주도하게 되었다.

대중노선의 구현문제는 먼저 조직노선 상의 학생회 강화로부터 출발했다. 이들에 따르면 그동안 학생회를 학생들의 자주적 조직으로 그 지위와 역할을 보지 못하고, 비합법 지도조직 혹은 투쟁기구의 외피로만 인식되어 학생회를 중심으로 학생대중을 결집시키고 이들을 투쟁의 중심으로 세우지 못했다는 것이다. 이 과정에서 선진적 인자들만의 선도적 투쟁으로 학생대중과 점점 유리되었다는 것이다. 학생회가 유력한 대중활동 공간으로 재평가되면서 활동가들이 학생회로 집결하게 되었다.

학생회 강화라는 조직노선이 가장 먼저 진행된 곳은 고려대였다. 고려대에서는 1987년 초 기존의 지하 지도부인 '애국학생회'를 해체하고 '총학생회활성화추진위'(이하 활추위)를 결성하여, 이곳에서 활동하던 활동가들을 학생회로 활동 공간 이전을 준비했다. '활추위'는 총학생회와 각 단과대, 과학생회에서 활동할 간부를 발굴 육성하여 각급 단위의 학생회로 전진 배치했다.

이상의 과정을 통해 학생회가 학생운동 활동가의 수중으로 완전히 장악하게 되었다. 학생회를 선거를 통해 완전히 장악한 이후에는 '활추위'가 비밀학생회, 학생회의 비서체계 등으로 자기변화를 거듭하면서 존속하다가, 체계의 학생회와의 중복성, 비효율성의 문제가 제기되어 1987년 하반기에 완전 해체되고, 대중조직인 학생회와 소수의 전위조직인 '반미청년회'만 남게 되었다.

고려대 이외의 나머지 대학들도 비슷한 경로를 거치면서 총학생회 강화사업을 진행시켜나갔다. 학생회 선거가 마무리되는 1987년 봄에는 거의 모든 수도권 대학에서 학생회가 기존의 투쟁위원회의 하부체계가 아니라 하부 조직원을 지닌 명실상부한 조직으로 자리 잡게 되었다. 1987년의 투쟁은 이러한 총학생회를 중심으로 진행되게 되었다.

각 대학 총학생회가 활동가에 의해 장악된 조건에서 대학 간 연합조직도 새롭게 구축되었다. 애학투 같은 투쟁위원회의 연합체가 아니라 각 대학 총학생회의 대표자 간의 협의체적인 조직이 이 시기의 주요한 대학 간의 연대조직으로 등장한다. 1987년 5월 6일 연세대에서 결성된 '서울지역대학생대표자협의회'(이하 서대협)가 그것이다. 총학생회 강화노선의 총화로 탄생된 서대협은 1987년 6월 항쟁 당시 수많은 학생대중을 투쟁으로 나서게 하면서 학생들의 실질적인 연대조직으로 자리 잡게 되었다.

총학생회의 전투화, 서대협의 건설로 나타난 1987년 상반기 학생운동 조직노선의 전환은 중요한 의의를 지닌다. 학생운동 내부의 활동가들을 끊임없이 선도투쟁의 장으로 내몰았던 기존의 조직노선을 극복하고 활동가들의 제일 임무를 대중조직 속에서의 대중들과의 대중사업으로 규정한 것이다. 이 시기 각급 학생회 단위에서 이들 활동가들을 중심으로 학생대중들의 참여를 유발시키는 문화사업, 교육사업, 정치토론 들이 대중적으로 행해졌고, 학생운동은 급속히 학생들 속으로 침투하게 되었다.

이러한 사업의 위력은 1987년 6월 투쟁에서 확인된다. 기존의 학생운동의 정치집회가 많아야 수백 명의 단위를 넘지 못했다. 그러나 6월 항쟁 과정에서 각 대학에서 집회에 참석하는 학생의 수가 수 천 명을 넘어서는 가히 폭발적인 증가를 보였다. 각 학생회에 소속되어있는 활동가들을 중심으로 전체 학생이 참석하는 토론회를 개최하고 이 결과로 학생회 단위로 총학생회가 마련한 집회에 참석하게 되었다.

소수가 비밀리에 집회를 계획하던 방식에서 학생회 중심으로 집회를 계획하고, 학생들의 참여를 유도하는 방식으로 전환한 것은, 그간 학생운동을 거리를 두고 보았던 학생대중의 참석을 실질적으로 가능케 했다.

총학생회 강화론은 이후 '전투적 총학생회론'으로 정식화되어 1987년

학생운동의 주된 흐름으로 자리 잡았다. 1987년 5월 서대협의 출범과 6월투쟁의 결과 전국 대학으로 확산되어 1987년 8월 19일 충남대에서 '전국대학생대표자협의회'(이하 전대협)를 발족하여 해방 후 최대의 학생조직이 그 모습을 드러내게 되었다.

전투적 총학생회론은 대중조직의 가장 중요한 형태로 조합(학생회)이라는 인식하에 대중 활동의 총력을 조합으로 집중하자는 것이다. 그 근거는 학생회야 말로 가장 광범위하게 대중을 인입할 수 있는 조직이라는 것, 대중의식화 조직화의 가장 유용한 공간을 제공해준다는 것, 대중의 정치적 지향과 요구를 실현할 수 있는 힘, 즉 대중의 정치 역량화를 가능하게 한다는 것이다.

그런데 전투적 총학생회론에서도 조합을 그 자체로 전투적이라고 사고하고 있지는 않다. 조합 그 자체는 전투적이지도, 정치적이지도 않다고 보았다. 이들이 제시하는 해결책은 다음과 같다. 즉 전투적 총학생회론은 총학생회를 전투화하자는 것인데, 이 전투화의 의미를 보다 분명히 하고 현실의 총학생회를 민족해방운동의 주요 역량으로 키워가겠다는 것이다.

이들이 말하는 전투화는 지도핵심의 지도가 존재함을 의미하며, 학생조합이 민족해방을 자신의 궁극적 목표로 한다는 것을 의미하며, 학생조합이 학생대중의 자주성을 철저히 옹호하고 실현하려는 입장에 서있다는 것을 말한다.

이들이 말하는 지도핵심의 지도를 전제한다는 말의 뜻은 북한의 '한국민족민주전선'(이하 한민전)의 학생운동에 대한 지도성을 인정한다는 것이다. 실제로 이 시기 학생운동에서는 북한의「구국의 소리」방송을 청취하고 이를 전파하기 위한 선전팀이 존재 했다는 사실은 당국의 수사를 통해 밝혀졌다.

이들은 한민전에서 제시하는 투쟁구호 및 투쟁전술을 그대로 받아 이를 학생운동 내에서 실현하고자 했다. 그러나 현실적으로는 한민전은 남한 내에 존재하지 않았다. 따라서 한민전의 방침을 가장 잘 이해하고 이를 학생운동 내에 관철시키는 조직을 필요로 했다. 이러한 역할을 수행하는 학생운동 내의 조직이 '반미청년회' 였다.

1987년 당시 학생운동 내에서 한민전의 방침을 학생운동 내에 전파하고 실현하기 위한 조직으로 '반미청년회', '조국통일그룹', 서울대를 주축으로 구성된 '관악자주파' 등이 있었고, 이들 그룹이 학생운동을 배후에서 지도했다. 이들은 모두 주체사상과 북한의 전략전술론으로 무장했다는 공통점을 지니고 있었으나 해당시기 투쟁전술에서 차이를 보였고, 학생운동의 주도권을 놓고 일면 대립, 일면 협력하면서 1990년대 초까지 학생운동을 주도했다.

주사파 NL에 의해 주도된 학생운동은 1987년 들어 조직노선에서 대중노선의 구현과 함께 투쟁노선에서도 일대 전환을 모색했다. 1986년 투쟁이 대중의 수준과 준비 정도, 정서 등을 고려하지 않은 모험주의적 투쟁이었다는 비판과 함께 대중과 함께 투쟁하는 방식에 대한 고려와 시도가 있었다. 이러한 노력의 결과 1987년 봄에는 각 대학마다 학생운동의 대중성 확보를 위한 학원민주화 투쟁이 주류를 이루었다.

1987년 봄 애학투 사건으로 구속되었다 집행유예로 풀려난 학생들에 대한 학사징계 반대 투쟁이 서울대를 중심으로 일어났고, 부산대, 경북대, 경상대, 울산대, 동의대, 전남대, 전북대 등에서 학원민주화 투쟁이 전개되었다. 이 시기 투쟁에 학생들의 반수 이상이 투쟁에 동참하는 위력을 과시했다. 이러한 투쟁을 발판으로 학생운동은 4·19 계승투쟁과 5·18 계승투쟁을 이전과는 그 규모 면에서 다른 대중적 투쟁으로 만들어 갔다.

뿐만 아니라 아무런 매개도 없이 반미투쟁을 진행하던 방식에서 벗어나, 당시 초미의 관심사로 되고 있던 개헌 문제를 매개로 반독재 민주화 투쟁과 반미 자주화 투쟁을 결합하여 벌여 나갔다. 이렇게 학생운동의 투쟁노선을 재정립하려고 시도하는 가운데 박종철 고문치사 은폐조작사건, 4·13 호헌조치 등의 사건이 터진다. 대중의 분노를 자아냈던 일련의 사건이 6월 투쟁의 기폭제가 된 것은 사실이지만, 6월 투쟁의 원동력으로 학생운동의 조직과 투쟁노선의 변화와 실현이라는 측면을 무시하기는 어렵다.

4·13 호헌조치 후 학생운동은 '호헌철폐'와 '독재타도'라는 대중적 슬로건을 채택하고 광범위한 학생을 투쟁으로 끌어들이는데 성공했다. 학생들의 대중적인 투쟁은 6월 항쟁의 기폭제가 되었던 것이다.

3. 민족해방 민중민주주의 혁명론(NLPDR론)의 내용

NL의 혁명론은 북한의 혁명론을 그대로 직수입한 것이다. 그 증거는 NLPDR의 주요 논거인 사회에 대한 이론과 '식민지 반(半)자본주의론', 혁명의 본질과 임무, 대상과 동력 등에서 그대로 일치한다.

당시 NL 진영은 교조주의, 사대주의를 배격하고 주체적 관점에서 혁명론을 수립해야 한다고 주장하고 있다. 이는 북한이 자신들의 주체사상이 새로운 시대에 맞는 새로운 사상이며, 마르크스주의의 완성이라고 주장한 것과 같은 맥락이다. 이들에 따르면 마르크스주의의 직접적인 수용과 적용은 사대주의이자 교조적 태도라는 것이다.

북한의 인민민주주의 혁명론인 민족해방 인민민주의 혁명론은 코민테른 강령에서 제시된 후진국형 공산혁명전략을 원용한 것이다. 이 전략은 먼저 노동자 계급, 농민, 청년학생, 진보적 지식인을 주력군으로 하고 반동 관료 및 매판자본가를 제외한 각계각층을 보조역량으로 하여 통일전선을 형성하여, 먼저 미제(美帝)를 축출하고 파쇼정권을 타도한 다음 용공(容共)정권인 민족자주정권을 세운다. 이어 북한과 연방제 통일을 한 다음 사적(私的) 소유와 프롤레타리아 독재 권력 수립을 내용으로 하는 본격적인 사회주의 혁명을 진행하는 전략이다.

이 혁명에 있어서 노동자전위당의 지도를 전제로 하기 때문에 1단계에서 사회주의로의 이행은 폭력이 아닌 평화적인 방법으로 진행된다는 것이다. 주사파가 제기하는 남북한 간의 평화적 통일은 남쪽에 용공정권의 수립을 전제로 할 때만 가능한 것이다.

북한은 「구국의 소리방송」, 「평양방송」 등 대남방송을 통하여 남조선혁명론에 대한 체계적인 운동 강좌를 시리즈로 내보냈는데 이를 NL진영이 방송을 녹취하여 수용한 것이다.

한국 사회 평가

공산주의 혁명론에 따르면 해당 시기 해당 사회가 어떠한 사회의 성격을 가지느냐에 대한 평가로부터 혁명의 성격과 기본임무, 대상과 동력을 구분한다.

NL 진영은 북한의 주체사관에 입각해서 한국 사회를 평가한다. 사회를 평가하는데 있어 마르크스주의에서 말하는 생산수단의 소유관계 만이 아니라 정권의 소유관계를 같이 파악해야 한다는 입장이다. 이러한 입장은 기존의 사회주의 이론에서 말하는 '사회구성체론'과는 다른 것으로, 북한은 이를 '사회성격론'으로 불렀다.

주체사관의 사회성격론에서 볼 때 한국 사회는 '식민지 반(半)자본주의 사회'라는 것이다. 이는 한국 사회가 정치체제 면에서 미국의 군사적 강점하에 있는 식민지 사회이고, 당시의 정권은 미국의 대리통치 정권인 허수

아비 정권이기 때문이며, 경제 체제 면에서는 정상적인 경로에 의해 형성된 자본주의가 아니라 봉건적 요소와 전근대성 및 매판성 등이 중첩된 반(半)자본주의 사회라는 것이다.

여기서 하나 유의할 점은 NL 진영은 초기에 한국 사회를 '식민지 반(半)봉건 사회'로 평가하다가, '식민지 반(半)자본주의 사회'로 수정하여 성격지우고 있다는 사실이다. 이는 주사파의 반봉건 규정이 PD 진영과의 사상투쟁에서 밀리는 데서 비롯된 대응이며, 직접적으로는 한국민족민주전선(이하 한민전)의 '구국의 소리 방송'에서 1988년 2월 17일 한국 혁명전략지침인 "변혁운동의 새로운 도약을 위하여"라는 논설을 통해 한국 사회를 식민지 반(半)자본주의 사회라고 수정 보도한 데 기인한다. 이후 NL 진영은 '식민지 반봉건 사회론'을 폐기하고 '식민지 반자본주의 사회론'을 주장했다.

실제로 북한은 1960년대까지는 한국 사회를 식민지 반봉건 사회로 규정했으나, 1970년 11월 제5차 당대회 이후 식민지 반자본주의사회로 평가해 왔음을 상기할 때 NL 진영이 이를 모르고 있다가 북한의 대남혁명기구인 '한민전'의 '구국의 소리 방송' 이후 수정한 것이다.

한국 사회의 모순관계

이상의 한국 사회에 대한 인식에서 NL 진영은 한국 사회가 미국과 한국 민중과의 모순, 즉 민족모순과, 파쇼통치체제와 그 물적 기반인 매판자본과 민중과의 모순인 계급모순이 중첩되어 있다는 것이다. 이중 가장 중요한 모순은 미국과 한국 민중과의 모순이라는 것이다. 여기서 왜 NL 진영이 반미 자주화 투쟁을 가장 중심으로 생각하는지에 대한 이유가 발견된다.

한국 사회 혁명의 본질과 임무

한국 사회에 대한 평가와 모순 규정에 의하면 한국 혁명의 본질은 미국의 식민통치를 척결하고 민족의 자주성 실현을 그 중심 내용으로 하는 사회혁명으로서, 본질에 있어 민족해방혁명이라는 것이다. 그 이유는 한국 사회에서 민중의 자주성을 유린하는 세력은 국가주권과 생산수단을 장악하고 사회의 전 영역에서 지배적 우위를 차지하고 있는 미국과 그 대리집단인 매판자본가, 지주, 상층관료들이며, 자주성을 억압당하는 계급 계층은 노동자, 농민, 청년학생, 진보적지식인, 도시 소자산 계급, 일부 애국적 민족자본가, 애국적 군인이기 때문이라는 것이다. 이중에서 미국이야 말로 한국 민중의 자주성을 억압하는 주범(主犯)이라는 것이다.

이들에 따르면 매판자본가, 지주, 상층 관료는 미국에 의해 육성되고 비호되는 대리세력이고, 민족모순이 해결되면 다른 모순도 해결되는 결정적 요인이 된다는 것이다.

민족해방운동으로서의 한국사회 변혁운동의 기본임무는 미국 지배와 그 대리세력의 군사파쇼 통치를 청산하고 사회의 자주화와 민주화를 실현하는 것이다. 그런데 한국의 변혁운동은 민족이 분열되고 국토가 양단된 나라의 반쪽에서 수행된다. 그렇기 때문에 한국변혁운동은 민족해방의 임무와 민주주의적 임무를 수행함과 동시에 조국의 자주적 평화통일을 실현해야 할 민족사적 임무도 있다고 NL 진영은 보고 있다. 여기서 '자주적'이라 함은 미국의 식민지적 통치를 없앤다는 것이고, 평화적이라 함은 민족자주정부 수립 후 북한과의 연방제 통일을 말한다.

이러한 임무로부터 NL 진영은 3대 투쟁과제를 도출해 낸다. 3대 투쟁이란 반미 자주화 투쟁, 반독재 민주화 투쟁, 조국통일 촉진투쟁을 말한다. 현재 NL 진영이 금과옥조처럼 여기는 자주, 민주, 통일이 여기에서 유래한 것이다.

이러한 3대투쟁 가운데 반미 자주화 투쟁이 항상 최우선 과제로 나선다. 왜냐하면 그들이 보기에 미국이야말로 모든 모순의 근원이기 때문이다. 따라서 해당 시기에 투쟁을 전개함에 있어 반미 자주화 투쟁을 중심으로 다른 투쟁을 결합해야 한다는 원칙을 지켜야 한다는 것이다. 이들이 보기에는 군부독재에 반대하는 투쟁은 반미 자주화를 실현하는데 유리한 사회적 여건을 조성해 준다고 보고, 이 투쟁을 통해 미국의 한반도 식민통치의 기반에 균열을 내고 민족자주역량을 성장시키는 데 유리한 여건을 만들어야 한다는 것이다.

1980년대 중반 이후 학생운동이 반독재 투쟁을 벌인 것은 이러한 투쟁 전술에 입각한 것이다. 따라서 이들이 자신들의 투쟁을 민주화투쟁으로 부르는 것은 잘못된 것이다. 그들은 민족해방민중민주주의혁명 투쟁을 한 것이다. 조국통일촉진투쟁 또한 이를 가로막고 있는 주 세력이 미국과 그 대리통치세력인 군부독재권력이라는 본질에는 변함이 없으나, 남한의 반쪽혁명을 전 한반도 차원에서 진행한다는 의미에서 그 독특한 지위를 가진다. 그 구체적 내용으로는 연북의식 고취와 연방제 통일방안의 선전 등을 들고 있다.

한국사회혁명의 대상과 동력

대상이란 혁명의 주요한 공격목표를 말하고, 동력이란 누가 이 혁명의 주요한 세력으로 나서는가에 대한 문제를 말하는데, 공산주의 혁명의 전략 전술상 중요한 일부분을 차지한다. 그 시기, 그 사회에서 인간의 자주성을 유린 억압하는 세력, 즉 반동적 착취세력과 제 세력이 혁명운동의 대상이다. 이들에 따르면 미국과 반동관료배, 매판자본가, 지주 등이 대상이다.

동력은 주력군(기본동력)과 보조역량으로 나뉜다. 주력군이란 그 계급, 계층의 생활적 처지로 볼 때 당면혁명에 가장 절실한 이해관계를 가지며, 혁명의 완수를 위해 끝까지 가장 철저하게 싸울 수 있는 세력을 말한다. 한국사회에서는 노동자, 농민, 청년학생, 진보적지식인 등을 말한다.

보조역량은 혁명수행에 있어서 이해관계의 절실함이나, 투쟁에 있어서 철저함은 주력부대보다 떨어지며, 투쟁에 있어서 동요성을 보이기 쉬우나, 이들도 자주성을 유린 억압당하고 있기 때문에 당면 혁명에 이해관계를 가지고 있기 때문에 보조역량으로 통일전선이라는 형태로 묶어야 한다는 것이다. 그러나 보조역량은 끊임없이 동요하는 세력이기 때문에 협력하면서도 비판하는 관점을 유지해야 하며, 일 단계 혁명이 수행되고 나면 이들 또한 다음 혁명의 대상으로 전락하게 된다.

4. 전대협 지하지도부와 전대협 강령 분석

전대협은 주체사상을 신봉하는 NL 진영의 전투적 총학생회 노선에 의거하여 구축된 대중조직이다. 대중조직은 전위의 지도를 받는 조직으로, 기본적으로는 합법조직을 지향한다. 합법조직을 지향하는 이유는 보다 많은 학생들을 조직으로 끌어들일 수 있고, 그 속에서 활동하는 혁명적 전위인자를 대중으로부터 보호 받을 수 있다는 논리에 의거해서이다. 따라서 전대협은 비합법 지도그룹의 활동공간이며, 그들의 지도노선이 관철되는 통로이다.

전대협 지하지도부와 활동형태

반미청년회

1986년 학생운동을 주도한 대표적인 주사파 지하지도조직으로는 서울대의 '구국학생연맹', 연세대의 '반제구국학생동맹', 고려대의 '애국학생회' 등이 있었다.

'반미청년회'의 모태가 된 것은 고려대의 '애국학생회'였다. 그러나 건대투쟁 이후 당국의 수사에 의하여 주요 지도부가 검거되고 조직은 와해되기에 이른다. 그러나 이 와중에 전국 대학들 간의 연락체계는 살아남았다. 이들은 조혁을 중심으로 전국적인 주사파 지도조직의 재건을 모색하고 그 결과 1986년 12월에 '전국청년학생사상운동추진위원회'(이하 전사추위)를 결성하기에 이른다.

'전사추위'는 고려대 주사파 잔존세력을 중심으로, 연세대, 서강대 등의 주사파 잔존세력을 규합하여 전국의 10여 개 대학의 30여 명으로 규합한 중앙지도 조직과 서울, 수원, 영남, 호남의 지역을 지도하는 지역지도 조직으로 2원화하여 조직을 편재했다. 당시 학생운동의 활동인자는 각 대학별로 총학생회, 단과대 학생회, 과 학생회에서 간부들로 활동했는데, 이들 중 3~4학년을 중심으로 각 대학 지하지도부를 구성하고, 이들 중 일부를 '반미청년회' 회원으로 선발하여, 전국 학생운동을 장악했다.

1987년 전대협의 조직노선인 '전투적 총학생회론'은 이들 '전사추위'에 의해서 제기된 조직노선이었고, 1987년 서대협의 결성과 전대협의 결성은 이들에 의해서 배후에 주도되었다.

'전사추위'는 1987년 6월 투쟁과 전대협의 성과를 바탕으로 전국적인 혁명투쟁을 체계적으로 지도할 지도조직의 필요성을 제기하고 1987년 10월 중순 홍익대에서 김일성 주체사상과 '한민전'을 추종하는 '반미청년회'를 결성한다. '전사추위'와 '반미청년회'는 동일한 지도부에 의해서 주도된 학생운동 지하지도부의 자체 변화과정으로 보아야 한다. 이들은 「대동단결」이라는 선전매체를 통하여 1987년의 대통령 선거에서 김대중 후보에 대한 비판적 지지운동을 주장했다. 이는 당시 재야운동의 연합체였던 '민통련'에서 제기되었던 김대중 후보에 대한 비판적 지지론을 수용한 것으로 보인다.

'반미청년회'는 「대동단결」 7호에서 식민지 해방투쟁에서 대통령 선거가 갖는 의미를 주목하고, 후보와 결합하지 않는 선거전술은 현재 운동의 주체역량의 미비와 국민들의 선거에 대한 지대한 관심과 기대를 감안할 때 실패할 수밖에 없다고 주장하여 당시 PD 진영에서 제기 했던 독자후보 전술인 민중후보론과 분명한 선을 그었다. 이들에 따르면 당시 정세는 미국의 식민지 지배방식의 변화를 반영한 직접지배에서 대리통치체계의 구축으로 보았다. 노태우 후보는 미국의 대리통치세력이라는 것이다.

미국은 1987년 대통령 선거를 통해 자신들의 대리통치세력을 합법적으로 추인 받으려 한다는 것이다. 따라서 이러한 미국의 기도를 좌절시키기 위해서는 양김(김영삼, 김대중) 중 어느 한 명과 결합해야 하는데, 이들 중 상대적으로 진보적인 김대중을 지지하는 것이 당연하다는 것이다. 이들은 당시 야당에 선거투쟁 결합에 관한 5개항의 조건을 내걸고 이를 수락한 김대중에 대한 지지를 선언했다.

이들이 이러한 선거 전술을 채택한 것은 식민지 사회에서 민중들은 선거에 관심이 있는데 이러한 관심을 이용하여 다소 진보적인 후보와 단결하고 이를 승리로 이끌어서 향후 결정적 혁명 승리의 유리한 조건을 만들겠다는 전술적 고려를 한 데 따른 것이다.

'반미청년회'는 의장인 조혁(고대 노문4, 제적)을 중심으로 무력부, 연락부, 선전부, 후원부, 교양부 등 5개 부서와 이와는 별도로 의장 직속으로 청년부와 학생부를 각각 두었다.

무력부는 그 밑에 구국결사대 8명이 소속되어 연세대 김철에 의해서 운영되었는데 이들은1987년 대통령 선거가 끝난 직후 미 문화원 점거농성과 광주 미 문화원에 대한 폭탄투척사건을 벌였다. 선전부는 김일성 주체사상의 전파와 민족해방 민중민주주의론에 대한 조직원들의 사상무장을 위해 「자주언론」이라는 지하 간행물을 발간했다.

이들에 의해 이루어진 선전으로 대표적인 것은 북한방송이 주장한 KAL 858기 폭파사건이 남쪽정부의 자작극이라는 내용의 전파였다. 이들은 각 대학에 대자보를 통해 이러한 선전을 했고, 기관지를 통해 계속 이러한 사실을 전파해 나갔다. 이들의 이러한 북한 주장의 일방적인 수용이 20년이 지난 오늘날 우리 언론에 의해 대중적으로 유포되고 있으니 어리둥절하기만 하다. 교양부는 각 대학별로 정치학교를 운영하면서 혁명지도자를 양성하는 역할을 담당했다.

1987년 '반미청년회'와 그 하부조직인 전대협에 의해 이루어진 선거전술인 김대중 비판적 지지운동은 학생운동 내부의 심한 반발에 부딪쳤다. 이러한 김대중 지지론에 앞장섰던 '반미청년회' 의장 조혁은 노태우 후보의 당선으로 끝난 1888년 1월 「자주언론」 편집자 조국 명의로 발표한 자기비판서에서 "나는 노태우 집권을 방조한, 운동가로서의 책임을 통감하고"라는 내용을 발표한다.

이 글에서 본 바와 같이 1987년 전대협의 투쟁의 배후에 '반미청년회'가 있었음을 확인하고 있다. 그 다음으로 조혁은 1988년 투쟁을 위하여 "'한국민족민주전선'이 지령한 노태우 집권의 저지파탄과 단독 올림픽을 저지하는 투쟁에 모든 노력을 다 바쳐 싸울 것을 결의한다"라고 하여 '반미청년회'의 투쟁은 '한민전'의 지령에 의한 것임을 분명히 하고 있다.

조통그룹, 관악자주파

1987년 대통령 선거 당시 전대협의 주류였던 '반미청년회'의 김대중

지지론에 반대하여 후보 단일화론을 제기한 주사파가 있었는데, 후보 단일화론을 주도한 그룹이 '조통그룹'과 '관악자주파'다.

'조통그룹'은 연세대와 서강대 등 서울 서부지역을 중심으로 활동했다. 이 그룹은 1987년 8월 석방된 복학생들을 중심으로 구성되어 활동했다. 이들은 김대중 지지론에 반대하는 서울 서부지역 학생활동가를 중심으로 자신의 세력을 넓혀 갔다.

이 그룹은 '한민전'의 지도를 인정했으나, 투쟁전술에서 당시 주류였던 '반미청년회'와 차이가 있었고, 1988년 이후 '관악자주파'와 협력을 바탕으로 통일운동을 주도했다. 1989년도 이들은 임수경 평양 파견을 주도했다.

한편 서울대에서는 '구학련' 등 학생운동 지도부가 사실상 궤멸된 상황에서 아직 검거되지 않은 활동가들을 중심으로 서울대 활동가 조직을 재건하고 서울 남부지역을 중심으로 세력을 확장 했다. 이러한 서울대 중심의 주사파 그룹을 '관악자주파'로 불렀다. 이들이 자주파로 불리게 된 배경에는 이들은 '한민전'의 방침을 비판적으로 수용해야 한다는 입장을 가지고 있었기 때문이다. 이들은 '반미청년회'처럼 단일한 지도조직이 아니라, 서울대 활동가를 대표하는 리더들의 협의체 형식이었다.

1988년 서울대 김중기에 의해서 제기된 남북학생회담 성사투쟁은 이들이 제기했고, '조통그룹'과 '반미청년회'가 수용해서 전대협이라는 대중조직을 통해 진행된 투쟁이었다.

이들 세 그룹은 자파출신을 총학생회장에 당선시키거나, 활동가를 전대협 내부에 침투시켜 자신들의 지도를 관철시켜왔다. 예를 들면 이 당시 전대협 의장인 이인영에게는 '비서'라는 직함으로 반미청년회에서 침투된 사람이 있었다. 훗날 수사를 통해서 밝혀졌지만 전 열린우리당 국회의원이었던 이철우가 그 역할을 수행했다.

1987년 당시 전대협은 연락사무국만 있었고, 전대협의 상시적 업무는 가장 영향력이 있었던 서대협에서 담당했다. 서대협의 정책국이나, 편집국, 연대사업국, 투쟁국 등에 반미청년회 간부들과 조통 그룹, 관악자주파 그룹의 핵심활동가들이 대거 포진해 있었다.

대중조직인 전대협은 합법조직을 지향하는 이유 때문에 그들의 사상이나 투쟁노선은 상당히 대중적으로 서술하고 있다. 그러나 주체사상을 신봉하는 그룹에 의해 지도되기 때문에 그들의 노선과 자료에서 주체사상과 투쟁노선이 곳곳에 나타나 있다. 자민통 그룹이 장악한 1989년부터는 주체사상과 그 투쟁노선이 보다 선명히 나타나기 시작하여, 한국대학총학생회연합(이하 한총련)에 이르러서는 노골적으로 지도사상으로 주체사상을 거론하고, 북한의 투쟁노선을 추종하고 있다.

전대협 회칙

1987년 8월 발족 당시 전대협 회칙을 살펴보자.

"전국 대학생 대표자 협의회 회칙 초안

1. 명칭 : 본회의 명칭은 전국 대학생 대표자 협의회(이하 전대협) 라고 한다.
2. 목적 : 전대협은 전국 백만학도의 단결과 통일 기하며, 민주적 학생자치활동의 적극 옹호 및 보장과 분단된 조국의 자주·민주·통일의 실현에 기여한다.
   1) 외세의 배격과 독재의 종식을 위하여 완전한 민주주의 자주독립국가의 건설을 위해 헌신한다.
   2) 민족과 민중에 근거한 진보적 민주주의의 구현에 기여한다."

전대협은 대중조직이다. 따라서 배후조직이나 비밀조직에서와 같이 노골적인 표현은 없다. 그러나 그 단초들은 곳곳에 존재한다. 회칙에서 전대협은 '자주·민주·통일'의 실현에 기여한다고 표현하고 있다. 이는 앞서 살펴본 바와 같이 북한이 정식화한 민족해방인민민주주의혁명론에서 제기하는 대남혁명의 3대 투쟁과제인 반미 자주화 투쟁, 반독재 민주화 투쟁, 조국통일 촉진 투쟁을 말하는 것이다. 전대협 이전 학생운동에서는 자주·민주·통일이라는 북한의 구호는 나온 적이 없다. 북한의 혁명론을 한국의 학생운동이 수용하면서 북한의 표현이 한국의 학생운동에 등장하고 있는 것이다.

더 있다. 2조 3항의 민족과 민중에 근거한 진보적 민주주의 구현에 기여한다는 표현이다. 어디선 본 적이 있지 않은가. 바로 헌법재판소에 의해 해산 선고를 받은 '통합진보당'의 강령에 있는 내용이 '진보적 민주주의'다. 통진당 간부는 자신들의 내부 모임에서 '진보적 민주주의'는 수령님께서 제시하신 것이라고 밝히고 있다. 진보적 민주주의에 대한 헌재의 판결을 인용해 보자.

"피청구인 주도세력은 우리나라를 미국과 외세에 예속된 천민적 자본주의 또는 식민지 반자본주의 사회로 인식하고 있고, 자유민주주의 체제가 자본가 계급의 정권으로서 자본가 내지 특권적 지배계급이 국가권력을 장악하여 민중을 착취 수탈하고 민중의 주권을 실질적으로 강탈한 구조적 불평등사회로 인식하고 있다.

피청구인 주도세력은 이러한 자유민주주의 체제의 모순을 해소하기 위해 민중이 주권을 가지는 민중민주주의 사회로 전환해야 하는데 민족해방 문제가 선결과제이므로 민족해방 민중민주주의혁명을 해야 한다고 주장한다. 그런데 피청구인 주도세력은 자유민주주의 체제에서 사회주의로 안정적으로 이행하기 위한 과도기 정부로서 진보적 민주주의 체제를 설정했다.

한편, 피청구인 주도세력은 연방제 통일을 추구하고 있는데, 낮은 단계 연방제 통일 이후 추진할 통일국가의 모습은 과도기 진보적 민주주의 체제를 거친 사회주의 체제이다. …

피청구인 주도세력은 폭력에 의하여 진보적 민주주의를 실현하고 이를 기초로 통일을 통하여 최종적으로 사회주의를 실현한다는 목적을 가지고 있다. 피청구인 주도세력은 북한을 추종하고 있고 그들이 주장하는 진보적 민주주의는 북한의 대남혁명전략과 거의 모든 점에서 전체적으로 같거나 매우 유사하다."

헌재의 판결은 분명하다. 진보적 민주주의는 북한의 대남혁명전략과 같다는 것이다. 진보적 민주주의가 북한으로부터 수입된 것이라는 뜻이다.

전대협은 회칙에 자신들의 목적이 '진보적 민주주의'라고 쓰고 있다. 대한민국이 미국에 예속된 사회이며 자본가들의 착취가 일상화된 사회라는 인식에 기반하고 있다는 것을 나타내는 구체적 표현이다. 혁명을 기정사실화하고 있는 것이다. 혁명을 위해 대결과 투쟁의 일상화를 꾀하고 있는 것이다. 만일 상대가 자본가 계급, 지배계급이라면 타도와 극복의 대상이다. 여기에 대화와 타협이 끼어들 자리는 없다.

전대협 주역들이 성장하여 오늘 대한민국의 주역이 되었다. 그들 중 일부는 여당의 주류가 되었다. 이들이 아직도 학생시절에 가졌던 대립과 투쟁의 사상에 머물러 있다면 한국 사회의 앞날이 암울하다. 이제 그들은 한국 사회를 주도하는 리더들이기 때문이다.

이상에서 살펴본 바와 같이 전대협이 북한의 주체사상과 그의 이론을 추종했으며, 매 시기 한민전의 투쟁방침을 철저히 따랐다는 사실은 의심할 나위 없는 사실이다. 그동안 전대협을 이끌어 왔던 NL 주사파는 한결같이 자신들의 1980년대 운동을 '민주화운동'이라고 강변하여 왔다. 그러나 이후 전향한 운동권의 자기 고백이 이어지면서 이들의 대응도 조금씩 달라지고 있다.

처음에 이들은 그런 사실 자체를 부정했다. 그러나 구체적인 증거와 정황이 제시되자, 일부에서는 "인정은 하나 자신들도 변해왔다"고 말하고 있다. 전 열린우리당의 이철우는 「데일리안」과 인터뷰에서 자신도 권위주의와 저항하는 한 방법으로 마르크스주의와 주체사상을 한 때 수용한 적 있으나, 그 후 변해왔다고 시인했다.

유시민은 「오마이뉴스」와 인터뷰에서 자신은 한민전을 받아쓰기한 사실이 없으며, "우리가 말릴 때는 말을 안 듣더니 어디 있다가 이제 와서 새삼스럽게 그런 사실을 고백하느냐"고 반문함으로서 과거 운동권에 만연했던 한민전 노선 추종을 간접적으로 시인하고 있다.

오늘날 반미의식의 확대와 성장의 배후에는 1980년대 학생운동을 이끌었던 핵심 지도부의 미국에 대한 인식-미국이 우리 사회의 발전을 가로막고 있으며, 분단의 원흉이고 침략세력이라는 것-과 무관하지 않다. 또 북한 김정일-김정은 세습 정권에 대한 필요 이상의 관대한 태도를 보이고 있고, 북한 주민에 대해 가해지는 정치적 탄압에 대한 의도적 무관심으로 일관하고 있다. 반면 과거 '파쇼 악법'이라고 불렀던 국가보안법에 대해서는 적대적 감정을 그대로 표출하고 있다.

필자가 느끼는 근심은 현재 이들의 이런 태도와 과거 민족해방 민중민주주의혁명론의 논리와 주장과의 유사성 때문이다. 과거 386 핵심 지도그룹과 숱한 좌파 지식인들은 이제 답해야 한다. 그들의 주장에 따르면 대한민국은 미제의 수탈에 의해 이미 망하거나 역사 속에서 사라졌어야 했다. 그런데 그들의 기대와는 정반대로 우리의 사회는 발전했고, 대한민국의 성장을 이 지구상에서 아무도 의심하지 않고 있는 이 현실에 대해서 설명해야 한다.

04

분노와 증오, 한국 정치의 뿌리는 공산 전체주의다

자유민주주의는 다원주의에 기초하고 있다. "사람의 생각은 다르다"는 것을 기본 전제로 삼고 이를 어떤 방식으로 통합할 것인가 하는 문제가 정치의 문제다. 복수정당제와 선거를 통한 다수결 방식으로 문제를 해결하는 구조다.

다원주의 복수정당제는 나와 본질적으로 다를 수밖에 없는 타인에 대한 증오가 아니라, 인정에서 출발하는 사상이다. 그러나 전체주의는 다원주의를 인정하지 않는다. 당과 다른 입장은 비판의 대상, 처벌의 대상이 되는 것이 전체주의다. 한국의 정치가 극단적 대립 양상을 띠는 것은 다원주의가 아니라 전체주의를 가진 사람들이 한국 정치의 주도권을 쥐고 있는 것과 무관하지 않다. 전대협, 주사파, 전체주의를 신봉하는 학생운동 출신들이 한국 정치의 주도권을 행사하기 때문이다.

정치는 기본적으로 대립적 요소를 가지고 있다. 사람들이 소중하게 여기는 '한정된 자원'의 배분권이 정치에게 주어져 있기 때문이다. 한정된 자원에는 돈 뿐만 아니라 지위, 명예 등도 포함된다. 정치를 통해 자원이 배분될 경우 이 배분에 이익을 보는 세력과 손해를 보는 세력을 양산하는 것은 기정사실이다. 모두를 만족시키는 배분은 없기 때문이다.

오늘날 우리가 채택하고 있는 자유민주주의가 복수정당제, 선거와 다수결 등을 중시하는 것은 대립을 포함하고 있는 정치의 본질을 간파했기 때문이다. 복수의 정당이 자신의 자원배분에 대한 원칙과 내용을 '정책'으로 포장하여 국민들에게 설명하고, 선거를 통해 심판을 받는다.

선거를 통해서 승리한 정당은 자신들의 정책을 실행하고, 그 결과를 선거로 심판받는다. 패배한 정당은 자신들이 국민들의 다수의 선택을 받지 못한 원인을 반성하고 다시금 변화 발전된 자신들의 정책에 대한 지지를 호소하여 정권교체를 실현하는 것이다.

자유민주주의의 요체는 선거와, 선거 결과에 대한 승복이다. 선거에서 승리한 집권세력의 밀월 기간이 존재하는 것은 승리한 정당이 자신의 정책을 실현하고 그 평가를 받을 시간을 주려는 사려 깊은 배려다. 이런 선순환의 과정을 통해 정치가 발전하고 국민들의 삶의 질이 개선되는 것이다.

오늘날 한국정치의 행태, 특히 운동권 정치인들의 행태를 한마디로 표현하면, 극한 대립의 정치다. 과거 권위주의 시절에도 여야의 대립은 있었다. 그러나 대부분의 경우 타협도 성공적이었다. 그러나 현재의 운동권 정치인들은 그 어디에도 상대방에 대한 배려는 찾아보기 어렵다. 무모한 자기 확신과 그에 기인한 잘못된 행태는 어디에서 비롯된 것일까? 이들의 극한 대립은 어디에서 비롯된 것인가? 상대방이 나와 대화의 대상이 아니라 타도의 대상, 극복의 대상으로 인식되는 까닭이다.

오늘날 한국 여당의 주류는 소위 386 운동권이다. 전대협(전국대학생대표자협의회의 약칭) 세대들이 한국 여당의 주류를 형성하고 있다. 이들의 잘못된 인식이 한국 정치를 망치고 있다. 이들은 사사건건 대한민국의 경제 질서와 가치에 대립각을 세우고 있다. 정치가 한국의 발목을 잡고 있는 것이다.

1980년대 학생운동의 특징은 사회혁명을 위해 공산주의 사상을 본격적으로 수입한 것이다. 공산주의 사상은 '혁명을 위한 철학'이다. 마르크스는 혁명의 동력을 어디서 가져올 것인가를 철저히 고려한 결과 인간 본성의 깊숙한 곳에 존재하는 분노와 증오를 보았다.

생물 중 가장 고등한 인간의 대립은 곧 살육이었다. 인간과 인간의 대립은 공멸, 멸망을 의미했다. 따라서 인간은 수 만년 발전해오는 과정에서 분노와 증오를 조절·억제하는 훈련을 해왔다. 이것이 인간 사회에 존재하는 예의범절과 도덕 등으로 축약되어 있다.

분노와 증오를 억제하려는 인간의 노력은 성공적이었다. 그러나 마르크스는 혁명을 위해 인간의 분노와 증오를 활용했다. 사회의 가진 자, 자본가 계급에 대한 분노와 증오를 사회혁명의 동력으로 삼는 것이다.

공산주의 사상의 가장 중요한 이론적 기둥은 계급투쟁론과 역사적 유물론이다. 그중 계급투쟁론이야 말로 공산주의 혁명이론의 핵심이다. '분노와 증오의 철학'의 핵심이다. 공산주의자들의 설명을 들어보자.

발전된 새로운 생산력과 구태의연한 낡은 생산관계 사이에 갈등이 일어나게 된다. 생산력과 생산관계의 갈등은 생산력의 발전에 이해관계를 가지는 근로자 계급과 과거의 생산관계를 유지하는 데 이해관계를 가지는 지배계급 사이의 대립으로 전화된다. 그것이 계급들의 의식에 반영되어 근로자 계급과 지배계급 사이의 투쟁으로 표현된다는 것이다.

이것은 낡은 생산관계를 새로운 생산관계로 교체해야 할 사회혁명 과업이 제기되고 있다는 것을 말한다. 생산력 발전에 이해관계를 가지는 근로자 계급이 낡은 생산관계를 유지하려는 지배계급을 타도하고 새로운 생산관계로 교체함으로써 사회혁명은 승리하게 된다. 공산주의는 이러한 계급투쟁을 사회발전의 동력으로 보았다.

계급투쟁론은 분노와 증오의 정점이다. 노동자들은 생산력 발전의 담지자이다. 사회 발전은 이들의 손에 있다. 따라서 노동자들은 선(善) 그 자체다. 반면에 자본가들은 악(惡)이다. 자본가들은 자신들의 이해를 위해 사회발전을 가로막고 있다는 것이다. 따라서 자본가들을 타도하는 것은 사회발전을 위해 의미 있는 일이 된다. 공산주의가 '계급의 적'에 대한 분노와 증오를 아무 제약 없이 표출하는 이유는 이것이다.

한국 정치의 극한대립에는 전대협 세대들이 도입한 공산주의 사상에 그 근원이 있다. 이들은 공산주의에서 한 걸음 더 나아갔다. 1986년부터 본격적으로 김일성주의를 수입하고 북한 공산당의 지도적 지위를 인정했다.

전대협을 배후에서 지도했던 '반미청년회' 조혁의 고백을 들어보자. 조혁은 1987년 대선투쟁에서 학생운동에 DJ(김대중)에 대한 '비판적 지지'론을 제기했다. 당시 다수의 대학이 이 노선에 따랐다. 결과는 실패였다. 이에 대해 그가 자신이 발행했던 기관지에 다음과 같은 자아비판의 글을 게재했다.

"나는 노태우 집권을 방조한, 운동가로서의 책임을 통감하고 한국민족민주전선이 지령한 노태우 집권 저지와 단독 올림픽을 저지하는 투쟁에 나의 모든 노력과 재산과 생명까지라도 다 바쳐 싸울 것을 결의합니다. 나로 인해 화합과 대타협의 국면이 조성되었으므로 이젠 다시 대결과 투쟁의 국면을 유치하도록 혼신의 노력을 기울일 것입니다."

조혁의 글에서 두 가지를 주목해야 한다. 하나는 북한의 대남혁명기구인 '한국민족민주전선'의 지령을 언급하고 있다. 자신의 활동이 북한의 지령을 수용한 결과라는 것이며, 이는 한국 학생운동에 대한 북한의 지도적 위치를 스스로 표출한 것이다. 다음으로 그는 화합과 대타협이 아니라 대결과 투쟁의 국면으로 전환시키겠다고 주장하고 있다. 분노와 증오의 구체적 행태가 대결과 투쟁이다. 그는 화합과 대타협 국면이 조성된 것에 알레르기 반응을 보이고 있다. 공산주의 사상의 구체적 표현인 것이다.

한국의 자유민주주의는 위기에 있다. 분노와 증오를 뿌리로 하는 공산전체주의 사상에 물들었던 세력이 한국정치의 주력이 되었기 때문이다.

문재인 정부가 들어선 현재 국정원, 검찰, 경찰, 문화체육관광부 등 거의 모든 분야에서 '적폐 청산'을 명분으로 과거 정권을 부정하고 과거 정권에서 핵심적인 역할을 했던 인사들을 전부 불러내어 구속시키는 전대미문의 정치보복이 진행되고 있다. 현직 대통령 구속에 이어 전직 대통령까지 목표로 하고 있음이 분명해 보인다. 자유민주제의 핵심이 다원주의사상이다. 다원주의는 나와 다른 사람의 생각을 이해하려고 하는 노력에 있다. 자신과 다른 사상을 부정하고 이를 죄악시하는 것은 전체주의 통치 방식이다. 모든 공산주의 나라에서 공산전체주의 정권이 집권한 후 적폐 청산 같은 반동분자 청소에 하나 같이 나섰다. 캄보디아에서는 전체인구의 1/3이 반동으로 숙청당하기도 했다.

한국의 자유민주제가 다시금 번영과 안정으로 나아가려면 현재의 위기를 극복할 수 있는 자체의 힘을 지녀야 한다. 자체의 힘은 바로 개인들의 각성된 자각과 자각을 바탕으로 하는 정치적 진출이다. 돌이켜 보면 자유대한민국은 이승만을 비롯한 정치적 선각자들의 노력에 의해서 자유민주공화국으로 출범을 했다. 수천 년 간 우리를 짓눌러온 신분제 사회를 단번에 타파한 것이다. 신분제 사회에서 백성은 신민일 뿐이었다. 자유과 권리를 지닌 주체가 아니었다. 자유와 권리는 왕과 소수의 귀족들에게만 있을 뿐이었다. 그러나 자유대한민국은 출발 자체가 다른 혁명적인 것이었다. 자유대한민국이 출범함과 동시에 자치와 자립의 주체로서 개인이 등장하게 된 것이다. 그 개인들의 합의에 의한 통치가 자유민주공화국인 것이다. 공화국의 주인으로 등장한 개인은 공화국의 운명도 자신의 책임으로 하여야 한다. 자유인들의 공화국이 위기에 처해있다면 그 극복의 책임도 바로 공화국의 주인인 개인들에게 있는 것이다. 자유인들, 공화국의 주인들의 분발을 기대한다.

05

자유민주주의는 각성된 개인이 지킨다

자유민주주의 체제는 '내부의 적'인 전복주의자들의 활동에 매우 취약하다. 따라서 자유민주주의는 체제를 지키려는 '각성된 개인'이 전제되어야 안정적으로 유지될 수 있다. '각성된 개인'이란, 자유민주주의 체제를 이해하고, 그 체제가 얼마나 소중한 것인지 깨달은 개인을 말한다.

각성된 개인은 또 자유민주주의 체제를 누가 파괴하려고 하는지 지속적으로 관찰한다. 그리고 그들의 감정적 선동에 선동당하지 않기 위해 평소 '자유의 적'들의 활동의 이론을 꿰뚫어 보는 통찰력을 지니고 있다. 이런 통찰력은 공산 전체주의자들의 체제 전복 활동 수단을 공부하는 활동을 통해 습득하게 된다.

한국의 자유민주주의 체제는 그동안 체제를 수호하는 일을 국가가 거의 대신했다. 그것은 공산 전체주의와 전쟁을 했기 때문에 국가가 체제 수호에 대한 국민적 합의가 있었기 때문에 가능했다. 그러나 수십 년이 지난 현재 공산 전체주의자들의 만행을 직접 기억하는 사람들은 소수에 불과하다.

오랜 시간 동안 공산 전체주의자들은 자유민주 체제가 허용하는 자유를 이용하여 자신들의 전복 활동을 위한 사상과 투쟁을 강화시켜 나갔다. 그 결과 드디어 국가가 나서서 자유민주 체제를 유지하는 일에 앞장서는 활동에 상당수가 회의를 가지는 실정에 이른 것이다.

지난 수개월 동안 애국시민들이 추위를 무릅쓰고 태극기를 들고 자유민주 체제를 지키기 위해 거리에 나섰다. 이들은 한결같이 자유민주 체제 수호를 외쳤다. 그리고 공산 전체주의자들의 거짓 선동에 저항했다. 이는 해방공간에서 공산 전체주의자들과 맞섰던 반탁운동 이후 거의 최초의 일이다. 바야흐로 '태극기 혁명'이 일어난 것이다.

그러나 '태극기 혁명'은 미완으로 끝났다. 대통령에 대한 탄핵을 막지 못했고, 2017년 5월 선거에서 정권을 탄핵을 주도한 문재인 정부에 넘겨주었다. 실패로 끝났다고 해서 '태극기 혁명'이 의미가 없는 것은 아니다. 우파 최초의 집단적 의사 표출 이후, 대한민국 우파들의 정치적 진출이 시작되었다는 점이 우파 운동의 획기적인 전환점이 될 것이다.

각성된 개인만이 자유와 번영의 자유민주주의체제를 지킨다.

대한민국
승리의 길

제 8 장

한반도의 지정학과 한미동맹

이춘근 이화여자대학교 겸임교수/정치학

- 연세대 정치외교학과
- 텍사스 주립대학교 정치학 박사
- 세종연구소 외교안보담당 연구위원
- 한국해양전략연구소 연구실장
- 자유기업원 부원장
- 이화여대 경영대학 겸임교수
- 한국경제연구원 외교안보실장
- 희망나눔아카데미 원장

주요 저서

- 『미중 패권 경쟁과 한국의 전략』(김앤김북스, 2016)
- 『10월유신과 국제정치』(기파랑, 2018)
- 『미국에 당당했던 대한민국의 대통령들』(글마당, 2012)

01

서론

지정학의 학문적 개요

그 정확하고 구체적인 의미를 잘 알지는 못해도 거의 모든 한국 국민들은 한반도는 지정학(地政學)적으로 아주 어려운 처지에 있는 지역임을 알고 있다. 또 지정학이 가져다주는 운명적 요인들을 극복해 내지 못하면 한반도에 자리 잡고 있는 우리나라와 국민들은 안보 위협의 질곡에서 영원히 벗어나기 힘들 것이라는 사실을 잘 알고 있다.

지정학(地政學·Geopolitics 혹은 Political Geography)이란 문자 그대로 인간 및 국가들의 정치적 관계를 지리적인 측면에서 분석하는 학문을 지칭한다. 지정학은 1930년대 독일에서 급속히 발전한 학문 분야 중 하나다. 독일인들은 Geopolitik라고 말했고, 영어권에서는 Geopolitics라고 일컬어졌다.

당시 유럽 국가들 곳곳에서 마르크스주의(Marxism)가 맹위를 떨치고 있었지만 마르크스의 조국인 독일에서 마르크스주의는 지정학에 밀려 맥을 추지 못할 정도로 독일의 지정학은 한 시대를 풍미하던 학문적 조류였다. 지정학은 문자 그대로 지리, 즉 인간이 거주하는 공간에 대한 정치적 의미를 탐구하는 학문을 의미하지만 독일의 지정학은 단순한 학문을 넘어 독일 제국의 팽창 열망을 이론적·사상적으로 지지하는 광기(狂氣)가 되기도했다.

당시 지정학은 게르만의 인종적 우월주의와 합쳐져 독일이 제2차 세계대전을 일으키는 명분을 만들고 제공하는데 기여했다. 세계에서 가장 우수한 '문화를 창조하는 민족'인 게르만 인들이 거주하기에 독일은 너무 협소하며, 그래서 게르만 인들은 당연히 충분한 생활공간(Lebensraum)을 확보해야 하며, 그러기 위해서는 열등 민족인 슬라브족과 유태인들을 제거하고 그들의 땅을 장악해야 한다는 학설을 만들어 냈다. 이 같은 학설은 독일 국민들을 열광케 했다. 히틀러의 나치 독일이 벌인 제2차 세계대전의 배후에는 지정학이라는 학문이 배경으로 존재했었다.

독일 패망 이후 지정학이라는 학문은 제국주의, 침략 전쟁을 이론적으로 뒷받침하는 '못된 사이비 학문'이라는 누명이 씌워졌고, 많은 서양 민주주의 국가들은 지정학(Geopolitics)이라는 이름조차 없애버렸다. 지정학이라는 용어 대신 정치지리학(Political Geography)이라는 새로운 이름 아래 지정학은 그 학문의 명맥을 유지할 수 있었다.

물론 지리적 요인을 빼 놓고 국제정치를 설명할 수 없는 일이기에 영국과 미국에도 지정학이 존재했다. 미국의 해양 전략가 알프레드 T. 마한(Alfred T. Mahan) 제독의 해양세력이론(Sea Power Theory)은 본질적으로 지정학 이론이었고, 니콜라스 스피크맨(Nicholas J. Spykman), 스트라우스 휴페(Robert Strauss-Hupe) 등 지정학에 기반을 두고 국제정치를 분석하는 학자들의 저작들은[1] 영국 매킨더(Halford MacKinder) 경의 지정학 이론[2]과 더불어 앵글로 색슨 지정학파를 형성했다. 앵글로 색슨 지정학은 유럽 대륙이 어느 한 국가에 의해 지배당하게 되는 것은 막아야 한다는 세력균형을 지지하는 이론으로서, 미국이 2차 세계대전에 참전해야 하는 논리를 제시했다.

---

1) Alfred T, Mahan, The Influence of Seapower upon History 1660-1783 (Boston: Little Brown and Co., 1890); Nicholas J. Spykman, America's Strategy in World Politics" The United States and the Balance of Power (New York: Transaction, reprint, 2008); Robert Strausz-Hupe, Geopolitics (New York: G.P. Putnam's Sons, 1942).

2) Halford J. Mackinder, Democratic Ideals and Reality (New York: Norton, 1962, Original Printed in 1942).

2차 대전 이후 독일 학계에서 지정학은 퇴출되었지만, 미국의 대학을 중심으로 맥을 이어오던 지정학은 보다 가치중립적이며 과학적인 연구방법론이 동원된 지리학의 한 분야로 발전할 수 있었고 학문적인 생명을 유지하는데 성공했다. 지정학이라는 이름이 주는 혐오감 때문에 미국 학자들은 정치 지리학(Political Geography)이라는 이름을 사용했지만, 1990년대 이후 지정학이라는 고전적인 이름이 붙은 책들이 다시 등장하기 시작했으며 지금은 아무런 저항감 없이 다시 널리 사용되는 용어가 되었다.

이는 냉전이 종식 된 1990년대 초반 이후, 지정학이 다시 국제정치 분석의 중요한 변수로 다시 인식되고 있는 현상을 반영한 것이다. 냉전 시대의 국제정치를 규정하던 큰 변수는 이념(理念, Ideology)이었다. 그러나 공산주의 이념의 붕괴를 통해 냉전이 종식되었고, 프란시스 후쿠야마(Francis Fukuyama) 교수의 주장처럼 이데올로기의 정반합(正反合) 현상으로 설명되었던 헤겔식 역사는 끝난 것으로 보였던 것이다.[3)]

그러나 냉전 종식은 이데올로기 갈등에는 종지부를 찍게 했는지 모르지만 국가 간의 갈등 그 자체를 종식시키지는 못했다. 탈(脫)냉전 시대를 평화의 시대가 될 것이라고 주장한 소수의 학자들이 있기는 했지만 국제정치를 현실적 관점에서 보는 학자들 대부분은 21세기에도 국가간의 전쟁과 갈등은 종식되기는커녕 오히려 더욱 거세게 나타날 것이라고 예측했다.

미국 하버드 대학의 정치학 교수 사무엘 헌팅턴(Samuel P. Huntington)은 지구 문명권을 7개로 나눈 후 과거와 같은 국가 단위가 아니라 문명 단위의 갈등이 지속될 것이라고 예측했다.[4)] 그가 구분한 문명들은 지도 위에

3) Francis Fukuyama, The End of History and the Last Man (New York: Free Press, 1992) 후쿠야마 교수의 역사의 종언 주장은 The National Interest 지 1989년 여름 호에 논문으로 게재되어 논란을 일으켰고, 1992년 책으로 출간 되었다. 한글판은 프란시스 후쿠야마,(저) 함종빈 (역) 『역사의 종언: 이후의 시대 공산주의는 끝났다』 (서울: 헌정회, 1989).

4) Samuel P. Huntington, The Clash of Civilization and the Remaking of Word Order, (New York: Simon and Schuster, 1996). 새뮤얼 헌팅턴(저), 이희재(역), 『문명의 충돌』 (서울: 김영사, 1997).

분명한 선을 그어 나눌 수 있는, 즉 지리적 기반에 근거를 둔 것이었다. 영국의 전략이론가 콜린 그레이(Colin S. Gray)도 21세기는 20세기 못지않은 '피비린내 나는 세기(Bloody Century)'가 될 것으로 예측했다.[5)]

탈냉전 시대가 평화의 시대이기보다는 20세기 못지않은 전쟁과 분쟁의 시기로 판명되면서 학계에 나타난 현상 중 하나는 지정학의 회기라고 말할 수 있는 것이었다. 미국, 프랑스 등에서 국제정치를 다시 지정학적 관점에서 해석해야 한다는 저서들이 봇물을 이룬 듯 출간되고 있다. 프랑스에서는 각종 지도책과 지정학 시리즈물들이 간행되었으며, 특히 브레진스키[6)]와 카플란[7)]의 저서들은 탈냉전 시대의 국제정치 현상이 지정학적 관점에서 보다 잘 설명될 수 있다는 사실을 보여주었다.

우리나라에서 번역 출간된 지정학 교과서의 역서 서문에서 보이듯 "탈냉전 이후 지정학에 대한 관심이 급증"[8)]하고 있음은 부인할 수 없는 사실이 되었다. 2001년에는 미국 지정학의 요람이었던 해군대학(Navl War College)은 '지정학의 부활'이라는 주제의 학술회의를 주최하여[9)] 지정학의 시대의 도래를 알렸고, 그 후 불과 수개월 만에 발발한 9·11 테러 사건은 지정학 시대의 회기를 실제로 증명해 보인 사건이었다.

사실 국제분쟁을 연구하는 학자들은 결코 지정학적 관점을 포기한 적이 없었다. 다만 지정학이란 학문이 나치 독일에 의해 악용되었다는 역사적 과오 때문에 지정학적 관점을 택한다고 공개적으로 말하기가 부담스러웠을 뿐이다. 이제 다시 국제정치 분석에 지정학적 관심이 본격적으로 채

5) Colin S. Gray, Another Bloody Century: Future Warfare (London: Weidenfeld and Nicholson, 2005).

6) Zbignew Brzezinski, The Grand Chessboard (New York: Basic Books, 1997).

7) Robert D. Kaplan, The Revenge of Graphy: What the Map tells us about the coming Conflict and the Battle against Fate (New York: Random House, 2012).

8)) 이성형, "21세기 새로운 학문 패러다임, 지정학" Colin Flint, Introduction to Geopolitics, 한국지정학 연구회 역, 『지정학이란 무엇인가』 (서울: 도서출판 길, 2007), p.5.

9) Arthur Jay Klinghoffer, The Power of Projection (New York: Greenwood Press, 2006); 이용주(역), 『지도와 권력』 (서울: 알마, 2007), p.7.

용되기 시작했으며, 최근 일부 국가들의 전략에 보다 노골적인 형태의 지정학적 개념들이 사용되기 시작했다.

한국의 지정학적 운명

지정학은 국제정치를 분석하는 심층적 동인(動因)이다. 세상이 변해도 변하지 않는 근본적인 요인, 현상이 아니라 현상 아래 깊은 곳에서 도도히 흐르는 기류를 심층요인이라고 말한다. 아무리 두 나라의 지도자들이 악수를 하고 웃음을 짓고 평화협정에 서명을 한다고 하더라도 피상적 현상일 뿐, 국제관계의 밑바탕에 흐르며 궁극적인 국제관계를 규정하는 심층적 변수들을 초월할 수는 없다는 것이다.

예를 들어보자. 2015년 9월 3일 당시 박근혜 대통령은 자유민주주의 국가 중 유일한 국가원수로서, 특히 미국의 동맹국 중에서는 유일한 정상(頂上)으로 중국의 전승절(戰勝節) 기념 군사 퍼레이드에 참여하는 파격적인 행보를 보였다. 당시 우리나라 언론들은 박근혜 대통령이 '통일을 위해 망루에 올랐다'라는 허망하기 그지없는 보도를 해대고 있었고, 박근혜 역시 자신의 행보가 통일을 앞당길 것이라는 허망한 기대를 하고 있었다. 한중(韓中) 관계는 역대 어느 때 보다도 좋아진 것 같아 보였다.

박근혜가 거의 비이성적 수준으로 중국에 대해 우호적이며 굴종적인 태도를 취했지만 중국은 2016년 1월 6일 북한의 제4차 핵실험을 막아주지도 않았고, 2월 7일 북한의 장거리 미사일 발사를 막아 주지도 않았다. 2월 7일 북한의 장거리 미사일 발사 이후 비로소 개성공단을 폐쇄하기로 결정한 박근혜 정부는 천안문 방문 이후 약 10개월이 지난 2016년 7월 7일, 최소한의 순수 방어조치인 사드(THAAD) 미사일을 배치하겠다고 발표했다.

그것도 한국군 부대가 보유하는 것이 아니라 주한미군의 장비로서 반입하는 것을 허용하는 수준이었다. 한미방위조약 4조에 의해 당연히 그렇게 해야 할 조치였다. 그럼에도 불구하고 바로 그날 이후 한중 관계는 바닥으로 떨어져 버렸다. 한중 관계를 규정하는 것은 지도자들이 친근감 표현보다는 심층에 깔린 지정학적 요인이라는 사실이 한순간에 증명된 것이다.

2017년 11월 초, 문재인 정부는 중국에 "더 이상의 사드 배치는 없다"고 약속함으로써 사드로 인해 망가졌던 한중 관계가 회복되었다고 발표했다. 역시 허망한 논리가 아닐 수 없다. 한중 관계는 사드 때문에 망가진 바 없었고, 박근혜의 굴종적 정책 때문에 좋아진 바도 없었다.

문재인 정부의 "더 이상의 사드 배치는 없다"는 일면 주권을 포기한 듯한 약속에도 불구하고 한중 관계가 더 나아질 것도 없다. 북한의 미사일 능력이 더욱 고도화될 경우 주한미군은 사드를 더 배치하지 않을 수 없을 것이며, 이때 중국은 어떻게 나오겠는가?

한중 관계의 기본을 구성하는 심층 동인은 사드를 배치하느냐 마느냐, 한국 정부가 중국에 굴종하느냐 마느냐에 따라 변하는 것이 아니다. 한중 관계의 심층에 있는 도도한 흐름은 한국과 중국이 길게 국경을 접하고 있다는 지정학적 요인이다. 우리나라가 중국과 필리핀, 혹은 그보다 멀리 떨어져 있는 나라로 바뀌지 않는 한 한중 관계의 적대적 본질은 바뀔 수가 없는 것이다.

한국의 지정학적 운명이란 한국 주변에 한국보다 훨씬 강한 강대국들이 여러 나라 몰려 있다는 사실에서 연유한다. 한국과 육지로 붙어 있는 나라는 중국과 러시아다. 중국은 현재 종합 국력 2위, 러시아는 경제력은 비록 약화되었지만 군사력은 미국에 이어 세계 2위라고 말해도 될 수준의 강대국이다.

한국과 영토가 붙어 있지는 않지만 가까운 곳에 위치한 나라는 일본이다. 오늘 현재 일본은 미국, 중국에 이어 종합 국력 세계 3위의 강대국이다. 이들 세 나라는 한국에 대해 지정학적으로 대단히 관심이 많은 나라들이다. 즉 이들 3국 모두 지정학적 이유 때문에 한반도의 영토 그 자체를 탐내고 있는 나라라는 뜻이다.

21세기에 다른 나라 영토를 점령한다는 게 말이 되느냐고 생각하는 사람들이 있다면 중국의 동북공정(東北工程), 남지나해를 다 자기 것이라 선언하는 남해구단선(南海九段線), 일본의 독도 영유권 주장, 센카쿠 영토 분쟁, 이어도 분쟁 등을 보기 바란다.

본 장은 한국이 처한 지정학적 운명이 간단치 않음을 지리 및 역사, 국제정치적 자료에 근거해서 설명하고, 이 같이 어려운 운명적 상황이 '한미동맹' 이라는 국제정치적 장치로서 완화 혹은 해결될 수 있다는 사실을 설명하는 것을 목적으로 한다.

사실 한국은 1953년 한미동맹을 체결한 이후 지정학적으로 해양세력에 편입되었고 역사 이래 가장 번영된 삶, 자유로운 삶을 살 수 있는 나라가 되었다. 소련 그리고 지금 중국의 영향권 아래로 들어간 북한이 지난 70년 동안 살아온 결과와 극명하게 대비되고 있다.

본 장은 중국, 일본, 러시아가 우리나라 안보에 어떤 영향을 미쳐왔는가를 지정학적, 국제정치사적인 관점에서 설명하고, 미국과의 동맹은 이 같은 어려움에서 우리나라가 어떻게 국가안보를 유지하고 경제발전을 이룩했으며, 앞으로 통일을 이룩하는 데에도 기여할 수 있을 것인가에 대해 고찰해 보려한다.

02

한반도 주변국과 한국의 지정학적 운명

한반도와 국경을 맞대고 있는 나라는 중국과 러시아 두 나라다. 우리 국민들 중 상당히 많은 사람들이 우리나라의 영토가 오늘의 남북한이 차지하고 있는 한반도로 고정되어 있는 것으로 알고 있지만 오늘과 같은 압록강, 두만강이 한국의 영토로 간주되기 시작한 것은 약 500년 전인 조선시대부터다. 우리나라의 역사인 3국 시대, 고려시대 동안 우리나라 영토는 한반도를 넘어 만주를 포함한 적도 있었고, 고려의 영토에는 오늘의 평안북도, 함경북도가 포함되지 않는다.

[지도 1] 삼국시대, 고려, 조선의 영토

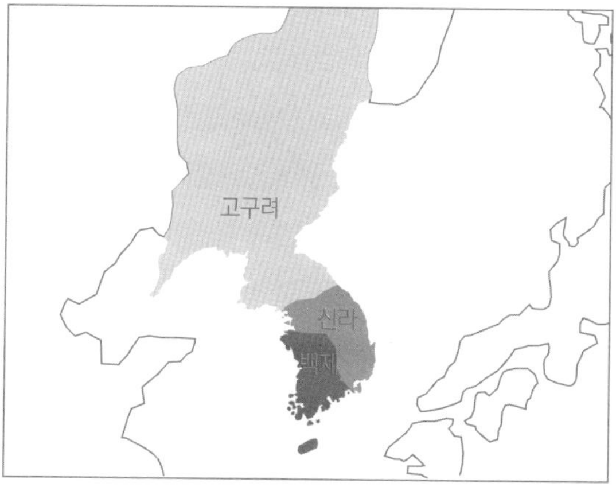

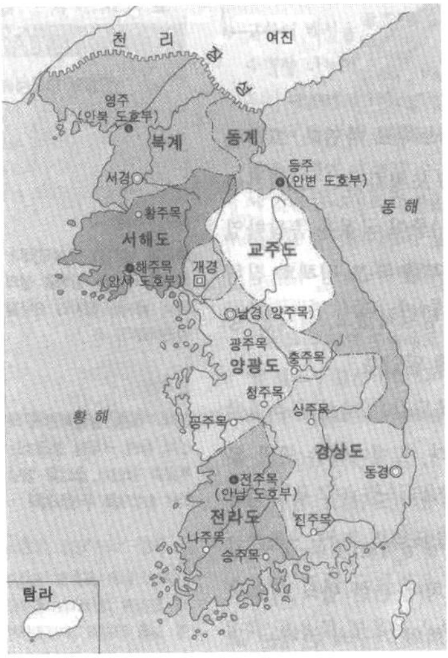

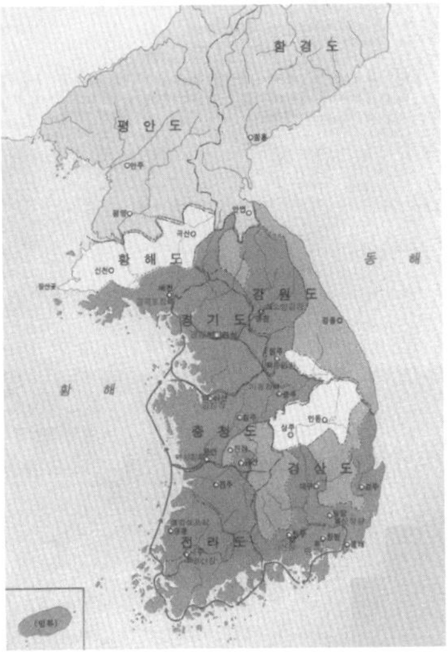

즉 영토는 지속적으로 변하는 것이다. 힘이 막강한 나라들은 대체로 이웃 나라의 영토를 빼앗아 자국의 영토를 넓히려는 성향을 갖는다. 우리나라 국민들이 흠모하는 고구려의 광개토대왕과 장수왕은 막강한 군사력을 활용 고구려의 영토를 확장했던 군주들이었다. 우리는 이들을 침략자라고 보지 않고 오히려 우리 민족사에 나타나는 영웅으로 간주하고 있다.

현재와 미래 한반도의 지정학을 논하기 위해 한국의 영토를 현재 남북한의 전 영토로, 즉 한반도 전체로 보고 한국과 인접해 있는 나라들과 우리나라의 지정학적 관계를 설명하기로 하자.

중국과 한반도의 지정학적 관계

① 중국의 지정학적 관점

한국의 국제정치에서 가장 큰 고뇌의 요인은 중국이다. 중국은 한반도와 1,352㎞에 이르는 국경을 공유하고 있는 나라다. 1860년 청나라가 제2차 아편전쟁에서 영국과 프랑스 연합국에 패배한 이후 러시아에게 연해주 700리를 빼앗기기 이전까지 한반도와 유일하게 국경을 접하고 있던 나라는 중국이었다.

중국은 그 국세(國勢)가 변동하는데 따라 영토가 마치 아메바처럼 늘었다 줄었다하는 나라였다. 중국의 본질이라고 말할 수 있는 중원(中原)의 힘이 막강해지는 경우 중국의 영역(領域)은 늘어났고, 중원의 힘이 약해질 경우 중국의 영역은 줄어들었다.

전통 중국은 이웃 나라들을 중국과 같은 주권을 가진 독립국으로 인정하지 않았기 때문에, 실제로 국경이라는 개념이 존재하지 않았다. 중국은 자신의 통치가 전달되는 영역을 천하(天下)라고 간주하고, 자신의 통치력이 전달되지 않는 부분을 문명세계의 밖에 놓여 있는 곳으로 간주했다. 천하를 지배하는 사람은 당연히 천자(天子), 즉 중국 황제였다.[10)]

이 같은 관점을 가진 전통 중국은 근대적 개념인 국경선 개념이 없었던 나라다. 중국인에게 국경은 분명한 선(線)으로 표시될 수 있는 것이 아니었다. 유럽인들에게 선은 국가와 국가를 나누는 분명한 기준이 되었고, 선을 넘는 행동은 침략행동으로 간주되었다. 선(線·Line)이란 유럽 국제정치에서 유래한 영토 구분 기준이 되었지만, 전통 중국에서 중국과 중국이 아닌 지역을 구분하는 기준은 선이기 보다는 변방(邊方)이라는 용어로 표현되는 애매한 영역이었다.

중국이 오늘날 주변국들과 영토분쟁이 예외적으로 많은 나라[11)]가 된 중요한 이유 중 하나는 19세기 이전, 전통 중국에 선이라는 국경선 관념이

10) 김한규, 『천하국가: 전통시대 동아시아 세계질서』 (서울: 소나무, 2005).

11) 서상문, 『중국의 국경전쟁:1949-1979』 (서울: 국방부 군사편찬 연구소, 2013).

존재하지 않았는데 오늘의 국경 기준이 유럽적인 선이 되었다는 사실에서 유래하는 것이다. 중국도 물론 현대적인 국경 개념을 받아들이기는 했지만, 아직도 그들의 관념 속에는 전통적인 변방 개념이 남아 있다. 중국의 말과 행동을 보면 그들이 아직도 한국을 마치 과거 중화제국의 변방처럼 생각하고 있는 것 같은 느낌을 받게 된다.

② 한반도에 대한 중국의 지정학적 인식

중국은 고구려 역사를 중국 역사에 편입시켜 놓고 만주 출생인 윤동주를 중국의 시인인 것처럼 왜곡하고 있듯이 한반도에 대해서는, 우리가 볼 때 대단히 공격적인 지정학적 관점을 가지고 있는 나라다. 중국은 한반도 전체가 자국의 재배 하에 들어가지 않는 한 한반도를 통일 시킬 수 없는 나라로 인식하고 있다. 통일된 한반도가 만약 해양세력에 의해 지배를 당하게 될 경우 한반도를 중국의 국가안보에 대단히 위협적인 나라로 보는 것이다.

6·25 한국 전쟁 당시 한국군과 유엔군이 압록강에 도달할 무렵 중국(당시 중공)은 번민하기 시작했다. 북한이 붕괴되고 한국군과 유엔군이 중국과 국경을 맞닿게 될 경우 중국이 당면할 문제를 생각했다. 공산중국이 건국된 지 불과 1년여 밖에 지나지 않은 시점이었음에도 불구하고, 그리고 유엔군을 주도하는 실제 세력이 미국이라는 사실을 잘 알고 있음에도 불구하고 당시 중국 주석 마오쩌둥(毛澤東)은 한국전쟁에 개입하기로 결심한다.

미국군과의 직접 충돌을 각오한 개입을 결정한다는 것은 당시 중국 입장에서 삶과 죽음을 각오한 결단이었을 것이다. 즉 북한이 붕괴될 경우 중국이 당면하게 될 지정학적 고난은 미국과의 전쟁을 각오하고라도 피해야 할 문제였다. 중국은 통일된 한반도가 중국에 반대되는 세력의 영향권에 들어가게 되는 경우를 결단코 반대하는 나라다. 그래서 중국은 자신이 한반도 전체에 대한 막강한 영향력을 행사할 수 없는 한 한반도의 통일을 반대할 수밖에 없는 나라다.

통일된 한반도가 중국의 영향력에서 벗어나려고 노력할 것이라는 사실은 국제정치학의 기본이다. 즉 지정학적으로 통일을 이룩한 한반도는 이웃 나라인 중국을 두려워할 것이고, 그래서 먼 곳의 친구인 미국과 우호적인 관계를 맺게 될 것이다. 원교근공(遠交近攻)의 지정학적 법칙은 수천 년 동안 지속된 국제정치사의 진리로 자리 잡았다.

중국은 이웃에 강력한 국가인 통일한국의 수립을 반대하며, 마치 중국의 뒤통수에 붙어 있는 망치와 같은 모양의 한반도를 하나의 통일국가가 통치하는 것을 원치 않는다. 한국전쟁 당시 무려 19만 명 전사(戰死), 40만 명 부상 등 무려 60만 명에 이르는 인명피해를 당한 중국은 '입술이 떨어지면 이가 시리다'는 의미의 순망치한(脣亡齒寒)을 이야기하며 한국전쟁 개입을 정당화했다.

한반도에 대한 중국의 이 같은 관점은 역사가 변했음에도 불구하고 변하지 않고 있다. 그래서 북한의 도발적 행동이 중국에게도 애가 타는 일임에도 불구하고 중국은 북한을 결코 포기할 수 없었다. 최근 북한의 핵미사일 개발로 인해 국제사회 거의 전부가 북한에 대해 압박과 제재를 가하고 있는 중에도 중국은 북한의 생명선을 끊지 못하고 있다.

중국은 북한 대외 교역의 90%를 차지하고 있는 국가이며, 북한 군사력의 원천인 석유를 대주고 있는 나라다. 즉 중국이 결심하면 북한은 존재 자체가 불가능해지는 나라다. 국제사회의 제제가 단행되고 있음에도 불구하고 북한이 생존하고 있는 이유는 중국의 은밀한 지원이라고 말하지 않을 수 없다.

그렇다면 한반도 통일은 결코 불가능한 일일까? 그렇지 않다. 중국의 반대를 극복할 수 있는 힘을 갖추면 이룩할 수 있는 일이다. 지정학적 요인이 중요하지만 국제정치의 결과를 결정하는 궁극적인 요인은 '힘(power)'이라는 요인이기 때문이다. 중국은 한반도 통일을 구조적으로 반대하겠지만 통일을 이루려는 우리의 힘이 통일을 지원하는 외부의 힘과 결합되어 중국의 통일 반대라는 힘을 극복할 수 있을 경우 통일은 가능해진다.

지금 현재 우리의 통일을 구조적으로 지원하는 외부의 유일한 힘은 미국의 힘뿐이다.[12] 통일을 소망하는 우리의 힘과 통일을 지지하는 미국의 힘이 통일을 반대하는 중국의 힘을 초과할 때 한반도 통일은 이루어질 수 있다.

중국은 한반도가 통일될 경우 이웃에 다루기 힘든 상대적으로 더욱 강한 나라가 성립되는 것으로 인식하고 있다. 통일 한반도는 지정학적으로 해양세력과 가까워질 가능성이 대단히 높으며, 그렇기 때문에 분단 상황이 유지되는 것이 한반도가 통일되는 것보다 나을 것이라고 생각한다.

한국 사람들이 요즈음 유행어처럼 중국을 '한반도의 전략적 동반자'라고 말하고 있지만 우리의 대전략인 통일 대한민국의 건설을 본질적, 즉 지정학적으로 반대하는 중국이 우리의 전략적 동반자가 될 수는 없는 일이다.

③ 한반도에 대한 일본의 지정학적 인식

중국과 더불어 지정학적 이유로 인해 한반도의 통일을 내심 반대하고 있는 나라는 일본이라고 말할 수 있다. 일본 사람들은 한국을 지정학적으로

12) 미국은 한반도의 통일을 지지하는 유일한 국가라고 볼 수 있는데 보다 자세한 설명은 본 논문 제3장에서 제시될 것이다.

어떻게 생각하고 있을까? 한국과 중국은 일의대수(一衣帶水), 즉 좁은 물을 사이에 두고 가까이 붙어있는 나라다. 오랫동안 한반도의 국가들과 일본 열도의 국가들은 한중 관계에 버금가는 애증(愛憎)의 역사를 이룩해 왔다.

한국 사람들은 지난 100여 년 전 시작되어 1945년에 이르기까지 약 35년 동안 지속된 일본의 식민통치 기억이 그 이전 과거의 기억보다 더 생생하기 때문에 일본에 대한 적대감이 유난히 높지만, 한국을 고통스럽게 만들었다는 점에서 일본이나 중국은 큰 차이가 없다. 특히 청나라 당시 조선국민 60만 명 이상이 중국에 노예상태로 끌려갔다는 사실을 보면 주변 강대국으로 인해 야기되는 지정학적 고통이 얼마나 큰 것인지를 알 수 있다.

일본의 한반도에 대한 지정학적 관심은 일본의 국력과 밀접한 관계 아래 형성된 것이다. 일본의 국력이 강성해 질 경우 한반도는 일본의 대륙진출을 위한 좋은 교두보라고 인식된다. 도요토미 히데요시(豐臣秀吉)가 중국의 명(明)나라를 치러 갈 테니 길을 빌려 달라고(征明假道) 요청한 것이 바로 일본이 국력이 넘쳐날 경우 일본이 인식하는 한반도의 지정학이다.

이와는 반대로 일본은 힘이 약해질 경우, 그리고 한반도가 대륙 세력에 의해 장악될 경우 한반도는 마치 일본의 가슴을 향하고 있는 단도(短刀)와 같다고 인식한다. 즉 한반도는 일본의 안전을 치명적으로 위험에 빠뜨릴 수 있는 지정학적 불안 요인이 된다는 '한반도 흉기론'[13]이 존재하고 있을 정도다.

일본은 1945년 패전 이후 미국이 주도하는 자유주의 진영에 포함되어 한국과는 우호적인 국가가 되어 있지만, 지리적으로 가깝다는 이유에서 한국에 대한 관점이 우리나라 국민의 소망과 배치되는 점이 많을 수밖에 없다.

13) 2001년 일본 우익 계통의 출판사인 후소샤(扶桑社)가 펴낸 중학생용 검정 역사 교과서 『새로운 역사 교과서』에 실린 '조선반도 흉기론'은 일본의 한국 지배를 정당화하는 논리로 해석돼, 2001년 당시 역사 교과서 문제를 야기한 바 있다.

우선 일본도 중국과 마찬지로 우리 민족의 염원인 통일에 대해 부정적인 견해를 가지고 있다. 한반도가 통일을 이룰 경우 일본의 대륙 진출을 위한 발판이 된다는 보장이 없는 한 일본은 한반도 통일을 지지할 이유가 없다. 통일된 한반도는 지금보다 훨씬 강한 국가가 될 것이며, 이는 일본의 이웃에 역사적으로 적대감에 빠져 있고 다루기 힘든, 보다 힘센 나라가 생기는 일이다.

통일된 한반도는 일본에게 적대적인 나라가 될 가능성이 훨씬 높으며, 혹시 대륙세력에 의해 장악될 경우 한반도는 일본에 대한 흉기가 될 수도 있다. 즉 지정학적 요인을 고려할 경우 일본은 어느 경우라도 한국이 현재의 분단 상태를 유지하는 편이 통일을 이룩하는 편보다 더 나은 일이다.

일본 역시 지정학적으로 우리나라의 대전략인 통일 전략을 찬성해야 할 이유가 없는 나라다. 물론 중국의 경우처럼 일본 역시 스스로의 힘으로 어찌할 수 없을 경우 한국의 통일을 마지못해 받아들일 수는 있을 것이다.

④ 러시아의 한반도에 대한 지정학적 인식

러시아는 냉전시대의 소련처럼 강한 나라는 아니며, 2016년 GDP가 대한민국의 GDP보다 오히려 더 적은 나라이지만[14] 러시아는 핵 전력상으로 아직도 미국과 버금가는 군사 초강대국이다. 러시아는 한반도와 국경을 접하고 있는 두 나라 중 하나인데 두만강이 동해로 흘러들어가는 곳부터 약 18㎞ 상류에 이르는 지점까지 한반도와 러시아 국경이 닿아 있다. 이 국경선은 1860년 청나라가 몰락할 즈음 러시아가 중국으로부터 강제로 빼앗은 것이다.

14) 2016년 한국의 GDP는 1조 3770억 달러인데 러시아의 GDP는 1조3250억 달러였다. CIA, The CIA World Fact Book, 2017 (New York: Skyhorse Publishing, Inc, 2017).

러시아가 장악한 이 지역은 연해주(沿海州)라 불리는 지역으로, 구 소련 시절 막강한 극동함대 본부가 주둔해 있던 블라디보스토크(Vladivostok) 시가 포함되어 있다. 블라디보스토크는 러시아 말로 '동방의 정복자'라는 뜻이다. 소련은 중국으로부터 연해주 700리를 할양 받은 후 이곳에 천혜의 항구도시 블라디보스토크를 건설함으로써 극동으로의 팽창을 도모했다.

러시아는 한반도와 국경을 접하게 됨으로써 필요할 경우 두만강을 건너 한반도로 러시아 육군을 진입시켜 원산이라는 양호한 부동항(不凍港)을 차지할 수 있는 군사전략적 준비를 갖추었다.

이처럼 한반도는 러시아에게 있어서도 전략적으로 상당히 탐나는 영토였다. 러시아는 대한민국의 대표적인 군항인 진해에 대해서도 많은 관심을 가지고 있었다. 러시아는 진해를 장악할 수만 있었다면 대륙국가의 명에를 벗어던지고 해양국가로서 굴기할 수 있는 기회도 가질 수 있었을 것이다.

[지도 2] 함경북도/러시아 연해주

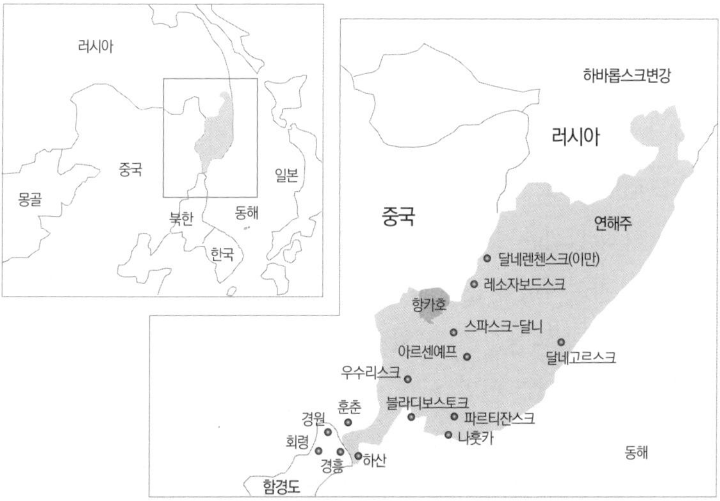

03

한국의 지정학적 운명을 바꿀 수 있는 방안: 한미동맹

조선말엽 한반도의 지정학적 운명

지리적으로 이웃에 자리 잡고 있는 나라가 강대국일 경우 약한 나라들은 모두 지정학적 고뇌 속에서 살 수 밖에 없다. 국가가 이사를 갈수도 없는 노릇인지라 지리적 요인은 오랜 세월이 변해도 바뀌지 않아 마치 운명(運命) 같은 것이라고 말해도 된다. 그러나 세계 역사가 변하고 강대국 간 힘의 구조가 변화함에 따라 한반도의 지정학적 운명을 우리에게 유리한 것으로 바꿀 수 있는 방안이 생겼으니, 바로 미국(美國)을 활용하는 일이다.

사실 미국이 강대국으로 등극한 것은 19세기의 일이었지만, 역사적으로 미국은 한반도에 관심이 적었다. 19세기 말엽 잠시 '은자의 왕국' 조선에 대해 호기심을 가진 바 있었지만 자원도 빈곤하고 경제력도 약하다는 사실이 드러나자, 조선에 대한 관심을 더 가지지 않았다. 미국의 한반도에 대한 지정학적 관심은 주변 강대국들이 한반도의 지정학적 중요성을 인식하고 조선을 차지하려 다툰 것과 전혀 다른 것이었다. 애초 미국은 아시아에 대해 상업적 이익을 가지고 있기는 했지만 대제국으로서 아시아에 직접 개입할 의도가 별로 없었다.

조선 말 한반도 주변 강대국들의 권력 각축으로부터 한국을 보호해줄 수 있는 힘을 가지고 있는 역외(域外) 국가는 미국뿐이었지만 19세기 말엽,

20세기 초반의 미국은 아시아 국제정치에 적극적인 당사자가 되려는 의지가 없었다. 미국이 동북아 지역에 첨예한 관심을 가지고 개입하기 이전에는 일본, 중국, 러시아 등 주변국의 지정학적 도전을 막아줄 수 있는 나라는 없었다.

당시 동아시아에서 각축하는 강대국들은 모두 한반도의 땅 덩어리에 대해 영토적 이익(territorial interest)을 가진 나라들이었다. 각축에서 승리하는 나라가 누구든지 간에 우리나라는 그들의 지배하에 들어가야 하는 운명이었다. 중국이 막강하던 시절 조선은 중국의 속국이었다. 중국이 약해지자 한반도를 놓고 각축을 벌인 세력은 일본과 러시아였다. 앞에서 이미 분석한 바대로 두 나라는 모두 한반도의 영토를 장악하고 싶은 나라였다. 러일전쟁에서 승리한 일본이 한반도를 다 차지했지만, 만약 러시아가 승리했더라면 한반도를 차지한 나라는 러시아였을 것이다. 한반도의 운명은 러시아가 종주국이 되었어도 일본이 종주국이 되었던 과거와 별로 달라질 바 없었을 것이다.

세계적 패권국으로 부상한 미국과 동북아

미국은 전통적으로 고립주의적 외교정책을 가지고 있던 나라다. 해외에서의 영토적 야심이 적었기 때문이다. 이는 본질적으로 풍요하고 광대한 본토를 가지고 있었기 때문이다. 그래서 미국은 20세기 전반까지만 해도 태평양 건너편 동북아로 진출하려는 뜻이 별로 없었다. 그래서 미국은 한반도를 해두보(beachhead)로 여기지 않았다. 해두보는 대륙으로 진출하려 할 때야 뜻을 지닌다. 그래서 미국은 오랫동안 한반도의 지정학적 중요성을 그다지 긴요한 것으로 간주하지 않았다.

이런 태도는 미국이 제2차 세계대전 뒤 남한을 점령한 이후에도 미국은 한반도의 중요성을 잘 이해하지 못하고 있었다. 1947년 미군 합동참모본부는 한국의 군사적 가치를 아주 낮게 평가한 보고서를 애치슨 국무장관에게 보냈다. 이듬해 애치슨은 한국과 대만을 미국의 극동 방위선 밖에 있는 지역이라는 '애치슨 선언'을 했다.

1949년 미군은 불과 500명 정도의 군사 고문관들만 남겨놓고 모두 철수했다. 한국전쟁이 발발하자 상황이 돌변했고 미국은 한국을 도우러 왔다. 미국은 한반도를 지켜야 되겠다고 생각했다. 이는 한반도 그 자체의 중요성보다 미국이 세계 전략 차원에서 소련과 대결하고 있다는 맥락에서 결정된 사안이었다. 소련이 주도하는 세계 공산주의의 확장을 한반도에서 막지 못할 경우 일본, 유럽 등 미국이 결정적으로 중요하게 생각하는 지역의 안전도 보장받기 어렵다는 생각에서 한반도를 지키고자 했던 것이다.[15]

미국이 한반도를 군사력을 동원해서라도 지켜야겠다고 생각하기 시작한 것은 1950년 한국 전쟁 이후의 일이다. 물론 미국 사회 일각에서는 한반도 그 자체가 미국의 사활적 이익(Vital Interest)은 아니라고 생각하는 사람들이 있었고, 이를 잘 이해하고 있는 한국의 이승만 대통령은 미국이 그다지 원치 않았던 한미동맹 체결을 궁극적으로 이루어냈다. 즉 이승만 대통령은 한반도의 지정학적 운명을 미국과의 동맹을 통해 해소하고자 했고, 성공했다. 한미동맹은 한반도에서 전쟁 재발을 막는 것이 가장 큰 목적이었지만, 한국의 급속한 경제발전까지 이룩할 수 있도록 한 안정장치가 되어 주었다.

미국이 세계를 주도하는 패권국으로 성장한 이후 미국은 세계 모든 곳에서 일어나는 국제적 사건에 개입하는 나라가 되었다. 미국은 지리적으

15) 한국전쟁 중에도 전황이 불리해지면 일본으로 철수한다는 방침을 세웠다. 미국은 일본만 우방으로 삼으면 서태평양을 지킬 수 있다고 여겨왔는데 지금도 이 같은 생각이 본질적으로 변하지는 않았다.

로는 아시아 국가가 아니지만, 지정학적으로는 아시아 국가가 되었다. 한국은 바로 이 같은 사실을 잘 활용해서 지극히 어려운 한반도의 지정학적 운명을 해소시켜 오는 중이다.

미국도 물론 자국의 이익을 확대하기 위해 노력하는 강대국이며, 미국에 적대적인 국가들에게는 무섭기 이를 데 없는 제국으로 인식되는 나라다. 그러나 지정학적 요인 때문에 미국은 한국 주변국들 중 유일한 우호국가로 인정될 수 있는 나라다. 미국은 우선 중국, 일본, 러시아와는 달리 한국과 멀리 떨어져 있는 나라다. 그래서 미국은 중국, 일본, 러시아처럼 한반도에 대한 영토적인 이익이 없는 나라다.

영토적 이익이 없는 대신 미국은 한반도에 대해 상업적, 전략적 이익을 가진 나라다. 우리는 미국이 한반도에 대해 가지고 있는 전략적 이익을 잘 활용함으로써 주변국들에 의해 야기되는 위험을 해소시킬 수 있는 것이다. 미국이라는 막강한 힘을 주변국의 잠재적 위협을 방어해주는 역할로 활용하는 것이 우리의 지혜다.

미국은 한국의 국가 대전략을 지지하는 유일한 국가

대한민국의 국가 대전략은 통일을 이룩하고 강한 나라로 발전하는 것이다. 즉 통일 강대국은 대한민국의 궁극적 목표다. 이미 앞에서 설명한 바처럼 중국과 일본은 한반도에 강한 통일 국가가 탄생하는 것을 지정학적으로 반대하는 나라들이다. 근자에 이르러 정치가들과 학자들이 중국을 '전략적 협력동반자'라고 말하는 경우가 많이 있는데, 한국의 국가 대전략을 정면에서 거부하는 국가를 전략적 협력 동반자라고 말한다는 것은 개념이 부족한 일이다. 작금 우리는 중국이 방어용 무기인 사드를 배치한 데 대해 어떻게 우리를 대했는지를 잘 알고 있다.

중국의 주장과는 전혀 달리 미국의 사드 미사일은 중국이 미국을 향해 발사하는 ICBM을 요격할 수 없다.[16] 중국이 한국의 진정한 전략적 협력 동반자라면 북한의 핵무기 개발을 막아주지는 못할망정 대한민국의 방어 무기 체계를 가지고 저토록 반대할 수는 없을 것이다.

미국은 중국, 일본과 달리 한국의 통일을 긍정적으로 생각하는 유일한 나라다. 독일 베를린 대학 정치학교수인 박성조 박사는 "누가 나에게 독일 통일을 이루어낸 요인이 무엇이냐고 묻는다면 세 가지로 요약할 것이다. 미국의 지원과 서독의 경제력, 그리고 서독인의 단결력이다. 이 중에서도 가장 중요한 것은 미국의 지원이었다. 이는 우리나라 상황에도 그대로 적용된다. 우리가 진실로 통일을 원한다면 이 세 가지 요인을 갖춰야 한다. 특히 미국의 도움이 없으면, 한반도 통일은 절대 불가능하다"[17]고 말했다. 한반도와 독일의 지정학을 이해하는 사람이라면 누구라도 동의하지 않을 수 없는 언급이다.

역사가 지난 후 알려진 이야기들이지만, 당시 미국 레이건 대통령과 절친이었던 영국의 마거릿 대처 수상마저 독일 통일을 격렬히 반대하여 소련의 고르바초프 대통령에게 군사력을 사용해서라도 독일 통일을 막아야 한다고 제안했을 정도다. 미국은 독일 통일 이후 유럽의 안정을 보장한다는 설득으로 미국의 동맹국들을 달래야 했을 정도로 독일 통일을 지정학적 재앙으로 생각하는 유럽 국가들이 많았다.

우리나라 역시 주변국들이 동의해야 통일을 달성할 수 있는데, 주변국들의 반대를 꺾을 힘은 미국밖에 없다는 사실은 분명하다. 한반도의 통일

---

16) 사드 미사일에 설치된 레이더가 만주 일부를 볼 수 있다고 하지만 중국의 ICBM이 미국으로 가기 위해서는 만주 상공을 날지 않는다. 즉 한국에 배치된 미국의 사드는 중국의 대륙 간 탄도 미사일 궤적과 관계가 없다. 지구본을 보면 미국을 향하는 미사일들이 만주 상공을 날 필요가 없다는 사실을 곧 알 수 있다.

17) 박성조, 『한반도 붕괴: 위기의 남북관계 그 새로운 전략과 해법』 (서울: 랜덤하우스 중앙, 2006), p. 12.

은 미국의 대전략과도 일치한다는 점에서 우리는 이를 잘 활용해야 한다. 미국은 세계의 패권 유지를 국가 대전략 목표로 삼고 있는 나라다. 한반도에 대한 미국의 관심 역시 미국의 국가 대전략 맥락에서 이루어지는 일이다. 미국은 중국의 부상에 대응하기 위해 한반도를 린치 핀(Linchpin)이라고 말할 정도로 한반도의 지정학적 중요성을 잘 알고 있다.

2017년 11월 트럼프 미국 대통령의 한국 방문 일정은 미국의 대(對)중국 견제 전략에서 한반도가 가지는 중요성을 다시 상기시키는 일이기도 했다. 트럼프 대통령은 오산에 도착한 후 평택 기지로 날아가 병사들과 함께 식사를 하는 것으로 한국 방문 일정을 시작했다. 평택 기지는 미국이 해외에 보유한 최신, 최대의 군사기지이며 미국 패권에 대한 제1의 도전국가인 중국을 견제하기에 가장 좋은 곳에 위치하고 있는 전략자산이라고 말할 수 있다.

지정학적으로 한반도의 통일과 안보에 결정적인 영향력을 가지고 있는 나라가 미국이다. 한반도 통일은 통일을 원하는 세력의 힘이 통일을 반대하는 세력의 힘을 능가할 때 이룩될 수 있는 일이다.

04

21세기 통일 한국과 한미동맹

많은 한국 사람들은 냉전시대의 고달픔에 지친 나머지 통일을 이룩하게 될 경우 우리나라의 모든 문제가 해소될 수 있다고 기대하고 있다. 그렇지 않다는 것이 현실이다. 왜냐하면 통일된 한반도의 주변국들인 중국, 일본, 러시아 등은 그대로 막강한 세력으로 남아 있을 것이기 때문이다.

혹시 중국이 분열되고, 러시아가 더욱 몰락할 경우가 도래하고, 한국이 일본보다 막강한 나라가 되지 않는 한, 한반도에 드리운 지정학적 운명은 오래 지속 될 가능성이 높다고 보고 대처해야 할 것이다. 본 논문의 마지막 절인 이곳에서는 통일 한국이 지향해야 할 지정학적 전략을 한미동맹의 지속적인 유지와 해양세력화라는 두 가지 점으로 나누어 분석하고자 한다.

한미동맹과 통일한국

통일을 이룩한 후 대한민국은 분단 시대의 큰 고통을 해소한 나라가 될 것이다. 이전 남북한에 속했던 지역은 서로 통합되어 하나의 경제 단위가 될 것이며, 한국의 경제는 대폭 증진 될 수 있을 것이며, 한국은 냉전 시대에 비교할 때 GDP가 대폭 성장한 국가가 될 것이다. 아마 통일을 이룩한 대한민국은 10년 정도 지나면 오늘의 영국과 맞먹는 경제적 지위를 차지하게 될 것이다. 세계 5, 6위의 경제 대국으로 성장할 것이라는 의미다.

그러나 한국의 통일이 한국의 안보문제를 완전히 해소해 주지는 못할 것이다. 남북한 간의 첨예한 대립은 없어졌지만 우리는 지속적으로 일본, 중국, 러시아 등 이웃나라로부터 야기되는 위협에 대처하지 않을 수 없을 것이다. 국제정치는 본질적으로 갈등이 상존하는 영역이다. 평소 양호한 국제관계가 유지되다가도 갑자기 악화되는 수 있고, 분쟁, 심지어 전쟁까지 발발 할 수 있다는 것이 무정부 상태를 속성으로 하는 국제사회의 본질이다.

마치 통일을 이룩하고 있었던 분단 이전의 조선이 늘 한반도의 북쪽과 남쪽에 있는 적으로부터 공격을 당했던 것과 같은 상황이 전개될 것이다. 통일된 이후에도 우리나라의 지정학은 거의 변하지 않고 100여 년 전의 모습을 상당부분 그대로 유지하고 있을 가능성이 높다고 말하는 것이 안전하다.

그렇다면 통일 이후 우리나라는 국가안보문제에 어떻게 대처할 것인가? 물론 국가안보의 가장 이상적인 형태는 자신의 힘을 통해 모든 문제를 해결하는 상황을 이룩하는 것이다. 그러나 완전한 자주국방을 이룩한다는 것은 역사상 그 사례를 거의 찾아 볼 수 없다. 아무리 힘센 강대국도 자신의 단독적인 힘으로 국가 안보문제를 모두 해결하지는 않는다. 강대국들도 다른 나라의 힘을 빌려 국가안보 문제에 대처하는 것이 일반적인 경우이며, 통일을 이룩한 한국은 미국과의 동맹을 통해 지정학적인 난제들을 해소할 수 있을 것이다.

21세기 한반도 주변 국가들의 국력이 어떻게 변화 될 것인지를 정확히 예측할 수는 없겠지만 아시아는 여전히 강대국들이 존재하는 지역으로 남아 있을 것이고, 미국 역시 강대한 지위를 유지할 가능성이 높다. 그리고 미국은 아시아에서 미국에 맞먹는 강대국이 출현하는 것을 거부하기 위한 전략을 그대로 택할 가능성이 높다. 이 경우 한국은 미국의 대(對)아시아 전략에 린치 핀(Linchpin)과 같은 역할을 지속적으로 담당할 수 있을 것이다.

21세기 한국의 지정학: 해양세력과 연합해야 한다

냉전이 끝났다는 사실은 지정학적 의미에서 유럽에 평화가 도래했음을 의미한다. 적어도 현 시점에서 역사적인 라이벌인 영국, 프랑스, 독일이 아무리 상호 갈등이 심각해지는 경우라 해도 전쟁을 벌일 것 같다고 예측할 수는 없는 시대가 되었다.

그러나 세계적 힘의 중심(power center)으로 부상하고 있는 아시아에도 평화의 시대가 시작된 것은 아니다. 특히 러시아(구 소련)를 대신해서 중국이 부상했다는 사실은 냉전시대에 형성된 미국의 대(對)아시아 정책이 내포했던 지전략적(地戰略的) 특성과 더불어 이데올로기적 갈등의 특성이 지속되는 상황을 만들었다.

아시아 국가들은 냉전이 종식된 이후 현재에 이르기까지 과거 어느 때보다 훨씬 더 빠른 속도로 군비를 증강시켜왔다. 이 모든 것은 탈냉전 시대를 맞은 아시아 국가들이 느끼는 불안감이 오히려 냉전 시대보다 더 첨예한 것으로 느끼고 있기 때문이다. 냉전이 종식된 이후 중국, 일본은 물론 호주, 태국, 인도, 대만, 한국 등 거의 모든 나라들은 급속히 군사비를 증가시켰다.

여기에 21세기 아시아의 갈등에 지정학적 요인이 더 추가되었다. 카플란이 극적인 용어로 묘사했듯이[18] 바다가 아시아의 지정학적 갈등 요인에

18) 로버트 카플란은 유럽은 Landscape이지만 동아시아는 Seascape라고 단언한다(Europe is a Landscape; East Asia a Seascape). 다시 말하면 유럽의 전쟁이 육군과 탱크들의 싸움이었다면 아시아에서 발발할 전쟁은 해군과 군함들의 충돌로 특징될 것이라는 말이다. Robert D. Kaplan, Asia's Cauldron: The South China Sea

추가되었을 뿐만 아니라, 가장 중요한 지정학적 갈등 요인으로 등장했다. 소련의 경우 냉전 후반기에 막강한 해군력을 건설, 미국의 해양 패권을 위협하기는 했지만, 소련은 지리는 물론 경제적으로 본질적인 대륙 국가였다. 그래서 소련과 미국의 갈등은 자본주의 국가와 사회주의 국가의 대결인 동시에 대륙국가와 해양국가의 대결이었다. 결국 미국과 소련의 냉전적 대결은 바다보다는 육지에, 지역적으로는 아시아보다는 유럽 대륙에 초점이 맞추어졌었다.

중국의 등장은 자본주의 대국의 등장이라는 의미를 갖는다. 자본주의 대국은 당연히 무역하는 국가이며, 무역 국가는 바다를 주요 활동 무대로 삼는 나라다. 중국은 1978년 개혁개방을 단행한 이후 지정학적인 대변화를 경험했다. 우선 중국의 경제 발전은 중국의 동부 해안 지역, 즉 북쪽의 랴오닝성(遼寧省)으로부터 베이징, 산동 반도, 상하이, 대만과 마주보고 있는 푸젠성(福建省), 그리고 중국 개혁개방의 상징인 홍콩과 광저우(廣州)에 이르는 지역에서 집중적으로 이루어 졌다. 중국 사회에 경제적인 대 불균형을 초래할 정도로, 중국의 해안지역이 집중적으로 개발되었던 것이다.

중국은 개혁개방을 이룩한 후 바다로부터 위협에 더욱 신경을 쓰지 않으면 안 될 국가로 국가성격이 바뀌었다. 즉 중국은 본질적으로 대륙 국가이지만, 지켜야 할 심각한 재산이 해안가에 불균형적으로 집중된 나라가 되었다. 동시에 중국은 해안가 공업지역으로 수입해 오는 석유 등 에너지 자원의 수입 해로의 안보, 중국의 상품을 해외로 내다 팔기 위한 수출해로의 안보에 국가의 사활을 걸어야 하는 나라로 바뀌게 되었다.

중국은 냉전종식 이후 대단히 빠른 속도로 군비 증강을 이룩하고 있는데, 중국군 증강의 모습을 한마디로 요약하면 양적 측면에서 육군 감축, 질적 측면에서 해군 증강이라고 말할 수 있다. 중국의 군사비는 지난 20년 동

And The End of A Stable Pacific (New York: Random House, 2014), p.5.

안 경제성장 속도의 거의 두 배에 이를 정도로 급속하게 증액되고 있었다.

1994년부터 2003년에 이르는 10년 동안 중국의 국방비는 연평균 17%의 놀라운 성장을 보였고, 1989년 냉전종식 이후 2012년까지 23년 동안 연평균 16% 정도씩 군사비가 증액되었다. 종합적으로 중국의 군사비는 1989년 이래 2015년까지 약 15배 정도 증액된 상황이다.[19]

군사력이란 언제라도 국가의 핵심적인 산업시설을 보호해야 하며, 중국이 개혁개방을 이룩한 후 중국의 산업지대는 모두 바닷가라는 특징을 보인다. 바다와 인접해 있어야 재료를 구입하고 완제품을 수출하는데 유리하기 때문이다. 이를 위해 오늘날 중국은 당연히 해군력을 증가시켜야 하는 입장에 있으며, 이미 중국은 산업 중심지를 보호하기 위한 '해양 방위전략'을 강구하고 있다.[20]

중국은 이미 2004년 국방백서를 통해 중국 해군은 "작전 영역을 확대하고 연안 방위작전의 종심을 확대"한다고 언급한 바 있다. 또 2006년 방위백서에서도 "해군은 연안 방위작전을 위한 전략적 종심을 점진적으로 확대"하겠다고 말했으며, 2010년의 방위백서는 중국 인민해방군 해군의 전략적 목표는 "연안방어 전략의 요구에 부응하는 것"이라고 묘사[21]하고 있다.

연안방어의 개념은 제1도련 및 제2도련선으로 표시되는 중국의 해양전략에 잘 나타나는데, 제1, 제2도련선 개념은 중국은 이미 태평양 수역에서 미국과 경쟁하겠다는 사실을 천명한 것이나 다름없다.

19) 防衛省, 「防衛白書」 (2016) 참조

20) 松井 武, 「世界 紛爭地圖」 (東京: 新潮社, 1995), pp.50-55.

21) Bernard D, Cole, 이춘근(역), 앞의 책, pp.153 ff.

중국의 해양세력화와 미국의 대응

중국의 부상에 대한 미국 사람들의 관점은 단일적인 것은 아니다. 중국의 부상을 미국과의 경제 통합의 결과로 보아 환영하는 견해도 있고, 중국도 결국 미국과 같은 자유주의가 될 것이기 때문에 중국의 부상을 우려하지 않아도 된다는 견해도 있다.[22] 그러나 다른 한편 중국의 부상을 경계해야 하며, 중국의 부상은 필연적으로 미국과의 패권 갈등을 야기할 것이며, 궁극적으로 미국은 중국과 군사적 경쟁을 벌여야 할지도 모른다는 견해가 더욱 널리, 일반적으로 존재하고 있다고 보인다.

실제로 미국 정부와 군은 중국의 부상이 미국과의 대결을 초래할지도 모른다는 것을 기정사실로 보고 대비하기 시작했다. 미국의 대(對)중국 견제정책이 시작된 것은 어제 오늘의 일이 아니지만, 미국의 대(對)중국 견제 정책이 사실상 노골적으로 표현된 것은 2011년 가을 힐러리 클린턴 국무장관의 21세기는 미국의 '태평양 세기(America's Pacific Century)' 전략이라고 말할 수 있다.

트럼프 대통령의 인도-태평양 전략(Indo-Pacific Strategy)도 아직 구체화된 것은 아니지만 기왕의 태평양에 인도양까지를 더 포함시킨 것으로서, 역시 중국을 보다 적극적으로 견제한다는 의미다.

인도의 전략 역시 중국의 부상에 적극적으로 대응하는 것이다. 인도는 소위 '동쪽을 쳐다보는 정책(Look East Policy)'으로, 중국의 부상에 균형을 유지하는 방안을 강구하고 있으며, 미국과의 군사 협력 관계도 적극 추진하고 있다. 인도는 자체의 힘만으로도 중국과 균형을 이룰 수 있는 대국이지만, 그리고 오랫동안 비동맹 정책을 고수했던 나라이지만, 안보에 관한 한

22) 이춘근, 「미국과 중국의 패권 경쟁과 한국의 전략」 (서울: 김앤김북스, 2016).

일본·미국·호주 등 서방측과 적극 협력, 중국의 부상에 대응하고 있다.[23)]

한때 미국의 주적(主敵)으로 무려 30년에 걸친 전쟁을 한 후 최종 승리한 베트남 역시 중국의 부상에 대비하기 위해 미국과의 관계를 재정립하고 있다. 베트남은 주요 항구인 다낭에 미 해군이 정박할 수 있는 조치를 취했으며, 고위급 미국 군인을 초청, 중국의 남중국해 도발에 강력히 대응하고 있는 중이다.

필리핀·대만·인도네시아 등 중국 주변국들도 대체로 중국의 부상하는 힘에 대처하기 위해 미국의 힘을 빌리는 방식을 택하고 있다. 즉 중국 주변의 거의 모든 나라가 중국의 부상으로 인한 지정학적 고통에서 벗어나기 위한 방편으로 미국과의 유대를 강화하고 있는 중이다. 지정학의 철칙, 원교근공(遠交近攻)의 논리가 너무나도 명쾌하게 나타나고 있는 것이 21세기 아시아 태평양 지역의 국제관계다.

23) Bernard D. Cole, 이춘근(역), 앞의 책, 제 7장 인도의 해양 전략 참조.

05

결론

지정학이 오늘처럼 다시 회기하리라고는 생각하지 못했다. 냉전시대가 끝난 후 국가들은 더 이상 갈등을 자제하고 협력과 대화, 국제법 등을 통해 평화로운 국제정치를 만들어 낼 수 있을 것이라고 기대했다. 그러나 냉전종식은 평화로운 세계를 가져다주지 못했다. 냉전 시대의 이념적 갈등은 탈냉전 시대의 지정학적 갈등으로 대체되었다.

우리나라처럼 본질적으로 지정학적 고통 속에 살아온 나라는 냉전이라는 특이한 국제 체제 속에서 미국의 적극적인 지원을 받으며 국가안보를 유지할 수 있었다. 그러나 이념 갈등의 시대는 끝나고 지정학적 고려가 더욱 노골적으로 나타나는 21세기를 맞고 있다.

한국은 지난 60여 년 동안 한국의 지정학적 운명에 해독제 역할을 해온 한미동맹을 보다 더 강화시키지 않을 수 없는 시점에 도달해 있다. 중국은 더욱 뻗어나가기 위해 동남아 각국을 잇는 마치 진주 목걸이 형상의 지정학적 전략을 구사하고 있다. 반면 미국은 이를 제어하기 위해 중국 주변 국가들을 동맹 및 안보 협력 관계로 엮음으로서 중국 본토를 포위하겠다는 전략을 노골적으로 시행하고 있는 중이다.

우리가 여기서 양다리 걸치기를 하다가는 속된 말로 가랑이 찢어질 일만 남게 된다. 게다가 중국은 우리나라의 영토를 탐하는 국가인데 우리가 미국과 중국 사이에서 균형 외교를 한다는 것도 논리적으로 맞지 않는다.

한국이야말로 국가안보론, 외교정책론에서 지정학적 고려를 하지 않으면 안 될 나라다. 냉혹한 지정학적 국제정치 분석이 반드시 이루어지고, 그에 입각한 전략이 수립되지 않는 한 우리나라의 안보상황은 한국전쟁 이후 가장 위험한 상황으로 굴러 떨어질 수도 있다는 사실에 유념해야 한다.

중국·일본·러시아로부터 가해지는 지정학적 압력에 미국의 힘을 빌어 대응해 온 것이 지난 60년의 역사였다. 앞으로도 지정학의 역사는 별로 변하지 않을 것이다. 지리는 쉽게 변하는 요인이 아니기 때문이다.

우리의 영토에 관심이 많은 나라들을 우리 힘만으로 제어할 수 없는 것이 현실이다. 그래서 우리는 한미동맹이라는 결코 자동적으로 주어진 것도 아니고 영원히 지속되는 것도 아닌 안전장치를 유지, 보수, 발전, 강화시키기 위해 노력하지 않을 수 없다.

제 9 장

시장경제와 복지 이해하기

권혁철 자유기업원 부원장

- 독일 쾰른대학교 경제학 석·박사
- 노사정위원회 특수형태근로종사자특별위원회 위원
- 행정안전부 공익사업선정위원회 위원
- 자유민주연구학회 회장
- 행정자치부 지방공기업혁신단 위원
- 방송문화진흥회 이사
- 독일 뮌스터대학교 경제교육연구소 객원연구원
- 한독경제연구소 소장

주요 저서

- 『시장경제질서와 시민단체-우리나라 시민단체 활동의 문제점』 (자유기업원, 2002)
- 『자유주의 사상가 12인의 위대한 생각』 [공저] (월간조선사, 2004)
- 『자본주의에 대한 오해와 진실』 [공저] (북앤피플, 2016)

01

왜 시장경제인가?

1. 경제 질서의 중요성

우리는 지금 시장경제 질서 혹은 시장경제 시스템 속에서 살아가고 있다. 인류는 시장경제를 통해 엄청난 번영을 이루어왔다. 시장경제가 본격적으로 활성화되기 전인 불과 200년~300년 전까지만 해도 왕과 권력자 등 극히 일부 소수를 제외한 절대 다수는 절대적인 빈곤 속에서 근근이 생명을 유지해 왔다. 시장경제를 통해 인류는 인류 역사상 처음으로 빈곤에서 탈피했을 뿐만 아니라, 놀랄만한 번영과 풍요를 누리며 살게 되었다.

대한민국도 마찬가지다. 우리나라에서 본격적인 시장경제의 역사는 이제 겨우 60~70년밖에 되지 않았다. 하지만 그 짧은 기간 사이에 우리는 단군 이래 5000년 만에 처음으로 가난에서 벗어났고, 사대(事大)의 대상이었던 중국이 오히려 우리를 부러워하는 나라로까지 발전했다. 시장경제가 아니면 설명하기 어려운 기적과도 같은 일이다.

시장경제가 가져다 준 기적과도 같은 번영과 풍요를 실감하기 위해 멀리 갈 필요도 없다. 우리 대한민국과 북한의 현재의 모습을 비교해보는 것만으로 충분하다. 대한민국과 북한의 경제적 번영과 풍요의 격차는 그야말로 하늘과 땅 차이이다. 이 차이는 무엇으로 설명할 수 있는가?

경제성장과 번영의 핵심은 경제 질서다. 잘 알다시피 우리 대한민국 국민들과 북한의 동포들은 같은 민족이다. 문화도 같고, 언어도 같다. 역사와 풍습, 관습 등등 모든 것이 같다. 대한민국과 북한은 그렇게 모든 것이 같은 상태에서 출발했다. 대한민국과 북한이 서로 달리 했던 것은 오직 경제 질서였다. 우리 대한민국은 시장경제를 택하면서 출발했고, 북한은 사회주의 통제경제를 택하면서 출발했다. 70여 년 전에 했던 바로 그 '순간의 선택'이 대한민국과 북한을 '천당과 지옥'으로 갈라놓은 것이다. 대한민국에서는 살찌지 않기 위해 일부러 굶는 다이어트를 할 정도로 풍요를 누리며 살고 있는 반면에, 북한에서는 수백만 명이 굶어죽고, 굶어죽지 않기 위해서는 목숨을 걸고 북한을 탈출해야 하는 기막힌 참극이 벌어지고 있는 것이다. 핵심은 경제 질서다.

그런데, 아이러니하게도 이런 기적과도 같은 번영과 풍요를 가져다 준 시장경제를 오히려 비난하고 공격하고 파괴하려는 일들이 도처에서 지속적으로 벌어지고 있다. 이런 일들이 벌어지는 이유 중의 하나는 인간이 공기가 없으면 살 수 없음에도 불구하고 공기의 소중함을 까맣게 잊고 사는 것처럼, 번영과 풍요를 가져다 준 시장경제의 존재는 완전히 잊어버린 채 번영과 풍요만을 기억하기 때문이다. 여기에 일부 반(反)시장경제 정치인들과 선동꾼들이 가세하면서 점점 더 많은 사람들이 우리가 지금 누리고 있는 번영과 풍요가 마치 저절로 이루어진 것처럼, 따라서 시장경제가 아니더라도 앞으로도 이런 번영과 풍요가 지속될 것이라는 착각에 빠져 있다. 심지어는 시장경제는 '나쁘고 사악한' 시스템이기 때문에 다른 '정의로운' 시스템으로 대체해야 한다는 주장까지도 힘을 얻고 있다.

시장경제를 전면적으로 부정했던 사회주의 통제경제 실험은 실험 70년 만에 참담한 결과를 보이면서 무너졌다-물론 북한에서는 아직 여전히 진행 중이다-. 그런데, 이 사회주의 경제 질서의 변종인 '개입주의'는 시간이 갈수록 제철을 만난 듯 더욱더 확대되고 있다. '따뜻한 시장경제'니 '인간의 얼굴을 한 자본주의'니 하는 말들은 모두 시장경제가 아니라 사회주의 혹은 그것의 변종인 '개입주의 경제' 및 '집단주의 경제'를 지향하겠다는 말과 다르지 않다. 정부가 시장에 적극적이고 직접적으로 개입하는 개입주의가 사회주의의 변종이라는 것에서도 알 수 있듯이, 이 개입주의의 종착역은 사회주의다. 그리고 그 길은 세계적인 자유주의 경제학자 하이에크가 말한바 대로 '노예로의 길'이다.[1]

우리가 지금 누리고 있는 풍요와 번영을 유지하고 나아가 앞으로도 지속적인 발전을 이룩하기 위해서는 시장경제에 대한 이해가 그 어느 때보다도 중요하고 또 필요한 이유다.

2. 시장경제 질서는 자생적 질서

시장경제 질서라고 할 때, 질서(Order, Ordnung)란 우리의 경제생활을 안내하고 규율하고 조정하는 규칙들의 총체를 말한다. 헌법과 각종 법률에 있는 경제생활 관련 규정들, 전통과 관습, 도덕, 풍습 등등이 이 규칙의 총체를 구성한다. 이러한 질서가 어떻게 형성되는가에 따라 질서의 종류를 세 가지로 구분한다. 자연적 질서, 인위적 질서, 그리고 자생적 질서가 그것이다.[2]

자연적 질서는 말 그대로 인간의 본능에 의해 형성된 질서다. 본능에 의해 형성된 질서라는 의미에서 자연적 질서를 '본능적 질서'라고도 부를 수 있을 것이다. 이 자연적 질서가 어떤 특성을 갖는지, 그리고 왜 그런 특성을 갖게 되었는지를 이해하기 위해서는 원시공동체에서의 인간의 생활

1) 하이에크, 프리드리히 폰 (김이석 역) (2006), 『노예의 길』, 자유기업원·나남출판.

2) 이하의 내용은 민경국 (2018), 『국가란 무엇인가』, 북앤피플, pp. 359-362 참조.

을 들여다 볼 필요가 있다. 원시사회의 대표적인 생활 형태는 15명~40명 정도의 성인들로 구성되어 군집생활을 하던 씨족 내지 부족사회였다. 즉 집단으로 수렵과 채집을 하며 살아가는 소규모의 사회였다. 이런 사회는 옆에 누가 살고 있는지, 그 사람의 형편은 어떠한지 등등 서로가 서로에 대해 소상히 아는 이른바 대면(對面, Face to Face)사회다. 게다가 이웃도 그냥 이웃이 아니라 친척 피붙이들이다. 한편, 이 집단의 울타리 너머는 위험천만한 세상이다. 이웃 집단이나 사나운 짐승들의 공격을 받을 수 있다. 사냥도 혼자서는 하기 어렵다. 그래서 만약 집단에서 왕따를 당하거나 밖으로 내쳐지기라도 하면 목숨을 장담하기 힘들다. 따라서 어떻게 하든 집단 내에서 살아야 하고, 족장과 집단의 명령에 절대적으로 복종하고 일사분란하게 움직여야 한다. 그것이 개인도 생존하고 집단도 보존될 수 있는 길이다. 그래서 원시공동체에서는 연대하고 단결하고 협동해야만 하고, 나아가 공동 작업과 함께 공동 소유가 지배적인 삶의 방식이 되지 않을 수 없다. 이것이 자연적 질서의 특성이다.

우리 인간은 이러한 연대, 단결, 협동, 공동체가 강조되는 질서 속에서 3백만 년~4백만 년을 살았다. 이렇게 오랜 세월 동안 이 같은 연대 규범 속에서 살다보니 이것들이 인간의 본능 속에 깊숙이 각인되었고, 오늘을 사는 현대인들의 가슴 속에도 여전히 진하게 남아 있다. 우리가 연대, 협동, 단결, 공동체, 민족 등의 단어를 듣게 되면 무언가 따뜻하고 정겨운 느낌이 드는 것은 이 때문이다. 그렇지만 이 감정은 '원시 부족 시대의 원시인의 정신 태도'이다.

반면에, 우리가 시장경제 속에서 살아온 기간은 불과 얼마 되지 않는다. 인류의 탄생부터 지금까지의 삶을 24시간으로 환산하여 비교를 해본다면, 원시공동체로 살아 온 기간은 24시간 중 23시간 57분이고, 나머지 3분만을 시장경제와 더불어 살아왔다고 할 수 있다. 따라서 시장경제는 우리의 가슴 속에 들어와 있지 않고, 여전히 낯설고 두렵다. 우리는 풍요와 번영 속의 문명인으로 살고 있지만, 마음은 여전히 원시인에 가깝다는 말이다. 시장경제가 우리 가슴 속에 들어와 있지 않기 때문에, 연대 및 공동체 규범과 달리 시장경제를 본능적으로 알 수는 없다. 시간과 노력을 투자해서 배우고 이해하지 않으면 안 되는 것이 시장경제다. 시장경제에 대해 낯설고 두려운 마음을 교묘하게 이용하는 포퓰리스트들의 유혹에 넘어가지 않기 위해서는 이에 대항하는 항체를 가져야 한다.

두 번째 종류의 질서는 인위적 질서다. 이 질서는 사람들이 어떤 목적을 갖고 이 목적을 달성하기 위하여 의도적으로 만든 질서로서 통상 우리가 조직이라고 부르는 것들 대부분이 여기에 속한다. 친목을 목적으로 한 순수한 사적인 조직부터, 교육을 목적으로 한 학교 조직, 포교를 목적으로 한 종교 조직, 생산과 판매 및 이윤을 목적으로 한 기업 조직, 그리고 국민의 자유와 재산을 지키기 위한 국가 조직 등이 모두 인위적 질서다. 인류 역사상 가장 큰 인위적 질서는 단연 사회주의 통제경제 질서다. 사회주의 통제경제 질서는 인민에게 풍요롭고 평등한 삶을 보장해 주겠다는 목적을 내세워 사회와 경제 전체를 조직화했던 인위적 질서다. 이 인위적 질서의 특징은 공동으로 추구하고자 하는 공동의 목적이 존재한다는 점, 그리고 그 목적을 달성하기 위해 의도적으로 설계한 조직과 위계질서가 존재한다는 점이다.

마지막 세 번째 종류의 질서가 자생적 질서이다. 자생적 질서는 인간의 행동에 의해 생긴 것이기는 하지만, 인간이 계획하거나 의도적으로 만든 질서가 아니다. 사람들 각자는 단지 자신이 가진 목적을 달성하기 위해 행동하는데, 그 행동하는 과정에서 자신들이 의도하지 않았음에도 자생적으로 생겨난 질서다. 이런 의미에서 자생적 질서를 '의도적 행위의 무의도적 결과'라고 한다. 자연적 질서가 인간의 본능에 기초해서 생겨난 질서, 인위적 질서가 인간의 이성에 의해 의도되고 설계되어 만들어진 질서라고 한다면, 자생적 질서는 본능과 이성 그 어디에도 속하지 않는 '제3의 영역의 질서'다.

자생적 질서의 대표적인 것들이 언어와 시장이다. 누군가가 한국말을 의도적으로 만들었기 때문에 생겨난 것이 아니라, 타인과의 의사소통을 하기 위해 서로 말을 주고받는 수없이 반복된 소통과정에서 자생적으로 생겨난 것이 언어고 우리 한국말이다. 시장경제도 마찬가지다. 누군가가 어떤 의도와 목적을 갖고 만든 것이 아니라 타인과의 관계 속에서 자신의 목적을 달성하고자 행동하는 과정에서 의도하지 않게 생겨난 질서가 시장경제 질서다. 이렇게 형성되는 자생적 질서의 특징은 장구한 세월 속에서 무수한 시행착오를 거치면서 진화해 온 결과이면서 현재도 여전히 진화 중이라는 점, 추구하고자 하는 공동의 목적이 존재하지 않는다는 점, 그리고 공동으로 추구하는 목적이 없기에 그것을 추진할 조직과 위계적 질서도 존재하지 않는다는 점이다. 즉 자생적 질서인 시장경제는 각자가 동등한 입장에서 각자 자신이 갖고 있는 목적을 각각 자유롭게 추구할 수 있도록 함으로써 인류 역사상 처음으로 인류에게 '번영과 풍요'를 안겨 준 경제 질서다.

시장경제 질서가 다른 질서들과 분명히 구분되며 또 그에 따른 독특한 특성을 갖고 있기 때문에 이런 특성들을 배제하거나 대체하는 행위는 시장에 커다란 혼란과 부작용을 불러온다. 시장경제를 폐하고 중앙계획경제로 대체하는 행위, 그리고 공정한 시장경제 혹은 공평한 분배 등을 이유로 시장경제에 개입하는 정부의 행위 등은 자생적 질서로서의 시장을 배제시키고 그것을 인위적 질서로 대체시키는 일이다. 이런 행위들은 우리가 흔히 '시장의 정치화'라 부르는 것으로서, 그것은 경제적 피폐와 자유의 침탈로 이어진다는 것이 역사가 증명하고 있는 사실이다.

또한 연대와 단결, 협동과 공동체를 부르짖는 복지국가 건설은 자생적 질서인 시장경제질서를 본능에 충실한 자연적 질서로 대체하고 현대 문명사회를 원시공동체로 되돌리고자 하는 어처구니없는 시도다. 이런 반역사적이고 반문명적인 복지국가 건설이 실패하지 않는다면 그것이 오히려 이상할 것이다.

3. 시장경제와 정의(正義)

몇 년 전 우리나라에서 선풍적인 인기를 모으며 베스트셀러가 되었던 책이 하나 있다. 마이클 샌델(Michael Sandel)의 『정의란 무엇인가』란 책이다.[3] 이 책의 저자인 샌델은 책의 앞부분에 미국의 한 지역에 태풍이 몰아쳐서 집과 재산과 가족을 잃고 비참한 지경에 처한 사람들에 대한 묘사로 글을 시작한다. 그리고 이어서 이들이 긴급하게 필요로 하는 잠잘 곳, 먹을 것 등의 가격이 급등한 현상을 지적하면서 넌지시 '시장경제는 정의롭지 못하다'고 비판한다. 사람들이 불행을 당해 어려움에 처해 있는 그 틈을 노려 돈을, 그것도 가격을 크게 올려서 많이 벌려고 하는 시장경제 시스템은 정의로운 시스템이 아니라는 것이다.

시장경제에 대한 샌델의 이러한 비판은 옳은가? 결론부터 이야기하자면, 시장경제는 애초에 정의롭다 혹은 정의롭지 못하다는 판단과 비판의 대상이 되지 않는다. 애초부터 비판과 판단의 대상이 되지 않는 시장경제에 대해 정의롭지 못하다고 비판하는 것은 실체도 아닌 그림자를 잡아보겠다고 설치는 것과 다름이 없다.

앞서도 이야기했듯이, 시장은 무엇을 이루겠다거나 무엇을 해야 한다

3) 샌델, 마이클 (이창신 옮김) (2010), 『정의란 무엇인가』, 김영사.

는 어떤 의도나 목적을 갖고 있지 않은 자생적 질서다. 어떤 의도나 목적도 갖고 있지 않는 것에 대해 정의롭다 혹은 정의롭지 못하다고 판단한다는 것은 있을 수 없는 일이다. 예를 들어 국가는 국민들의 자유와 재산을 보호하고 지키기 위해 만든 것이다. 즉 국가는 특정한 의도와 목적을 갖고 만들어진 조직이다. 따라서 국가가 정의로운가 혹은 정의롭지 않은가는 국가의 행동을 이 의도와 목적에 비추어 판단할 수 있다. 국민의 자유와 재산을 지키지 못하고 오히려 스스로 그것을 침해하는 국가는 정의롭지 못한 국가다.

그런데, 시장은 애초부터 어떤 의도와 목적을 갖고 만들어진 제도가 아니다. 사람들이 먼 옛날부터 일정한 행동규칙들을 지키면서 자신들의 상태를 개선하기 위해 이런저런 시도를 하는 과정에서 자생적으로 생겨난 것이기 때문이다. 이렇게 자생적으로 생겨난 것 중의 대표적인 것이 언어라고 했다. 우리가 쓰고 있는 한국말은 누가 어떤 의도를 갖고 만든 것이 아니라 의사소통을 하는 과정에서 자생적으로 형성된 것이다. 그런데, 이렇게 형성된 우리 한국말에 대해 정의롭다 아니면 정의롭지 못하다는 판단이 가당키나 한 일인가? 시장에 대해 정의(正義) 운운하는 것도 마찬가지다.

02

경제활동의 조건과 인간의 한계, 그리고 가격

사람은 모두 '잘 살고자' 한다. 잘 살기 위해서 현재 느끼고 있는 불편을 해소하고자 하며, 삶의 조건을 개선하고자 끊임없이 노력한다. '잘 산다'는 것이 물질적인 것일 수도 있고 정신적인 것일 수도 있다. 그 어떤 것이 되었든 잘 살기 위해서는 열심히 노력하고 열심히 일하면서 살아야만 한다. 이런 사정은 성경에도 나와 있다. '아담은 일생동안 배고픔에 시달리며 땀을 흘려 노동하며 먹을 것을 얻어야 한다'고.

인간의 삶 자체가 그런 것임에도 불구하고 어떤 사람들은 '사회가 잘못되었다'거나 '일부 소수의 탐욕' 때문이라거나 '자본주의 시장경제가 문제다'라는 등 이러저런 소리들을 하며, 심지어 '분노하라'고 사람들을 부추기기도 하지만, 모두 이치에 맞지 않는 이야기다. 우리가 사는 모습은 원래가 그렇게 살 수밖에 없도록 되어 있다. '삶이란 원래 고단한 것'이라는 말도 있지 않은가.

어려운 상황이지만, 그럼에도 불구하고 사람들은 끊임없이 잘 살기 위해 노력해 왔고, 지금까지 지속적으로 자신들의 삶의 조건들을 개선하고, 불편을 해소하고 극복해왔다. 더구나 최근 수 세기 동안에는 인류 역사상 처음으로 '풍요로운 삶'을 경험하는 데까지 발전했다. 물론 그렇다고 해서 고단한 삶이 끝난 것은 아니다. 우리는 여전히 땀 흘려 노동해야만 한다. 아마도 이 고단한 삶은 천국이 도래하기 전까지는 종료되지 않을 것이다.

이렇게 우리의 삶이 고단할 수밖에 없는 이유들이 여러 가지 있겠지만 -종교에서는 원죄(原罪)로 설명하기도 한다-, 경제학에서는 크게 두 가지를 들고 있다. 하나는 우리를 둘러싸고 있는 환경 혹은 조건이고, 다른 하나는 우리들 인간이 갖고 있는 문제다. 이 두 가지 문제는 너무나 치명적이고 엄중해서 우리는 평생, 그리고 앞으로도 영원히 땀 흘려 열심히 일해야만 한다. '잘 살기' 위해서는.

1. 두 가지 치명적 조건

(1) 복잡하고도 복잡한 세상

어떤 행동이나 사안이 어떤 결과를 가져올 것인지를 미리 예측하고 파악할 수 있다면 우리의 삶은 훨씬 수월해질 것이다. 하지만 우리가 사는 세상은 그것과는 전혀 다르다. 너무나 복잡해서 파악도 불가능하고 이해도 불가능하므로 무슨 일이 있을지 예측하고 그에 맞추어 행동한다는 것은 불가능한 일이다.

'열 길 물속은 알아도 한 길 사람 속은 모른다'는 말도 있듯이 사람의 마음속에 무엇이 들어 있는지 도무지 알기 어렵다. 바로 옆에 있는 가족의 마음조차 헤아리기가 쉽지 않다. 하물며 5천만 명이 살아가는 대한민국, 나아가 60억 명의 인구가 살아가는 지구촌 세상은 우리 인간의 능력으로 그 전모를 파악하거나 이해하기에는 너무나 복잡하다. 전혀 알 수가 없다.

더군다나 우리가 사는 세상은 닫혀 있는 세계가 아니라 열려 있는 세계다. 닫혀 있는 세계란 그 자체가 완결되어 있는 세계로서 어떤 행동에는 어떤 결과가 나오고 그것으로 상황은 종결된다. 즉 닫힌 세계에서는 언제나 1+1=2가 된다. 따라서 이런 닫힌 세계에서는 예측이 가능하다. 그런데 우리가 사는 세상은 이런 닫힌 세계가 아닌 열린 세계다. 열린 세계란 외부와 끊임없이 교류하는 상호작용을 통해 서로 영향을 주고받는 세계다. 그래서 열린 세계에서는 어느 순간 어떤 행동에서 어떤 결과가 나왔다고 하더라도 다음에도 그 행동에서 동일한 결과가 나오리라는 보장이 없다. 즉 열린 세계에서는 1+1=2가 아니라 1+1=2(?)가 된다. 2가 될지 아닐지를 정확하게 알 수 없기 때문이다.

복잡하고 복잡한 열린 세상에서는 어떤 행동이나 원인에 대한 결과가 불확실할 수밖에 없다. 즉 우리가 사는 세상에서 미래는 항상 불확실함으로 가득 차 있다. 그래서 미래를 알고 있다고 혹은 아는 척하는 사람들이 있다면, 그들은 스스로를 신으로 자처하는 자들이다.

(2) 희소성의 세계

우리를 제약하고 있는 두 번째 환경은 우리가 사는 세상이 희소성이 지배하고 있는 세상이라는 사실이다. 우리가 잘 살기 위해 이것도 필요하고 저것도 가져야 되겠고, 이것도 해결하고 저것도 해결하고 싶지만, 그것을 하기 위한 자원 혹은 수단이 충분하지 못하고 부족한 것을 '희소하다'라고 한다. 우리는 바로 이 희소성이 지배하는 세상에 살고 있다.

희소성의 영향력은 절대적이고 보편적이다. 다시 말해 부자든 가난한 사람이든 관계없이 모든 사람은, 또 영세기업이나 대기업이나 관계없이 모든 기업과 조직은 이 희소성의 영향에서 벗어나지 못하고, 그 지배를 받지 않을 수 없다. 정부도 예외가 아니다.

노인들에게 연금으로 '충분히 많이' 주고 싶지만, 그러다보면 다른 곳, 예를 들어 어린이 백혈병 환자들의 치료비 지원에 들어갈 재원이 부족해질 수 있다. 모든 불쌍한 독거노인들에게 편안하게 쉴 수 있는 보금자리를 마련해주고 싶지만, 그러다보면 불쌍한 소년소녀 가장들에 대한 지원이 끊기거나 감축될 수 있다. 환경보호를 위해 예산을 쓰다 보면 오래되어 낡은 다리의 수리와 보수가 늦어져 다리가 무너지는 참사가 발생할 수도 있다. 한편으로는, 대학생들의 등록금을 반값 정도가 아니라 완전 무료로 하여 모든 대학생들이 학업에만 전념할 수 있도록 하고 싶지만, 다른 한편으로는 그 돈이면 초·중·고등학교의 교육 여건을 대폭 개선할 수 있다. 정부가 아무리 납세자들로부터 세금을 쥐어짜내더라도 정부 역시 부족함으로부터 결코 벗어날 수는 없다.

우리가 사는 세상은 바로 이 부족함, 즉 희소성과 맞닥뜨려 그것을 극복해 가면서 살아가야만 하는 힘든 곳이다. 우리는 '젖과 꿀이 흐르는 지상낙원'에 살고 있지 않다. 우리는 희소성이 지배하는 세상에 살고 있다. 그래서 인생은 고단하다.

마르크스와 마르크스주의자들은 높은 단계의 공산주의 사회가 되면 모든 것이 풍요로워지고, 그 결과 '필요에 따라 분배'될 것이라고 주장했다. 이들은 어떤 사회도 피해갈 수 없는 자원 및 수단들의 희소성에 대해서는 전혀 고려하지 않고 있다. 우리나라에서도 무상의료, 무상교육, 무상보육 등 '무상'을 외치는 수많은 정치인들이 있다. 이들도 마찬가지로 마치 희소성이 지배하는 세상이 아닌 것처럼 말한다. 희소성에 대한 고려가 전혀 없는 이런 식의 주장들에 대해 미제스(Mises)는 "잠꼬대"하고 있다고 표현했다.[4]

(3) 희소성과 기회비용: 세상에 공짜는 없다

4) 미제스, 루드비히 폰 (민경국·박종운 옮김) (2011), 『인간행동(Human Action)』, 지식을 만드는 지식 (e-book), 제4부 14장 1.

우리의 욕구에 비해 자원이 희소하기 때문에, 하고 싶은 것을 한꺼번에 다 할 수는 없고, 하고 싶은 것 중에서 선택을 해야만 한다. 즉 어떤 것을 제일 먼저 하고, 어떤 것을 그 다음에 하고, 또 어떤 것은 포기하고 하는 선택을 할 수밖에 없다. 희소성이 지배하는 세상에서 선택은 필수다.

여러 가지 선택 대안들 중 하나를 택하고 다른 것을 포기하는 선택을 할 때 반드시 고려해야 할 비용이 있는데, 그 비용을 기회비용(opportunity cost)이라고 한다. 간단한 예를 하나 들어 기회비용을 설명하면 다음과 같다. 효녀 심청이 직면했던 선택의 문제를 보자. 심청이는 효녀다. 자신의 목숨을 바쳐 아버지 심봉사의 눈을 뜨게 해 주는 것도 효녀가 할 수 있는 일이고, 죽지 않고 살아서 앞을 못 보는 심봉사를 극진히 모시는 것도 효녀가 할 수 있는 일이다. 하지만 두 가지를 모두 다 할 수는 없었기에 효녀 심청은 전자(前者), 즉 심봉사의 눈을 뜨게 해주기 위해 자신의 목숨을 바치는 선택을 했다. 이때 효녀 심청이가 했던 선택의 기회비용은 자신이 아버지 심봉사와 함께 살면서 아버지를 극진히 봉양할 수 있는 기회의 상실이다. 또 다른 동화 인어공주에서도 인어공주가 사랑에 빠져 사람이 되기 위해서는 소중한 다른 하나를 잃어야 한다. 즉 사람이 되기 위해 치러야 했던 그녀의 기회비용은 세상에서 가장 아름답다는 그녀의 목소리를 상실하는 것이다.

기회비용에 주목해야 하는 이유는 무엇보다도 기회비용을 이해하게 되면 '세상에 공짜는 없다'는 말의 의미를 제대로 이해할 수 있기 때문이다. 예를 들어 정부가 '무상의료'를 시행한다고 하면, 국민들은 의료서비스를 '공짜'로 받을 수 있다. 하지만 의사와 간호사 그리고 그곳에서 근무하는 직원들이 '이슬만 먹고 사는 사람들'이 아닌 이상 임금을 주어야만 한다. 또 병원과 의원을 설립하고 운영하는 비용과 각종 기기들을 구입하고 운영하는 비용도 지출되어야만 한다. 이 돈은 결국 세금을 걷어서 줄 수밖에 없다. 무상의료라고는 하지만, 사실상은 '무상'의료가 아닌 '세금'의료인 셈이다. 무상의료를 위해 세금을 내는 납세자는 그 돈으로 벽걸이형 대형 TV를 살 계획을 세웠거나 아니면 가족여행을 계획했을 수 있다. 무상의료를 위해 내는 세금은 그 사람이 그 돈으로 할 수 있었을 기회를 박탈함으로써 기회비용을 발생시킨다. 기회비용의 개념을 이해한다면, 무상의료가 '공짜'가 아니라는 점, 그리고 '공짜'를 외치는 정치인들이 국민들에게 거짓말을 하고 있다는 것을 어렵지 않게 이해할 수 있다.

결혼을 안 하는 여성들이 늘고 있는 현상의 원인이 여러 가지 있겠지만, 기회비용도 중요한 하나의 원인이라고 할 수 있다. 즉 여성들이 과거에 비해 결혼, 출산 및 육아로 인해 직업과 승진 등 포기해야 하는 기회비용이 굉장히 높아졌기 때문이다.

기회비용의 개념을 이해하게 되면 세상에는 '당연히' 주어야 하는 것도 없고 또 '당연히' 받아야 하는 것도 없다는 것을 알게 된다. 그리고 소중한 자원을 어떻게 사용하는 것이 잘 사용하는 것인지를 언제나 따져볼 필요가 있음을 인식하게 된다. 이것이 이른바 경제학적 사고방식이다.[5] 즉 기회비용을 이해하는 것이야말로 경제학적 사고의 출발점이다.

2. 구조적으로 무지한 인간

(1) 지식의 종류와 구조적 무지

앞에서 보았듯이 우리가 사는 세상은 어려움으로 가득 차 있다. 세상은

5) 이런 연고로 경제학자들은 종종 '피도 눈물도 없는 인간'이라는 비난을 받기도 한다. 하지만 이런 비난은 오해에서 비롯된 것이다. 경제학자들은 불쌍한 사람들을 도와주어서는 안 된다고 말하는 것이 아니다. 소중하고 희소한 자원을 낭비하지 않고 잘 사용하기 위해서는 도움을 받을 사람이 정말로 도움이 필요한 사람인지, 우리 사회에 그 사람보다 더 절실히 도움을 필요로 하는 사람은 없는지 등을 살피고 따져봐야 한다고 말할 뿐이다.

너무나 복잡해서 파악하고 이해하기도 불가능한데다가 우리 인간들이 필요로 하는 자원들은 대부분이 한정되어 있는 희소성이 지배하는 세상이다. 설상가상으로 그런 조건들 속에서 살아가는 우리 인간은 아는 것이라고는 거의 없는 '무지한 존재'다.

아무리 잘나고 모르는 것이 없는 '만물박사'라고 소문난 사람이라도 그가 알고 있는 지식의 양은 세상에 널린 지식에 비하면 정말 보잘 것 없다고 해야 한다. 예를 들면 경제학에 대해 조금 안다고 하는 경제학 박사도 휴대폰이나 컴퓨터 등 전자기기에 관해서라면, 젊은 학생들이 '박사'고 그 사람은 완전 초보자가 될 수 있다. 이렇듯 한 사람이 알고 있는 지식이란 드넓은 모래밭의 한줌 모래도 안 되는 지엽적이고 단편적인 지식에 불과하다.

이런 지식은 그나마 나은 편이다. 이런 지식은 강의를 듣고 책을 보고 공부하고 토론하면서 습득할 수 있기 때문이다. 이렇게 말과 글로써 전달하고 습득할 수 있는 지식을 '명시적 지식'이라고 한다. 그런데, 지식의 습득과 관련해 진짜 어려운 문제는 강의를 듣고 책을 보고 공부하고 토론해도 결코 알 수 없는 지식들이 있다는 점이다. 즉 말과 글로써 전달할 수도 없고, 따라서 말과 글을 통해서는 습득할 수 없는 지식들이 있다. 이러한 지식을 '암묵적 지식'이라고 부른다.

예를 들어, 어린아이에게 자전거 타는 법을 이론적으로 알려줄 수는 있다. 어떻게 출발하고, 어떻게 페달을 밟고, 어떻게 균형을 유지하고, 방향은 어떻게 바꾸는지를 알려줄 수는 있다. 이런 건 명시적 지식이다. 그런데, 이 명시적 지식을 갖추었다고 해서 이 아이가 자전거를 곧바로 탈 수 있는 것은 아니다. 자전거를 타기 위해서는 수차례 넘어지고 하면서 스스로 깨우치고 몸으로 익혀야 하는 부분이 있다. 그 스스로 깨우치고 몸으로 익혀야 하는 부분은 일종의 암묵적 지식이라 할 수 있다. 또 요리 장인(匠人)

이 공개한 레시피(Recipe)대로 음식을 한다고 해서 요리 장인의 음식 맛까지 그대로 따라가기는 어렵다. 거기에는 요리 장인이 전달하고 싶어도 표현하고 전달하지 못하는 '그 무언가'가 있기 때문이다. '그 무언가'를 '손 맛'이라고도 할 수 있을 텐데, 이 '손 맛'이 바로 암묵적 지식을 의미한다.

그런데, 많은 사람들이 이 암묵적 지식의 존재를 인식하지 못하고, 또 설혹 인식하고 있다 하더라도 그 중요성을 잘 알지 못한다. 하지만, 현장에서 그리고 현실에서 살아가는 데는 명시적 지식 못지않게 이 암묵적 지식도 중요하다. 어쩌면 이 암묵적 지식이 더 중요한 지식일 수 있다. 문제는 암묵적 지식은 현장의 지식이고, 체화된 지식이고, 본인만이 알고 있는 노하우이기 때문에 어떤 지식이 누구에게 있는지조차 파악이 불가능하다는 것이다.

이렇게 볼 때, 한 개인이 알고 있는 지식이란 얼마나 보잘 것 없는 것인가. 말과 글로 전달하고 습득할 수 있는 명시적 지식에서조차 한 개인이 가지고 있는 지식이란 빙산의 일각이란 말조차 어울리지 않을 정도로 하찮다. 게다가 암묵적 지식과 관련해서는 어떤 지식이, 어디에, 얼마나 존재하는지 파악조차 할 수 없다. 간단히 말해 우리 인간은 한없이 무지한 존재이다. 우리는 우리가 무엇을 모르는지조차도 모른다. 이런 무지를 '구조적 무지'라고 한다.[6] 아무리 합리적이고 냉철하게 행동한다고 해도 인간은 바로 이런 무지한 상태에서 선택을 하고 행동을 한다.

(2) 너 자신을 알라!

인간은 자신이 무엇을 모르는지조차 모르는 무지한 존재다. 그런데, 자신이 이렇게 무지하다는 사실을 깨닫지 못하고, '나는 다 알고 있다!'는 식

6) 하이에크, 프리드리히 폰 (신중섭 역) (2004), 『치명적 자만』, 자유기업원.

으로 행동하는 인물들이 있다. 역사를 봐도 항상 그런 인간들이 존재했었고, 또 지금도 여전히 존재한다. 마르크스 같은 인물이 대표적이며, 사회주의, 공산주의를 주장하고 실행에 옮겼던 인물들, 그리고 집단주의, 간섭주의, 개입주의 정책을 펴면서 '모두가 잘 사는 국가'를 만들겠다고 하는 인물들, '모두가 행복한 이상(理想)국가'를 만들겠다고 하는 인물들이 모두 그런 사람들이다.

이들의 공통점은 인간의 이성에 대해 무한한 신뢰를 보내는 사람들이라는 점이다. 이성을 통해 미래를, 사회를, 국가를 설계하고, 그 설계도대로 따라하면 모두가 행복하고 잘 사는 사회를 만들 수 있다고 믿는 사람들이다.

현실은 어떤가? 요즘 우리 사회가 온통 '저출산 문제'로 난리다. 그런데, 우리가 언제부터 '저출산'이 문제라고 했을까? 불과 30~40년 전만 해도 '아이들이 너무 많이 태어나 대한민국이 망할 지경이다'라고 하면서 많이 낳지 말라고 했던 그 정부가 다름 아닌 우리나라 정부였다. 당시 포스터의 구호가 '둘만 낳아 잘 기르자' '둘도 많다, 하나만 낳자'였다. 아이가 많으면 아파트 분양에서도 자격을 박탈하는 등 아이가 셋 이상이 되는 이른바 '다둥이' 가족에게는 여러 분야에서 상당한 불이익을 주었다. 지금의 출산장려 및 다둥이 가족 지원정책과 완전히 정반대였다. 이런 사실들은 그때나 지금이나 정부 관료들이나 정치인들도 아무 것도 모른다는 점을 시사한다. 그들 역시 구조적으로 무지한 한계를 가진 인간들일 뿐이다.

국민연금도 마찬가지다. '국민의 노후를 보장한다'면서 시작한 게 국민연금인데, 이 환상적인 청사진이 말도 안 되는 헛된 꿈이라는 사실이 드러나는 데에는 불과 채 몇 년이 걸리지도 않았다. 국민이 내야 하는 보험료는 계속 올려야만 하고, 반대로 국민이 받는 연금은 계속 줄여야만 했다. 이제는 노후보장은커녕 '용돈 연금'이 되어버렸다.

국민연금 수령액이 너무 적어 받으나 마나한 '용돈 연금'만이 문제가 아니다. 전문가들이 국민연금의 수입과 지출을 계산해보니 2047~2048년쯤이 되면 지출이 수입보다 많아져서 적자가 시작되고, 그로부터 10~15년 정도 뒤인 2060년경이 되면 국민들에게 연금으로 돌려 줄 돈이 한 푼도 남아 있지 않게 된다. 지금의 20~30대가 연금을 받을 나이가 되면, 국민연금은 파산한다는 말이다. 이것이 이성을 과신하는 사람들이 세운 국민 인생 설계의 민낯이다.

최근 컴퓨터가 발달하면서 과거에는 수집하기 어려웠던 정보들을 수월하게 수집할 수 있게 되었고, 따라서 과거에는 정보 수집의 어려움과 이에 따른 정보 부족으로 인해 실패했던 사회주의 계획경제 혹은 복지국가 설계가 보다 완벽하게 가능하게 되었다고 주장하는 사람들이 있다. 하지만 어림없는 소리다. 여전히 그 많은 정보들을 수집한다는 것이 불가능할 뿐만 아니라, 설령 그것이 가능하다고 한들 그렇게 수집할 수 있는 지식이란 오직 명시적 지식뿐이다. 사람들 각자에게 분산되어 있으면서 표현하지 못하고 전달하지 못하는 암묵적 지식은 어떻게 수집할 것인가?

구조적으로 무지한 존재가 인간이다. 솔직히 자기 자신의 인생조차도 잘 모르는 것이 우리 인간이다. 이렇듯 한없이 부족한 한 인간이 한 번도 만나본 적도 없는 타인의 인생을, 하물며 5천만 명이나 되는 국민의 인생을 설계해주고 책임지겠다고 나서는 그 '무모함'은 도대체 어디서 나오는 용기인지 모를 정도다. 소크라테스가 말씀하시길 '너 자신을 알라!'고 했고, 하이에크도 '지식의 자만을 부리지 말고 겸손해라!'라고 했다. 구조적으로 무지하다는 자신의 한계도 망각한 이들에 의해 시장경제는 지속적으로 타격을 받는다.

3. 가격의 의미

우리가 모여 사는 사회는 복잡다단한데 반해 우리 개인이 갖고 있는 지식과 정보는 극히 한정되어 있다. 그렇지만 이런 구조적 무지에도 불구하고 생존하고 번영하기 위해서는 선택하고 행동해야 한다. 그리고 인간은 나름대로 이 구조적 무지를 제법 잘 헤쳐 나가고 있다고 할 수 있다. 우리가 이룩하고 누리고 있는 번영과 풍요가 그 확실한 증거이다. 구조적으로 무지한 인간으로 하여금 이 무지를 제법 잘 극복할 수 있도록 하는 것은 무엇일까? 구조적으로 무지한 인간에게 지식과 정보를 제공해줌으로써 구조적 무지에도 불구하고 경제생활을 잘 해나갈 수 있도록 안내해주는 안내자가 있는데, 그것이 바로 가격이다.

(1) 정보전달자로서의 가격

시장은 통상 상품이나 서비스가 거래되는 곳으로만 알려져 있다. 시장에서 상품과 서비스가 판매되고 구매되므로 겉으로 보기에는 당연히 그렇게 보이지만, 시장에서는 상품과 서비스의 거래만이 이루어지는 것이 아니다. 이와 더불어 헤아릴 수도 없는 엄청난 양의 정보 또한 들어오고 나가면서 서로 교환되고 있다는 점을 놓쳐서는 안 된다. 이렇게 교환되는 정보들 중에는 문자와 언어로 전달하고 습득할 수 있는 명시적 지식들은 물론이고, 글이나 말로는 설명할 수 없고 전달할 수 없는 암묵적 지식들까지도 함께 교환된다.

이렇게 정보들이 교환되는 과정에서 각각의 정보는 자동적으로 해당 재화나 서비스의 가격 형성 과정에 빈틈없이 반영된다. 그리고 이렇게 모든 정보가 반영된 결과 탄생하는 것이 가격이다. 그렇기 때문에 가격 속에는 해당 재화나 서비스와 관련된 모든 정보가 함축되어 있다고 말할 수 있다. 그 모든 정보들을 일일이 다 알지 못해도 관계없다. 또 일일이 다 알고자 할 필요도 없다. 왜냐하면 알든 알지 못하든 관계없이 모든 지식과 정보를 응축시켜 하나의 수치로 보여주는 지식과 정보의 결정체(結晶體)가 곧 가격이기 때문이다. 가격은 가장 값싸고 가장 효율적인 지식과 정보의 전달자이다.

(2) 가격규제는 가짜뉴스(Fake News) 유포행위와 같다

가격은 수많은 정보를 함축하여 전달하는 정보전달자이다. 그리고 경제주체들은 여러 정보들을 포함하고 있는 가격에 맞춰 어떻게 행동해야 할지를 판단하고 행동한다. 그런데 그 정보가 허위정보라면? 당연히 잘못된 판단과 엉뚱한 행동을 하게 된다. 정부의 가격규제에 의해 알려지는 정보가 바로 올바른 정보가 아닌 허위정보의 하나다. 즉 가격규제는 정부가 앞장서 허위정보를 퍼뜨려서 국민들로 하여금 잘못된 판단과 엉뚱한 행동을 하도록 만드는 것들 중 하나이다.

예를 들어보자. 산유국들이 모여 있는 중동에서 전쟁이 발발해서 원유 수급에 차질이 빚어질 것이라는 정보들은 고스란히 기름 가격의 급상승을 통해 우리에게 전달되어야 한다. 그래야만 소비자들로서는 마땅히 자동차 운행을 자제하고 냉난방 장치의 가동을 줄이고, 기업들로서는 기름을 덜 쓰는 생산방법을 개발하는 등 기름을 아껴서 사용하고 구매를 최대한 자제하는 방향으로 움직일 것이다.

그런데, 기름 가격의 상승을 못마땅하게 여긴 정부가 일정한 가격 이상으로는 매매하지 못하도록 하는 이른바 '최고가격제도'를 도입한다. 그렇게 되면 기름 가격이 예나 지금이나 거의 변함이 없으므로 사람들의 소비

패턴에도 변화가 있을 리 없다. 전쟁과 원유 수급 차질로 인해 실제로 공급은 대폭 감소하는 반면에, 소비 패턴에는 아무런 변화가 일어나지 않는 것이다. 이제 어쩌다 기름을 확보하여 판매하게 되는 주유소에는 너도나도 사겠다고 길게 줄을 서는 진풍경이 생긴다. 주유소에 길게 늘어서는 구매행렬은 이른바 '오일쇼크' 때마다 정부의 가격규제로 인해 목격하게 되는 전형적인 장면이다. 이런 현상은 전쟁이 발발하고 기름이 귀해졌다는 진짜 정보를 전쟁도 없고 따라서 기름 수급에 차질이 빚어지는 일도 없는 것처럼 정부가 가짜 정보를 만들어 퍼뜨렸기 때문이다.

이렇듯 정부가 가격에 개입해서 가격을 왜곡하는 것은 곧 사람들이 알아야할 지식과 정보들을 감추거나 왜곡해서 허위정보를 퍼뜨리는 일과 같다. 가짜뉴스가 개인과 사회에 치명적인 손해를 입히고 혼란에 빠뜨리듯이, 가격규제도 경제주체들의 선택과 판단을 왜곡시키고, 그 결과 개인과 사회를 경제적 혼란과 파탄으로 이끌 수 있다. 많은 경제학자들이 가격에 대해 개입하지 말라고 경고하는 이유가 이것이다.

03

시장경제의 주요 원리들

1. 사유 재산권의 의미와 중요성

시장에서 이루어지는 핵심적인 행위는 교환이다. 내가 갖고 있는 것과 다른 사람이 갖고 있는 것을 서로 교환하는 행위가 시장에서 이루어지는 주된 활동이다. 여기서도 알 수 있듯이, 시장경제는 '내가 갖고 있는 것' 그리고 '네가 갖고 있는 것'이 먼저 확립되어 있다는 것을 전제하고 있다. 내 것이 아닌 물건을 시장에서 교환할 수는 없다. 즉 사유 재산권은 시장경제의 필수적인 전제조건이다.

사유 재산권은 어떤 물건을 타인의 동의를 받을 필요 없이 자유롭게 사용, 수익, 처분할 수 있는 배타적 권리이다. 사적 소유, 즉 개인이 재산을 자기 것으로 소유한다는 것은 어떤 의미를 가질까?

(1) 재산권과 자유

사유재산이 중요한 가장 큰 이유는 그것이 인간에게 자유를 누릴 수 있도록 해 준다는 점이다. 이를 이해하는 데에는 역으로 만약 사람이 자기 자신의 재산을 한 푼도 갖고 있지 않다면 어떻게 될까를 생각해보는 것이 도움이 될 것이다.

자기 소유의 재산이 한 푼도 없는 사람은 누구일까? 노예들에게는 자신들의 재산이 없다. 노예들에게는 또한 자유도 없다. 자신의 재산이 없기 때문에 자유가 없는 것이다. 노예가 생존하기 위해서는 주인의 명령과 지시에 복종해야만 한다. 즉, 사유재산은 개인들이 다른 사람의 지시와 명령에 따라 그 다른 사람의 목적을 위해 일하도록 강제당하지 않고 자기 스스로가 설정한 자기 목표를 자유롭게 추구할 수 있는 자유를 확보할 수 있게 해준다. 이런 면에서 북한의 동포들이 노예와 다를 바 없는 생활을 하고 있는 이유들 중 중요한 하나는 북한에는 사유재산이 인정되지 않고 있기 때문이다. 사유재산을 부정하는 사회는 필연적으로 노예사회로 간다.

재산권은 곧 자유다. 굳이 극단적인 노예의 경우가 아니더라도 사유가 아닌 공유나 국유도 개인의 자유를 크게 제한한다. 만약 인쇄기나 인쇄소를 모든 사람이 공유하면서 서로 자신의 것을 인쇄하기를 원할 때, 신청한 순서대로 자기 차례가 올 때까지 기다려야만 할 것이다. 아니면 누군가가 '관리자'가 되어 인쇄의 긴급성에 따라 우선순위를 정할 수도 있다. 어느 경우에나 인쇄를 통해 무언가를 전달하려는 언론과 출판의 자유가 상당히 제약된다. 특히 인쇄소가 국유화되어 있을 때 자유의 제한은 극심할 것이다. 분명히 정부가 인쇄할 내용부터 검열하겠다고 덤빌 것이다. 당연히 권력자와 정부를 비판하는 내용은 검열을 통과하지 못하고 따라서 인쇄되지 못할 것이다. 언론과 표현의 자유는 사라진다. 이렇듯 공유와 국유 하에서 개인의 자유는 심각하게 위축될 수밖에 없다. 사유재산권이야말로 자유사회와 강제사회를 구분하는 가장 중요한 기준이다.

(2) 사유재산과 동기부여(Incentive)

사람들은 자신들이 힘들여 이룩한 것을 자신이 가질 수 있을 때 더 열심히 일할 동기를 갖게 된다. 따라서 사적 소유는 개인은 물론 경제 전체의 발전을 위해서도 중요하다. 동유럽 사회주의 정권들의 붕괴와 북한의 참담한 경제현실을 야기한 중요한 원인들 중 하나가 바로 재산권을 부정한 결과 사람들이 일할 의욕을 상실했기 때문이라는 것은 잘 알려진 사실이다.

사정이 이러하기 때문에, 사회주의자들을 비롯한 집단주의자들은 어떻게 하면 사람들이 '나'를 위해서가 아니라 '공동체'를 위해 열심히 일하도록 만들 수 있을까를 고민했고, 그 고민 끝에 들고 나온 것이 '인간형 개조'다. 자기 소유에 집착하고 자기 이익을 추구하는 '자본주의적 반동적' 인간형에서 사회 전체의 구성원을 위해 열심히 노력하는 인간형, 이른바 '사회주의형 인간'으로 개조시켜야 한다는 것이다. 그런데 수십만 년, 수백만 년을 거치면서 인간의 유전자에 각인되어 온 천성이 몇 번 혹은 몇 년의 세뇌교육으로 바뀔 리 만무하다. 당연히 이러한 '인간 개조' 과정은 무지막지한 처형과 폭력을 동반한다. 사회주의 정권은 예외 없이 폭압정권이 되는데, 폭력과 압제 없이는 사람들로 하여금 일하도록 만들 수 없기 때문이다. 반면에 사적 소유제도 하의 시장경제에서는 사람들이 스스로 열심히 일할 동기를 갖는다.

(3) 사유재산과 자원의 효율적 이용: '공유지의 비극'

사유재산이 중요한 이유는 또 있다. 사유재산은 희소하고 소중한 자원을 효율적으로 사용하도록 촉구한다. 반면에 공유재산은 자원의 남용과 낭비를 초래한다. 자신의 집에 있는 화장실과 주변에 있는 공동화장실의 관리상태와 청결상태를 비교해보라. 지금은 많이 나아졌다고는 하지만, 대부분의 공동화장실은 여전히 더럽고 냄새가 난다. 사람들에게 '주인의 식'을 호소한다고 해서 해결될 문제가 아니다.

사유가 아닌 공유되는 모든 것에는 이런 문제가 발생한다. 이른바 '공유지의 비극'이라고 하는 잘 알려진 문제다. 마을 공동으로 소유하는 목초지가 하나 있는데, 마을 공동소유이기 때문에 마을 사람이면 누구나 자기 양떼를 몰고 와서 풀을 먹일 수 있다. 처음에는 이 목초지가 마을에 있는 양들을 먹이기에 적당했다. 그런데, 어느 날 양을 몇 마리 더 키우면 소득이 높아질 것이라고 기대한 마을 주민 A가 자신이 키우는 양의 숫자를 늘렸다. 이런 생각은 A만이 하는 것이 아니고, B도 하고, 또 C도 한다. 이렇게 목초지가 망가지든 말든 상관하지 않고 마을 주민들 모두가 자신들이 키우는 양의 숫자를 늘렸다. 결국에는 양들이 풀뿌리까지 먹어버려 목초지는 더 이상 양을 키울 수 없는 황폐화된 땅으로 변해버린다. 소중한 자원을 효율적으로 사용하지 않고 남용한 결과이다. '모두의 것은 누구의 것도 아니다'는 말처럼, 자신의 목초지가 아니기 때문에 그것이 망가지든 말든 관계없이 행동하기 때문에 벌어지는 비극이다.

이 목초지가 공유지가 아니고 사유지라면 주인은 현재만이 아니라 앞으로도 계속 양을 키워 수익을 얻고자 할 것이다. 즉 목초지가 황폐화되지 않도록 관리하고 또 그에 따라 키우는 양의 숫자도 관리할 것이다. 그것이 목초지 주인에게 장기적으로 더 많은 수익을 안겨줄 것이기 때문이다. 공유제도에서와는 달리 사유재산 제도 하에서는 목초지의 황폐화 문제는 발생하지 않는다. 달리 표현하면, 사유재산권이 확립되면 자원을 소중하고 가치 있게 효율적으로 사용하게 된다는 말이다.

사유재산의 '기적'을 보여주는 역사적 사실들은 많다. 과거 소련에서 주민들에게 전체 토지의 5%를 텃밭으로 사용할 수 있도록 허용했던 사례도 그 중의 하나다. 주민들에게 실질적인 '사유화'가 허용되자 전체 토지의 겨우 5%인 이 텃밭에서 생산된 농산물이 소련 전체 농산물 생산의

70%를 차지하는 놀라운 일이 벌어진 것이다. 이런 결과는 사유재산이 일으키는 '기적'이라 아니할 수 없다.

(4) 사유재산과 환경 및 동물보호

이 밖에도 재산권은 현대 사회에서 중시되고 있는 환경보호와 희귀동식물의 보존에도 효과적인 방법이다. 멀리 갈 것도 없이 우리가 먹기 위해 매일 죽이는 동물들에 대해서는 '멸종 위기' 운운하는 이야기가 일체 없다는 점을 상기하는 것으로 충분하다. 예를 들어 2017년 우리나라에서 도축된 닭이 모두 9억 3,600만 마리였으며, 국민 1인당 1년에 약 20마리씩 먹은 셈이라고 한다. 우리나라에서만 1년에 10억 마리 가까운 닭이 죽어가고 있음에도 닭의 '멸종위기' 운운하는 이야기가 전혀 나오지 않는다. 돼지와 소, 오리 등도 마찬가지다. 이것들은 모두 주인이 있는 동물들이기 때문이다. 반면 호랑이나 늑대, 여우, 코끼리, 돌고래 등은 사람들이 대량으로 죽이지 않고 열심히 보호하고 있음에도 불구하고 멸종위기에 몰려 있다. 이유는 분명하다. 그 동물들을 소유하는 주인이 없기 때문이다. 그래서 멸종위기 동물들에게 주인을 정해주는 것이 이 동물들을 보호하는 효과적인 방법이라는 이야기다.

2. 분업과 전문화

분업의 중요성을 처음으로 알아보고 강조한 사람은 유명한 『국부론』을 쓴 애덤 스미스다. 『국부론』 제1편 제1장의 제목을 '분업'으로 정할 정도였다. 그가 목격한 핀 만드는 공장에서는 제조공정을 18가지로 세분했다. 그러자 하루 20개도 못 만들던 한 사람의 근로자가 4,800개나 되는 핀을 만들었다. 즉 분업을 통해서 생산량이 무려 240배나 늘어난 것이다. 분업이 불러온 '기적'과도 같은 생산성 향상이라 하지 않을 수 없다.

분업과 그 분업이 불러오는 생산성 향상은 이런 제조공정에서의 분업에만 그치지 않는다. 우리가 사는 세상에는 수많은 직업들이 있고, 우리들 각자가 그 중의 한두 가지 직업에만 종사하고 있는 것도 분업이다. 한 공장에서 각 작업별로의 분업을 통해 생산성이 크게 증대되듯이, 한 사회 내에서 각 직업별로의 분업을 통해서도 우리 사회 전체의 생산성이 크게 증대된다. 그래서 선진국일수록 직업의 종류가 다양하고, 그렇게 다양한 만큼 생산성이 높다고 할 수 있다. 2017년도 현재 우리나라에서 직업의 종류는 1만 2,000개라고 한다. 한편, 미국은 직업의 종류가 30,000개, 일본은 20,000개라고 한다. 직업이 세분화되고 전문화될수록 생산성이 높고, 생산성이 높은 곳이 다름 아닌 잘 사는 선진국이라는 말이다.

분업과 전문화는 국제적 규모로까지도 확대된다. 이른바 '국제적 분업' 혹은 '글로벌 분업'이다. 하나의 물건을 만드는 제조공정에서의 분업이건, 한 사회 내에서의 분업이건, 혹은 국제적 수준에서의 나라별 분업이건 분업이 의미하는 바는 동일하다. 한 공장 및 한 사회 내에서의 분업과 전문화가 분업에 참여하는 당사자들에게 커다란 이득을 가져오듯이, 국제적 분업 또한 마찬가지다. '자급자족'하겠다는 사회나 국가가 국제적 분업에 적극적으로 참여하고 있는 사회나 국가보다 잘 사는 경우는 없다.

3. 교환의 의미

(1) 교환은 모두에게 이익이다

세상에는 3대 거짓말이 있다고 한다. 노인들이 '빨리 죽어야지' 하는 말, 젊은 청춘들이 '결혼 안 한다'는 말, 그리고 장사하는 사람이 '손해보고 판다'는 말이 그야말로 '새빨간' 거짓말이라는 것이다. 앞의 두 말이 진심인지 거짓인지는 잘 몰라도, 마지막 세 번째는 진짜 거짓말임에 틀림없다.

타인의 강제나 위협이 없이 자유롭게 사고파는 자유 시장에서 판매자가 손해를 보면서 팔 이유가 전혀 없다. 시장이 파할 때가 다가오면 생선이나 야채 등을 아주 헐값에 '떨이'로 팔아버리는 판매자들이 있다. 그 가격에라도 팔아버리는 것이 본인에게 이득이기 때문에 파는 것이 아니겠는가. 구매자들도 마찬가지다. 어떤 것을 사라고 강제하고 협박하지 않는 자유 시장에서 구매자가 손해를 보면서 물건을 사는 경우는 있을 수 없다. 결국, 파는 사람이나 사는 사람이나 교환하는 것이 자신에게 이득이라고 생각하기 때문에 교환하는 것이다. 그렇지 않다면 교환에 응할 이유가 전혀 없다. 시장에서의 교환은 누구는 이득을 얻고 누구는 손해를 보는 제로섬(zero-sum) 게임이 아니라, 교환에 참가하는 참여자 모두가 이득을 보는 윈윈(win-win) 게임이다.

(2) 시장에서의 교환이 착취라고?

교환은 교환에 참가한 모든 사람에게 이익이 됨에도 불구하고, 이 교환의 원리와 이득을 전혀 이해 못하는 사람들이 많다. 이들은 시장에서의 교환을 통해 한쪽은 이득을 보고 그 상대편은 손해를 본다고 하면서 자유로운 교환을 하지 못하도록 가로막는 일에 나선다. 예를 들어 대기업과 이 대기업에 납품을 하는 기업 사이의 거래가 납품업체에 일방적으로 불리하다면서 가격 등 거래조건에 강압적으로 개입하고, 또 노동시장에서의 자유로운 교환에 맡겨버리면 노동자가 착취를 당하므로 정부가 최저임금을 높은 수준으로 결정해 주어야 한다고 주장하는 정부 관료들이나 정치인들이 바로 그런 사람들이다.

노동시장의 경우를 보자. 대한민국에서 어느 누구도 어느 일자리에서 그리고 어느 기업에서 일하라고 명령을 내린 적도 없고, 또 그런 강제적인 지시를 받은 사람도 없다. 스스로 찾아가서 일을 하겠다고 한 것이고, 자율적으로 고용을 한 것이다. 즉 고용주나 근로자가 자발적으로 자유롭게 교환한 것이 전부다. 그리고 이 교환은 서로에게 이득이 되기 때문에 이루어진 것이다. 이렇게 자유롭게 이루어지는 시장 교환관계에서 착취란 있을 수 없다.[7] 착취로 피해를 입게 될 사람이 교환에 응하지 않을 것이기 때문이다.

아이러니하게도 실제로 착취는 정부가 개입하기 때문에 발생한다. 고용주와 근로자 사이의 자율적인 계약에 따른 임금이 너무 낮다고 판단한 정부가 임금을 강제적으로 더 많이 주라고 최저임금제도를 도입하는 경우가 그렇다. 그러면 고용주는 이 명령에 복종하여 '울며 겨자 먹기 식'으로 임금을 더 줄 수밖에 없다. 정부의 강제 때문에 주어야 할 것 이상을 더 주는 것, 이것이 다름 아닌 착취다.[8] 근로자가 착취를 당하는 것이 아니라, 정부의 개입에 의해 고용주가 착취를 당하는 것이다. 그러면 이렇게 착취를 당하는 고용주들은 가만히 당하고 있을까? 착취당하는 것을 회피하기 위해 고용주들은 근로자를 해고하거나 근로시간을 제한하는 등의 조치로 대응하게 된다. 2018년~2019년 최저임금의 급격한 인상으로 인해 대한민국에서 벌어지고 있는 대량해고 사태와 '일자리 구하기 전쟁' 사태, 그리고 이른바 '메뚜기 알바' 사태는 고용주들이 정부에 의한 착취를 회피하

7) 하이에크, 프리드리히 폰 (김균 역) (1996), 『자유헌정론 I』, 자유기업센터, p. 207.

8) 배진영 (2013), 『인간중심 경제학 원론』, 율곡출판사, pp. 128-129.

고자 하면서 벌어지는 당연한 현상이다. 시장경제의 자유를 침탈한 것에 대해 시장은 반드시 복수하고 응징한다.

자유 시장경제에서 착취는 존재하지 않는다. 오히려 착취를 금지시키고 감시해야 할 정부가 시장에 개입함으로써 착취가 초래된다. 자유 시장경제에서 착취가 있다면, 그 착취의 유발자는 다름 아닌 정부와 정치권이다.

4. 국제교역과 자급자족

분업과 전문화 그리고 교환에 따른 이익은 한 기업조직 내에서나 한 국가 내에서나, 나아가 국제적 분업과 전문화 및 교역이나 차이가 없다. 오히려 국제적 분업과 교환은 대량생산의 이점을 극대화시키고, 국내 기업들에게 경쟁의 압력을 높여 경쟁력 제고에 더욱 노력하도록 만드는 역할도 한다. 나아가 국제 무역은 국가 간 평화에도 크게 기여한다. 국제 간 교역이 활발할수록 상호 간에 경제적 의존성이 높아지고, 그에 따라 전쟁이 발발할 가능성은 크게 줄어든다.[9]

그럼에도 불구하고, 여전히 '외국으로부터의 수입은 가능한 억제하고 국내에서 생산된 것으로 충당해야 좋은 것'이라는 보호무역주의 사고를 갖고 있는 사람들이 적지 않다. 우리나라의 경우 국내총생산(GDP)의 3분의 2가 외국과의 교역인 수출입과 관련된 글로벌 경제 속에서 살아가고 있으면서도 그렇다.

보호무역주의자들의 논리는 이렇다. 외국 물건을 배척하고 대신에 '우리' 것을 사야 국내 기업도 살고 일자리도 보존되고 국민들도 잘 살게 된

9) 보아즈 (강위석 외 옮김) (2009), 『자유주의로의 초대』, 북코리아, pp. 287-290 참조.

다는 것이다. 언뜻 들으면 그럴 듯하다. 그런데, 이 논리를 조금만 더 진전시켜보면 도대체 말이 안 되는 허튼 소리라는 것을 알게 된다. 여기서 그럴 듯하게 들리는 함정은 바로 '우리'라는 말의 범위에 숨겨져 있다.

대통령과 국회의원들이 대한민국에서 생산되는 '우리' 것을 구매하고 소비해야 대한민국이 잘 살고 국민이 부자가 될 수 있다고 할 때의 '우리'는 대한민국 국민이다. 여기까지는 그럴 듯하다. 그런데, 예를 들어 서울시장도 서울에서 생산되는 '우리' 것을 사고팔아야 서울시민이 잘 살게 된다고 할 수 있다. 서울시에 있는 마포구청장 역시 마포구 안에서 생산되는 '우리' 것을 사고팔아야 마포구민들이 부자가 된다고 할 수 있다. 서울시 마포구 내에 도화동이 있는데, 이 도화동의 동장은 도화동 내에서 생산되는 '우리' 것을 사고팔아야 도화동 주민들이 부자가 된다고 할 수 있다. 이런 식으로 '우리'의 범위를 좁혀 가보면 결국 바로 나와 이웃하고 있는 '우리' 사람들이 생산하는 것, 나아가 마지막에는 '우리'집에서 생산한 것을 소비하는 것이 내가 가장 잘 사는 방법이 된다. 이런 식으로 보호무역의 논리는 '자급자족'이 최고의 잘 사는 방법이라는 어처구니없는 결론에 도달하게 된다.

사정이 이러하기 때문에 보호무역주의는 국내적으로나 국제적으로나 우리 사회가 지향해야 하는 그런 정책이 절대 될 수 없다. 분업과 전문화 및 교환으로부터 스스로 멀어지는 것은 그것을 통한 생산성 향상과 경제발전의 기회를 스스로 저버리는 일이다. 그 결과는 경제발전의 정체 내지는 퇴보다.

더구나 보호무역주의는 국가 간 갈등을 유발한다. 한 나라가 보호무역주의 정책을 펴면 다른 나라도 이에 맞서 대응하기 마련이다. 따라서 보호무역주의 정책은 성공하기도 어려울뿐더러 국가 간 무역분쟁을 야기하기 마련이고. 그 결과 두 나라 모두 피해를 보게 된다. 일반적으로 보호무역주의 정책을 '상대국 가난하게 만들기 정책'이라고 하지만, 무역분쟁을 야기하여 모두 피해를 보기 때문에 실상은 '동반 빈곤정책'이라고 할 수 있다.

5. 시장경제에서의 경쟁과 협력, 그리고 보이지 않는 손

자유 시장경제와 관련해서 자주 등장하는 비판이 바로 시장경제에서는 경제주체들이 서로 자기이익만을 추구하는 경쟁을 하다 보니 사회적 협력 및 상호 조화를 이룰 수 없다는 것이다. 이러한 비판은 시장경제에 대해 크게 두 가지를 오해하고 있다. 하나는 시장경제에서의 경쟁에 대한 오해이고, 다른 하나는 시장경제에서는 협력을 기대할 수 없다는 오해이다.

(1) 시장경제에서의 경쟁

앞서도 말했듯이, 우리는 희소성이 지배하는 세상에 살고 있다. 그래서 이 희소한 자원을 누가 차지하느냐 하는 경쟁은 피할 수 없다. 그렇기 때문에 경쟁은 자본주의 시장경제에서만 나타나는 특수한 현상이 아니다. 그것은 사회주의든 공산주의든 자본주의든 관계없이 사람들이 모여 사는 사회라면 어디서든 나타나는 보편적인 현상이다.

희소한 자원을 차지하기 위한 경쟁은 보편적이지만, 경쟁의 양상은 시장경제와 사회주의 경제 내지 통제경제에서 전혀 다르게 나타난다. 시장경제에서의 경쟁은 그야말로 '소비자에게 구애를 하는 소비자를 향한 경쟁'이다. 누가 소비자의 욕구와 욕망, 기대를 잘 충족시켜주는가에 따라 희소한 자원을 차지하게 된다. 즉 소비자의 욕구를 보다 잘 충족시켜 주는 사람이 보다 많은 이윤을 얻고 사업을 확장하고 발전시키면서 보다 많은 희소한 자원을 차지하게 된다. 반면, 소비자의 욕구를 충족시켜주지 못하는 사람은 시장에서 퇴출되고, 그가 가지고 있던 자원은 다른 사람의 손으로 넘어간다. 이렇게 시장에서의 경쟁은 소비자를 향한 경쟁이며, 이 과정에서 희소한 자원은 그것을 가장 효율적으로 사용하는 사람이 차지하게 된다.

반면에, 사회주의 통제경제나 개입주의 경제에서는 희소한 자원이 권력자의 의지에 따라 인위적으로 배분된다, 그렇기 때문에, 자원을 누가 차지하느냐 하는 것은 필연적으로 권력과 밀접하게 연관되지 않을 수 없고, 권력을 가진 자, 권력과 가까운 자, 권력을 등에 업은 자들이 우선적으로 자원을 차지하게 된다. 그래서 이런 사회에서는 경쟁이 소비자를 향한 경쟁이 아니라, 권력을 차지하기 위한 경쟁, 권력자에게 잘 보이기 위한 경쟁이 된다. 이런 경쟁 과정에서 자원의 효율적 사용은 전혀 고려의 대상이 아니다. 경쟁의 양상이 이렇듯 다르기 때문에 시장경제에서의 경쟁의 결과와 사회주의 경제에서의 경쟁의 결과 혹은 성과도 판이하게 다를 수밖에 없다. 그 결과는 대한민국과 북한의 경제 실상이 극명하게 보여준다.

여기서도 우리가 알 수 있는 것은 시장경제에 대한 정부와 정치권의 개입이 증가하면 할수록, 그들이 좌지우지할 수 있는 자원이 많아지고, 이에 따라 자원을 차지하기 위한 경쟁은 시장을 떠나 정치의 영역으로 넘어간다는 점이다. 시장에 대한 정부 개입의 심화는 이른바 '경제의 정치화'로 이어진다. 그렇게 되면 경쟁은 소비자를 향한 경쟁에서 이탈해 정치판에서의 이권투쟁으로 변질된다. 권력 차지하기, 권력에 줄 대기, 로비, 부정부패 등이 만연하고, 자원의 효율적 사용이란 먼 나라 이야기로 밀려나게 된다.

(2) 발견의 절차로서의 경쟁

시장경제에서는 경쟁은 자원을 비효율적으로 사용하는 사람은 탈락시키고, 자원을 효율적으로 사용하는 사람은 생존하고 번창하도록 한다. 이런 식으로 경쟁은 자원을 보다 효율적으로 사용하는 방식을 발견해 나가도록 한다. 이런 의미에서 '경쟁은 발견의 절차'라고 한다.

주목할 것은 출발선상에 서 있는 달리기 선수들 중에서 누가 우승할지를 알 수 없듯이, 서로 경쟁하고 있는 재화들, 서로 경쟁하고 있는 생산방법들, 서로 경쟁하고 있는 경영기법들 중에서 어떤 것이 효율적인 것인지를 사전에 알 수는 없다는 점이다. 결국 경쟁이라는 과정을 통해서 사후적으로 알 수밖에 없다.

한편, 경쟁의 이러한 특성을 이해하지 못하는 사람들이 있다. 예를 들어 '중소기업 적합업종' 제도를 내세우는 사람들, 또 '골목상권 보호'를 외치는 사람들이 그런 사람들이다. 이 사람들은 경쟁의 결과가 미리 정해져 있다고 믿는 사람들이다. 즉 중소기업과 대기업이 같은 업종에서 경쟁을 하면 대기업이 이기고 중소기업은 몰락한다고 믿는다. 그래서 중소기업 적합업종이라는 것을 지정해서 대기업이 진출하지 못하도록 막아야 한다고 주장한다. 또 대형마트 등이 진출하면 골목에 있는 전통시장이 붕괴된다고 믿는다. 그래서 대형마트가 입점하지 못하도록 규제하고, 대형마트가 취급하는 품목과 영업시간도 규제해야 한다고 한다.

하지만 경쟁이란 그렇지 않다. 어느 것이 더 효율적인지, 어느 것이 더 소비자들의 욕구를 더 잘 충족시키는지를 사전에 미리 알 수 있는 방법은 없다. 경쟁을 통해서야 비로소 알 수 있을 뿐이다. 경쟁의 결과가 얼마나 열려 있는지를 보여주는 일화가 하나 있다. 2011년 우리나라 대구에서 '대구 세계육상선수권대회'가 열렸다. 당시 100m 달리기의 우승후보자는 단연 자메이카 출신의 우샤인 볼트라는 선수였다. 그는 100m와 200m 세계기록 보유자였고 그 때까지도 승승장구해오고 있었다. 대부분의 사람들이 볼트가 당연히 우승할 것으로 예상했다. 하지만 그는 결승전에서 뛰어보지도 못했다. 부정출발을 하는 바람에 출발조차 못하고 탈락했기 때문이다.

이렇듯 경쟁은 예측을 불허한다. 그런데도 중소기업 적합업종을 결정하는 사람들, 대형마트의 입점을 불허하고 여러 규제를 쏟아내는 사람들은 자신들은 경쟁의 결과를 이미 알고 있다고 착각하고 있는 사람들이다. 이런 사람들 역시도 '지식의 오만'을 한껏 부리고 있는 것이다.

(3) 시장경제에서의 협력: I, Pencil

시장경제에서는 자기이익에만 몰두하고 서로 경쟁만 하기 때문에 협력이라는 것은 구조적으로 불가능하다고 하는 주장은 눈앞에만 보이는 표면적이고 1차적인 현상만을 보고 그것이 마치 시장경제의 전부인 것처럼 착각하는 데에서 기인한 잘못된 주장이다. 여기 소개하는 레오나드 리드(Leonard Read)의 '나는 연필입니다(I, Pencil)'라는 짧은 글은 시장경제에서의 협력이 얼마나 자연적이면서도 광범위하게 이루어지고 있는지를 잘 보여준다.[10)]

이 이야기는 나무, 아연, 구리, 흑연의 복합체로 만들어진 간단한 제품인 한 자루의 연필임에도 얼마나 많은 나라의 얼마나 많은 사람들이 서로 협력하고 조화를 이루는가를 보여준다. 연필의 재료가 되는 나무의 경우 그것을 심고 가꾸는 과정과 거기에 참여해서 일하는 사람들, 잘 자란 나무를 베어 통나무 상태로 철로를 통해 제재소로 운반되는 과정과 사람들, 제

10) Read, Leonard (1958), "I, Pencil", The Freeman: Ideas on Liberty, Vol. 46, No. 5.

재소에서 연필 두께의 판자로 만들어지는 과정과 사람들이 포함된다. 그리고 각 과정에는 또 그 사람들이 일을 할 수 있도록 도끼와 톱 등의 도구를 만든 사람, 또 그들이 작업할 때 식사를 준비해 주는 사람, 그 식량을 생산한 사람 등등이 포함된다. 그리고 연필 생산에 들어가는 재료 중 국내에서 생산되지 않는 것은 수입도 해야 한다. 예를 들어 지우개의 재료는 인도네시아로부터 온다. 외국인의 노동과도 협력하지 않으면 한 자루의 연필도 만들어지기가 쉽지 않다는 말이다. 이렇듯 얼핏 간단해 보이는 한 자루의 연필을 만드는 일에도 수백 명 혹은 수천 명 혹은 수만 명의 협동, 그리고 수 개국의 국제적인 협동이 있어야만 가능하다.

이렇듯 시장경제에서는 '협력하는 윤리'를 일부러 가르치고 강요하지 않아도 저절로 협력이 이루어지고 있다. 사실 시장경제에서 이루어지고 있는 고도화된 분업과 전문화 자체가 참여자들의 협력과 조화를 전제하지 않고는 불가능한 일이라는 점을 이해한다면, 시장에서 저절로 이루어지는 협력과 조화가 새삼스러운 일도 아닐 것이다.

(4) 시장경제와 보이지 않는 손

시장경제에서는 지시하고 조종하고 명령하는 사람이 없다. 자기 마음대로 생산하고 투자하고 소비한다. 그렇기 때문에 협력이 이루어질 수 없고, 또 개인적으로는 합리적이고 이익일 수 있지만 사회 전체를 위한 공익에는 이익이 아니라 오히려 손해를 끼칠 수 있다고 한다. 그렇기 때문에 정부가 나서서 질서를 잡는 '질서 있는 시장경제'가 되어야 한다는 주장이 나오기도 한다.

비판자들의 말대로 시장경제는 본래가 무정부적이다. 시장경제에는 지시하고 명령하는 사람도 기관도 없다. 모든 경제주체들이 각각 자신들의 목적과 계획을 갖고 그에 따라 제멋대로 움직인다. 그런데, 이런 무정부적 특성이야말로 시장경제를 특징짓는 징표다. 만약 시장경제가 무(無)정부적이 아니라 유(有)정부적이라면, 그런 시장경제는 더 이상 시장경제가 아니다. 어디에 투자할 것인지, 무엇을 얼마만큼 생산할 것인지, 얼마에 팔 것인지, 누구에게 팔 것인지, 누구로부터 얼마에 구매할 것인지 등등을 지시하고 명령하는 경제는 시장경제가 아니라 계획경제이며 사회주의경제다. 시장경제는 무정부적이어야 한다.

주목할 것은, 비판자들이 비판하는 것과는 정반대로, 무정부적으로 움직이는 시장경제에서는 각자가 자신의 이익을 추구하는 과정에서 협력과 조화, 그리고 공익의 실현이 자동적으로 이루어진다는 점이다. 앞의 '나는 연필입니다'의 예에서도 볼 수 있는 것처럼, 어린이들이 사용하는 간단해 보이는 연필 한 자루를 만드는 과정만 해도 수도 없이 많은 사람들과 기계장치들, 그리고 수많은 국가들이 참여하는 복잡한 과정이다. 그리고 거기에는 지시하고 명령하는 사람이 없다. 각자는 자신의 이익을 추구할 뿐이지만, 자신도 모르는 사이에 연필이 만들어지고 어린이의 손에 쥐어지기까지 협력하고 있다.

이렇듯, 시장경제에서의 자기이익 추구가 자연발생적이고 자발적인 협력으로 이어지고, 나아가 공익의 실현에도 이바지하게 되는 것을 일컬어 '보이지 않는 손(Invisible Hand)'이라고 한다. 애덤 스미스는 자기이익 추구와 '보이지 않는 손'의 작동에 관해 이렇게 말한다. "우리가 식사할 수 있는 것은 정육점주인·양조장주인·빵집주인의 자비에 의한 것이 아니라 자기 자신의 이익에 대한 그들의 관심 때문이다. 우리는 그들의 인간성에 호소하지 않고 그들의 이기심에 호소하며, 그들에게 우리 자신의 필요를 이야기하지 않고 그들의 이익을 이야기한다. 거지 이외에는 아무도 동료의 자비에 전적으로 의지하려고 하지 않는다."[11] 즉 우리가 따뜻한 저녁을 먹을 수 있는 것은 정육점주인 등이 우리에게 따뜻한 식사를 대접하겠다는 의도를 갖고 있기 때문이 아니다. 그들은 오직 자신의 이익만을 생각하며 행동하지만, 보이지 않는 손에 이끌려 결과적으로 우리가 따뜻한 저녁을 먹을 수 있도록 해 준다는 것이다. 비록 의도하지는 않았지만, 타인들이 따뜻한 저녁을 먹을 수 있도록 해주는 것, 타인들이 원하는 것을 충족할 수 있도록 해주는 것이야말로 공공의 이익에 기여하는 행위라 하지 않을 수 없다.

시장경제는 무정부적이며, 이러한 시장경제에서 경제주체들은 자기 이익 추구에만 몰두하므로 정부가 개입해서 '질서'를 잡고 공공의 목적에 기여하는 방향으로 이끌어야 한다고 주장하는 사람들은 시장에서의 '보이지 않는 손'이 행하는 역할에 대해 전혀 모르거나 전혀 이해하지 못하는 사람들이다. 그래서 이들은 자신들이 볼 수 없고 이해하지 못하는 시장의 '보이지 않는 손' 대신에 볼 수 있고 이해할 수 있는 정부의 '보이는 손'으로 대체하고자 한다. 하지만 정부의 '보이는 손'이란 개입주의 및 사회주의 계획경제를 달리 부르는 이름에 불과하다. 정부의 '보이는 손'이 시장의 '보이지 않는 손'을 대체하게 되면, 경제는 추락하고 자유는 크게 훼손될 것이다.

11) 스미스, 애덤 (김수행 역) (1992 상권), 『국부론』, 동아출판사, p. 22.

04

복지국가는 반드시 실패한다

1. 복지국가가 실패할 수밖에 없는 요인들

복지국가는 반드시 실패한다. 복지국가가 반드시 실패할 수밖에 없는 이유는 크게 세 가지다. 정보 및 지식의 문제, 잘못된 인성관의 문제, 그리고 원시공동체로의 회귀의 문제가 그것이다.

우선 정보, 즉 지식의 문제다. 지식의 문제는 앞서도 언급했듯이, 절대 극복되지 않는 구조적인 문제다. 아무리 좋은 의도를 갖고 복지국가를 건설하고자 해도 어떤 국민이 어떤 복지를 어느 정도까지 요구하는지를 파악할 수가 없다. 이 지식의 문제를 해결할 수 없기 때문에, 정치인들은 통상 자신들이 생각하기에 바람직한 복지, 그리고 자신들이 생각하기에 바람직한 수준의 복지를 천편일률적으로 모든 국민에게 적용시킨다. 그런데, 이것은 마치 모든 국민들에게 똑같은 밥과 반찬을 주면서 '맛있는 밥'이니 먹으라고 강요하는 것과도 같다. 이때의 '맛있는 밥'은 해당 정치인의 입맛에 맞는 밥일 뿐이다. 우리 입맛이 천차만별이듯이, 복지에 대한 수요도 천차만별일 수밖에 없다. 이 천차만별인 국민들의 복지에 대한 요구와 정보를 세상의 어떤 정치인도 다 가질 수 없고, 따라서 결코 만족시킬 수 없다.

두 번째로 복지국가가 실패할 수밖에 없는 이유는 복지국가가 그 정책들을 실행하는 정치인들과 관료들에 대한 잘못된 인성관(人性觀)에 기반하고 있기 때문이다. 복지국가를 생각할 때 우리는 보통 암묵적으로 청렴하고 공정하며, 국민들의 행복만을 생각하고 그것을 이룩하기 위해 노심초사하는 그런 정치인과 고위 관료를 상정하고 있다. 그래서 국민들이 내는 세금, 국민들이 내는 사회보장부담금을 내 돈처럼 알뜰하게 사용하는 것은 물론이고, 개인의 사익을 위해서는 사용하거나 이용하지 않는 사람들로 상정하고 있다. 하지만, 정부 고위 관료들이나 정치인들도 일반 국민들과 똑같이 자기 개인의 이익을 추구하는 존재들이라는 것은 경제학에서는 이미 논란의 여지없이 분명하게 밝혀진 사실이다. 스스로에게 다음과 같이 질문해 보자. '나는 평생을 모은 거액의 내 노후 자금을 내가 사는 지역의 국회의원, 경제부총리 혹은 대통령에게 맡아달라고 기꺼이 줄 용의가 있는가?'

복지국가가 실패할 수밖에 없는 세 번째 이유는 복지국가가 현대 문명사회의 문명인들에게 원시시대의 야만인들처럼 살라고 강요하는 것이기 때문이다. 그래서 실패는 필연적이다. 복지국가의 기본 슬로건은 '만인(萬人)은 일인(一人)을 위하여, 일인은 만인을 위하여'이다. 이것은 원시공동체에서 통용되던 질서다. 그리고 복지국가란 이 원시공동체의 질서를 토대로 하여 구축된다. 그래서 이루어질 수 없는 망상이다. 멀리 갈 것도 없이 스스로에게 질문을 해보라. '나는 만인을 위해서' 살고 있는가? 30명~40명이 아닌 5천만 명이 사는 사회, 대면사회가 아닌 익명사회에서는 어떤 식으로든 덜 내고 어떤 식으로든 더 많이 받아내고자 하는 것이 일반적으로 보이는 행태가 된다. 이런 행태들에 대해 도덕적으로 비난할 수는 있겠지만, 그런다고 해서 시스템의 몰락을 막을 수는 없다.

2. 복지란 합법화된 강탈일 뿐이다

생명에 관한 권리, 사유 재산을 소유할 권리 등 이론의 여지가 없는 기본권 이외에 현대 복지국가에서 새롭게 추가되는 권리들이 있다. 이른바 사회권 내지 복지권이란 이름의 '권리'들이 그것이다. 무상의료나 무상교육, 반값 등록금 등등의 혜택과 특권이 국민이 당연히 누려야 하는 권리가 되고 있다. 하지만 이러한 것들은 권리가 아니다. 그것들은 합법화된 강탈에 불과하다.

등록금의 예를 들어 살펴보자. 대학생 1명과 직장에서 일하는 청년 1명, 이렇게 두 사람으로만 이루어진 사회가 있다고 하자. 이 사회에는 정부나 정치인은 없다. 학생은 대학에서 공부를 하고 싶어 한다. 그런데 등록금을 낼 형편이 못 된다. 이런 사정이 있는 학생이 공부를 할 수 있는 방법은 무엇인가? 직장에서 일하는 청년을 찾아와 '도와 달라'고 부탁하는 일 밖에 없다. 그러면 이 청년이 '장학금'을 지급하여 도와줄 수도 있고, 도와주지 않을 수도 있다. 만약 이 청년이 '자선(慈善)'의 은혜를 베풀지 않는다면, 그리고 학생이 여전히 공부를 포기할 마음이 없다면 남은 방법은 무엇인가? 훔치든 강제로 빼앗든 청년의 의사에 반해 가져가는 일밖에 없다. 즉 강탈이다.

위와 같은 사회에 이제 국가와 정치인을 등장시켜 보자. 학생은 이제 일하고 있는 청년에게 가서 부탁하지도 않고 사적으로 빼앗지도 않는다. 그 대신에 곧장 정치인에게로 달려간다. 학생의 표를 얻고 싶은 정치인은 국가 공권력을 동원하여 청년으로부터 '세금'이라는 명목으로 강제로 돈을 걷어 학생에게 등록금으로 준다. 이게 다름 아닌 정치인들이 내세우는 '반값 등록금'의 진실이다. 즉 학생 개인이 다른 청년 개인의 재산을 사적으로 강탈하는 것에서 국가가 공권력으로 개인의 재산을 강탈하여 나누어 주는 것으로 바뀔 뿐, 그 청년 개인의 의사에 반해 강제로 빼어가는 강탈이라는 사실은 변하지 않는다. 이런 식으로 강탈은 합법화되고, 나아가 '권리'라는 이름까지 얻는다. 학생은 실제로는 본인이 타인의 재산을 강탈한 것임에도 불구하고 아무런 도덕적 부담도 느끼지 않는다. 오히려 강탈을 진짜 '권리'라고 착각한다. 이런 식의 합법화된 강탈로 이루어지는 복지국가와 복지혜택을 결코 도덕적이라고 할 수는 없다.

3. 복지의 제1원칙은 '필요 최소한'이다

결론적으로 복지국가는 그 구성원리 자체의 문제점으로 인해 반드시 실패하게 되어 있다. 또한 복지국가는 시장경제를 근본으로 하는 우리의 경제 질서와 어울리지 않는 제도다. 심지어 복지국가는 비도덕적이기까지 하다. 이런 복지국가 건설이 우리 사회가 지향해야 할 목표가 될 수는 없다.

따라서 국가에 의한 복지제도의 제1원칙은 '필요 최소한'이 되어야 한다. 그리고 국가가 스스로 나서기보다는 개인들의 자선행위를 장려하여 복지의 많은 부분이 민간에 의해 이루어지도록 하는 것이 옳다. 인간은 근본적으로 타인에 대한 동정과 연민, 그리고 공감의 능력을 갖고 있으며, 실제로 민간의 자선과 봉사, 그리고 기부가 큰 역할을 해온 것이 사실이다. 국가에 의한 복지제도가 확장될수록 개인의 기부와 자선행위는 크게 줄어들었다는 외국의 사례는 복지국가와 관련해서 많은 점을 시사한다.

대한민국
승리의 길

제 10 장

글로벌 대한민국과 4차 산업혁명

이웅희 한양대학교 교수/경영학

- 연세대 경영학과 졸업
- 일리노이주립대 MBA
- 오하이오주립대 경영학 박사
- 삼성경제연구소 수석연구원 (1999 ~ 2002)
- 자유기업원 이사 (2019)
- 한국전략경영학회 이사 (2019)

주요 저서

- 『디지털 컨버전스 전략』 [공저] (2005, 교보문고)
- 『자유주의 틀 깨기』 [공저] (2016, 백년동안)
- 『IT Woman』 [공저] (2002, 다해)

01
서론

'제4차 산업혁명'이란 용어는 본래 독일 'Industry 4.0'(2011)에서 제조업과 정보통신이 융합되는 단계를 의미했으나, 2016년 WEF(World Economic Forum)에서 클라우스 슈밥이 '제4차 산업혁명'을 다시 언급하고 그가 동명의 책을 출간함에 따라 전 세계적으로 관심을 받은 바 있다.

클라우스 슈밥에 따르면 4차 산업혁명이란, '유비쿼터스 모바일 인터넷(Ubiquitous and mobile internet)', '더 저렴하면서 강력한 센서', '인공지능(AI)과 기계학습(Machine learning)'을 그 주요 특징으로 한다.[1] 이를 보다 세부적으로 살펴보면 4차 산업혁명은 인공지능(AI), 로봇공학, 사물인터넷(IoT), 자율주행차, 3D프린팅, 나노기술, 생명공학, 재료공학, 에너지 저장기술, 퀀텀컴퓨팅 등의 기술들이 서로 융복합 하면서 혁신을 견인하고 있는 것이다.

4차 산업혁명을 구성하는 기술 중 아마도 세간의 주목을 가장 많이 받고 있는 것은 바로 인공지능 기술일 것이다. 이미 한국 사람들은 2016년 3월에 이세돌과 알파고('알파고 리')와의 바둑시합을 통해 인공지능의 실력에 큰 충격을 받은 바 있다.

그러나 4차 산업혁명의 진정한 파괴력은, 인공지능이라는 기술혁신 하나에서 나오는 것이 아니라 다른 기술들, 특히 IoT, 빅 데이터, 그리고 센

1) 클라우스 슈밥, 『클라우스 슈밥의 제4차 산업혁명』, 새로운 현재, 2016. 25쪽.

서 기술이 서로 융복합되고, 또 그들이 다양한 제조 및 서비스업에 적용될 때 그 파급력이 증폭된다. 이런 기술의 융복합으로 인해 전에는 상상치 못했던 새로운 제품과 공정혁신이 나올 수 있다.

이 중 각별히 주목해야할 기술결합이 인공지능, 로봇과 센서, 그리고 IoT와 빅 데이터 기술의 결합이다. 인공지능의 두뇌, 강인한 로봇의 육체와 최첨단 센서로 무장한 새로운 기계 노동자가 인터넷을 통해 끊임없이 데이터를 얻고 분석하며 항상 최적의 의사결정을 내리며 휴식 없이 일한다고 상상해보라. 인간은 도저히 경쟁이 되지 않을 것이다. 인간의 두뇌를 능가하고, 인간의 정보습득과 처리능력, 그리고 인간의 신체능력을 넘어선 이 만능기계는 인류의 직업뿐만 아니라 인류의 존재 자체를 위협할 수 있을 것이다.

WEF의 보고서를 기점으로 수많은 미래학자와 연구기관들은 제4차 산업혁명과 미래사회 변화에 대한 전망들을 논의하기 시작했고, 세계 선진국들의 정부도 4차 산업혁명의 중요성을 인지하여 각각 나름대로 미래의 청사진을 제시하고 있다. 미국의 '스마트 아메리카 프로젝트'와 'Brain Initiative', 독일의 '인더스트리 4.0', 중국의 '중국제조 2025', 일본의 '신산업구조 비전', '로봇신전략' 등이 그것이다.

마치 쓰나미와 같은 4차 산업혁명을 겪고 있는 이 시대에 대한민국의 정부와 기업들은 과연 어떠한 전략으로 대응해야 할까? 4차 산업혁명을 보는 시각은 다양하겠지만 본 논고에서는 그 기술적 측면보다는 경제 및 산업적인 파급효과에 초점을 맞추어 이에 답해보고자 한다.

02

4차 산업혁명과 그 기술적 특징

1. 4차 산업혁명의 본질

클라우스 슈밥의 구분에 따르면, 역사적으로 기술혁명은 크게 4단계로 나뉜다. 1차 산업혁명(1760~1840)은 철도건설과 증기기관의 발명으로 촉발되었고, 기계에 의한 생산을 이끌었다. 2차 산업혁명(19세기 말~20세기 초) 기간에는 전기와 생산조립라인이 출현했고, 이로 인해 대량생산이 가능하게 되었다. 3차 산업혁명(1960년~1990년대)은 반도체와 메인프레임 컴퓨팅, PC, 그리고 인터넷이 발달을 주도했다.[2] 3차 산업혁명은 '컴퓨터혁명', 혹은 '디지털 혁명'이라고도 말한다.

그러나 모든 나라들이 최근의 이런 급격한 기술변화를 '4차 산업혁명'이라고 다 부르지는 않는 듯하다. 예를 들어 독일과 영어권 지역에서는 '인더스트리 4.0'이란 말이 더 많이 쓰이고 있다. 해외에서는 그리 많이 쓰이지 않는 용어인데 유독 우리나라에서만 4차 산업혁명이란 말을 많이 쓴다는 국내의 비판도 있다.[3] 또한 국내 일각에서는 4차 산업혁명의 핵심개념을, '초지능성(superintelligence)'과 '초연결성(hyperconnectivity)'의 두 가지 개념으로 설명하는 사례가 늘고 있는데 이것 역시 국내에서만 많이 쓰이는 정의

2) 클라우스 슈밥, 앞의 책, 25쪽.

3) "한국에서 유독 센 '4차 산업혁명' 바람", 『한겨레21』, 2017. 6. 21.

로 보인다. 아래 [그림 1]은 이 두 개념의 상호작용을 보여주고 있다.

[그림1] 4차 산업혁명에서 초연결성(IoT)과 초지능성(인공지능)의 중요성

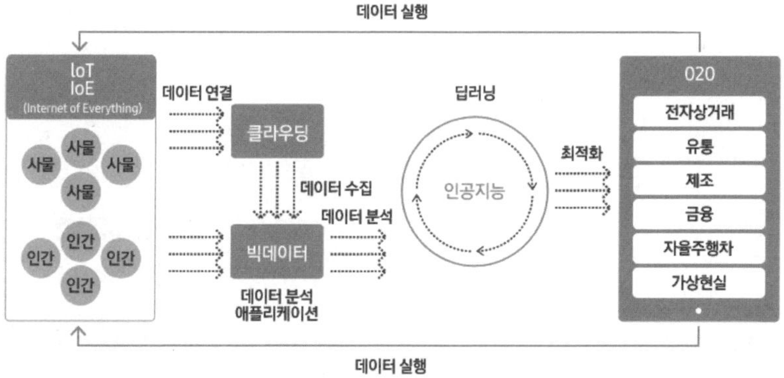

* 출처: 삼성증권

하지만 초지능성과 초연결성은 4차 산업혁명의 가장 핵심부분인 것은 부인할 수 없는 사실이다. 2017년 9월 26일 출범한 한국의 "4차 산업혁명 위원회"도 4차 산업혁명을 "인공지능, 빅 데이터 등 디지털 기술로 촉발되는 초연결 기반의 지능화 혁명"으로 정의하여 위의 그림과 비슷한 정의를 내리고 있다.[4]

그러나 국내에서 4차 산업혁명을 초연결성과 초지능성으로만 파악하는 것은 4차 산업혁명을 너무 좁게 해석하는 것이라고 우려하는 견해도 있다.[5] 이 견해에 따르면 4차 산업혁명은 인공지능과 빅 데이터와 같은 온라인/디지털 요소들뿐만 아니라 오프라인 하드웨어의 발전도 중요하다는 것이다. 4차 산업혁명에서 대표적인 하드웨어 구성요소는 바로 로봇이며

4) 4차산업혁명 위원회, "4차 산업혁명 대응을 위한 기본 정책방향", 2017. 10.

5) 최병삼, 양희태, 이제영, "제4차 산업혁명의 도전과 국가전략의 주요 의제", 『STEPI Insight』, 제215호, 2017. 6. 30.

그 외에 자율자동차, 산업용 기계 등이 포함될 수 있다. 따라서 아래 [그림 2]와 같이 가상세계에서의 데이터 분석(IoT+인공지능)과 현실 오프라인 세계의 하드웨어를 통한 데이터 확보기능(센서)와 현실적용기능(로봇)이 서로 상호작용하는 형태가 4차 산업혁명을 보다 포괄적으로 설명한다고 볼 수 있겠다.

[그림 2] 4차 산업혁명의 세 가지 주요 구성요소

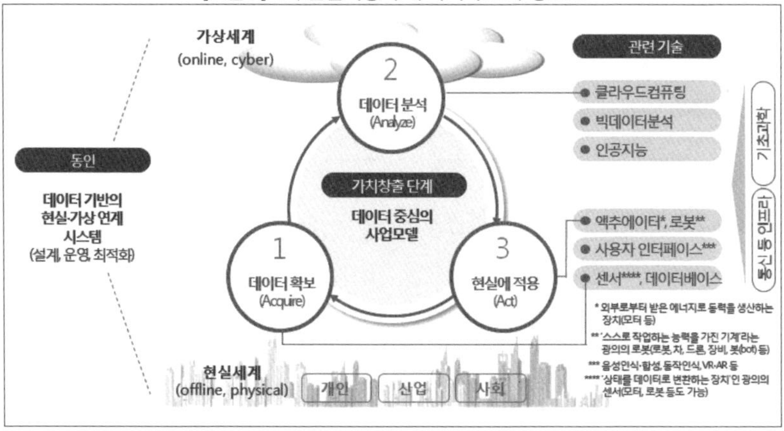

* 출처: 최병삼 외, "제4차 산업혁명의 도전과 국가전략의 주요 의제", STEPI Insight, 제215호, 2017. 6. 30.

2. 초지능성과 초연결성의 결합: 인공지능(AI) + IoT(사물인터넷)/ 빅데이터

초지능성의 주체인 인공지능은 과거부터 계속 진화와 발전을 계속해 왔지만 인간의 판단에 도달하지 못하는 한계에 봉착했었다. 개발자가 입력한 지시만 수행하는 수준이었지 스스로 어떤 사안에 대해 판단할 능력에는 미치지 못했었던 것이다. 예를 들면 사진속의 개와 고양이를 인간은 쉽게 구분하지만, 인공지능은 그 차이를 구분하지 못했었다. 즉, 개와 고양이를 똑같이 네 발 달리고 털과 꼬리가 있는 동물로 까지는 인식할 수 있어도 개와 고양이만의 미세한 차이까지 구분해낼 수는 없었다.

이 문제를 극복하기 위해 과학자들은 인간 뇌 속의 신경망을 모방한 인경신경망을 인공지능에 적용했다. 그리고 그 인공신경망을 통해 수많은 개와 고양이의 사진 데이터를 공급하여 인공지능이 스스로 개와 고양이를 구분하는 패턴을 '학습'하게 만든 것이다. 이것이 소위 수많은 데이터 입력을 통한 인공지능의 '딥러닝(deep learning)'이다. 그리고 이로 인해 그때까지 인공지능 발전의 발목을 잡던 인간의 '암묵지'를 인공지능이 습득하게 된 것이다.

따라서 딥러닝의 성공을 위해서는 수많은 양질의 데이터를 인공지능(AI)에게 제공하고 AI가 이것을 학습해야 한다. 그런데 IoT(사물인터넷)과 센서의 발달로 이제 우리는 자동차, 가전제품, 휴대폰, 생산공장의 기계 및 엔진 등에 부착된 센서들을 통해 실시간으로 상상도 못할 많은 데이터를 매우 낮은 비용으로 얻을 수 있게 되었다. IoT로 인해 2020년까지 30억 인터넷 플랫폼 가입자와 500억 개의 스마트 디바이스가 상호 간 네트워킹 될 것으로 전망된다고 한다. 인공지능에게 무한한 양질의 데이터를 빠르게 전송할 수 있는 길이 열린 것이다.

IoT로 인한 막대한 데이터의 확보와 보편화되어 가고 있는 빅 데이터 처리기술은 딥러닝과 함께 상승작용을 하여 AI가 한층 인간에 가까운 학습을 하게 해 주었다. 즉, [그림 1]과 같이 인간과 기계에 부착된 센서로부터 수시로 들어오는 데이터를 학습해 똑똑해진 인공지능은 향상된 판단력으로 인간에서 금융(예: 로봇 어드바이저), 유통 등 각종 서비스를 제공할 수 있게 되었고, 하드웨어(예: 로봇, 자율자동차, 산업용 기계)에게는 정확한 지시를 내리는 것이 가능하게 되었다.

인공지능과 빅 데이터의 대융합으로 인해 이미 인공지능은 바둑뿐만 아니라 인간 실생활을 근본적으로 바꾸기 시작했다. 딥러닝을 통해 똑똑해진 인공지능은 음성인식비서 역할(예: 아마존의 알렉사, 애플의 시리, MS의 코타나, KT의 기가지니 등)에서는 다정한 모습을 보이고 있고, 의료분야에선 냉철한 전문가의 역할(예: X레이, CT, MRI를 판독)을 훌륭히 수행하고 있다.

IBM의 인공지능 왓슨은 이미 의사보다 폐암진단 능력이 훨씬 우수하다. 일반 의사들의 경우 폐암 진단률이 50%의 정확도를 보인 반면, 왓슨이 폐암을 정확히 진단할 확률은 90%에 달한다. 다 딥러닝 덕분이다.

투자분야에서도 인공지능에 의한 로보어드바이저(Robo-advisor)는 국내외에서 모두 새로운 투자방식으로 큰 관심을 받고 있다. 2016년 영국 은행 로열 뱅크 오브 스코틀랜드(RBS)는 로보어드바이저를 도입하면서 투자자문 부문에서 550명의 인력을 줄인 바 있다.[6] 우리나라 은행 및 증권사에서도 유사한 서비스를 내놓고 있다.

법조계도 인공지능의 바람은 피할 수 없어서 미국에는 인공지능을 이용한 법률서비스를 제공하는 회사만 이미 1,000개가 넘는다. 2016년 미국의 파산전문 대형 로펌인 베이커 앤 호스테틀러는 로스(Ross)라는 인공지능 변호사에게 기초적인 파산관련 판례를 수집하고 분석하는 업무를 맡긴 바 있다.[7] 그 외에도 인공지능은 제조업과 결합하여 스마트 팩토리를 가능케 하고, 운송수단인 자동차와 결합해서는 자율주행차를 빠르게 발전시키고 있다.

최근에는 인공지능이 인간만의 영역으로 알려져 있던 글쓰기나 작곡 등 예술과 창작의 영역까지 손을 뻗치고 있다. 2016년은 인공지능이 예술작품을 쏟아낸 원년으로 기억될지 모른다. 알파고 실험이 끝난 후 구글은

---

6) "증권·금융 투자도 AI 돌풍…펀드매니저 위협하는 로보어드바이저", 『매일경제』, 2016. 5. 2.

7) '로스'와 일해 보니 … "변호사 지원 가능해도 대체는 못한다", 『중앙일보』, 2017. 8. 29.

인공지능을 이용해 예술창작을 시도하는 '마젠타 프로젝트'에 착수했다.[8] 딥러닝을 통해 마젠타는 80초짜리 피아노곡을 작곡했다.

마젠타 프로젝트는 미술 분야에서 반 고흐의 기법을 학습한 인공지능인 '딥 드림'을 개발했는데, 2016년 샌프란시스코에서 미술전을 열었고 작품은 개당 250만 원에 팔려나갔다. 한편 영화 부문에서는 미국의 인공지능 '벤자민'이 시나리오를 쓴 영화 '선 스프링'이 2016년 소개되었다. 벤자민에게 미리 수백 편의 SF 드라마와 영화 대본을 학습시킨 후 얻어낸 결과였다.

일본에서는 인공지능이 쓴 소설이 호시 신이치 공상과학(SF) 문학상의 공모전 1차 심사를 통과해 이슈가 된 바 있다.[9] 소설 제목은 '컴퓨터가 소설을 쓰는 날'로, 인공지능의 고독한 심정을 그린 작품이라고 한다. 일본에서는 또 2016년 인공지능 '제로'가 쓴 소설 '현인강림(賢人降臨)'이 출판되어 대형 서점을 통해 유통되기도 했다. '제로'는 후쿠자와 유키치(福澤諭吉)의 저서 『학문을 권함』과 니토베 이나조(新渡戸稲造)의 『자경록』을 교과서로 삼아 딥러닝으로 학습했다고 한다.

인공지능은 또한 창작뿐만 아니라 인간의 창작물을 검열하는 역할까지 하고 있다. 현재 유튜브에 한 달에 약 1,728만 시간 분량의 동영상이 올라오는데, 이 중 75%가 유해물이다. 이를 걸러내는 일을 현재 인공지능이 하고 있다.

과연 인공지능은 어디까지 진화할 것인가? 또 언제 인간을 넘어서게 될 것인가? 인공지능이 인간의 지능을 초월하는 기점을 '싱귤래리티(Singularity, 특이점)'라고 한다. 미래학자 레이 커즈와일(Ray Kurzweil)은 『특이점이 온다(The Singularity Is Near)』(2005)라는 저서에서 2045년에 특이점이 올

---

8) "4차 산업혁명과 문화예술", 『전자신문』, 2017. 11. 21.

9) "인공지능, 일상을 파고들다", 『한국경제』, 2017. 3. 13.

것이라고 예측한 바 있다.[10)]

글로벌 시장 분석기관 트랙티카(Tractica)는 인공지능 시장이 2016년 6억 5,000만 달러(한화 약 7,400억 원)에서 2025년 368억 달러(약 42조 원) 규모로 확대될 것으로 예상하고 있다. 현재 누적매출이 가장 큰 분야는 정적 이미지 인식 및 분류의 분야로 80억 달러(약 9조 원)에 달하고, 2위는 인공지능의 문제 해결 능력을 향상하기 위한 알고리즘 훈련 분야로 75억 달러(약 8조 5,000억 원)를 차지했다.[11)]

인공지능을 사업화하여 성공하려면 첫째 머신 러닝 알고리즘과, 둘째 컴퓨팅 파워, 그리고 셋째, 수많은 데이터가 필요하다. 그런데 머신 러닝 알고리즘은 주요 라이브러리가 이미 공개소스로 풀려있다. 컴퓨팅 파워도 독자적 하드웨어가 없어도 클라우드 서비스를 이용할 수 있어 이제는 저가로 막강한 컴퓨팅 파워를 이용할 수 있다.

결국 인공지능 개발의 성패는 '양질의 데이터를 얼마나 많이 확보할 수 있느냐'에 달렸다.[12)] 인공지능의 기능을 향상하려면 학습의 재료가 되는 양질의 데이터를 많이 제공해야 한다. 데이터의 질과 양 모두 중요하다. 따라서 많은 양질의 데이터를 갖고 있는 인터넷 기업들이 AI산업에서 가장 유리하다. 구글, 페이스북, 아마존 같은 기업이 인공지능 분야에 관심을 갖고 적극적인 인수합병을 하며 앞서나가고 있다. 그 이유는 이들이 각각 검색과 SNS, 유통 분야에서 가장 많은 양질의 데이터를 가지고 있기 때문이다.

데이터가 많으니 인공지능의 학습에 도움이 많이 되고, 이는 높은 성능으로 이어진다. 그러면 더 많은 사용자가 여기에 몰리며 데이터가 또 축적된다. 과거 3차 산업혁명(인터넷 혁명) 때 정보와 지식의 쏠림현상이 일어나

10) 레이 커즈와일, 『특이점이 온다』, 김영사, 2017.

11) "치열해지는 인공지능 시장…빅데이터가 판도 가른다", 『연합뉴스』, 2017. 4. 16.

12) 류성일, "4차산업혁명을 이끄는 인공지능 - 딥러닝을 중심으로", 『디지에코 보고서』, 2017. 4. 4.

면서 큰 기업이 더 커지는 소위 ‘네트워크 현상’이 4차 산업혁명의 인공지능 시장에도 일어나는 것이다.

최근 「이코노미스트」지는 커버스토리에서 “세상에서 가장 가치 있는 자원은 석유가 아니라 데이터”라고 주장한 바 있다.[13] 앞으로 데이터를 컨트롤하는 기업이 인공지능을 컨트롤하고, 인공지능을 컨트롤하는 기업이 시장 전체를 지배할 지도 모른다는 것을 시사하고 있다.

3. 학습된 AI와 하드웨어의 결합: 로봇, 자율차, 스마트공장 등

로봇

위에서는 인공지능이 빅 데이터로 딥러닝을 한 후 인간을 능가하는 지적능력을 갖추게 된 배경에 대해 분석했다. 그러나 이 과정은 컴퓨터를 통한 사이버 가상공간내의 소프트 인프라 속에서 이루어진다. 이 소프트 인프라에 로봇과 같은 오프라인의 하드웨어가 결합되면, 두뇌와 육체가 결부되는 빅뱅이 일어나게 되는 것이다. 즉, 딥러닝으로 똑똑해진 인공지능과 로봇이 결합되는 것이다.

많은 사람들이 TV 등을 통해 최근 로봇들이 인간이나 동물처럼 진화된 모습을 보고 놀라워한다. 그러나 그런 공상과학영화에 나올 법한 실험적인 로봇 말고도 실제 기업들은 조용히 기업의 생산성 혁신에 기여하는 로봇들을 많이 이용하고 있다. 예를 들어 아마존은 이미 2012년 물류창고 로봇 ‘키바’를 도입하여 물류센터 운영비용 20% 절감했고, 재고 보관공간을 50% 증대하는 등의 성과를 얻은 바 있다. 그 후 아마존은 2014년에는 1만 5,000대, 2015년에는 3만 대, 2016년에는 4만 5,000대의 로봇을 배

13) “The world’s most valuable resource is no longer oil, but data”, 『Economist』, 2017. 5. 6.

치하여 생산성을 올렸다.

이런 산업용 로봇 외에도 우리 인간의 행동과 동물을 모방한 로봇들이 현재 한참 개발 중이다. 미국 로봇제조의 선구자 보스톤 다이내믹스에서 개발한 로봇들은 인간의 행동, 개의 움직임을 모방하는 모델을 출시한 것으로 유명하다.

그러나 이렇게 겉모습만 인간을 흉내내는 로봇만 있는 것은 아니다. 소프트뱅크의 '페퍼', 소니의 '아이보' 등의 로봇은 처음부터 인간과의 감정교류를 목표로 만들어진 로봇이다. 이들은 로봇이라는 기본적인 하드웨어에 인간의 감정에 반응하게 설계된 인공지능 로봇으로 일본 등지에서는 노인들의 말벗으로 이미 큰 역할을 하고 있다.

자율주행차

구글이 2010년 최초로 개발을 성공하여 유명해진 자율주행차도, 일종의 '로봇'이다. 인공지능을 가진 달리는 로봇이 자율주행차로 보면 된다. 현재 자율주행차는 크게 세 종류의 기업 그룹이 개발에 매진하고 있는데 첫째는 기존 세계적인 자동차 업체인 GM, 포드, BMW, 토요타, 닛산, 볼보, 현대·기아, 테슬라 등이다. 둘째는 델파이, 보쉬 등 자동차 부품 기업들이다. 셋째는 구글, 엔비디아, 우버, 바이두, 네이버 같은 ICT 기업이다.

이들 전체 기업들의 자율주행차 개발 역량을 비교해서 보여주는 것이 아래 [표 1]이다. [표 1]의 맨 오른쪽 "해제건수"란 자율 차량이 운전 시 어려움에 처해 운전자가 자동모드를 해제하고 수동으로 전환한 경우를 말한다. 표의 수치를 보면 구글이 '1,000마일 당 해제건수'가 가장 작아, 기술력이 선두를 달리고 있음을 보여주고 있다. 구글이 자율자동차 부문을 웨이모(Waymo)란 이름으로 분사하게 된 동기도 독립적인 부서로 자립할 수 있을 거라는 자신감 때문인 것으로 보인다.

[표 1] 주요 기업들의 자율주행차 도로주행 보고서 요약 (2016년 기준)

(단위 : 대, 건, 마일)

기 업	차량 수	자율주행 거리	자율모드 해제 건수	자율모드 해제 없이 평균 운행한 거리	1,000마일 당 해제 건수
웨이모(구글)	60	635,868	124	5,128	0.2
BMW	1	638	1	638	1.57
Ford	2	590	3	197	5.08
Nissan	5	4,099	28	146	6.85
GM	25	9,776	181	54	18.52
Delphi	2	3,125	178	17.6	56.82
Tesla	4	550	182	3	333.33
벤츠	1	673	336	2	500.00
Bosch	3	983	1,442	0.68	1,470.59
우버*	43	20,354	25,443	0.8	1,250.00

* 우버는 캘리포니아주에서 시험운행을 하고 있지 않아 보고서를 제출하지 않음(우버 내부자료 참조)

* 출처: KIET(2017. 6. 22.), "자율주행차 개발 기업들의 기술수준 비교"

그럼 자율주행차는 언제 완전히 상용화 될 것인가? 현재 자율주행 자동차를 개발하는 기업들은 대부분 2020년까지 완전 자율주행 자동차를 출시할 계획이며, 2035년 상용화를 목표로 현 기술을 개선하고 있다. 현재 판매되고 있는 자율주행차는 아직은 부분적 자율주행차로, 글로벌 조사기관 IHS 오토모티브(Automotive)는 2025년부터 완전 자율주행차가 23만 대 정도 보급될 것으로 전망하고 있다.[14)]

스마트 공장

인더스트리 4.0을 표방하는 독일에서는 스마트 공장이 큰 흐름을 이루고 있다. 가장 많은 예로 거론되는 것이 독일의 아디다스 공장일 것이다. 독일의 아디다스는 지능형 로봇과 3D 프린팅을 결합한 스피드 팩토리를 본국에 설립해 23년 만에 '메이드 인 저머니(Made in Germany)'로 생산하고

14) "충돌감지·자동조향 똑똑해진 자율주행차", 『매경이코노미』, 2017. 3. 10.

있다. 동남아 공장에서는 신발 1개를 만드는 데 3주가 걸렸으나 이제는 5시간으로 단축됐고, 연 50만 켤레의 신발을 생산하기 위해 필요한 작업자 수도 600명에서 10명으로 감소했다. 디자인 기획에서 매장 진열대에 오르기까지 걸리는 기간도 55일에서 10일로 줄었으며, 스타일·소재·색상 등 주문형 개인 맞춤이 가능한 생산기간도 6주에서 24시간으로 단축됐다.[15)]

GE는 스마트공장을 넘어 'Brilliant Factory'를 표방하며 공장자동화에 전념하고 있는데, 2015년에 개방형 소프트웨어 플랫폼인 '프리딕스'(Predix)를 개발했다. 프리딕스는 공장 내 거의 모든 장비에 부착된 센서를 통해 수집한 자료를 빅 데이터 분석기법으로 실시간으로 처리하여 현장의 생산성 제고를 올려주고 있다.

15) "아디다스 신발공장의 '유턴'…로봇혁명 힘입어 고향 독일서 생산", 『연합뉴스』, 2016. 6. 9.

03

4차 산업혁명의 경제적 파장

1. 산업과 기업전략의 변화

글로벌 컨설팅 회사 맥킨지는 4차 산업혁명이 확산될 경우, 2025년까지 전 세계적으로 최소 15조 4,000억 달러에서 최대 36조 8,000억 달러에 이르는 경제적 파급효과가 있을 것으로 전망했다. 4차 산업혁명이 촉발할 이런 경제적 효과에 대한 내용은 수많은 책과 보고서에 보고되어 있고, 그 장황한 예측을 다 담기란 거의 불가능하다. 단지 본 논고에서는 가장 중요하다고 생각되는 변화들만 정리해 보았다.

4차 산업혁명은 기존 산업을 혁신시킬 뿐만 아니라 많은 신생산업을 탄생시킬 것이다. 우선 기존 산업에서 생산혁신, 물류혁신, 금융혁신, 인력혁신 등을 가져올 것이다. 예를 들어 스마트 공장들은 생산혁신에 기여해 생산원가를 떨어뜨릴 것이고, 3D 프린팅은 저가로 다양한 제품을 찍어낼 것이다.

드론, 자율주행 트럭, 아마존의 물류창고 로봇 '키바' 등은 물류혁신에 기여할 것이다. 핀 테크, 블록체인 기술은 금융혁신을 초래할 것이고, 딥러닝으로 강화된 인공지능은 많은 산업에 인력 대체효과를 가져와 고용구조에 큰 변화를 가져올 것이다.

한편 산업구조와 기업전략에도 큰 변화가 올 것으로 보인다. 이미 3차 산업혁명에서 겪은 한계비용 0 사회가 더욱 가속화될 것이고 이것이 네트워크 효과와 결부되어 수확체증과 쏠림현상으로 인한 시장의 자연독점 현상이 두드러질 것이다. 단지 과거 네트워크 효과는 고객의 숫자 증가로 인한 정의 피드백이 주요 원인이었다면, 4차 산업혁명 시대에는 단순한 고객의 숫자증가 뿐만 아니라 사용자(인간)과 사물이 제공하는 수많은 데이터의 증가로 인한 정의 피드백이 작용하므로 그 쏠림의 강도가 훨씬 클 것으로 예상할 수 있다. 한마디로 3차 산업혁명 때보다 더 거대한 자연독점 기업이 출현할 것을 예측할 수 있다.

앞에서 언급한 것과 마찬가지로 이 경쟁에서의 관건은 '누가 많고 양질의 데이터를 확보할 수 있는가'이다. 데이터를 가진 자는 딥러닝에 유리하고, 딥러닝에 유리한 자가 원천 핵심역량인 우수한 인공지능을 확보할 것이기 때문이다.

한편 인공지능과 관련된 기술은 소위 증기기관이나 전력과 같은 '범용기술(General Purpose Technology)'이면서도 또한 많은 산업에서 기업의 경쟁력을 좌우할 수 있는 핵심기술이기도 하다. 따라서 인공지능을 증기기관이나 전력의 범용기술과 동급으로 비교하는 것은 기업전략 측면에서는 맞지 않다고 생각된다. 이는 산업구분적으로는 매우 상이한 산업의 선두 주자들이 인공지능 관련 산업으로 다각화하고 있다는 사실을 보면 분명하다. 예를 들면, 아마존은 유통업이고, 구글은 IT 기업이며, 테슬라는 자동차 기업이지만 모두 인공지능 쪽에 많은 투자를 하고 있다. 인공지능이 범용기술이면서도 동시에 이들에게 큰 경쟁력을 줄 수 있는 기술이기 때문이다. 따라서 인공지능의 중요성으로 인해 업종에 관계없이 일종의 '기업다각화의 수렴현상'이 일어나고 있다.

물론 4차 산업혁명에 대해 아주 비관론적인 시각도 있다. 미국의 저명한 경제학자 로버트 고든은 2016년 "미국의 성장은 끝났는가?"라는 저서를 통해 이제 혁신이 고갈된 상태고 지금 회자되는 자율주행차등의 4차혁명은, 과거 자동차가 처음 발명되었을 때의 혁신과 생산성에 크게 못미친다고 비판한 바 있다. 즉, 지금의 수많은 논의들은 허상에 불과하다는 것이다.[16]

2. 4차 산업혁명과 인력대체의 문제

인공지능의 노동력 대체

4차 산업혁명이 경제에 미칠 효과를 분석하는 내용 중에 빠지지 않는 것이 바로 인공지능과 로봇으로 인한 인력의 대체 문제다. 과연 지능 높은 로봇들은 우리 모두를 실업자로 만들 것인가?

4차 산업혁명의 원 저자 클라우스 슈밥은 그의 책, 『제4차 산업혁명』에서 혁명의 기회요인, 즉, 소비자 편의증대 및 일자리 창출보다는 그것으로 인한 일자리 감소를 더 우려하고 있다. 그는 옥스퍼드 마틴 스쿨의 연구원 프레이와 오스본(Frey and Osborne, 2013)의 연구를 인용하여 다음과 같이 말했다.

지금까지 드러난 사실은 이렇다. 제4차 산업혁명으로 창출되는 직업은 과거의 산업혁명으로 인해 발생한 직업의 수보다 분명히 작다. 향후 10년에서 20년 사이에 미국 내 모든 직업의 약 47%가 자동화로 위험에 처할 수 있다.[17]

그런데 위에서 프레이와 오스본은 10~20년 후 자동화에 의해 대체될 미국 일자리 비중이 47%라고 전망했으나, 최근 OECD는 자동화가 특정

16) 로버트 고든, 『미국의 성장은 끝났는가?』, 생각의 힘, 2017.

17) 클라우스 슈밥, 앞의 책, 68~69쪽

과업(task)은 대체할 수는 있지만 직종(job) 전체를 대체하기는 어려우므로 고용감소 효과는 9%로 상대적으로 크지 않을 것이라는 상이한 전망을 제시한 바 있다. 맥킨지도 최근 분석결과 완전히 자동화되는 직업은 약 5% 정도에 불과할 것이라고 예측했다.

보다 근본적인 문제로 돌아가서, 기술혁신으로 인해 자본이 노동을 대체하는 문제는 역사적으로 마르크스와 리카도부터 제기가 되었었다. 현실에서는 1810년대 영국 노동자들이 자동방직기 때문에 일자리를 잃게 되자 러다이트 운동이 일어났었다. 이 관점을 한마디로 요약하자면, 신기술이 노동력을 대체하므로 기술혁신은 실업을 불러온다는 것이다.

반면, 이와 다른 견해는 기술혁신이 일시적으로 실업을 가져올 수 있어도 장기적으로는 경제적 풍요를 가져온다는 논리로 과거 많은 사례가 이를 증명해 주었기에 현재 주류 경제학자들의 논리로 공고히 자리매김 하고 있다.

그러나 MIT대학의 브린욜프슨과 맥아피(2014)는 그들의 저서, 『제2의 기계시대』에서 주류 경제학자들의 논리에 커다란 비판을 가함으로서 유명세를 탄 바 있다. 이 저서를 이해하는 것은 현재 4차 산업혁명의 미래를 논하는 데 매우 중요하다. 저자들은 1990년대 말부터 영향을 줬던 4차 산업혁명의 기술은 과거 기술혁신들과는 달리, 노동자를 아예 대체하는 경향이 있어 고용창출이 안된다고 주장한다.[18] 브린욜프슨과 맥아피에 따르면, 과거에는 기술혁신에도 불구하고, GDP 전체에서 자본 대비 노동이 차지하는 비율은 놀랄 만큼 안정적이었다. 신기술이 인력을 대체하더라도, 또 다른 한편으로는 신기술로 인해 새로운 일자리가 생겼기 때문이다. 그 이유는 과거의 기술혁신은 인간을 보완(Complement)하거나, 인간의 능력을 증강(Augment)시켰기 때문이다.

18) 브린욜프슨과 맥아피, 『제2의 기계시대』, 2014, 227~228쪽

그러나 이 모든 것들이 IT·디지털 혁명이 시작된 지난 10여 년 사이에 끝나버렸다는 것이다. 1947년에서 2000년 사이 GDP에서 노동에게 돌아가는 비율인 노동분배율은 64.3%였으나, 2010년에는 57.8%로 최저수준에 이르렀다. 저자들은 그 이유가 2010년 이후의 신기술에 의한 것으로 해석했다. 한마디로 말하면 3차 산업혁명까지는 신기술이 노동을 대체하기도 했지만 새로운 일자리도 생겼었는데, 4차 산업혁명부터는 신기술이 노동을 보완(Complement)하거나 노동력을 증강(Augment)시키지 않고, 아예 대체(Substitute)하는 부분이 더 많아졌기 때문이라는 것이다.

저자들은 [그림 3]을 통해 과거에는 생산성과 임금·고용 수준이 동반상승했으나, 2000년대부터는 고용과 임금이 생산성과 괴리되어 오르지 않는 현상을 지목하며 이를 "Great Decoupling"(거대한 탈동조화)라고 명명했다.

[그림 3] 신기술로 인해 생산성은 향상, 고용과 임금은 하락

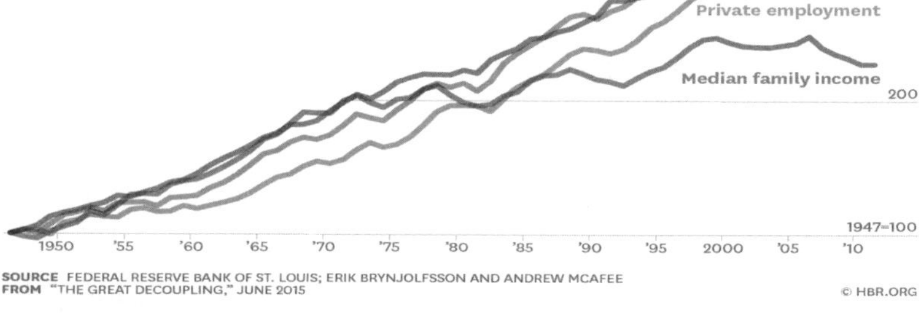

* 출처: Erik Brynjolfsson & Andrew McAfee (2015) "The great decoupling", Harvard Business Review, 93(6), June, 66-74.

반면에 옥스퍼드대 인류미래연구소(Future of Humanity Institute)의 카티야 그레이스(Katja Grace) 연구진이 최근 세계 최고의 인공지능 석학들에게 "인공지능이 인류를 뛰어넘는 시기는 언제일까?"라는 질문을 던지자 "인류의 일자리가 완전히 인공지능에 넘어가는 시기가 20년 내 찾아올 것"라고 답한 사람은 10%에 불과했다는 설문 결과도 있다.[19)]

기본소득 논란

브린욜프슨과 맥아피(2014)의 책, 『제2의 기계시대』는 프랑스의 좌파 경제학자인 피케티가 읽고 극찬했다고 한다. 빈부격차와 노동자 실업문제를 중시하는 좌파 경제학자들에게는 매우 구미에 맞게 쓴 책이기 때문일 것이다. 좌파 경제학자들은 4차 산업혁명이 빈부격차의 증가와 실업의 문제를 일으킬 것이라는 확신 하에, 최근 기본소득제도(UBI: Universal Basic Income)를 도입하자는 목소리를 내고 있다(물론 보수주의 정치학자 찰스 머레이도 기본소득에 찬성한 바 있고, 보수성향의 노벨상 수상자 앵거스 디튼도 기본소득을 주장한 바 있다).

실제로 2016년 스위스에서는 기본소득제 실시에 대해 국민투표를 부쳤는데 77%의 반대로 부결된 적이 있다. 핀란드의 경우 2017년 1월 실업수당을 지급 받는 사람을 대상으로 2,000명을 선정해 2년간 560유로(약 70만 원)을 기본소득으로 주는 실험에 들어갔다. 네덜란드도 지방정부를 중심으로 시범도입이 이뤄졌다.

그러나 미국은 2016년 12월 백악관 대통령실에서 발간된 '인공지능, 자동화 및 경제(Artificial Intelligence, Automation and the Economy)'란 보고서를 통해, 인공지능(AI) 위협으로 인한 기본소득제 도입에 대해 아래와 같이 신중한 입장을 밝힌 바 있다.[20)]

19) Katja Grace, John Salvatier, Alan Dafoe, Baobao Zhang & Owains Evans, "When will AI exceed human performance?: Evidence from AI experts"

20) "Artificial intelligence, automation, and the economy", Executive Office of the President, 2016. 12., 40쪽.

우리는 노동자들이 그대로 직업을 유지할 수도 있다는 가능성을 무시한 채 (기본소득제) 정책을 추진해서는 안 될 것이다. 대신에 우리는 노동자들이 직업을 잃지 않도록 기술, 교육 및 구직지원을 제공하고, 다른 노동 관련제도를 정비하는데 우선적인 정책초점을 두어야 할 것이다. 그렇게 하는 것이 인공지능으로부터 촉발된 고용문제 해결에 기본소득제 보다 더 도움이 될 것이다.

마찬가지로 OECD의 제임스 브라운과 허위그 이머볼 연구원은 "(기본소득제가) 의미 있는 결과를 내려면 세금인상과 기존 복지제도 축소가 이뤄져야 한다"라며 "빈곤을 해소하는 데 효과적이지 않다"고 주장하였다. 기본소득제에 관한 주장은 보다 더 신중하게 검토되어야 한다는 의미로 보아야 할 것이다.

로봇세 논란

4차 산업혁명으로 인한 실업와 소득불평등의 문제를 해소하기 위한 또 다른 정책대안으로 '로봇세'가 있다. 로봇세에 관한 본격적인 논의가 벌어진 것은 2016년 유럽 의회가 로봇세 도입을 위한 초안 작업에 착수하면서 시작되었다. 의무나 권리가 없는 로봇에 소득세를 거둘 수 없다는 반대 주장과, 고용불안과 소득 불평등 문제 해결을 위해 로봇세를 부과하자는 찬성 주장이 맞섰지만, 2017년 2월 유럽 의회는 로봇의 법적 지위를 '전자인(electronic person)'으로 지정하며 로봇세를 통과시켰다.

한국에서도 2016년 6월 국회 입법연구모임에서 인간을 대체하는 인공지능에 대해 세금을 부과하는 일명 '기계 과세' 도입을 검토해야한다는 의견이 나오기도 했지만 시기상조라는 반대 의견과 함께 본격적인 검토가 이루어지지는 않았다.

로봇세는 MS 창업자인 빌 게이츠가 2017년 2월 미국의 정보기술 전문지인 쿼츠와 인터뷰에서 "인간과 같은 일을 하는 로봇의 노동에도 세금을 매겨야 한다"고 주장하며 대중들에게 널리 알려진 바 있다. 하지만 래리 서머스 전 미국 재무장관의 경우 로봇세에 비판적으로, 로봇세를 부과하면 로봇관련 기술과 산업의 발전이 더디게 될 것이라고 주장하고 있다.[21)]

21) "래리 서머스, 빌 게이츠가 주장한 '로봇세' 반대", 한국경제신문, 2017. 3. 6.

04

해외 주요국들의 대응

1. 미국

미국의 경우 2014년에 GE 등 산업계가 주축으로 산업인터넷 컨소시엄(IIC)을 설립, AT&T, 시스코, 인텔, IBM 등 163개 회사가 참여하여 사물인터넷을 구현하고 있고, 첨단제조 파트너십(AMP)을 결성해서 스마트 제조, 디지털 제조 등 첨단 제조업 진흥을 위해 R&D 투자, 인프라 확충, 민·관 협의체 구성 등을 추진했다.

AI와 관련하여 미국은 아직까지 세계 정상을 유지하고 있지만 중국의 무서운 추격을 받고 있다. 미국은 2016년 12월 AI 관련 정책 아젠다를 발표한 바 있다. 하지만, 2017년 9월 「포린 폴리시(Foreign Policy)」는 미국이 트럼프 집권 후 미국의 경쟁력을 좌우할 AI에 대한 정책적 비전이나 투자계획 없이 표류하고 있다고 신랄하게 비판했다.[22] 이에 따르면 트럼프 대통령의 AI에 대한 관심도를 떠나, 미국 정부 차원에서 AI 정책의 약점은 크게 3가지다. 첫째, 이미 오바마 정부 때부터 미국 정부의 AI 관련 정부지원은 구글의 AI 투자액의 절반 정도밖에 되지 않았다. 미국의 AI는 민간이 이끌고 있다는 이야기이다. 둘째, 구글을 비롯해 실리콘밸리의 미국 기

22) "China Is Using America's Own Plan to Dominate the Future of Artificial Intelligence", 『Foreign Policy』, 2017. 9. 8.

업들이 AI 관련 미국 정부(특히 국방부)와 협력하는 것을 꺼리는 문화를 갖고 있다는 점이다. 이는 마치 우리나라 영화계가 정부의 검열문화나 군대문화를 조롱하는 태도를 지닌 것과 흡사하다고 볼 수 있다. 셋째, 미국 정부 내 AI 관련 행정인력이 터무니없이 작다는 점이다. 이는 최근 AI에 올인하는 중국과 대비된다고 하겠다.

하지만 아직도 AI의 선두주자는 미국기업들이다. 중국이 따라오고 있긴 하지만, 딥 마인드(DeepMind), 구글 브레인(Google Brain), 페이스북(Facebook), 오픈 AI(Open AI) 같은 회사들이 AI의 선두를 지키고 있다.

[그림 4] 각국의 인공지능(AI) 기술역량 비교

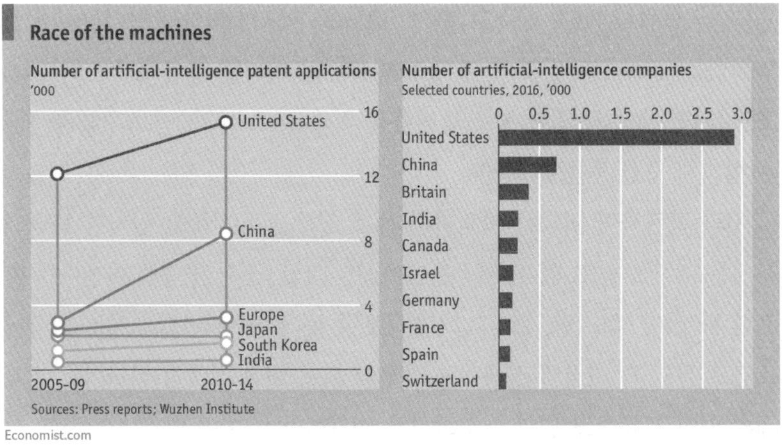

* 출처: Economist (2017. 7. 15.) "China may catch or beat America on AI"

2. 중국

중국은 4차 산업혁명을 염두에 두고 2015년에 "제조 2025전략"을 수립했는데 이는 중국의 13차 5개년 계획(2016~2020)의 제조업 정책에 해당하며 IT와의 융합을 통한 제조업 고도화가 핵심 전략이다. 또 AI와 관련해서, 중국 정부는 미국이 2016년 말에 발행한 AI에 관한 보고서 내용을 대폭 모방하여 2017년 7월, "차세대 AI 개발계획"을 발표한 바 있다.

중국은 미국보다 정부 차원에서 매우 적극적으로 AI에 투자하고 있으며, 미국에 비해 정부-기업-대학의 AI 관련 협력이 잘 되고 있다. 중국의 기업들 중에는 B·A·T(Baidu, Alibaba, Tencent)가 인공지능 연구를 리드하고 있다.

[그림 5] 중국의 "제조 2025"

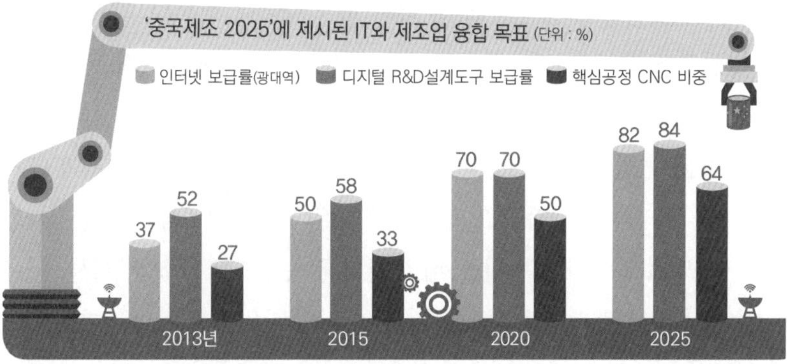

* 출처: 김동하(2017.3.4.), 『출발총성 울린 4차 산업혁명, 경쟁과 전쟁이 동시에 시작됐다』, Chindia Plus.

3. 독일

독일은 이미 2011년 "인더스트리 4.0"에 관한 계획을 세우고 다양한 ICT 기술이 융합, 적용되는 스마트 공장을 구축하여 제조 분야와 관련된 모든 산업에 활용하는 것을 목표로 해왔다. 독일이 강점을 가지고 있는 제조업을 기반으로 사물인터넷(IoT)·스마트 공장 시스템 등을 도입해 완전 자동화와 생산 체계의 혁신을 주도하는 것을 뜻한다.

4. 일본

4차 산업혁명에 따른 사회 변화 및 산업구조 재편에 대응하기 위해 "신산업구조 비전"을 범부처 전략으로 수립했다. 이 안에서, 데이터 활용 촉진을 위한 환경정비, 인재육성, 혁신 및 기술개발 가속화, 금융조달 강화, 산업구조 전환, 지역사회 IoT 기술보급, 사회시스템 고도화 등 7대 전략 제시했다.

또 2015년 발표한 '로봇신전략'을 통해 2020년까지 2조 4,000억 엔(약 24조 원)을 투자하여 산업 고도화를 추진하겠다는 계획이다. 일본은 1980년대 이후 세계에 자랑할 만큼 제조 분야를 중심으로 로봇의 생산, 활용 등 각 방면에서 세계를 선도하는 '로봇 강국'의 지위를 유지해 왔다.

그러나 앞으로 로봇은 단순한 작업을 하던 로봇에서 스스로 학습하고 행동하는 동시에, 스스로 데이터를 축적·활용하는 새로운 서비스 제공의 원천이 되기도 하고, 더 나아가 이러한 로봇이 서로 연결하는 방향으로 급속히 기술진보가 이루어지고 있다. 일본은 이 점에 초점을 맞추어 로봇의 "자율화", "정보 단말화", "네트워크화"를 목표로 정책을 세워 나가고 있다. 산업용 로봇의 선두로서 전 세계 10대 산업용 로봇 회사 중 6개가 일본 회사다(야스카와 전기, 화낙, 가와사키 중공업, 엡손로봇, 나치-후지코시, 어뎁트 테크놀로지). 특히 일본은 고령화 문제 해소의 한 방편으로 로봇을 고려하고 있는데 로봇관련 정부지원금의 1/3이 노인을 돌보는 로봇개발에 투자되고 있다.

[표 2] 주요국의 4차 산업혁명 대응정책

	미국	독일	일본	중국
주체	민간 주도	정부·민간 협업	정부 주도	정부 주도
전략·활동	- 산업인터넷컨소시엄 (IIC) - 첨단제조파트너십 (AMP)	- 하이테크전략 2020 - 인더스트리 4.0 (Industrie 4.0)	- 일본재흥전략 2016 - 신산업구조비전 - 로봇신전략	- 중국 제조 2025 - 인터넷 플러스 - 일대일로(一帶一路)
특징	- 소프트웨어 플랫폼 강점에 기반 - 정부는 제조업 부활에 중점	- 제조 설비 강점에 기반 - 스마트공장 구현을 위한 표준화 등 추진	- 로봇, 센서 등 강점을 활용하여 고령화, 재해 등 사회문제 해결 지향	- 제조업 및 사회의 고도화 지향 - 유라시아 지역경제 주도권 확보 목표

* 출처: 최병삼 외 (2017. 6. 30.), "제4차 산업혁명의 도전과 국가전략의 주요 의제", STEPI Insight, 제215호

05

한국의 현실과 대응전략

1. 4차 산업혁명이 국내경제에 미치는 예상 효과

정부는 4차 산업혁명 선도에 따른 총 경제효과를 2022년까지 128조 원, 2030년까지 460조원으로 예상했다. 이는 2016년에 정부가 글로벌 컨설팅업체 맥킨지에 의뢰해 받은 보고서의 내용에 입각한 것이다.[23] 이에 따르면 4차 산업혁명으로 인한 한국의 신규 매출 증대가 최대 85조 원, 비용 절감이 199조 원, 소비자 후생 증가가 175조 원 규모로 추산되었다. 또 2030년 기준으로 의료는 60조~100조 원, 제조업 50조~90조 원, 금융 25조~50조 원, 유통 10조~30조 원, 산업·기타 40조~80조 원, 교통 15조~35조 원, 도시 15~35조 원, 주거 10조~15조 원의 경제효과가 있을 것이라고 예측했다. 또한 맥킨지는 현재 414개 직종, 2,500만 명의 일자리를 대상으로 분석한 결과 2030년까지 국내 총 노동시간 중 최대 49.7%가 자동화할 것으로 예상했다. 소프트웨어 엔지니어와 데이터 과학자 등 지능정보기술 분야에서 80만 명의 신규 일자리 수요가 창출될 것으로 추정했다. 맥킨지는 "미국·캐나다·호주 등 선진국 AI 관련 업종의 미래 고용 예측치를 기반으로 한국의 고용 증가분은 10만~45만 명이 될 것"이라며 "AI, 빅 데이터 등 신산업 직종 수치를 합산한 결과 60만~80만 명의

23) "정부, 4차 산업혁명 선도로 2030년 460조 경제효과 창출", 연합뉴스, 2017. 10. 11.

고용 창출 효과가 발생할 것"이라고 기대했다([그림 6] 참조).

[그림 6] 4차 산업혁명이 국내에 미치는 경제적 효과

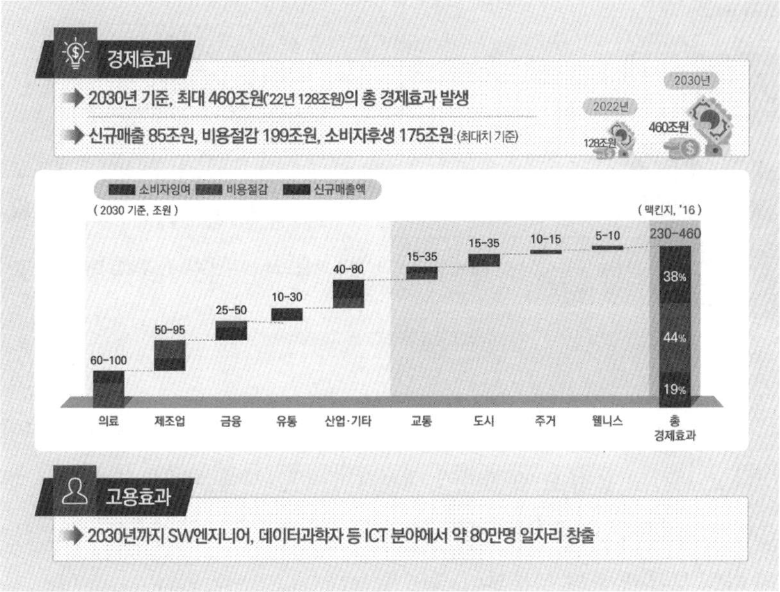

* 출처: 4차 산업혁명위원회(2017. 10), 『4차 산업혁명 대응을 위한 기본 정책방향』

2. 한국의 잠재력 평가

[그림 7]는 2017년 한국 정부가 발족시킨 "4차 산업혁명위원회"에서 평가한 한국의 4차 산업혁명 잠재력 평가이다. 한국의 강점과 약점이 대비되어 있다.

[그림 7] 4차 산업혁명과 관련된 한국의 강점과 약점

	강점	약점
과학기술	▪ ICT 발전지수 2년 연속('15~16) 세계 1위 ▪ GDP 대비 R&D 투자 비중 세계 1위 (4.23%, '15년 기준)	▪ 인공지능 기술력은 미국과 2.2년 격차 ('16, IITP) ▪ 민간 R&D 투자 증가율 급감 * 16.4%('11) → 7.7%('13) → 2.6%('15) (KISTEP)
산업·경제	▪ 전기공급, 창업절차 등 기업환경평가 순위는 190개국 중 5위('16, 세계은행) ▪ 제조업 경쟁력 40개국 중 5위 (딜로이트, '16)	▪ 186개 유니콘 기업 중 국내기업 3개 불과 (美 99개, 中 42개, '17년 기준) ▪ OECD 국가별 상품시장 규제지수*는 33개국 중 네 번째('13) * 기업경영 간섭, 규제 복잡성, 창업 어려움 등
사회·제도	▪ 학업성취도 지수는 OECD 국가 중 2위('15) ▪ 인간개발지수* 188개국 중 17위(UNDP, '15) *교육수준, 국민소득, 평균수명 등을 통해 평가	▪ SW 등 신산업 분야 전문인력 부족 * SW전문인력 수급전망 : '16~'20년 중·고급인력 약 2.8만명 부족('17, 직능원) ▪ 국내 청년 실업률 증가('07년 7.2% →'16년 9.8%)

노동유연성, 교육시스템, 기술수준, 인프라, 법제도 등으로 평가한 4차 산업혁명 준비도는 세계 25위('16, UBS)

* 출처: 4차 산업혁명위원회 (2017. 10.) "4차 산업혁명 대응을 위한 기본 정책방향"

한국은 ICT와 교육 등에 강점이 있기에 4차 산업혁명에도 큰 잠재력이 있다고 생각되나, 주요 벤치마킹 대상국과 비교 시에 아직도 모자라는 부분이 있다. 특히 아래 [표 3]에서는 4차 산업혁명의 핵심기술을 비교했는데 다른 부분에 비해 AI부분이 특히 취약한 것을 알 수 있다.

[표 3] 한국과 주요국의 4차 산업혁명 기술수준 비교

구 분	미 국	EU	일 본	중 국	한 국
IoT	100	85.6	82.9	70.6	80.9
빅데이터	100	88.9	87.7	66.4	77.3
AI	100	86.8	81.9	66.1	70.5

※ 자료: 2015년도 ICT 기술수준 조사 보고서(미래창조과학부/IITP, 2016), 2016년 기술수준 평가(미래창조과학부/KISTEP, 2017)
* 출처: 손병호 외 (2017. 4.) "4차 산업혁명 대응을 위한 주요 과학기술혁신 정책 과제", 한국과학기술기획평가원(KISTEP)

그러면 AI의 핵심인 딥러닝 기술 관련 한국의 연구수준은 어떠한가? [그림 8]은 미국의 백악관에서 주요국과 한국의 딥러닝 기술 수준을 비교한 것이다.

[그림 8] 한국과 주요국의 딥러닝 연구수준 비교

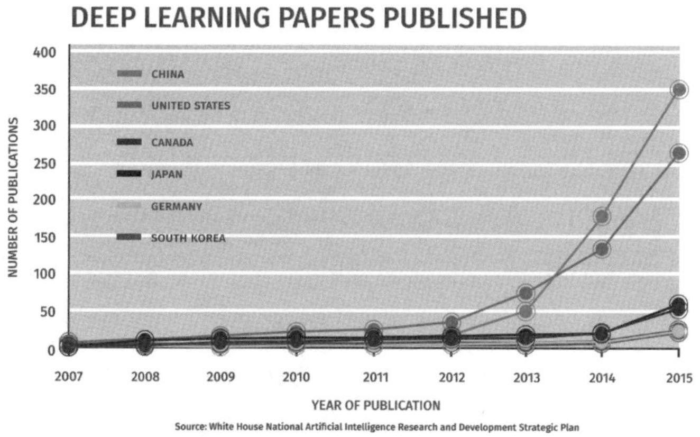

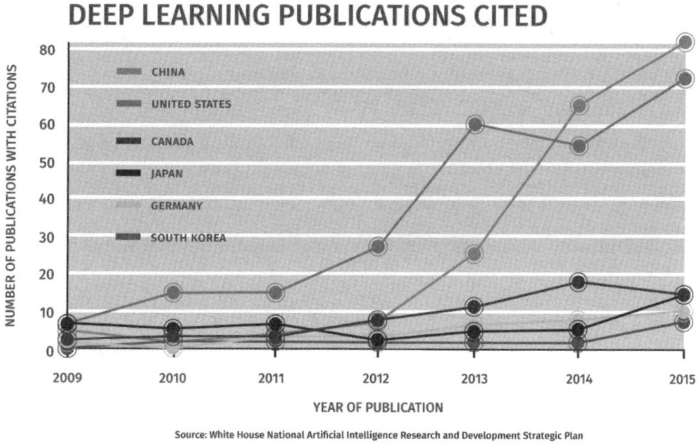

위 그래프들에서 한국은 상위 6개국에는 포함되지만, 제일 아래 위치하고 있다. 주목할 만한 점은 중국이 딥러닝 관련 논문의 숫자뿐만 아니라 최근에는 논문의 질(Cited)도 급격히 향상되어 미국을 능가하고 있다는 점이다. 기업의 능력에서는 아직 미국이 앞서지만 중국이 기초 연구쪽에 계속 투자하며 체력을 강화하고 있다고 해석될 수 있을 것이다.

3. 정부의 4차 산업혁명 대응

한국은 4차 산업혁명에 대비하고자 2017년 10월, 대통령 직속, "4차 산업혁명위원회"를 발족한 바 있다. [그림 9]에서 보듯 위원회는 문재인 정부의 정신을 이어받아 "사람 중심의 4차 산업혁명"을 핵심 모토로 삼고 있다. 인공지능이 인간의 일자리를 위협하는 시점에 사람들의 일자리를 보호하는 것으로 해석될 수도 있을 것이다.

[그림 9] 4차 산업혁명위원회 홈페이지

* 출처: www.4th-ir.go.kr

이 위원회는 [그림 10]와 같은 과제들을 선정하여 추진하는 계획을 세웠다.(세부적인 계획은 위원회 홈페이지 www.4th-ir.go.kr 참조). 4차 산업혁명위원회는 2017년 10월 11일 공식 발족했는데 이때 문재인 대통령이 '스마트시티' 추진을 언급한 후, 산업혁명위원회 산하 '스마트시티 특별위원회'를 구성하고 2017년 11월16일 관련 첫 회의를 개최한 바 있어 향후 스마트시티가 주요 방향중의 하나가 될 것으로 보인다.

하지만 실질적인 측면에 있어 한국의 정부 및 정치권은 변화하는 환경에 빠르게 대응하지 못하고 있다. 일례로 최근 상업 드론의 자유 비행을 허용하는 '규제 프리존 특별법'이 19대 국회에서 무산된 바 있다. 또한 서울시는 최근 카풀(carpool)앱을 운영하는 스타트업 기업 '풀러스'를 경찰에 여객법 위반으로 고발하여 4차 산업 관련 신생 기업의 의지를 좌절시킨 바 있다.[24] 그리고 최근 논란이 되었던 비트코인 관련해서는 금융위원장이 직접 나서서 "비트코인의 거래가 경제에 아무 도움이 안 된다"라고 발언하는 경우까지 있었다.[25]

[그림 10] 4차 산업혁명위원회 분야별 주요 추진과제

* 출처: 4차 산업혁명 위원회 (2017. 10.) "4차 산업혁명 대응을 위한 기본 정책방향"

정부가 4차 산업혁명위원회를 설립한 것과는 별도로, 현재의 정치상황과 경제정책을 보면, 4차 산업혁명은 고사하고, 기업이 국내에서 극도로

24) "국내 공유경제 기업, 출발부터 규제에 '발목'", 조선일보, 2017. 11. 27.

25) "금융위원장 '비트코인 거래 전면금지 포함 규제 검토중'", 조선일보. 2017. 12. 11.

사업하기 어려운 쪽으로 변하고 있다. 특히 최저임금인상 및 통상임금 판결, 근로시간 단축법, 탈원전 등으로 인한 전기료 상승 우려로 기업의 비용부담이 늘어날 전망이다. 또한 공정위의 권한이 늘어나면서 가격통제에 대한 우려도 점점 커지고 있다. 이렇듯 기업의 부담이 늘어나면 기업의 혁신활동은커녕, 고용창출마저 어려울 수 있다. 엎친데 덮친격으로 문재인 정부는 18조를 들여 공무원 17만 명을 뽑겠다고 한다. 사적영역은 축소되고 정부 공무원만 늘어나는 형국이다. 이런 철학이라면 문재인 정부의 4차 산업혁명에 대한 일자리 대책은 공무원채용을 통해 AI의 직업위협을 막겠다는 것으로 보인다. AI의 위협에도 끄떡없는 한국 공무원의 위용을 세계에 과시하려는 것은 아닌지 모르겠다. 또한 국가의 리더십이 미래의 청사진을 그리기보다 과거문제에 함몰되어 있는 것 같아 안타깝다. 국가산업전략의 대전환이 이루어져야 할 필요성이 있다.

4. 향후 대응전략

첫째는 기업의 혁신을 활성화 하는 것이다. 4차 산업혁명의 주역은 역시 기업이다. 물론 정부가 해야할 부분도 분명 있겠지만, 과거 3차 산업혁명의 역사나 다른 나라의 경우를 보더라도 주요한 혁신은 사적영역에서 이루어졌다. 국가가 기업의 혁신을 고취하려면 기업가들이 자유롭게 실험할 수 있는 제도적 토양을 제공해야 한다. 즉, 기업이 융성할 수 있는 경제적 자유가 혁신을 위해서는 필수적 요건인 것이다. [그림 11]은 각 나라들의 경제적 자유도와 혁신간의 상관관계를 나타낸 그래프인데, 경제적 자유도가 높을수록 혁신이 높아짐을 알 수 있다. 결국 4차 산업혁명이든 5차던 간에 "경제적 자유"가 중요함을 보여준다.

[그림 11] 경제적 자유와 혁신간의 상관관계

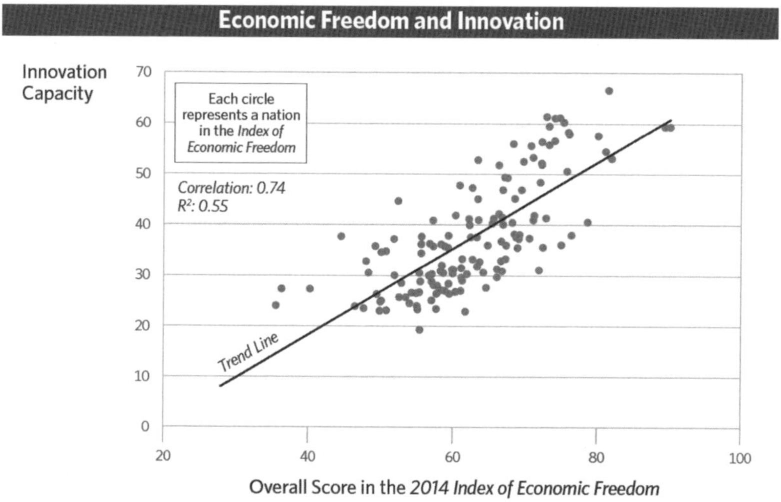

Sources: Terry Miller, Anthony B. Kim, and Kim R. Holmes, *2014 Index of Economic Freedom* (Washington, D.C.: The Heritage Foundation and Dow Jones & Company, Inc., 2014), http://www.heritage.org/index; and *The Global Innovation Index 2013: The Local Dynamics of Innovation* (Geneva, Ithaca, and Fontainebleau: Cornell University, INSEAD, and WIPO, 2013), http://www.globalinnovationindex.org/content.aspx?page=gii-full-report-2013 (accessed November 13, 2013).

Chart 5 heritage.org

경제적 자유를 구현하는 방법은 무엇인가? 결국은 법과 제도로 구현된다. 클라우스 슈밥은 이 경우 두 가지 접근법이 있는데, 첫째는 명백하게 금지된 것을 뺀 모든 것을 허용하는 방법(negative system), 둘째는 명백하게 허용된 일이 아닌 것은 모두 금지하는 방법(positive system)이 있다고 말한다. 이를 '자유우선 법제도(negative system)'과 '규제우선 법제도(positive system)'이라고도 구분한다. 미국은 자유우선 법제도이지만, 우리는 아직도 규제우선 법제도의 영향 하에 있다. 이런 낡은 시스템을 벗어버리는 것이 4차 산업혁명을 대비하는 데에 필수적일 것이다. 매번 반복되는 말이지만 사업가들의 발목을 사로잡는 낡은 규제들을 과감히 타파하여 혁신의 숨통을 트여주어야 한다.

둘째는 개별 기업들이 놓칠 수 있는 커다란 국가차원의 전략과 비전을 제시해야 한다. 이를 위해서는 중국과 일본의 4차 산업혁명 대응전략을 분석하여 우리의 나아갈 길을 제시해야 한다. 현재 중국은 인공지능과 산업인터넷에, 그리고 일본은 로봇에 많은 투자를 하고 있다. 우리는 이런 주변 상황을 고려하여 어디에 전략적으로 포지셔닝을 해야 하는지 국가차원에서 결정하는 것이 필요하다. 물론 이런 결정을 할 때에도 개별기업들의 의견을 수렴해야 하지만, 궁극적으로 국가차원의 전략과 비전이 있어야 한다.

셋째는 기업들이 공통적으로 필요한 핵심 역량이나 공공재를 제공함으로서 공적부분과 사적부분이 서로 윈윈할 수 있도록 해야 한다. 모든 것을 사적인 영역에만 맡기는 나라는 없다. 필요한 경우 정부가 적재적소에 도움을 주는 것이 다반사이다. 4차 산업혁명위원회에서 [그림 10]에 제시한 분야별 주요 추진과제를 성실히 이행하는 것도 중요하다. 그러나 무엇보다 정부는 4차 산업혁명을 준비하기 위한 인력의 수급과, 또한 그로 인해 일어날 수 있는 인력재배치의 문제를 지금부터 심각하게 고민해야 한다. 현재 4차 산업혁명 준비에 있어 가장 큰 문제는 국내에 소프트웨어 인력이 많이 부족하다는 점이다. 향후 3~4년간 소프트웨어 분야의 고급인력이 약 2만8천 명 정도 부족하다는 통계가 이를 경고하고 있다. 이런 여건 하에서 기업이 국내인력만으로 경쟁력을 갖기 어렵다. 우수 소프트웨어 인력은 모든 기업들이 필요로 하는 '공공의 자산'이다. 이 부분은 정부가 풀어줘야 한다. 또한 국가는 여러 저자들이 경고한 실직과 전직의 문제도 지금부터 대비해야 한다. 인력 말고도 공공재 투자는 요소요소에 필요하다. 정부는 기업의 경쟁력 제고를 위해 공공적 전략자산에 투자나, 마중물 개념의 투자를 병행해야 한다. 예를 들어 공공데이터를 개방하여 기업의 빅데이터 구축에 기여를 한다던지, 국가적인 빅데이터 구축센터를 설립하여 기업에 간접적으로 도움을 주는 방안을 생각할 수 있다.

'뉴 인스티튜트 코리아'의 사명

'뉴 인스티튜트 코리아'는 공공 혹은 민간 영역에서 보수의 이념과 가치를 진작시킬 지도자를 육성하고 지원하는 민간단체다. 다양한 영역에서 활동하는 인물들을 대상으로 보수의 이념과 가치는 물론 세계 10위권 국가로 성장한 대한민국의 발전과정을 학습시켜, 미래의 대한민국이 지금까지의 성공을 이어가며 안으로는 국민 각자가 행복하고 밖으로는 국제관계에서 중심적 역할을 수행하는데 기여하고자 한다. 이를 위해 '뉴 인스티튜트 코리아'는 하와이에 있는 '뉴 인스티튜트'와 협력하여 미국을 비롯한 해외의 보수 단체와 교류하면서 정책개발, 교육, 출판, 워크숍, 학술회의, 홍보 등 필요한 각종 활동을 전개한다.

대한민국 승리의 길

초판 1쇄 인쇄 2019년 12월 05일
1쇄 발행 2019년 12월 12일

편 저 | 류석춘

펴낸곳 | 북앤피플 · 뉴 인스티튜트 코리아
대 표 | 김진술
펴낸이 | 김혜숙
디자인 | 박원섭
마케팅 | 박광규

등 록 | 제2016-000006호(2012. 4. 13)
주 소 | 서울시 송파구 성내천로37길 37, 112-302
전 화 | 02-2277-0220
팩 스 | 02-2277-0280
이메일 | jujucc@naver.com

ISBN 978-89-97871-44-5 03340